Ralf Fischer zu Cramburg

Das Schatzregal

Der obrigkeitliche Anspruch auf das Eigentum an Schatzfunden in den deutschen Rechten

Ein Münzschatz aus Klosterkumbd, Hunsrück, 2. Hälfte 17. Jahrhundert
(Mittelrhein-Museum Koblenz)

Veröffentlichungen der Gesellschaft
für Historische Hilfswissenschaften (VGHH) · 6

Herausgegeben von Gerd Martin Forneck
und Konrad Schneider

Ralf Fischer zu Cramburg

Das Schatzregal

Der obrigkeitliche Anspruch auf das Eigentum an Schatzfunden in den deutschen Rechten

Numismatischer Verlag
Gerd Martin Forneck

Die Deutsche Bibliothek - CIP - Einheitsaufnahme

Fischer zu Cramburg, Ralf:
Das Schatzregal: der obrigkeitliche Anspruch auf das Eigentum
an Schatzfunden in den deutschen Rechten / Ralf Fischer zu Cramburg.
Hrsg.: Gerd Martin Forneck und Konrad Schneider.
Höhr-Grenzhausen: Numismatischer Verl. Forneck, 2001
(Veröffentlichungen der Gesellschaft für Historische Hilfswissenschaften; 6)
Zugl.: Trier, Univ., Diss., 2001
ISBN 3-923708-11-4

Abbildungen

Einband und Frontispiz: Baumann Fotostudio GmbH, Höhr-Grenzhausen
Seite 223: mit freundlicher Genehmigung von Herrn Detlev Hölscher, Enger

ISBN 3-923708-11-4

Numismatischer Verlag
Gerd Martin Forneck
Höhr-Grenzhausen

Meiner Mutter
zum 50. Geburtstag am 21. Mai 2001

Inhalt

Vorwort

Zum Zeitpunkt des Erscheinens dieser Arbeit ist das Schatzregal Gegenstand heftiger politischer Auseinandersetzungen. In Bayern versucht die SPD-Landtagsfraktion erneut, eine solche Bestimmung einzuführen. In Rheinland-Pfalz hat die wiederum an der Regierung beteiligte F.D.P. in ihrem Programm zur diesjährigen Landtagswahl dagegen die Abschaffung des Schatzregals gefordert. Der Diskussionsbeitrag trifft damit trotz der eher übersichtlichen Diskussion innerhalb der Rechtswissenschaft auf ein unerwartet günstiges politische Umfeld, von dem er sich Beachtung erhoffen darf.

Meine beiden Herausgeber, Gerd Martin Forneck und Dr. Konrad Schneider haben mich an meiner ersten vagen Idee zu diesem Vorhaben festgehalten und sie bis zu ihrem Abschluß geduldig begleitet und unterstützt. Ihnen gilt zudem der Dank für die Aufnahme einer juristischen Dissertation in die Reihe der Veröffentlichungen der Gesellschaft für Historische Hilfswissenschaften.

Die vorliegende Arbeit wurde im Wintersemester 2000/2001 vom Fachbereich Rechtswissenschaft der Universität Trier als Dissertation angenommen. Herrn Prof. Dr. Gerhard Robbers schulde ich Dank dafür, daß er mich als Doktoranden angenommen und mir bei der Bearbeitung des Themas jegliche Freiheit gelassen hat.

Herrn Erwin Köppler bin ich für seine formalen Korrekturen, Frau Silke Berg für die Erstellung des Layouts verbunden.

Für wertvolle Hinweise auf entlegenere Literatur noch kurz vor Drucklegung danke ich Herrn Prof. Dr. Niklot Klüßendorf ebenso wie Herrn Gottfried Pahl von der Rheinischen Landesbibliothek Koblenz für deren Beschaffung.

Zahlreiche hilfsbereite Mitarbeiter von Ministerien, Denkmalbehörden, Fachvereinigungen, Parteien und Verbänden müssen ungenannt bleiben.

Frankfurt am Main, im Dezember 2001

Ralf Fischer zu Cramburg

Aus der Parlamentsdebatte um die Einführung des
ersten großen Schatzregals in Baden-Württemberg:

Abg. Dr. Bender (CDU):

Ein letzter Punkt betrifft das Schatzregal (§ 23 des Regierungsentwurfs).

(Abg. Kimmel: *Was ist das ?)*

- Es ist jedenfalls nicht das, was Sie im Augenblick meinen.

(Heiterkeit.)

Landtag Baden-Württemberg,
75. Sitzung - 8. Juli 1970, S. 4301.

Erster Teil: Einleitung

§ 1 Einführung

Die folgende Untersuchung befaßt sich mit dem Schatzregal als dem Rechtsinstitut des obrigkeitlichen Anspruches auf das Eigentum an Schatzfunden in den deutschen Rechten. Sie verfolgt dabei die historische Entwicklung dieses Normenkomplexes bis hin zur aktuellen Gesetzgebung der einzelnen Bundesländer, die sie nach detaillierter Darstellung unter verfassungsrechtlichen und schließlich auch rechtspolitischen Aspekten würdigt.

I. Das Spezifische der Materie

1. Es ist die **Faszination des Schatzes**, die diese Thematik aus anderen, manchem eher nüchtern erscheinenden Materien der Rechtswissenschaft heraushebt.[1] Dem begeisternden Gedanken an plötzlichen Reichtum durch die Entdeckung einer der Vergangenheit entrissenen wertvollen Hinterlassenschaft haben sich auch die Autoren bis hin in unsere Tage nicht entziehen können. Derart kehrt er wiederholt als populäres Motiv in Literatur und Film wieder. Dort mag er - etwa als Hort der Nibelungen im Rhein oder als indianisches Depot im Silbersee verborgen - von glücklichen Entdeckern wie Ali Baba oder dem Grafen von Monte Christo wieder zutage gefördert werden. Derartige „Schätze" sind regelmäßig geeignet, ihren Besitzern einen luxuriösen Lebensabend zu garantieren.

2. Diese Romantik schlägt indes gelegentlich in unberechtigte **Vorbehalte gegenüber der Thematik** um, wenn die juristischen Aspekte zu beleuchten sind. Die fiktiven Abenteuer haben den vergleichsweise eher profan anmutenden Fragen, wem die dort behandelten „Schätze" tatsächlich zustanden oder ob es sich im juristischen Sinne überhaupt um solche handelte, wenig bis gar keinen Raum gelassen. Wenn etwa in der Literatur solche Aspekte überhaupt Berücksichtigung finden, so dienen sie den Autoren wie THOMAS MANN[2] (1875–1952) oder

---

1 VON SCHNURRBEIN, S. 247: *Das ‚Graben nach Schätzen', aus welchen Gründen auch immer, ist als Reflex so alt wie der Brauch der Menschen, Dinge im Boden zu verbergen.*

2 THOMAS MANN, Buddenbrooks, Teil 6, Kapitel 11: *Den tiefsten Eindruck von Doktor GIESEKES Auseinandersetzungen hatte ihr ein Paragraph gemacht, der von einem etwaigen im Dotalgrundstück gefundenen ‚Schatze' handelte, welcher als Bestandteil des Dotalvermögens anzusehen und nach Beendigung der Ehe herauszugeben sei. Von diesem Schatze, der gar nicht vorhanden war, erzählte sie aller Welt: (...) sogar der guten Madame KETHELSEN, die aus mehr als einem Grunde nicht das geringste davon begriff* (...).

Alexander Kluge[3] (* 1932) lediglich zum beißenden Spott über ein von ihnen als eher abwegig empfundenes Rechtsgebiet. Selbst Fachkreise lassen verlauten, das Recht des Schatzfundes gehöre eher zum Kreise liebevoll gepflegter Randprobleme[4] oder gebe gar nur selten Anlaß zu ernsthafter juristischer Beschäftigung.[5] Diese Ressentiments rühren jedoch vornehmlich aus einer Zeit, in der die Entdeckung von Schatzfunden noch zu den tatsächlich seltenen und außergewöhnlichen Ereignissen gehörten. Sie halten jedoch der Wirklichkeit der jedenfalls jüngeren Vergangenheit und noch mehr der Gegenwart kaum (mehr) stand, in der archäologische Objekte vermehrt entdeckt und häufig Gegenstand erbitterter Auseinandersetzungen, auch vor den Gerichten, werden. Mit denjenigen, die von einem Schatzregal betroffen und damit staatlichen Ansprüchen ausgesetzt waren, hatten sich die Spruchkörper bis hinauf zum Bundesverwaltungsgericht[6] und dem Bundesverfassungsgericht[7] zu befassen. Wenn schließlich gar zu lesen ist, das Schatzregal könne für sich mehr als irgendein anderes Rechtsgebilde beanspruchen, in seiner historischen Entwicklung als Typus für die Geschichte der Ideenrichtungen zu gelten,[8] bekräftigt dies um so mehr, daß die Thematik durchaus auch einer seriösen wissenschaftlichen Auseinandersetzung zugänglich scheint.

II. Möglichkeiten der Zuweisung des Eigentums an Schatzfunden

Die in Vergangenheit und Gegenwart umstrittene Frage, auf die die Diskussion im Endeffekt immer wieder hinauslief, blieb stets dieselbe. Sie lautet schlicht: „Wem gehört der Schatz?".[9] Zur Zeit besitzen dahingehend im wesentlichen zwei normierte Prinzipien in den deutschen Bundesländer Gesetzeskraft:

---

3 Alexander Kluge, Lebensläufe, Ein Volksdiener, Teil IV: *Zum ewigen Frieden aus dem Geist der Justiz: Der Weltuntergang, sagt Max Frisch, sei vollziehbar geworden. Deshalb ist anzunehmen, daß die rechtsstaatlichen Nationen der Welt in Zukunft dazu übergehen, ihre Schwierigkeiten nach den Methoden der Justiz zu lösen. Dann gibt es keine Veränderungen mehr. Für diese Zukunftsaufgabe bereitet sich die Justiz aller Länder vor. Im Vordergrund steht die Nachwuchsausbildung. Übungsfälle für den Juristennachwuchs: 52. A. sieht einen Schatz in einem Bach. B. pfeift seinen Hund, den Schatz zu holen. C. nimmt dem apportierenden Hund den Schatz aus dem Maul. Wem gehört der Schatz?*

4 Steinberg, S. 2000.

5 Schmidt K., S. 967.

6 BVerwG NJW 1997, S. 1171 ff.; DVBl. 1997, S. 435 ff.

7 BVerfGE 78, S. 205 ff.; JZ 1988, S. 915 ff.; DVBl. 1988, S. 839 ff.; NJW 1988, S. 2593 ff.; JuS 1989, S. 490 ff.

8 Eckstein, S. 238.

9 So auch der Titel eines Artikels in der Süddeutschen Zeitung vom 12. Juni 1997.

1. Die Halbierung zwischen dem Finder und dem Eigentümer der schatzbergenden Sache gemäß § 984 BGB und damit die sogenannte **Hadrianische Teilung** bildet das Grundmodell einer ausschließlich an den Interessen von Privaten orientierten Lösung. Diese geht rechtsgeschichtlich auf eine Entscheidung des römischen Kaisers HADRIAN (117–138) zurück,[10] in der er bezüglich von Schatzfunden bestimmte, *daß der Finder selbst sich aneignen durfte, was er auf seinem eigenen Grund und Boden gefunden hatte; bei Funden auf fremdem Boden hatte er die Hälfte dem Grundeigentümer zu geben, die Funde auf Staatsgelände zu gleichen Bedingungen mit dem Fiskus zu teilen.*[11] Im modernen Gewand des Bürgerlichen Gesetzbuches stellt sich dieses Prinzip des römischen Rechtes heute sprachlich gewandelt, inhaltlich jedoch identisch in Form des § 984 dar: *Wird eine Sache, die solange verborgen gelegen hat, daß der Eigentümer nicht mehr zu ermitteln ist (Schatz), entdeckt und infolge der Entdeckung in Besitz genommen, so wird das Eigentum zur Hälfte von dem Entdecker, zur Hälfte von dem Eigentümer der Sache erworben, in welcher der Schatz verborgen war.*

2. Dieser Konstruktion tritt in der überwiegenden Anzahl der deutschen Länder ein Modell entgegen, das in verschiedenen Abstufungen in bewußter Abkehr von der bundesgesetzlichen (römischrechtlichen) Regelung staatliche Ansprüche auf einen (wissenschaftlich wertvollen) Schatzfund und damit ein (deutschrechtliches) **Schatzregal** anerkennt. Dieses Prinzip wird in Deutschland allgemein auf eine Norm des Sachsenspiegels (1221–1224) zurückgeführt: *Jeder Schatz, der tiefer in der Erde vergraben ist, als ein Pflug geht, gehört in die Verfügungsgewalt des Königs.*[12] Diese Regelung findet ihre moderne Entsprechungen in den Denkmalschutzgesetzen der Bundesländer, zum Beispiel in § 3 Absatz 2 desjenigen Berlins,[13] in dem nun das Land die frühere Rechtsposition des Königs eingenommen hat: *Bewegliche Bodendenkmale, deren Eigentümer nicht mehr zu ermitteln sind, werden mit der Entdeckung Eigentum des Landes Berlin.*

3. Der **Gegensatz dieser Ordnungen**, die beide gleichermaßen auf eine lange Tradition zurückblicken können, ist es, der in Vergangenheit und Gegenwart den Kern der zu behandelnden praktischen und rechtlichen Problematik bildet. In dieser wird der staatliche Eigentumsanspruch auf Schatzfunde erstreckt, deren weit überwiegende Anzahl von und/oder auf dem Grund von Privaten entdeckt wird und die damit auch Gegenstand divergierender finanzieller Interessen und Begehrlichkeiten werden. Derart kann die Entdeckung eines Schatzes heute,

---

10 SPARTIANUS, Vita Hadriani, 18, 6: *de thesauris ita cavit, ut, si quis in suo repperisset, ipsa potiretur, si quis in alieno, dimidum domino daret, si quis in publico, cum fisco aequilabiter partiretur.*

11 Übersetzung nach HOHL, S. 47/48.

12 Übertragung nach SCHOTT, S. 65.

13 GVBl. S. 274.

abhängig vom Bundesland, beträchtlichen Reichtum oder aber lediglich *die Anerkennung durch Überreichung eines Fachbuches*[14] zur Folge haben. Welche Brisanz diese unterschiedliche Behandlung birgt, bedarf keiner weiteren Erläuterung.

§ 2 Anlaß der Untersuchung

Das Schatzregal hat in jüngster Zeit deutlich durch die Gesetzgebungstätigkeit der Länder auf diesem Gebiet, die Rechtsprechung und die mit den Funden sprunghaft erhöhte Zahl möglicher Anwendungsfälle eine gestiegene Bedeutung für die Rechtswissenschaft gewonnen. Diese Ursachen stellen sich im einzelnen folgendermaßen dar:

I. Vordringen der Schatzregale in Deutschland

Die Anzahl der Bundesländer, in denen Schatzregale bestehen, hat sich in den vergangenen Jahren drastisch erhöht. Dafür ist vor allem von Bedeutung, daß die sogenannten „neuen" Länder zwischen 1991 und 1993 ohne Ausnahme eine entsprechende Regelung eingeführt haben. Nachdem sich Schleswig-Holstein (1996) sowie - durch eine Verschärfung der bereits bestehenden Regelungen - Berlin (1995) und zuletzt Hamburg (1997) dieser Entwicklung angeschlossen haben, verdankt die Mehrzahl der bestehenden Schatzregale ihre Existenz der jüngsten Vergangenheit. Beim derzeitigen Stand bleiben lediglich Bayern, Hessen und Nordrhein-Westfalen ohne Schatzregal und damit der römischrechtlichen Lösung des BGB treu.

II. Zunahme von Rechtsstreitigkeiten um Schatzfunde

Die auf diesem Gebiet derart gravierend veränderte deutsche Rechtslandschaft hat in der Folge zu einem rapiden Anstieg der juristischen Auseinandersetzungen um Schatzfunde geführt. Immer häufiger setzten sich Privatpersonen, denen gegebenenfalls früher das Eigentum an einem von ihnen oder auf ihrem Grund entdeckten Schatz zustand, gegen die staatlichen Ansprüche zur Wehr und brachten ihre Angelegenheiten vor die Zivil- und Verwaltungsgerichte, wie auch vor das Bundesverfassungsgericht. Diese Fälle wurden von der Presse in einer Vielzahl von Veröffentlichungen aufgegriffen und sind damit einer breiten Öffentlichkeit bekannt geworden:

---

14 So die Praxis in Mecklenburg-Vorpommern laut Zusammenstellung des Bayerischen Staatsministeriums für Unterricht, Kultus, Wissenschaft und Kunst vom 27. Juli 1995 (XII/3-K4014/4-18/67 698).

Quelle: Eigene Darstellung

Karte 1: Bundesländer mit Schatzregal
(1996) = Jahr der (erstmaligen) Einführung.

1. Im Jahr 1988 war der **Alamannenschatz vom Runden Berg** Gegenstand der Beratungen des Bundesverfassungsgerichtes. Ein „Schatzsucher" hatte 1981 den „Runden Berg" bei Bad Urach mit einem Metalldetektor nach antiken Objekten abgesucht. Auf einem Grundstück der Stadt machte er einen sogenannten Hortfund, der aus verschiedenen Gegenständen aus alamannischer Zeit stammte. Er verbrachte die Stücke in sein Fahrzeug, um sie zu behalten oder zu veräußern. Nachdem das Amtsgericht Bad Urach ihn 1982 wegen Unterschlagung des gemäß baden-württembergischen Schatzregals[15] dem Land zustehenden Schatzes zu einer Geldstrafe verurteilt hatte[16] und sowohl seine dagegen gerichtete Berufung durch das Landgericht Tübingen[17] als auch seine Revision vom OLG Stuttgart verworfen worden waren, erhob er Verfassungsbeschwerde wegen Verstoßes gegen Artikel 14 (Eigentum) und 103 Absatz 2 GG (Verbot rückwirkender Strafgesetze). Das BVerfG stellte darauf in seinem Beschluß vom 18. Mai 1988[18] fest, daß die Länder bestimmen könnten, daß kulturhistorisch oder wissenschaftlich bedeutsame Funde, die herrenlos sind oder deren Eigentümer nicht ermittelt werden können, mit ihrer Entdeckung in das Eigentum der öffentlichen Hand fallen. Ein solches Schatzregal, das in den Dienst des Denkmalschutzes gestellt werde, verstoße weder gegen Artikel 14 GG noch gegen andere verfassungsrechtliche Bestimmungen.

2. Im Mittelpunkt des medienträchtigsten und damit bekanntesten Falles einer gerichtlichen Auseinandersetzung dieser Art aber stand der **Münzschatz von Dreisen**[19] (Rheinland-Pfalz): Im Juni 1989 war ein 28jähriger Pfälzer im Kellergeschoß seines schon zur Verbergungszeit im Familieneigentum stehenden elterlichen Wohnhauses[20] in der Gemeinde Dreisen mit Umbauarbeiten beschäftigt. Als er eine mehrere hundert Jahre alte Steinmauer eingerissen hatte, entdeckte er dahinter drei Steinzeuggefäße, die mit insgesamt 2696 Gold- und Silbermünzen gefüllt waren. Deren Wert wurde später gutachterlich mit etwa 230000 DM angegeben. Der Entdecker übergab seinen Fund im gleichen Monat dem Historischen Museum Speyer zum Zwecke der wissenschaftlichen Bearbeitung für einen voraussichtlichen Zeitraum von sechs Monaten. Im Anschluß teilte das Kultusministerium dem Finder mit, daß man davon ausgehe,

---

15 B-W § 23: *Bewegliche Kulturdenkmale, die herrenlos sind oder die so lange verborgen gewesen sind, daß ihr Eigentümer nicht mehr zu ermitteln ist, werden mit der Entdeckung Eigentum des Landes, wenn sie bei staatlichen Nachforschungen oder in Grabungsschutzgebieten entdeckt werden oder wenn sie einen hervorragenden wissenschaftlichen Wert haben.*

16 Urteil vom 11. März 1982 -3 Ds 333 a- b/81.

17 Urteil vom 21. November 1983 -3 Nd 77/82.

18 BVerfGE 78, S. 205 ff.; JZ 1988, S. 915 ff.; DVBl. 1988, S. 839 ff.; NJW 1988, S. 2593 ff.; JuS 1989, S. 490 ff.

19 STUTZMANN 1991, S. 1278 ff.; ders. 1993, Seite 1242 ff.; ders. 1995, S. 36 ff.; ders. 1996, S. 60/61; SCHULZKI, S. 46 f.

20 EBERL, Nr. 2, S. 10 ist der Ansicht, daß allein dieser Umstand die Münzen nicht zu einem Schatzfund, sondern zu einem gewöhnlichen Fund im Sinne vom § 965 BGB gemacht hätte.

daß der Fund dem rheinland-pfälzischen Schatzregal[21] unterläge, so daß dieser mit der Entdeckung Eigentum des Landes geworden sei und bot ihm einen Finderlohn in Höhe von 50000 DM an. Er lehnte dies ab und klagte auf Herausgabe. Das Landgericht Mainz[22] gab ihm im Oktober 1993 mit der Begründung recht, daß der Schatz nicht dem Schatzregal unterliege, da er nicht wissenschaftlich wertvoll sei, was sich aus einem eingeholten Gutachten ergeben hatte. Im September 1994 vermochte sich das Oberlandesgericht Koblenz[23] dieser Auffassung nicht anzuschließen, so daß es der Berufung des Landes stattgab und ihm den Schatz zusprach. Der Bundesgerichtshof[24] hat im November 1995 beschlossen, die Revision des Entdeckers nicht anzunehmen, woraufhin sich dieser mit der angebotenen Anerkennung zufrieden gab.

3. Gegenstand von gerichtlichen Auseinandersetzungen waren aber auch Dinge, die gemeinhin nicht als Schatz betrachtet würden, wie etwa die **Fossilien von Meisenheim**: Ein Fachpräparator hatte ein Gewerbe für Fossiliengrabung, Präparation und Handel angemeldet. Als Miteigentümer eines Grundstücks in Meisenheim (Rheinland-Pfalz) wollte er dort Fossilien bergen und anschließend verkaufen. Nachdem die Grube bis zu einem Niveau ausgehoben war, in dem gewöhnlicherweise bedeutende Fossilien zu finden sind, führte die Denkmalfachbehörde ohne dessen Kenntnis und Zustimmung an den folgenden Tagen dort eigene Grabungen durch, bei der mehrere Fossilien geborgen wurden. Der Präparator klagte daraufhin u.a. auf Herausgabe der Fossilien. Sowohl das Verwaltungsgericht Mainz[25] als auch das Oberverwaltungsgericht Koblenz[26] hielten die Klage für unbegründet, da das Land durch sein Schatzregal das Eigentum an den Fossilien besitze. Das BVerwG[27] führte in seinem Urteil vom 21. November 1996 aus, daß Fossilienfunde nicht unter den traditionellen Begriff des Schatzregals fielen. Der Landesgesetzgeber könne daher keine bisher unbekannten Regalien begründen. Dies sei aber vorliegend auch nicht notwendig, da Regelungen über erdgeschichtliche Funde entweder zum Denkmalschutzrecht, für das dem Land die Gesetzgebungskompetenz zustehe oder zum Naturschutzrecht, für das keine abweichende bundesgesetzliche Regelung bestehe, gehörten. Soweit bürgerlich-rechtliche Fragen geregelt würden, bestünden keine entgegengesetzten bundesgesetzlichen Regelungen.

---

21 R-P § 19a Denkmalschutz- und pflegegesetz: *Funde, die herrenlos sind oder die so lange verborgen waren, daß ihr Eigentümer nicht mehr zu ermitteln ist, werden mit der Entdeckung Eigentum des Landes, wenn sie von besonderem wissenschaftlichen Wert sind oder bei staatlichen Nachforschungen oder in Grabungsschutzgebieten (§ 22) entdeckt werden.*

22 Urteil vom 29. Oktober 1993 -7 0 290/91-.

23 Urteil vom 16. September 1994 -8 U 1801/93-.

24 Beschluß vom 13. November 1995 -II ZR 238/94-.

25 Urteil vom 22. Mai 1992 -2 K 284/91-.

26 OVG Koblenz BauR 1994, S. 217 ff.

27 BVerwG NJW 1997, S. 1171 ff.; DVBl. 1997, S. 435 ff.

4. Ebenso wie Fossilien hätte man gewöhnlich wohl auch den **Mühlstein von Bitburg** nicht als Schatz bezeichnet: Am Fundort im Bereich eines ehemaligen römischen Kastells hatte man 1987 mit Ausschachtungsarbeiten begonnen. Als Mitarbeiter des Landesmuseums Sondierungsgrabungen vornahmen, stießen sie auf einen römischen Mühlstein, der sich mit einem Drittel seiner Fläche knapp unterhalb von mittelalterlichen Mauerresten befand. Mit der Grundstückseigentümerin wurde schriftlich vereinbart, daß der Stein zur wissenschaftlichen Bearbeitung als Leihgabe in das Landesmuseum verbracht werden sollte. Als sie im darauffolgenden Jahr um Rückgabe bat, berief sich das Land auf sein Schatzregal und beanspruchte damit das Eigentum für sich. Die Grundstückseigentümerin hatte mit ihrer Klage vor dem Verwaltungsgericht Trier Erfolg. Dieses führte in seinem Urteil[28] aus, der Mühlstein sei aufgrund seiner Lage wesentlicher Bestandteil des Grundstücks gewesen, womit er dessen rechtliches Schicksal teile und Eigentum der Klägerin sei. Daher sei für die Anwendung des Schatzregals kein Raum. Das Oberverwaltungsgericht Koblenz[29] beurteilte die Lage des Steines entgegengesetzt und sprach ihm die Eigenschaft eines wesentlichen Bestandteils ab. Dem etwaigen Leihvertrag könne das Land sein Eigentum kraft Schatzregals entgegenhalten. Das Bundesverwaltungsgericht hat die Revision der Klägerin mit Beschluß vom 15. August 1996 zurückgewiesen.

III. Anwachsen des Fundaufkommens

Der entscheidende Faktor für die gestiegene Bedeutung des Schatzregals ist aber schließlich der immense Anstieg der Anzahl von Entdeckungen. Die Einführung von Schatzregalen und die sich daraus ergebenden Rechtsstreitigkeiten sind nur als Reaktion auf dieses Phänomen zu verstehen. Nicht zuletzt wurden die Landeshaushalte durch die Zunahme potentiell anzukaufender bzw. zu enteignender Entdeckungen vor eine Herausforderung gestellt.[30] Schätze werden insbesondere zufällig bei den sich häufenden Baumaßnahmen[31] bzw. Restaurierungen von historischen Gebäuden oder aber absichtlich bei der mit technischen Hilfsmitteln unterstützten Schatzsuche[32] entdeckt.

1. Die sich nach der Vereinigung von 1990 auch im Beitrittsgebiet häufenden Sanierungsmaßnahmen in historischen Gebäuden fördern immer wieder **Zufallsfunde** in Form von etwa aus Münzen bestehenden Schätzen zutage, die die ursprünglichen Bewohnern in Decken, Wän-

---

28 Urteil vom 20. Januar 1993 -5 K 1077/90-.

29 Urteil vom 8. Mai 1996 -8 A 12613/94.OVG.-.

30 EBERL, Nr. 1, S. 4.

31 Bereits 1907 bemerkte KIRSCH, S. 169: *Alle diese rührigen Arbeiten in und über der Erde erklären es, daß die Zahl der Münzfunde, die jährlich im Gebiet des Deutschen Reiches zutage gefördert werden, gegenüber der Vergangenheit im Wachsen begriffen ist.*

32 Vergleiche dazu HÜBLER, S. 1 ff.

den oder in den Kellern während gefährlicher Zeiten verborgen hatten, in denen sie zusammen mit ihrem Wissen um das Versteck umgekommen waren. Ein anschauliches Beispiel für die Behandlung eines solchen Fundes in einem Land ohne Schatzregal bietet der **Münzschatz von Herborn** in Hessen:[33] Auf einem Grundstück gegenüber dem Rathaus in Herborn wurden im Oktober 1984 im Rahmen der Altstadtsanierung umfassende Baumaßnahmen vorgenommen. In dem über die Erdoberfläche hinausragenden alten Gewölbekeller entdeckte der Grundstückseigentümer zunächst nur eine Verfärbung des Bodens, der aber dann an dieser Stelle einen Tontopf mit 10 Gold- und 1056 Silbermünzen und somit den größten nach 1945 in Hessen geborgenen Münzschatz freigab. Der Entdecker nahm Kontakt zum städtischen Archiv auf, um dort gleichzeitig mit der Meldung seine Befürchtungen bezüglich der Eigentumsrechte zu äußern. Diese konnten mit Hinweis auf die gesetzliche Lage in Hessen, die kein Schatzregal vorsieht, sondern § 984 BGB und damit die Halbteilung zwischen Entdecker und Eigentümer der bergenden Sache unberührt läßt, zerstreut werden. Der in seiner Person zusammenfallende Entdecker und Grundstückseigentümer durfte sich mithin als Alleineigentümer des Schatzes fühlen. Derart beruhigt übergab er die Münzen zur wissenschaftlichen Bearbeitung dem Hessischen Landesamt für geschichtliche Landeskunde. Nach der Bestimmung und Verfilmung wurden die Münzen partienweise an den Einlieferer zurückgegeben, so daß dieser seinen Schatz im wesentlichen gegen Endes des Jahres 1985 gereinigt und bestimmt wieder in Händen hielt.

2. Nicht immer aber sind Schatzfunde ausschließlich dem Zufall zu verdanken. Insbesondere die zunehmende Verbreitung von Metallsuchgeräten hat dazu geführt, daß eine **gezielte Schatzsuche** nach Objekten aus Metall möglich wurde. Ursprünglich waren es in Deutschland stationierte US-amerikanische Soldaten, die sich in ihrer Freizeit mit Minensuchgeräten auf die Suche nach archäologischen Gegenständen machten. Später kamen aber auch Geräte für den zivilen Gebrauch auf den Markt, die es gestatten, Metallgegenstände wie Münzen, Waffen und ähnliches im Boden zu orten. Goldfunde bilden dabei die Ausnahme, vielmehr wird zumeist Silber, Bronze und Eisen zu Tage gefördert. Für die Geräte wird gezielt mit dem Hinweis auf die „Schatzsuche“ geworben. Die Schatzsucher selbst stehen meist der Ablehnung durch die staatliche Archäologie gegenüber. Dabei wird vor allen Dingen geltend gemacht, daß diese beim Ausgraben der Funde den umgebenden Befund und damit die historische Aussagekraft des Fundortes zerstörten. Archäologen versuchen dem entgegenzuwirken, indem sie an bekannten Fundstellen Metallsplitter oder Kugeln verstreuen, um so die Schatzsucher durch eine Vielzahl von „falschen“ Signalen zu entmutigen. Zudem wird die Bevölkerung aufgerufen, angetroffene Sondengänger zu melden.

---

[33] Siehe zum ganzen KLÜSSENDORF Herborn, S. 4 ff.

Der spektakulärste durch Schatzsucher in Deutschland entdeckte Fund ist der römische **Goldschatz von Trier:**[34] Bei Bauarbeiten für ein Parkdeck wurde im September 1993 unter anderem eine römische Kelleranlage freigelegt. Bei anschließenden Bauarbeiten wurde mit der Baggerschaufel ein mit über 2570 Goldmünzen gefülltes Bronzegefäß zerrissen. Es handelte sich um den größten je gefundenen aus Aurei bestehenden Münzschatz der römischen Kaiserzeit. Der Aushub mit einem Teil des Schatzes gelangte an zwei verschiedene Stellen, wo er jeweils von den Abraum absuchenden Sondengängern entdeckt wurde, die daraufhin auch die Baustelle aufsuchten und dort den Rest bargen. Der Schatz war anschließend in kürzester Zeit auf 19 Personen verteilt worden. Dadurch, daß einer der insgesamt neun Sucher den Fund meldete, konnte die Spur des Schatzes verfolgt werden, so daß ihn das Land in Anwendung seines Schatzregals bis auf etwa 50 Stücke in Besitz nehmen konnte.

§ 3 Methodik

I. Stand der Forschung

1. Die Veröffentlichungen zur Thematik des Schatzregals sind an Zahl derart gering, daß es dieser Umstand erlaubt, sie einzeln aufzuführen. Die letzten umfassenden juristischen Auseinandersetzungen mit dem Thema dürften in **Dissertationen des 17. und 18. Jahrhunderts** stattgefunden haben. Die jüngste ist dabei wohl die des CHRISTOPH GOTTFRIED GOLL aus dem Jahre 1774, in der er sich bereits im Titel der Problematik stellte, *Ob die Schätze im heutigen deutschen Recht zu den Regalien des Fiskus zu rechnen sind?* Diese Frage verneinte er im Zeitalter der Aufklärung im Gegensatz zu ENGELBERT VON DER BURG, der in seiner Dissertation *Von der Natur der Schätze und dem Rechte der Fürsten an denselben* ein Jahrhundert zuvor (1667) unter den Vorzeichen des Absolutismus noch zum entgegengesetzten Ergebnis gefunden hatte. Nahezu gleichzeitig (1670) sprach sich JOHANN ERASMUS SEIFFART in *Von den Schätzen und ihrem Erwerb* grundsätzlich für das römische Recht aus und lehnte ein lediglich aus dem Gewohnheitsrecht herrührendes Schatzregal ab, erkannte die ausdrücklich positiv bestimmten Regelungen aber an.

2. Im 19. Jahrhundert verschwindet mit dem Schatzregal auch die juristische Beschäftigung mit der Thematik. Diese flammte erst zum Umbruch in das 20. Jahrhundert wieder auf, als im Zusammenhang mit der **Diskussion anläßlich der Einführung des BGB** und seines Schatzfundparagraphen 984 eine erneute Einführung eines Schatzregals erörtert wurde. Der Kieler Professor und Nordist MAX PAPPENHEIM sprach sich in seinem Aufsatz *Der Eigentumserwerb an Althertumsfunden* (1903)[35] ebenso wie in seinem Gutachten für den Deutschen Juristentag

---

[34] Vergleiche zum ganzen GILLES, S. 13/14.

[35] PAPPENHEIM JherJb, S. 141 ff.

1904 *Empfiehlt es sich reichsrechtlich oder landesrechtlich dem Staate ein Vorrecht an Altertumsfunden zu gewähren?* [36] erfolgreich gegen die Einführung eines Schatzregals aus.

3. Die Publikationen zum Schatzregal beschränken sich dann zunächst nur noch auf **rechtshistorische Betrachtungen zu Beginn des 20. Jahrhunderts**, etwa in KARL ZEUMERS *Der begrabene Schatz im Sachsenspiegel* (1901) oder ERNST ECKSTEINS *Das Schatz- und Fundregal und seine Entwicklung in den deutschen Rechten* (1910), auf die sich für den deutschen Bereich im wesentlichen auch der Direktor des British Museum in London, SIR GEORGE HILL (1867–1948), in *Treasure Trove in Law and Practice from the Earliest Time to the Present Day* (1936) stützt.

4. Die Einführung von Schatzregalen in beiden deutschen Staaten blieb zunächst weitgehend unkommentiert. Erst die Entscheidung des Bundesverfassungsgerichtes von 1988[37] hat die **Diskussion nach dem 2. Weltkrieg** erneut belebt. Der jetzige Heidelberger Universitätsprofessor KLAUS-PETER SCHRÖDER setzte sich 1989 in Reaktion auf das Urteil in seinem Aufsatz *Grundgesetz und Schatzregal* [38] sehr kritisch mit dieser Vorschrift auseinander und sprach den entsprechenden Regelungen die Verfassungsmäßigkeit ab. Nach der sich bereits im gleichen Jahr abzeichnenden Vereinigung der beiden deutschen Staaten stand in den neuen Ländern die Entscheidung an, ob man Schatzregale einführen oder es bei der Regelung des § 984 BGB belassen sollte. In dieser Auseinandersetzung meldete sich der auch staatliche Denkmalschutz publizistisch zu Wort, der vor allem bestrebt war, einerseits die durch das Bundesverfassungsgericht bestätigte verfassungsrechtliche Unbedenklichkeit der entsprechenden Vorschriften herauszustellen und andererseits SCHRÖDERS Bedenken entgegenzutreten. In diesem Sinne ist auch der Aufsatz des damaligen wissenschaftlichen Assistenten der Universität Tübingen HANNES LEHMANN *Das Schatzregal: Antiquierte Begrifflichkeit oder moderne Gesetzestechnik?* (1991)[39] zu verstehen, eine Frage, die er ebenso im letzeren Sinne beantwortete wie der rheinland-pfälzische Ministerialrat ERNST-RAINER HÖNES in seinen Aufsätzen *Das Schatzregal* (1992)[40] und *Das Schatzregal im Dienste des Denkmalschutzes* (1994).[41] Auch der bayerische Landeskonservator ERWIN KELLER schloß sich dem in seinem veröffentlichten Vortrag *Überlegungen zur Einführung eines Schatzregals in das Bayerische Denkmalschutzgesetz* (1993)[42] zunächst an, revi-

---

36 PAPPENHEIM DJT, S. 3 f.

37 BVerfGE 78, S. 205 ff.; JZ 1988, S. 915 ff.; DVBl. 1988, S. 839 ff.; NJW 1988, S. 2593 ff.; JuS 1989, S. 490 ff.

38 SCHRÖDER K.-P., S. 676 ff.

39 LEHMANN H., S. 73 ff.

40 HÖNES DÖV, S. 425 ff.

41 HÖNES NuR, S. 419 ff.

42 KELLER DI, S. 7 ff.

dierte jedoch später seine Ansicht.[43] Ohne sich dabei ausschließlich dem Schatzregal zu widmen, setzte sich NIKLOT KLÜSSENDORF vom Hessischen Amt für geschichtliche Landeskunde in zahlreichen Aufsätzen auch mit historischen Schatzfundregelungen, insbesondere im hessischen und mecklenburgischen Raum auseinander und äußerte sich dabei wiederholt kritisch zu den bestehenden Regelungen der Regalländer.[44]

II. Zielsetzung und Gang der Untersuchung

1. Die Betrachtung nimmt eine **Begrenzung des Untersuchungsgegenstandes** dahingehend vor, daß sie sich im wesentlichen auf den obrigkeitlichen bzw. staatlichen Eigentumserwerb an Schatzfunden beschränkt. Fragen des allgemeinen Schatzrechtes und damit insbesondere der Erwerb von Privaten stehen dagegen nicht im Vordergrund, sondern dienen allenfalls als Illustration des Gegenmodells. Damit sind etwa Fragen, wer Entdecker eines Schatzes ist, unter welchen Voraussetzungen die Entdeckung auch für andere Personen wirken kann, wie es sich mit Folgefunden verhält, das Verhältnis von Miteigentümern untereinander gestaltet ist oder es sich gar mit Entdeckungen in derelinquierten Grundstücken verhält,[45] nicht Gegenstand der folgenden Ausführungen. Auch interessant erscheinende Nebenthemen wie das Kirchenschatzregal und damit der verfassungsrechtliche Schutz kirchlichen Eigentums in seiner öffentlichen Funktion, aber auch essentielle Fragen wie die nach den weitreichenden Konsequenzen der hier vertretenen Verfassungswidrigkeit der landesrechtlichen Schatzregale hätten den Rahmen dieser Arbeit gesprengt und müssen ggf. späteren Untersuchungen vorbehalten bleiben.

2. Noch im **ersten Teil** sollen die Begriffe Schatz, Regal und Schatzregal eingehender bestimmt und abgegrenzt werden. Die Kenntnis der Termini und ihrer inhaltlichen Bedeutung sind sowohl Voraussetzung für das Verständnis der historischen Zusammenhänge wie auch der gegenwärtigen Diskussion.

3. Der rechtsgeschichtliche **zweite Teil** nimmt bereits deshalb einen verhältnismäßig umfassenden Raum ein, weil er als Ausgangspunkt ein über zweitausend Jahre zurückliegendes Datum wählt. Ihrer scheinbaren Gegenwartsferne zum Trotz vermitteln die Betrachtungen jedoch durchaus auch aktuelle Einsichten. Das Schatzregal steht in einer Traditionskette, deren Glieder sich nicht ohne Verständniseinbußen lösen lassen. Die drängenden Probleme der Gegenwart ergeben sich vielfach gerade aus der Historizität des geltenden Rechts und können bereits

---

43 KELLER FestS PETZET, S. 430.

44 Insbesondere KLÜSSENDORF Mabillons Spur, S. 391 ff.; ders. Verordnungen, S. 174 ff.

45 HERWARTH VON BITTENFELD, S. 1 f.; LÜBBECKE, S. 1 f; SCHEINHÜTTE, S. 1 f.; KNOSSALLA, S. 1 f.; VON STAUDINGER-GURSKY, § 984, Rz. 15.

deswegen nicht ahistorisch gelöst werden. Es kann daher nicht überraschen, wenn in der aktuellen Auseinandersetzung um das Schatzregal der mangelnde rechtsgeschichtliche Bezug kritisiert wird.[46] Die beiden Konstruktionen zur Eigentumsordnung an Schatzfunden sind als Antworten auf bestimmte historische Ordnungsprobleme entstanden, ohne daß ihr Anlaß oder Kontext in den Gesetzestext eingegangen wäre, worin der formale Grund ihrer Dauerhaftigkeit und Anpassungsfähigkeit liegt. Dessenungeachtet treffen sie ihre materielle Regelung unter selbstverständlicher Zugrundelegung der zum Zeitpunkt ihrer Entstehung bestehenden Verhältnisse und Überzeugungen. Historische Veränderungen machen sich dabei nicht immer im Text der Norm bemerkbar, sondern im Wandel ihrer Funktion, die das Schatzregal in einer Bandbreite von der profanen Einnahmequelle bis hin zum denkmalschützenden Instrument ausüben sollte. Die rechtsgeschichtliche Darstellung führt lediglich kompilatorisch illustrierende Beispiele für die jeweils gültige Gesetzeslage auf, die keinen Anspruch auf Vollständigkeit erheben können. Der rechtliche Partikularismus in Mittelalter und früher Neuzeit müßte eine solches Ansinnen ohnehin scheitern lassen. Da detaillierte Untersuchungen auf diesem Feld, welche die regulierten Einzelfälle einschlössen, noch für nahezu alle Landschaften ausstehen, ist bereits auf den dringend erforderlichen Transfer zwischen den beteiligten Fachrichtungen hingewiesen worden.[47] Die (Boden-) Denkmalpflege und ihre Geschichte waren in diesem Zusammenhang nur soweit zu berücksichtigen, als sie ein Motiv für den staatlichen Eigentumserwerb darstellte, was wohl frühestens seit dem 17. Jahrhundert anzunehmen ist.

4. Der **dritte Teil** widmet sich den bestehenden Regelungen und zeigt dabei ihre unmittelbare Entstehungsgeschichte auf. Die Einführung der Schatzregale wird anhand der Gesetzgebungsmaterialien, Ausschußprotokolle und Landtagsdebatten dargestellt. Die Bestimmungen der einzelnen Bundesländer werden in der Folge in der Vielfalt ihrer stark variierenden Tatbestandsmerkmale erläutert. Anschließend folgt eine verfassungsrechtliche Überprüfung der Schatzregale, insbesondere unter den Gesichtspunkten der Gesetzgebungskompetenz und der Vereinbarkeit mit Grundrechten.

5. Der letzte und **vierte Teil** befaßt sich schließlich nach einer Zusammenfassung mit dem Schatzregal unter rechtspolitischen Gesichtspunkten. Er wird seine Zweckmäßigkeit ebenso beleuchten, wie seine tatsächlichen Auswirkungen.

---

46 LEHMANN H., S. 82, Fußnote 4.

47 KLÜSSENDORF Verordnungen, S. 176 und Fußnote 13.

§ 4 Begriffsbestimmungen

Ähnlichen Wandlungsprozessen wie die Normen selbst unterliegen auch die dogmatischen Begriffe. In ihnen sucht die Rechtswissenschaft die Bedeutungsfülle eines vom Gesetzgeber verwandten Worts zu erfassen und so die Rechtsanschauung von jeweils neuer Inhaltsbestimmung zu entlasten.[48] Die Begriffe Schatz, Regal und ihr Kompositum Schatzregal geben ihre Bedeutungen nicht oder nur scheinbar auf den ersten Blick preis, die im übrigen im Laufe der Zeit deutliche Veränderungen erfahren haben.

I. Schatz

1. Das wohl verbreitetste **allgemeine Verständnis** des Begriffes Schatz ist dasjenige als angehäufte Menge oder Ansammlung von kostbaren Dingen mit hohem Materialwert, insbesondere Schmuck, Edelsteine, Gegenstände aus edlem Metall (Münzen) und ähnliches, die nicht zum täglichen Gebrauch, sondern zum Aufheben bestimmt ist. Es liegt weithin in der Metapher-Natur des Begriffes Schatz, daß die Ausdrucksweise in begrifflicher Sprache nicht die einzig erschöpfende für den Sachverhalt sein kann.[49] Derart werden mit ihm zahlreiche weitere Bedeutungen verbunden.[50]

2. Für das juristische Verständnis in den deutschen Rechten ist der **Begriff des Schatzes (thesaurus) im römischen Recht** grundlegend:

a. Das römische Wort für Schatz, das meist als *thesaurus*, gelegentlich auch als *thensaurus* überliefert wird, findet seine **Herkunft** ursprünglich im Griechischen, wo es zunächst einen Ort, an dem Kostbarkeiten aufgehoben wurden und später überhaupt jeden Vorrat von Dingen bezeichnete.[51] Wie im heutigen Sprachgebrauch fehlte ihm auch damals schon eine allgemein verbindliche und akzeptierte Begrenzung seines Inhaltes und Umfanges.[52]

---

48 GRIMM D., S. 9.

49 WALTNER-KALLFELZ, S. 13.

50 Als Schatz werden etwa auch Dinge bezeichnet, deren Wert sich nicht aus ihrem Material, sondern aus ihrer Seltenheit ergibt (Bücherschatz, Kulturschatz, Kunstschatz, Museumsschatz, Altertumsschatz). Für die Verwendung des Begriffes Schatz ist es jedoch nicht notwendig, daß er einen tatsächlichen (Geld-) Wert hat, es genügt etwas, das seinem Besitzer viel wert ist, was zu besitzen ihm viel bedeutet. Schatz kann aber auch ein nicht materielles, sondern wertvolles geistiges Gut, bzw. wertvoller Bestand an geistigen Gütern sein (Erfahrungsschatz, Schatz an Erinnerungen, Wortschatz, Märchenschatz, Sagenschatz, Vokabelschatz, Volksliedschatz, Zitatenschatz). Vergleiche zum ganzen Gebrüder GRIMM, Sp. 2274 ff.; KLAPPENBACH/STEINITZ, S. 3174; DROSDOWSKI, S. 2896; WAHRIG, S. 525/526.

51 FRANZKE, S. 1/2; BRAUN, S. 1; VOGEL, S. 1; PETERMANN, S. 3.

52 RENTEL, S. 23; FRANZKE, S. 2; ANDRÉ, S. 14.

b. Der **Anlaß für die Begriffsbestimmung** und damit die ersten Bemühungen, diesen Mißstand zu beheben und den Schatzbegriff im römischen Recht schärfer zu umreißen, dürften in dem Zeitabschnitt unmittelbar nach dem Fall der Republik zu suchen sein. Die Begleitumstände dieser krisenhaften Situation haben wohl dazu geführt, daß in größerer Zahl Wertsachen zum Schutz vor Plünderung vergraben wurden,[53] die zurückblieben, als die alten Eigentümer von ihrem Grund vertrieben wurden. In jenen Zeiten, in denen der bewegliche Reichtum regelmäßig in Edelmetall bestand, und die Rolle der Banken relativ gering war, zwangen ständige Kriege und Unruhen dazu, dieses zu verbergen.[54] Die derart in den Boden gelangten Wertsachen scheinen für den Gesetzgeber Anlaß genug gewesen zu sein, einerseits den Mangel an einer festgelegten Bedeutung des Begriffes Schatz zu empfinden und andererseits eine Rechtfertigung für den Erwerb durch die Staatskasse oder die kaiserliche Privatschatulle, also ein Schatzregal, zu konstruieren. Eine dahingehende gesetzliche Vorschrift setzte aber gleichzeitig eine Legaldefinition des Schatzbegriffes voraus.

c. Das überlieferte Recht enthält dazu nach heutiger Kenntnis drei **Definitionen römischer Autoren**: Die erste stammt von dem spätrömischen Klassiker IULIUS PAULUS (160–224 n. Chr.) in dem 31. Buch seines Kommentars zum praetorischen Edikt.[55] Er versteht unter Schatz *Wertsachen, die vor so langer Zeit verborgen wurden, daß sich niemand mehr an sie erinnert und sie dadurch keinen Eigentümer mehr haben.*[56] Eine im Codex Theodosianus enthaltene Konstitution der Kaiser GRATIAN (367–383), VALENTINIAN II. (375–392) und THEODOSIUS (379–395) aus dem Jahr 380[57] definiert ihn als *von unbekannten Eigentümern vor alter Zeit verborgene Kostbarkeiten.*[58] Die dritte Begriffsbestimmung rührt schließlich von einem Gesetz über den Schatzfund der Kaiser LEO II. (474) und ZENO (474–491) aus dem Jahre 474 n. Chr. her,[59] das Aufnahme in den Codex Iustinianus gefunden hatte und den Schatz als *von unbekannten Eigentümern vor alter Zeit verborgene bewegliche Sachen*[60] begreift.

---

53 ANDRÉ, S. 14 ist der Ansicht, die Römer hätten viel häufiger als in späteren Zeiten mangels anderer Sicherheitsmittel Kostbarkeiten in gefährlichen Zeiten eingegraben.

54 Vergleiche NÖRR, S. 19.

55 PAULUS, Digesten, 41. Buch, 1. Titel: de aquirendo rerum dominio (Vom Erwerb des Eigentums an Sachen), 31, § 1: *Thesaurus est vetus quaedam deposito pecuniae, cuius non extat memoria, ut jam dominum non habeat* (...).

56 Eigene (freie) Übersetzung, eine ältere findet sich bei OTTO/SCHILLING/SINTENIS IV, S. 263.

57 Codex Theodosianus, 10. Buch, 18. Titel: De thesauris (Von den Schätzen), Nr. II.: (...) *thesauros, condita ab ignotis dominis tempore vetustiore monilia,* (...).

58 Eigene (freie Übersetzung), eine englische findet sich bei PHARR, S. 283.

59 Codex Iustinianus, 10. Buch: De iure fisci (Vom Recht des Fiskus), 15. Titel: De thesauris (Von den Schätzen): (...) *thesaurum, (id est condita ab ignotis dominis tempore vetustiore mobilia)* (...).

60 Eigene (freie) Übersetzung. Vergleiche auch die Übersetzung bei HÄRTEL/KAUFMANN, S. 219.

d. Die sich inhaltlich teils deckenden, teils aber auch widersprechenden Textstellen sprechen folgende **Schatzmerkmale** im römischen Recht an:

aa. Zunächst stellt der **Sachwert** eine entscheidende Eigenschaft dar. Das von PAULUS verwendete Wort *pecuniae* war grundsätzlich im Sinne von gemünztem Geld zu verstehen. Diese Bedeutung erweist sich in Bezug auf den Schatzfund jedoch als zu eng, vielmehr ist darunter insoweit jegliche Sache von Vermögenswert gemeint.[61] Diesen erweiterten Sinn bestätigen die Digesten: Nach HERMOGENIANUS[62] umfaßt der Begriff *nicht nur gemünztes Geld, sondern alle Sachen, wie bewegliche, unbewegliche und körperliche Sachen sowie Rechte.*[63] Auch DOMITIUS ULPIANUS (170–228) legt den Wortsinn entsprechend großzügig aus.[64] Seiner Auffassung zufolge umfaßt der Begriff *nicht lediglich gemünztes Geld, sondern Kostbarkeiten im allgemeinen, also alle körperlichen Sachen; denn niemand wird bezweifeln, daß auch die körperlichen Sachen unter den Begriff ‚pecuniae' fallen.*[65] Der Wechsel von der Benutzung des Wortes *pecunia* (Geld) bei der Stelle des PAULUS zugunsten von *monilia* (Kostbarkeiten) im ansonsten insoweit wortgleichen Codex Theodosianus läßt sich damit erklären, daß in früheren Zeiten die Horte regelmäßig aus Umlaufmünzen bestanden, während in späteren Zeitaltern Edelmetall nicht nur zu Zahlungsmitteln geprägt, sondern auch zu wertvollem Schmuck verarbeitet wurde.[66] Das Gemeinsame der Schatzgegenstände *pecunia* und *monilia* ist jedenfalls ihre Kostbarkeit, ihr Wert. Dieser ist mithin im römischen Recht als ein bedeutendes Merkmal für die Eigenschaft einer Sache als Schatz zu betrachten.

bb. Die **möglichen Verbergungsobjekte** waren auf bewegliche Sachen begrenzt. Die aufgeführten Quellen wählen ausschließlich derartige Schatzgegenstände *(pecunia, mobilia, monilia)*. Immobilien fielen demnach nicht unter den Begriff, sondern teilten als Bestandteil des Bodens *(pars fundi)* dessen rechtliches Schicksal.[67] Die aus dem Codex Theodosianus in das Corpus

---

61 LANGEWORT, S. 6; HILL, S. 5/6; FRANZKE, S. 16; HAHN, S. 10; GIEN, S. 2; STRICKER, S. 13; VOGEL, S. 8; PETERMANN, S. 4; MÜLLER, S. 8; MANSFELD, S. 11; STRICKER, S. 13; RENTEL, S. 23; a.A. LIEBRECHT, S. 12; KÜBLER, Sp. 8.

62 HERMOGENIANUS, Digesten, 50. Buch, 16. Titel: de verborum significatione (Von der Bedeutung der Worte), 222: *‚Pecuniae' nomine non solum numeratam pecunia, sed omnes res, tam soli, quam mobiles et tam corpora quam iura continentur.*

63 Eigene (freie) Übersetzung, eine ältere findet sich bei OTTO/SCHILLING/SINTENIS IV, S. 1257.

64 ULPIANUS, Digesten, 50. Buch, 16. Titel: de verborum significatione (Von der Bedeutung der Worte), 178: *‚Pecuniae' verbum non solum numeratam pecuniam complicetur, verum omnem omnino pecuniam, hoc est omnia corpora: nam corpora quoque pecuniae appelatione contineri nemo est qui ambiget.*

65 Eigene (freie) Übersetzung, eine ältere findet sich bei OTTO/SCHILLING/SINTENIS IV, S. 1247.

66 BONFANTE Corso, S. 97.

67 RENTEL, S. 23.

iuris fast wörtlich übernommene Definition des Schatzes erfuhr eine Veränderung insoweit, als sich *monilia* (Kostbarkeiten) in *mobilia* (bewegliche Sachen) wandelte. Dabei handelte es sich wohl nicht um einen Schreibfehler, sondern um eine absichtliche[68] Änderung. Diese sollte aber kaum eine Abstandnahme von dem Erfordernis des Wertes, sondern vielmehr eine Hervorhebung der beweglichen Sache in Form einer Ergänzung darstellen.[69]

cc. Auch bewegliche Sachen konnten als **Verbergungsort** von Schätzen fungieren. In den römischen Quellen werden allerdings hauptsächlich Begriffe benutzt, die Immobilien kennzeichnen, wie *fundus*[70] (Grund), *terra*[71] (Erde), *ager*[72] (Acker), *solum*[73] (Boden), *praedium*[74] (Landgut), *locus*[75] (Ort). Allein der Begriff *locus* läßt auch noch an bewegliche Sachen denken. Dennoch ist davon auszugehen, daß auch in Mobilien gefundene Wertsachen Schätze sein konnten.[76] Tatsächlich findet sich in den Quellen keine Bestimmung, wonach die bergende Sache eine Immobilie sein mußte. Ein Gesichtspunkt von dieser Bedeutung hätte aber wohl Erwähnung gefunden.[77] Wiederum darf man annehmen, daß nur der häufigste Fall genannt ist, so daß kein Unterschied zwischen einer beweglichen oder unbeweglichen Sache als schatzbergendem Ort gemacht wurde.[78]

---

68 André, S. 13; Schneider, S. 8; Müller, S. 8.

69 Langewort, S. 7; Hahn, S. 11; Mahnke, S. 9; André, S. 9; Gien, S. 4/9; Vogel, S. 8; Hill, S. 7 gibt zu bedenken, daß es andererseits wohl kaum eines solchen besonderen Hinweises bedurft hätte.

70 Tryphoninus, Digesten, 41. Buch, 1. Titel: de acquirendo rerum dominio (Vom Erwerb und Verlust des Besitzes), 63, § 2.

71 Paulus, Digesten, 41. Buch, 1. Titel: de aquirendo rerum dominio (Vom Erwerb des Eigentums an Sachen), 31, § 1; Tryphoninus, Digesten, 41. Buch, 1. Titel: de acquirendo rerum dominio (Vom Erwerb und Verlust des Besitzes), 63, § 3.

72 Tryphoninus, Digesten, 41. Buch, 1. Titel: de acquirendo rerum dominio (Vom Erwerb und Verlust des Besitzes), 63, § 4.

73 Codex Theodosianus, 10. Buch, 18. Titel: De thesauris (Von den Schätzen), Nr. II.; Institutionen, 2. Buch, 1. Titel: de rerum divisione (Über die Einteilung der Sachen), § 39.

74 Tryphoninus, Digesten, 41. Buch, 1. Titel: de acquirendo rerum dominio (Vom Erwerb und Verlust des Besitzes), 63, § 2.

75 Institutionen, 2. Buch, 1. Titel: de rerum divisione (Über die Einteilung der Sachen), § 39; Papinian, Digesten, 41. Buch, 2. Titel: de acquirenda vel amittenda possessione (Vom Erwerb und Verlust des Besitzes), 44.

76 Langewort, S. 12; Matthiae, S. 23; Dolezych, S. 52; Müller, S. 17; Gien, S. 19; André, S. 20; Schleiss, S. 21; Mahnke, S. 18; Stricker, S. 17; Petermann, S. 12; Liebrecht, S. 12.

77 Rentel, S. 34; Franzke, S. 29; Müller, S. 16.

78 Franzke, S. 30; Hahn, S. 13; Herbig, S. 27; Mansfeld, S. 16; Rentel, S. 34.

dd. PAULUS unterscheidet einige vergrabene Wertgegenstände abhängig von ihrem **Verbergungsmotiv** vom Schatz: *Wenn jemand aber etwas unter der Erde wegen des Gewinnes, aus Furcht oder um es aufzubewahren verborgen hat, so ist dies kein Schatz; es kann daher auch ein Diebstahl daran begangen werden.*[79] Tatsächlich wird aber ein derartiges Depot regelmäßig dadurch zum Schatz, daß der Vergräber in der von ihm befürchteten Gefahr umkommt und seine Angehörigen den Ort des Versteckes nicht kennen.[80] Der Grund für das Verbergen einer Sache war mithin kein Kriterium für ihre Schatzeigenschaft.[81]

ee. Die **Verbergungshandlung,** also die Art und Weise, in der die Wertsachen verborgen wurden, war für die Schatzeigenschaft ohne Bedeutung. *Deposito* ist die Handlung des Hinlegens oder Weglegens, während *condita* Sachen beschreibt, die (aktiv) verborgen wurden, also nicht nur verborgen sind. Beide Begriffe implizieren damit eine Handlung in Form eines - strenggenommen absichtlichen - Weglegens oder Versteckens. Tatsächlich aber wird man den Begriff eher als illustrierend denn als begrenzend verstehen müssen, da es in vielen Fällen nicht nachvollziehbar gewesen sein wird, wie die Sache, sei es willentlich oder etwa durch Naturkatastrophen, verborgen wurde.[82] Wie die Verborgenheit zustandekam, war mithin ohne Belang, so daß es im römischen Recht lediglich darauf ankam, daß der Schatz - wie auch immer - menschlicher Kenntnis entzogen worden war.[83]

ff. Die Formulierung *ab* (...) *dominis* (von den Eigentümern) legt nahe, daß die **Person des Verbergenden** eines Depots der Eigentümer gewesen sein mußte. Ob dem so war, wird sich kaum haben feststellen lassen. Man wird daher davon ausgehen dürfen, daß hier lediglich der am häufigsten vorkommende Fall Erwähnung fand, der den einer Verbergung durch einen Unberechtigten nicht ausschloß, so daß etwa das gestohlene Objekt ebenso zum Schatz werden konnte, wie das von seinem Eigentümer verborgene.[84]

---

79 PAULUS, Digesten, 41. Buch, 1. Titel: de aquirendo rerum dominio (Vom Erwerb des Eigentums an Sachen), 31, § 1: (...) *alioquin si quis aliquid vel lucri vel metus vel custodiae condiderit sub terra, non est thensaurus: cuius etiam furtum fit*; KÜBLER, Sp. 8 führt dazu aus: *Bei lucri causa ist an Diebe oder Räuber zu denken, die ihre Beute in Sicherheit bringen wollen, bei metus an feindlichen Einfall, bei custodia an einen Fall, wie er im Trinummus des PLAUTUS behandelt wird.*

80 MAYER-MALY Erblosigkeit, S. 486.

81 A.A. KÜBLER, Sp. 8.

82 ANDRÉ, S. 16/17; Matthiae, S. 18; MAHNKE, S. 11; FRANZKE, S. 22/23.

83 LANGEWORT, S. 7; ANDRÉ, S. 14/15; HAHN, S. 12; GIEN, S. 14; VON JAGOW, S. 6; STRICKER, S. 15; MAHNKE, S. 11; PETERMANN, S. 5; SCHLEISS, S. 19.

84 MAHNKE, S. 10/11; VOGEL, S. 11; BRAUN, S. 14, Fußnote 9; MÜLLER, S. 10/11; FRANZKE, S. 25; ANDRÉ, S. 15.

gg. Abweichend vom vorstehenden war jedoch bei PAULUS ein **Eigentumsverhältnis im Zeitpunkt der Auffindung** derart bestimmt, daß keines mehr am Schatz bestehen sollte *(dominum non habet)*. Wurde einerseits also lediglich die Unkenntnis vom Eigentümer *(ab ignotis dominis)* gefordert, so war auf der anderen Seite das Erlöschen des Eigentums erforderlich. Eine derartige Herrenlosigkeit wird sich jedoch in der Praxis kaum haben beweisen lassen. Daß die Familie eines Verbergenden in allen Linien ausgestorben und damit kein Erbe mehr vorhanden wäre, erscheint eher unwahrscheinlich. Derart unbekannte und unbestimmte Rechte waren jedoch im römischen Recht nicht zu berücksichtigen.[85] Wenn PAULUS hier die Herrenlosigkeit des Objektes als Folge des Fehlens der Erinnerung an den Eigentümer betrachtet, dürfte dies für eine Rechtsordnung mit anerkannter Universalsukzession Schwierigkeiten bereitet haben.[86] Diese Einsicht hat sogar soweit geführt, daß ein Interpolationsverdacht gegen die überlieferte Fassung der Definition erhoben wurde.[87] Es dürfte demnach genügt haben, daß der Eigentümer lediglich unbekannt war.

hh. Gemeinsam ist allen Definitionen das Merkmal der **Verbergungsdauer**; der Schatz mußte lange Zeit verborgen gewesen sein *(cuius non extat memorial tempore vetustiore)*. Die Zeitspanne sollte derart bemessen sein, daß nicht mehr festgestellt werden konnte, von wem die Sache verborgen wurde, also ein Kausalzusammenhang zwischen Schatzalter und Ungewißheit über den Eigentümer bestand. Dieser Nexus setzte - ohne daß eine bestimmte Zeitspanne genannt werden könnte[88] - jedenfalls die Vermutung voraus, daß dieser nicht mehr lebte.[89] Anderenfalls handelte es sich nicht um einen Schatz, sondern um einen gewöhnlichen Fund.[90]

---

85 FRANZKE, S. 36.

86 MAYER-MALY Erblosigkeit, S. 485.

87 Vergleiche dazu KÜBLER, Sp. 8.

88 BRAUN, S. 13, Fußnote 8; ANDRÉ, S. 17; HERBIG, S. 28; VOGEL, S. 14; MÜLLER, S. 11; RENTEL, S. 28; SCHNEIDER, S. 26.

89 HILL, S. 9; KIRSCH, S. 170 zu § 984 BGB: (...) *im Streitfalle wird es einer tatsächlichen Feststellung und eines billigen Ermessens des Gerichts darüber bedürfen, ob die Verborgenheit lange genug gewährt hat* (...).

90 VOGEL, S. 14.

e. Zusammenfassend ergibt sich damit folgende **Definition**: Im römischen Recht war ein Schatz eine bewegliche Wertsache, die derart lange menschlicher Kenntnis entzogen war, daß dadurch der Eigentümer, dem sie zum Zeitpunkt der Auffindung gehört, nicht zu ermitteln war.[91]

3. In Deutschland erfolgt die **Übernahme dieses Schatzbegriffes im Mittelalter** im Zuge der Rezeption als gemeines Recht. In der nach 1325 entstandenen Glosse zum Landrecht des Sachsenspiegels erlaubt es die Formulierung indes noch nicht, einen Unterschied zum gewöhnlichen Fund zu erkennen, wenn es dort lautet: *Wisse zum ersten, was ein schatz heisse: Ein schatz ist eigentlich zu reden nichts anders, denn verborgen geld eines Herren, von dem niemands kein wissenschafft hat.*[92] Es fehlt zudem der Zusammenhang zwischen Verbergungszeit und Unkenntnis vom Eigentümer. Schließlich scheint der Begriff *pecunia* allzu wörtlich als *geld* übernommen worden zu sein. Das Eisenacher Rechtsbuch läßt derartige Unklarheiten am Ende des 14. Jahrhunderts nicht mehr aufkommen, wenn es ausführt: *Darauf ist zu wissen, was Schatz sei, auf daß man dies umso besser verstehen könne. Der Schatz ist Gut oder Geld, dessen von altersher niemand gedenkt. Hiervon ist dies gesprochen und nicht von Gut oder Geld, wovon man wohl weiß, wem es gehört.*[93] Derartige Eindeutigkeit läßt die *Reformacion der statt Nüremberg* von

---

91 Dies darf jedoch nicht darüber hinwegtäuschen, daß in den Quellen vielfach Schätze vorkommen, die im strengen Sinne gar keine waren und selbst viele Juristen das Wort nicht mit der rechtstechnischen Präzision verwendeten. Regelmäßig wird dabei dem allgemeinen Sprachgebrauch entsprechend ausschließlich auf den Sachwert abgestellt, obwohl der Eigentümer bekannt war und/oder die Wertgegenstände nur kurze Zeit verborgen waren: LABEO/JAVOLEN, Digesten, 34. Buch, 2. Titel: De auro, argento, mundo, ornamentis, unguentes, veste vel vestimentis et statuis legatis (Von dem Vermächtnis an Gold und Silber, weiblichem Gerät, Schmuck, Salben, Gewebe oder Gewändern), 39, § 1: *LABEO hingegen behauptet, dasjenige, was bei ihm niedergelegt worden, sei dann darunter zu verstehen, wenn es zu einer einstweiligen Verwahrung niedergelegt worden sei, und nicht zu einer immerwährenden, wie ein Schatz* (...). (Übersetzung nach OTTO/SCHILLING/SINTENIS III, S. 540); POMPONIUS, Digesten, 10. Buch, 4. Titel: ad exhibendum (Von der Klage auf Herausgabe),15: *Mein Schatz ist in deinem Grundstück vergraben und du gestattest mir nicht, ihn auszugraben.* (Übersetzung nach BEHRENDS/KNÜTEL/KUPISCH/SEILER II, S. 860/861); ULPIAN, Digesten, 10. Buch, 2. Titel: Familiae erciscunctae (Von der Erbteilungsklage), 22: *Ferner schreibt LABEO, daß ein Erbe, der einen vom Erblasser hinterlassenen Schatz ausgräbt, mit der Erbteilungsklage haftet, auch wenn er mit einem außenstehenden Mitwisser geteilt hat.* (Übersetzung nach BEHRENDS/KNÜTEL/KUPISCH/SEILER II, S. 814); PAPINIAN, Digesten, Buch 41, 2. Titel: de acquirenda vel amittenda possessione (Vom Erwerb und Verlust des Besitzes), 44: *Jemand der eine große Reise vorhatte, verbarg Geld, um es zu verwahren, in der Erde, als er zurückgekehrt den Ort, wo der Schatz stand, weil er sich dessen nicht erinnerte, nicht finden konnte, so ist die Frage erhoben worden, ob er aufgehört habe, das Geld zu besitzen,* (...) (Übersetzung nach OTTO/SCHILLING/SINTENIS IV, S. 296).

92 KROESCHELL II, S. 218/219, der den Text nach einer Ausgabe GÄRTNERS von 1732 wiedergibt.

93 Nach der Übertragung in RONDI, S. 205 f.

1489 wieder vermissen. Danach *häißt aigentlich ein schatz das von unbekannte und unwissenden also verporgen ist.*[94] Im Layenspiegel von 1512 wird ein Schatz *im rechten genennt: Als so ain gelt lange Zeit verborgen gelegen, unnd sein rechter herr nyemandts wissentlich ist.*[95] Trotz einiger unvollständiger Übersetzungen bzw. Interpretationen wird demnach doch deutlich, daß der Begriff des Schatzes im Mittelalter mit dem *thesaurus* des römischen Rechtes identisch ist.

4. Auch in der **Neuzeit** bleibt der Schatzbegriff des römischen Rechts weitgehend unberührt.

a. Dies zeigt sich insbesondere in den **vernunftrechtlichen Kodifikationen**. Nach dem Allgemeinen Preußischen Landrecht (A.L.R.) werden unter Schätzen in § 74 des Ersten Teils, Neunten Titels *alle Sachen von einigem Werthe verstanden, die über oder unter der Erde verborgen liegen, in so fern der Eigentümer derselben unbekannt ist.* Diese Definition enthält die ausdrückliche positive Bestimmung, daß die Sache einigen Wert[96] haben muß, läßt aber den Hinweis auf den Kausalnexus zwischen Verbergungszeit und Unkenntnis vom Eigentümer ebenso vermissen, wie eine deutliche Abgrenzung zum Fund. Letzteres gilt etwa auch für das Badische Landrecht von 1809, das die entsprechende Bestimmung des code civil über den Schatzfund ins Deutsche überträgt (Satz 716). Danach ist Schatz *jede verborgene Sache, woran niemand ein Eigentum darthun kann, und deren Dasein durch blosses Ungefähr entdeckt wird.* Ungewöhnlich ist, daß die Schatzeigenschaft auch von den Fundumständen abhängt, indem absichtlich gesuchte und gefundene Objekte ausgeschlossen werden. Eine Begriffsbestimmung, die dem römischen Vorbild dann auch in den Details gerecht wird, findet sich aber im Allgemeinen Bürgerlichen Gesetzbuch Österreichs von 1811 (§ 398): *Bestehen die entdeckten Sachen in Geld, Schmuck oder anderen Kostbarkeiten, die solange in Verborgenheit gelegen haben, daß man ihren vorigen Eigentümer nicht mehr erfahren kann, so heißen sie ein Schatz.* Ähnlich wie im A.L.R. wird auch hier ein gewisser Wert der Sache verlangt, der durch die Aufzählung bestimmter Schatzgegenstände unterstrichen wird. Dem Wortlaut nach bleibt dies für das Sächsische Bürgerliche Gesetzbuch (SBGB) zweifelhaft, wenn es in § 233 unter Schatz *eingemauerte, vergrabene oder sonst verborgene Sachen* (...), *deren Eigentümer wegen der Länge der Zeit nicht ausgemittelt werden kann,*(...) versteht.

b. Auf dem Weg zum **Bürgerlichen Gesetzbuch** spiegeln sich diese Unsicherheiten wider:

aa. Im Rahmen der **Vorberatungen** lehnte sich der Entwurf der 1. Lesung zu § 928 BGB deutlich an die Bestimmung des SBGB an, wenn er den Schatz als *eingemauerte, vergrabene oder sonst verborgene Sache* (...) *begreift, welche so lange Zeit verborgen war, daß der Eigentümer*

94 Köbler Nürnberg, S. 385.

95 Hill, S. 69.

96 Braun, S. 53 und Daude, S. 96 erwähnen, daß insoweit 10 Taler, Müller, S. 8, daß später 100 Taler vorgeschlagen wurden.

nicht mehr zu ermitteln ist (...). Die Motive zum ersten Entwurf des BGB[97] sprechen sich wie der code civil und das SBGB gegen das Werterfordernis der Schatzsache aus. Dies ist der einzige Punkt, in dem sich das deutsche BGB nicht auf den Standpunkt des römischen Rechtes stellt. Nach dem Wortlaut des 1. Entwurfes war es indes fraglich, ob eine nicht durch Menschenhand und -willen in Verborgenheit geratene Sache als Schatz betrachtet werden konnte. Daher sollte nach dem Entwurf der 2. Lesung (§ 898) anstelle der Aufzählung gesetzt werden: *wird eine Sache, die so lange verborgen gelegen hat, daß der Eigentümer nicht mehr zu ermitteln ist.*[98]

bb. Diese Begriffsbestimmung wurde in die **Endfassung** des BGB in § 984 übernommen und hat bis heute unverändert Gültigkeit. Auch nach dem BGB muß es sich beim Schatz um eine bewegliche Sache im Sinne des § 90 BGB handeln.[99] Dies ergibt sich bereits aus der Stellung des § 984 im 3. Abschnitt und 3. Titel des Sachenrechts über den Erwerb und Verlust des Eigentums an beweglichen Sachen.[100] Immobilien wie Bauwerke, Bauwerksteile oder etwa ein fest mit dem Grund und Boden verbundener Mosaikfußboden[101] fallen mithin nicht unter den Schatzbegriff.[102] Sie gehören als wesentliche Bestandteile eines Grund-

---

97 Motive, S. 390.

98 Protokolle, S. 273: *Der Antrag 1 stellt für den Begriff des Schatzes lediglich darauf ab, daß die Sache verborgen gelegen hat, während nach dem Wortlaute des Entwurfes die Sache von dem früheren Besitzer verborgen sein muß, so daß also z.B. eine nur verlorene Sache nicht unter den Begriff des Schatzes fallen würde.*

99 MüKo-Quack, § 984, Rz. 1; von Staudinger-Gursky, § 984, Rz. 1; Blens-Vandieken, S. 14; Dörner, S. 27.

100 Hönes Denkmalrecht, § 19a, Rz. 12; Blens-Vandieken, S. 14.

101 Blens-Vandieken, S. 15.

102 von Staudinger-Gursky, § 984, Rz. 1; RGRK-Pikart, § 984, Rz. 2; Scheinhütte, S. 5; a.A. Wieling Enzyklopädie, § 11 VI 2 a. Daß diese Frage durchaus aktuell sein kein, beweist eine Meldung vom 5. Februar 2001: *Kulturministerium: Darstellung der Eigentumsfrage der Römerfunde falsch: Der Sprecher des Ministeriums für Kultur, Jugend, Familie und Frauen, Dr. Rüdiger Schlaga, wies die heute in der Allgemeinen Zeitung in dem Artikel mit der Überschrift ‚Lotharpassage – Zukunft des Isis-Tempels sicher' vollzogene Eigentumszuschreibung des Isis-Tempels in der Mainzer Lotharpassage auf das Land als falsch zurück. Schlaga erklärte: ‚Das Land begrüßt sicherlich die am Freitag gefundene einvernehmliche Lösung hinsichtlich des beabsichtigten Umgangs mit der in der Lotharpassage vorgefundenen Tempelarchitektur. Zur Frage des Eigentums der Funde muss jedoch einiges zurecht gerückt werden. Nicht das Land ist Eigentümer des Mauerwerks, sondern entsprechend der gesetzlichen Regelungen ist dies die Grundstückseigentümerin, die MAG. Die Regelung im rheinland-pfälzischen Denkmalschutz- und –pflegegesetz über das so genannte Schatzregal, wonach herrenlose Funde oder solche Funde, deren Eigentümer nicht mehr ermittelbar ist, mit der Entdeckung Eigentum des Landes werden, gilt nur für bewegliche Fundgegenstände. Mit Grund und Boden fest verbundenes Mauerwerk kann dagegen als wesentlicher Grundstücksbestandteil nicht Gegenstand besonderer Eigentumsrechte sein; es geht stets mit dem Grundstückseigentum einher und liegt daher auch in diesem Fall bei der MAG. (...)'* (abrufbar unter: http://www.mkjff.rlp.de/aktuell/archiv.php3?quartal=1&jahr=2001#anch23).

stücks[103] oder Gebäudes[104] gemäß § 94 Absätze 1, 2 BGB dem jeweiligen Grundstückseigentümer. Sie sind derart nicht sonderrechtsfähig, sondern teilen notwendig die dingliche Rechtslage der ganzen Sache und gehören damit schon vor ihrer Entdeckung dem Eigentümer des Grundstücks, in dem sie verborgen waren.[105] Die schatzbergende Sache kann auch eine bewegliche sein, wie etwa das Geheimfach eines alten Möbelstückes.[106] Eine Verbergungstätigkeit eines Menschen ist nicht notwendig, so daß auch verschüttete oder versunkene Sachen Schatz sein können.[107] Es muß jedoch ein Kausalzusammenhang zwischen dem Zeitpunkt der Verbergung und der Unkenntnis vom Eigentümer bestehen.[108] Besondere Anforderungen an den Wert stellt das BGB nicht, so daß § 984 den Schatz nicht auf Geld, Wertsachen oder Kostbarkeiten beschränkt.[109] Der Begriff des Schatzes stimmt demnach mit demjenigen im römischen und im gemeinen Recht mit Ausnahme des Werterfordernisses überein.

II. Regal

Trotz seiner Bedeutung hat der Begriff „Regal" keine neuere zusammenfassende Darstellung erfahren.[110]

1. Die **Herkunft des Wortes** leitet sich von dem lateinischen *regalis* (königlich) ab, daß wiederum von *rex* (König) abstammt. Der Begriff beschreibt damit zunächst ein dem König, später dem Staat zustehendes Hoheitsrecht.[111]

2. Der **Anlaß für die Begriffsbestimmung** und damit die Geburtsstunde eines besonderen Regalienbegriffes liegt im Investiturstreit. Als man geistliche und weltliche Rechte voneinander schied, legte man fest, was bislang Rechte des Königs waren und bleiben sollten. Für diesen nunmehr selbständigen und säkularisierten Bereich der weltlichen Gewalt wurde Regalien ein

---

103 DÖRNER, S. 27 zählt beispielhaft Höhlen, Ringwälle, Grabhügel, Reste antiker Wasserleitungen, gemauerte Brunnen und in den Hang eingegrabene Töpferöfen auf.

104 DÖRNER, S. 28 zählt zudem beispielhaft (immer noch in das Gebäude eingefügte) Mosaikfußböden und Wandkacheln auf.

105 BLENS-VANDIEKEN, S. 30; SCHNEIDER, S. 1; HENNINGS, S. 3.

106 VON STAUDINGER-GURSKY, § 984, Rz. 1; RGRK-PIKART, § 984, Rz. 3; DÖRNER, S. 27; HÖNES Denkmalrecht, § 19a, Rz. 35; BLENS-VANDIEKEN, S. 15; DÖRNER, S. 30 zählt zudem beispielhaft Koffer, Lederpolster und Sofas auf.

107 MüKo-QUACK, § 984, Rz.1; RGRK-PIKART, § 984, Rz. 5; BLENS-VANDIEKEN, S. 16.

108 VON STAUDINGER-GURSKY, § 984, Rz. 4; RGRK-PIKART, § 984, Rz. 6.

109 MüKo-QUACK, § 984, Rz.1; RGRK-PIKART, § 984, Rz. 4.

110 HÄGERMANN LexMA, S. 556.

111 DROSDOWSKI, S. 2729.

terminus specialis.[112] Die erste klare Gesamtdefinition bieten die Verhandlungen zwischen Kaiser und Papst von 1111, wonach die Regalien unter anderem die hohen öffentlichen Ämter, die wichtigsten finanziellen Rechte und Herrschaftsrechte über die Städte, Herzogtümer, Markgrafschaften, Grafschaften, Münzen, Zoll, Marktrecht, Reichsvogteien, Hochgerichtsrechte, Reichshöfe mit Ministerialen und den königlichen Burgen[113] umfaßten. Der Begriff der Regalien wurde wenig später in dem den Investiturstreit beendigenden Wormser Konkordat von 1122 als *regalia* oder *jura regalia* erwähnt und beschreibt dort zunächst allgemein die zum Teil aus dem fränkischen Königtum überkommenen Vorrechte des Königs, die diesem als Träger der obersten Gewalt ausschließlich zustanden und die er der Kirche als weltliches Oberhaupt erteilte *(iuribus temporaliis)*.[114]

3. Die **moderne Ausprägung** als Inbegriff staatlicher Hoheitsrechte erhält der Terminus aber erst infolge der Rezeption des römisch-weltlichen, insbesondere des spätantiken Kaiserrechts; erst dann erfolgt auch die Festlegung bestimmter Regalien.[115] Mangels entsprechender rechtlicher Begriffsbildung war im Hochmittelalter zunächst noch nicht inhaltlich zwischen privat- und öffentlich-rechtlichen Befugnissen zu differenzieren, die ihren erkennbaren Zusammenhang lediglich in der Person des Königs als ihres Trägers fanden.[116] Die Constitutio de regalibus des Reichstages von Roncaglia von 1158 enthält dann entsprechend auch nur eine sehr unsystematische und wohl nur kasuistische bis beispielhafte Aufzählung der dem König zustehenden, vorwiegend ertragreichen Rechte, darunter Straßen und Flüsse, Zölle, Münze, Strafgefälle, Anspanndienste, Silbergruben, aber auch Pfalzen und Güter von Majestätsverbrechern sowie schließlich auch der Schatz, um die von den Städten usurpierten Einzelrechte des Königs zu sichern. Die Funktion dieser differenzierten Regalrechte ist wesentlich wirtschaftlich-finanzieller, nicht staatsrechtlicher Natur.[117]

4. Mit der vollen Ausbildung der Landesherrschaft zur Landeshoheit und der fortschreitenden Zerbröckelung der Reichsgewalt erfolgte eine stetige **Verlagerung und Vermehrung der Regalien**. Sie wurden mehr und mehr durch Übertragungen oder Usurpation auf die Landesherren konzentriert.[118] Die Goldene Bulle Kaiser Karls IV. von 1356 weist zahlreiche Regalien

---

112 Besl, S. 963.

113 *Regalia id est civitates, ducatus, marchias, comitatus, monetas, teloneum, mercatum, advocatias regni, iura centurionum et curtes, quae manifesti regni erant, cum pertinentiis suis, militiam et castra regni.*

114 von Gierke Privatrecht, S. 396; Vergleiche von Staudinger-Kriegbaum[12], Artikel 73 EGBGB, Rz. 2; Leisner, S. 698.

115 Hägermann LexMA, S. 556.

116 Leisner, S. 698; Neumark, S. 1209.

117 Besl, S. 964.

118 Wegener, Sp. 474; von Gierke Privatrecht, S. 397.

(Salz-, Juden-, Zoll- und Münzregal) ausdrücklich den Kurfürsten zu und legalisierte damit lediglich einen schon längst tatsächlich bestehenden Zustand. Spätestens seit der Wahlkapitulation Kaiser KARLS V. von 1519 stehen auch den übrigen Landesherren ursprünglich königliche Regalien unbestritten zu und werden in der Folgezeit regelmäßig bestätigt.[119] Es fand sodann eine stetige Steigerung und Vermehrung der Regalien[120] statt, wobei bei dem Ausbau alter und der Erfindung neuer Regalien finanzielle Zwecke die Hauptrolle spielten, die in der Wechselbeziehung von Absolutismus und Regalismus sogar ein „Münzfälschungsregal" zu rechtfertigen schienen.[121] Die Regalien wurden neben den Dömanen und Steuern eine selbständige Einkommensquelle des Herrschers.[122] Sie wurden aber auch von den Juristen benutzt, um ihre Theorie vom Umfang der Staatsgewalt auszubilden.[123] Die Regalherren waren somit durchweg bemüht, die Legalität der von ihnen ausgeübten Vorrechte nicht nur aus tatsächlichen, sondern auch aus rechtlichen Verhältnissen herzuleiten.[124]

5. Unter dem Einfluß der Souveränitätslehre und des Staatsbegriffes JEAN BODINS ging man im 16. Jahrhundert indes dazu über, diese mit dem Begriff der Majestät (*Summa potestas*; Souveränität) zu begründen und das eigentliche Wesen der Staatsgewalt in einer mit dem Dasein des Staats gegebenen unveräußerlichen und unteilbaren höchsten Macht zu erblicken. Derart führte **die staatsrechtliche Verwertung der Lehre von den Regalien** alsbald zur Differenzierung in zwei wesensverschiedene Gruppen:

a. Man unterschied zunächst die dem Staat seinem Begriff nach zustehenden, grundsätzlich unveräußerlichen und unteilbaren Majestäts- oder spezifischen Hoheitsrechte im Sinne einer *summa potestas*, die **höheren Regalien** *(Regalia maiora* oder *essentialia).* Diese umfassen etwa Hoheitsrechte der äußeren (Krieg und Frieden, Bündnisrecht, Gesandschaftsrecht etc.) und der inneren Gewalt (Gesetzgebung, Privilegienerteilung, Gründung von Hochschulen etc.).[125]

b. Zunehmend wurden aber auch nutzbare Privatrechte verstaatlicht, so daß auch rein vermögensrechtliche Befugnisse unter den Begriff aufgenommen wurden und als sogenannte **niedere Regalien** *(Regalia minora* oder *accidentialia,* später *regalia in specie),* vom Staate mehr zufällig erworbene eigentlich nutzbare Gerechtsame, aus denen dem König und damit dem Reich Ein-

---

119 WEGENER, Sp. 474.

120 NEUMARK, S. 1210 Fußnote 1 (rechte Spalte) weist auf die Ansicht KLOCKS hin, wonach es in der ersten Hälfte des 17. Jahrhunderts 400 Regalien gegeben haben soll.

121 NEUMARK, S. 1211: *Die Herrscher brauchen Einnahmen, die Finanzpolitiker weisen ihnen den Weg dazu.*

122 NEUMARK, S. 1211.

123 VON GIERKE Privatrecht, S. 397.

124 NEUMARK, S. 1209.

125 WEGENER, Sp. 475.

nahmen zuflossen, für veräußerlich erklärt wurden.[126] Da sie den Zweck hatten, für den Staat eine Einkommensquelle zu sein, nennt man sie auch Finanzregalien.[127] Es handelte sich dabei vor allem um das Jagd-, Fischerei-, Forst-, Strom-, Straßen-, Berg-, Salz-, Boden-, Strand- und eben das Schatzregal.[128] Die niederen Regalien konnten ebenso wie teilweise die höheren Regalien an die anderen Fürsten oder Adligen, aber auch Städten, Gemeinden, Zünften und Grundherren usw. verliehen werden,[129] die oft im Gegenzug zum Recht der Ausübung einen Teil der Erlöse an das Reich bzw. den König abzuführen hatten.[130] Sie waren dann teilweise übertragbar und vererblich, sie konnten aber auch bei Mißbrauch wieder eingezogen werden oder bei längerer Nichtausübung erlöschen.[131]

6. Aus dem System von Regalien bildeten sich einzelne zu steuerähnlichen Abgaben heraus, bei anderen trat der „polizeiliche" Charakter vor den fiskalischen.[132] Seit der Mitte des 18. Jahrhunderts findet sich bei der Behandlung der Regalien immer mehr die Betonung des „öffentlichen Interesses" und die Erkenntnis der Bedeutung eines Staatssteuersystems.[133] Das Vordringen des Kritizismus (Kant) und des Liberalismus (Smith) mündete in einen Antiregalismus.[134] Seit der Französischen Revolution war der **Niedergang der Regalien** nicht mehr aufzuhalten. Schon im ersten Drittel des 19. Jahrhunderts wurden viele der kleineren Regalien aufgehoben. In der Folge war das Vordringen des parlamentarischen Steuerbewilligungsrechtes mit dem Bestreben, die Regalabgaben zu beseitigen, verbunden. Derart hatte sich der Komplex im 19. Jahrhundert nahezu aufgelöst und erschien schon vor dem Ende des Kaiserreiches bis auf einen *bescheidenen Rückstand* als ein Terminus von *lediglich historischer Bedeutung*.[135] Bei der Behandlung des geltenden Rechts wurde der Regalität, als eines überflüssig gewordenen Begriffs, *nicht mehr Erwähnung getan*.[136]

---

126 Neumark, S. 1209; von Gierke Privatrecht, S. 396; von Staudinger-Kriegbaum[12], Artikel 73 EGBGB, Rz. 3.

127 Bluntschli, S. 552.

128 von Staudinger-Kriegbaum[12], Artikel 73 EGBGB, Rz. 3.

129 von Staudinger-Kriegbaum[12], Artikel 73 EGBGB, Rz. 2.

130 von Staudinger-Kriegbaum[12], Artikel 73 EGBGB, Rz. 3.

131 von Staudinger-Kriegbaum[12], Artikel 73 EGBGB, Rz. 3.

132 Neumark, S. 1210.

133 Neumark, S. 1211.

134 Neumark, S. 1211.

135 Leisner, S. 699/700.

136 Neumark, S. 1213.

7. Das **moderne Verständnis des Rechtsbegriffs der Regalien** wendet ihn auf staatliche Hoheitsrechte nicht mehr an und umfaßt nur noch die niederen oder nutzbaren Regalien, das heißt die Regalien im engeren Sinne *(regalia in specie)*.[137] Diese werden als öffentlich-rechtlich entstandene, inhaltlich aber privatrechtliche Befugnisse verstanden.[138] Sie teilen sich in zwei Gruppen:

a. Die **gewerblichen Regalien** verleihen dem Staat das ausschließliche Recht zu einer bestimmten Erwerbstätigkeit, die prinzipiell auch Gegenstand eines privaten Gewerbebetriebes sein könnten.[139] Dazu gehörten das Post- und Telegrafenregal als reichsrechtliche Regale, sowie die Tabak-, Branntwein-, Salzhandels- und Spielkartenhandelsregale.[140] Durch die in § 1 Gewerbeordnung ausgesprochene Gewerbefreiheit sind sie heute ohne Bedeutung.

b. Die **grundherrschaftlichen Regalien** verleihen dem Staat das ausschließliche Recht auf gewisse Nutzungen, die ursprünglich im Grundeigentum enthalten waren,[141] wie etwa das Berg-, Salz-, Jagd-, Fischerei-, Bernstein-, Flößerei-, Fähr- oder Mühlenregal.[142] Zu den grundherrschaftlichen Regalien wurde auch das Schatzregal gezählt.[143]

8. Im Lauf der geschichtlichen Entwicklung bis zur Gegenwart ist derart ein immer stärkerer Abbau der Regalrechte eingetreten, so daß **die aktuelle Bedeutung der Regalien** heute gering ist und sie nur noch nach Artikel 73 EGBGB mit der Tendenz fortbestehen, aufgehoben zu werden oder bei Nichtausübung zu erlöschen.[144]

9. Demnach ergibt sich folgende **Definition**: Unter Regalien im engeren Sinne sind die dem Herrscher oder dem Staat nach öffentlichem Recht zustehenden, inhaltlich privatrechtlichen Befugnisse zu solchen übertragbaren Nutzungen zu verstehen, die bestimmte Gewerbetätigkeiten betrafen oder ursprünglich im Grundeigentum enthalten waren.

---

137 SOERGEL-HARTMANN, Artikel 73 EGBGB, Rz. 1; RGZ 80, S. 19 (24); VON GIERKE Privatrecht, S. 399.

138 VON GIERKE Privatrecht, S. 401.

139 VON GIERKE Privatrecht, S. 401.

140 VON STAUDINGER-KRIEGBAUM[12], Artikel 73 EGBGB, Rzn. 7, 29, 30; VON GIERKE Privatrecht, S. 401.

141 VON GIERKE Privatrecht, S. 400.

142 VON STAUDINGER-KRIEGBAUM[12], Artikel 73 EGBGB, Rz. 9.

143 VON GIERKE Privatrecht, S. 401.

144 VON STAUDINGER-KRIEGBAUM[12], Artikel 73 EGBGB, Rz. 3.

1. Die Kombination der für die Begriffe „Schatz" und „Regal" ermittelten Definitionen erlaubt es alleine noch nicht, diejenige des Schatzregals festzulegen. Diese **Schwierigkeit einer allgemeinen Begriffsbestimmung** findet ihre Ursache in erster Linie darin, daß die Literatur den Begriff sehr extensiv verwendet und ihn auf einen Komplex von Normen ausdehnt, die sich teilweise stark voneinander abheben. Derart findet er allgemein ebenso Anwendung auf den ausdrücklich zu Zwecken der Prachtentfaltung entwickelten Anspruch absolutistischer Fürsten auf entdeckte Kostbarkeiten, wie auf den in den Denkmalschutzgesetzen aus Gründen des Allgemeinwohles festgelegten Eigentumserwerb der Länder an gegebenenfalls auch materiell wertlosen Kulturfunden. Bestrebungen, letztere mit dem Begriff „Archäologisches Regal" oder „Altertumsregal" zu belegen, haben sich nicht durchgesetzt.[145] Diese Bestimmungen heben sich indes nicht nur inhaltlich, sondern auch hinsichtlich ihrer Entstehungszeit deutlich etwa von den Schatzansprüchen der römischen Kaiser ab. Dies hat die Autoren aber nicht davon abgehalten, selbst von einem *römischen Schatzregal*[146] zu sprechen. Die weite Auslegung des Begriffes erscheint nicht unproblematisch, wenn eine antike Norm mit der erst im Mittelalter entwickelten Bezeichnung „Regal" angesprochen wird oder die von den aktuellen Schatzregalen erfaßten archäologischen Objekte, die - wie gesehen - auch einmal Mühlsteine oder Fossilien sein können, mit dem Begriff „Schatz" in Verbindung gebracht werden.

2. Trotz aller Differenzen können bezüglich der historischen wie auch der bestehenden Bestimmungen einige **gemeinsame Merkmale der Schatzregale** ausgemacht werden: Inhaber des Schatzregals war zunächst der König, später der Staat. Es wurde den Landesherren und sonstigem Adel verliehen oder von diesen usurpiert. Anders als bei verschieden anderen Regalien scheinen Verleihungen an Privatpersonen nicht stattgefunden zu haben. Es bietet sich daher an, die Inhaber des Schatzregals unter dem Begriff der Obrigkeit zusammenzufassen.[147] Die historischen Schatzregale erfassen vorwiegend materiell wertvolle Sachen, während die zeitgenössischen meist auf einen wissenschaftlichen Wert abstellen, der jedenfalls in den Streitfällen regelmäßig gleichzeitig mit einem hohen Sachwert auftritt. Als Erfordernis ist damit - nicht zwingend alternativ - ein materieller oder wissenschaftlicher Wert zu fordern. Als geeignete Objekte eines Schatzregals kommen bei den modernen Schatzregalen neben Schätzen auch herrenlose Sachen in Frage, also solche, die nie einen Eigentümer hatten (z.B. Fossilien) oder

---

145 Vergleiche LEHMANN H., S. 80.

146 ECKSTEIN, S. 196.

147 LEHMANN H., S. 80 spricht von einem *Vorbehalt zugunsten des jeweiligen Souveräns.*

an denen das Eigentum aufgegeben (derelinquiert) worden ist. Da indes nach h. M. auch auf herrenlose Sachen von wissenschaftlichem Wert die Bestimmungen über den Schatzfund anzuwenden sind,[148] besteht auch insoweit kein Anlaß, vom Begriff des Schatzregals in Bezug auf den Begriffsbestandteil „Schatz“ Abstand zu nehmen.

3. Demnach ergibt sich abschließend folgende **Definition**: Unter dem Begriff des Schatzregals ist der obrigkeitliche Anspruch auf das Eigentum an beweglichen Sachen von materiellem oder wissenschaftlichem Wert zu verstehen, die solange verborgen waren, daß ein Eigentümer nicht (mehr) zu ermitteln ist.

---

148 MüKo-Quack, § 984, Rdz. 1; von Staudinger-Gursky, § 984, Rz. 3; Palandt-Bassenge, § 984, Rz. 1.

Zweiter Teil : Historische Entwicklung

§ 1 Das römische Schatzrecht

I. Von der Republik bis zum Ende der julisch-claudischen Dynastie

1. Für die Zeit der römischen **Republik** sind bisher gesetzliche Bestimmungen zum Schatzfund unbekannt geblieben. Die Vermutung, dem Eigentümer des Grund und Bodens *(dominus loci)*, in dem ein Schatz gefunden wurde, sei das Alleineigentum daran zugesprochen worden,[149] muß sich allein auf die zeitgenössische nichtjuristische Literatur, wie etwa die Komödie des TITUS MACCIUS PLAUTUS (um 250–184 v. Chr.) *Trinummus*[150] stützen.[151] Darin ist von einer Geldsumme die Rede, die der Eigentümer vor der Abreise im Mauerwerk versteckt hatte und von der eine der Hauptpersonen, CALLICLES, sagt: *Oder durft` ich dulden, daß ein Fremder gar der Herr vom Hause wurde und das Geld dadurch gewann? Ich kaufte lieber selbst das Haus, für's eigene Geld, damit der Schatz nur meinem Freund erhalten blieb.*[152] Hier scheint es, als würde der Erwerber des Hauses als der bergenden Sache zugleich auch Eigentümer des Geldes. Die Aussagekraft der Textstelle erscheint jedoch begrenzt. Insbesondere handelt es sich nicht um einen Schatz im juristischen Sinne: der Eigentümer, also der Hausherr ist bekannt. Zudem dürfte die Dauer einer Reise als Verbergungszeit zu kurz sein. Allerdings gibt auch ein Ausspruch des QUINTUS HORATIUS FLACCUS (65 v. Chr.–8 n. Chr.) in seinen um 30 v. Chr. entstandenen Satiren, für den die Bitte um einen Schatzfund zu den törichten Wünschen in einem Gebet gehörte,[153] Anlaß zu der Vermutung, daß der Schatz auch noch am Ende der Republik dem Grundeigentümer zufiel:[154] *Zeigte das Glück doch auch mir einen Topf voller Silber, wie jenem Tagelöhner, der einen Schatz fand, mit dem er den Acker selbst kaufte, um ihn für sich zu bestellen, nun reich durch des Hercules' Freundschaft!*[155] Auch hier scheint der Schatz Bestandteil der verbergenden Sache zu sein. Obwohl HORAZ zu den Rechtskundigen seiner Zeit gehörte,[156] darf der dichterische Ausspruch nicht ohne Vorbehalte zum wissenschaftliches Kriteri-

---

149 RENTEL, S. 7.

150 PLAUTUS, Dreigroschentag, I., Vers 177 ff.: *An ego alium dominum patere fieri hisce aedibus? / Qui emisset, ejusne, esset ea pecunia? / Emi egomet potius aedis, argentum dedi / Thesauri causa, ut salvom amico traderem !.*

151 KÜBLER, Sp. 8.

152 Übersetzung nach KOCH, S. 31.

153 HORAZ, Satiren II., 6, Vers 10-13: *O si urnam argenti fors quae mihi monstret, ut illi,/ Thesauro invento qui mercenarius agrum/ Illum ipsum mercatus aravit, dives amico/ Hercule !* (...).

154 SCHMÜCKER, S. 2.

155 Übersetzung nach SIMON, S. 208.

156 GIEN, S. 45 führt zum Beleg Satiren, I., 8 an.

um überhöht werden. Es bleibt zudem aber auch unklar, ob der *mercennarius* (Tagelöhner) zunächst den Acker gekauft hat, oder ob ihm der Schatz den Kauf erst ermöglichte.[157] Es verwundert daher nicht, wenn die Stelle auch für die These in Anspruch genommen wurde, der Schatz habe dem Finder zugestanden.[158]

2. Auch für die Regierungszeiten der Kaiser **von Augustus bis Claudius** (27 v. Chr.–14 n. Chr. bzw. 41–54) fehlen einschlägige Normen. Über diesen Mangel hilft auch das biblische Gleichnis vom „Schatz im Acker" nicht hinweg: *Mit dem Himmelreich ist es wie mit einem Schatz, der in einem Acker vergraben war. Ein Mann entdeckte ihn, grub ihn aber wieder ein. Und in seiner Freude verkaufte er alles, was er besaß, und kaufte den Acker.*[159] Das Gleichnis geht offenbar auch davon aus, daß der Schatz vollständig an den Grundeigentümer fiel. Es läßt sich aber für die damalige Regelung im römischen Recht nicht recht fruchtbar machen,[160] da dieses zum entsprechenden Zeitpunkt nicht in Palästina galt.[161] Die Juristen des 1. Jahrhunderts hatten wohl nur das Problem des Besitzerwerbes am Schatz beschäftigt.[162] Daß das Eigentum am Schatz dem Eigentümer von Grund und Boden zufiel, war anscheinend selbstverständlich, wenn auch eine positive Bestätigung bislang nicht zu finden war. Die entsprechenden Textstellen stellen lediglich auf das Finden eines Schatzes ab. Daraus läßt sich jedoch nicht schließen, dem Finder habe der Schatz im Gegensatz zum Eigentümer gehört, vielmehr ist davon auszugehen, daß der Eigentümer der typische Finder war.[163] Daß in der frühen Kaiserzeit - sei es

---

157 Mayer-Maly, Ducente Fortuna, S. 146.

158 Kübler, Sp. 8.

159 Matthäus 13.44.

160 A.A. Herbig, S. 6.

161 Knütel, S. 951; Mayer-Maly Schatz, Sp. 1361.

162 Bei Paulus, Digesten, 41. Buch, 2. Titel: de acquirenda vel amittenda possessione (Vom Erwerb und Verlust des Besitzes), 3, § 3 wurde ein Schatz von Brutus und Manilius als *pars fundi* dem Grundeigentümer zuerkannt. Es drehte sich jedoch nicht um die Frage des Eigentums, sondern nur um die des Besitzerwerbes, d.h. um die Frage, ob ein Wille zum Erwerb genügt oder der natürliche Besitz hinzukommen muß. Vergleiche dazu Hausmaninger, S. 113 ff. Bei Tryphoninus, Digesten, 41. Buch, 1. Titel: de acquirendo rerum dominio (Vom Erwerb und Verlust des Besitzes), 63, § 1, von dem bekannt ist, daß er sich besonders intensiv mit Einzelproblemen des Schatzfundes beschäftigte, geht es darum, daß ein in Miteigentum stehender Sklave *(Servus communis)* auf fremdem Grund einen Schatz findet und die Frage zu beantworten ist, ob er für die Miteigentümer nach ihren Anteilen oder aber zu gleichen Anteilen erwerbe. Tryphoninus, Digesten, 41. Buch, 1. Titel: de acquirendo rerum dominio (Vom Erwerb und Verlust des Besitzes), 63, § 2 befaßt sich mit der Frage, ob der Finderanteil wegen eines von einem Sklaven gefunden Schatzes dem Sklaveneigentümer oder dem Nießbrauchsberechtigten zusteht.

163 Nörr, S. 14, Fußnote 10.

unter AUGUSTUS in den *Leges Iulia et Papia*,[164] sei es unter CLAUDIUS[165] - wahrscheinlich eine Regelung eingeführt wurde, die den Schatz der Staatskasse zusprach, und damit ein Schatzregal begründet wurde,[166] ergibt sich erst aus den Entscheidungen ihrer Nachfolger.

3. Eine Wende scheint schon **das neronische Schatzrecht** mit sich gebracht zu haben. Jedenfalls läßt TITUS CALPURNIUS SICULUS, der in der Zeit des NERO (54–68) schrieb, glauben, daß dieser Kaiser das Schatzregal eines seiner Vorgänger wieder aufhob:[167] *Nicht mehr bangt, wer den Boden gräbt, mit den unheilvollen Hacken auszuholen und freut sich, wenn der Zufall es fügte, an dem Goldschatz, den er gefunden hat. Auch fürchtet nicht, wie noch jüngst, der Pflüger, während er seinen Morgen umwendet, daß ein im Wege liegender Goldklumpen beim Aufprall der Pflugschar durch einen Ton sich verrät; jetzt stemmt er in aller Offenheit sich fester und fester auf den eingedrückten Pflug.*[168] Dies ist meist so gedeutet worden, als habe eine gesetzliche Regelung NEROS eine zuvor geübte Praxis beseitigt, nach der ein gefundener Schatz dem Fiskus zufiel. Die Stelle muß sich allerdings nicht zwingend auf Bestimmungen dieses Kaisers und seiner Vorgänger beziehen. Es könnte sich auch durchaus um eine humane Entscheidung NEROS im Einzelfall und bei der Situation vor ihm um die allgemeine Begehrlichkeit der Mitmenschen und den daraus erwachsenden Unfrieden gehandelt haben.[169] Als Ausdruck einer neugewonnenen Freiheit erscheint es jedoch auch, wenn es der am Hofe NEROS lebende GAIUS PETRONIUS ARBITER (gest. 66 v. Chr.) in seinem Roman *Satyricon* beklagt, daß die Geldgier nunmehr dazu führe, daß man nur noch um allerlei Vermögenszuwachs, darunter den Schatzfund, bete:[170] *Dabei betet man nicht einmal um klarem Kopf oder feste Gesundheit, sondern gleich, bevor man noch die Schwelle des Capitols berührt, gelobt der eine ein Geschenk, wenn er einen reichen Verwandten zu Grabe tragen dürfe, ein anderer, wenn er einen Schatz heben, der dritte, wenn er es wohlbehalten*

---

164 BONFANTE Corso, S. 100.

165 KÜBLER, Sp. 9.

166 So auch LANGEWORT, S. 1.

167 TITUS CALPURNIUS SICULUS, Eklogen, IV, Vers 117 f.: *Iam neque damnatus metuit jactare ligones/ fossor, et invento, si fors dedit, utitur auro: nec timet, ut nuper, dum iugera versat arator,/ ne sonet offenso contraria vomere massa,/ iamque palam presso magis instat aratro.* BLANCHET, S. 254; BRAUN, S. 22; ANDRÉ, S. 8 hatten noch angenommen, der Autor habe erst unter AURELIUS CARUS (282 –283) und CARINUS (283–285) geschrieben. BONFANTE Mélanges Girard, S. 125 hat jedoch die oben dargestelle zeitliche Einordnung nachgewiesen.

168 Übersetzung nach SCHRÖDER B., S. 65.

169 SCHRÖDER B., S. 183, gibt zu bedenken, daß die Vorstellung, allseitiger Sorglosigkeit, welcher sich der Schatzfinder neuerdings erfreue, verengt würde, wenn man mit einer juristischen bzw. politischen Erklärung nur den Bezug zwischen Finder und Fiskus herstellen wollte.

170 PETRONIUS, Satyricon, 88, 8: *Ac ne bonam quidam mentem aut bonam valetudinem petunt, sed statim antequam limen Capitolii tangant, alius donum promittit, si propinquum divitem extulerit, alius, si thesaurum effoderit, alius, si ad trecenties sestertium salvus pervenerit.*

auf dreißig Millionen bringen könne.[171] Die Bitte um einen Schatz impliziert wohl, daß dieser nicht abzuliefern war und damit kein Schatzregal bestand. Der Annahme, daß unter NERO kein Anspruch des Fiskus auf Schatzfunde erhoben wurde, steht auch nicht die von dem Kanzleichef HADRIANS, GAIUS SUETONIUS TRANQUILLUS (geb. um 70 v. Chr.)[172] überlieferte Begebenheit entgegen: *Zu dieser Ausgabenwut wurde er (...) durch die plötzlich auftauchende Hoffnung auf die gewaltigen verborgenen Schätze getrieben, auf die ihn ein römischer Ritter* (CAESELLIUS BASSUS) *hingewiesen hatte. Dieser versicherte ihm, die Reichtümer des alten Schatzhauses, die die Königin DIDO auf ihrer Flucht aus Tyros mitgenommen hätte, seien in Afrika in unendlich großen Höhlen verborgen und könnten mit geringem Arbeitsaufwand freigelegt werden.*[173] Über die gleiche Geschichte berichtet der römische Geschichtsschreiber PUBLIUS CORNELIUS TACITUS (um 55–nach 116) in seinem Alterswerk, den Annalen, ausführlicher.[174] Sie läßt jedoch nicht dar-

---

171 Übersetzung nach MÜLLER/EHLERS, S. 183.

172 SUETON, NERO, 31, 4: *Ad hunc impendiorum furorem, super fiduciam imperii, etiam spe quadam repentina immensarum et reconditarum opum impulsus est ex indicio equitis Romani pro comperto pollicentis thesauros antiquissimae gazae, quos DIDO regina fugiens Tyro secum extulisset, esse in Africa vastissimis specubus abditos ac posse erui parvula molientium opera.*

173 Übersetzung nach WITTSTOCK, S. 351.

174 TACITUS, Annalen, XVI,: 1. (...) *Dieser (CAESELLIUS BASSUS), ein geborener Punier, und ein unklarer Kopf, glaubte den Traum, den er eines Nachts hatte, als eine unzweideutige Wahrheit auffassen zu dürfen, fuhr nach Rom, verschaffte sich durch Geld Zutritt beim Prinzeps und erzählte ihm nun, auf seinem Grundstück habe man eine Höhle von gewaltiger Tiefe entdeckt, in der sich Massen Goldes befänden, nicht in geprägten Münzen, sondern in altertümlichen Barren.* (...) *Die aus Tyrus geflüchtete Phönizierin DIDO nämlich, so wollte er glauben machen, habe nach Gründung Karthagos diesen Schatz vergraben, damit die ohnehin schon feindlichen Könige von Numidien sich durch das Gold nicht zu einem Kriegszug bewogen fühlten. 2. NERO prüfte weder die Glaubwürdigkeit des Menschen, noch seines Berichts, schickte keine Boten hin, um feststellen zu lassen, was an der Sache wahr sei; nein er übertrieb noch, was die Leute darüber munkelten, und sandte hin, um den, wie er meinte, bereit daliegenden Schatz herbeizuschaffen.* (...) *die Wettredner hatten also einen vorzüglichen Stoff, um den Prinzeps preisen zu können. Unter seiner Regierung wüchsen nicht nur die gewöhnlichen Feldfrüchte, und das Gold nicht bloß unrein in den Schächten, nein, die Erde zeige eine ganz neue Art von Fruchtbarkeit, und die Götter spendeten ungesuchte Schätze !* (...) *3. Die eitle Hoffnung verstärkte noch seine Verschwendungssucht. Alles Geld wurde ausgegeben, als bekömme er jetzt genug, um Jahre hindurch davon leben zu können. Ja, er verschenkte bereits von dem Gelde! Die Aussicht auf diese Schätze wurde eine der Ursachen für die Verarmung des Staates. BASSUS lies also sein Grundstück umgraben, auch die Wiesen weit umher, bezeichnete bald diese, bald jene Stelle als die der gesuchten Höhle, und es folgten ihm nicht bloß die Soldaten, sondern auch das Landvolk, das man für die Erdarbeiten angestellt hatte.* (...) *Um der Beschämung und Angst zu entgehen, suchte er dann freiwillig den Tod. Nach einigen Berichten wurde er ins Gefängnis geworfen und nach Einziehung seines Vermögens als Ersatz für jenen königlichen Schatz wieder freigelassen.* (Übersetzung nach HORNEFFER, S. 553 ff.).

auf schließen, daß der „Schatz" NERO kraft eines Regals zustand.[175] BASSUS hätte wohl sonst kaum danach gesucht.[176] Im übrigen war die ursprüngliche Eigentümerin, also DIDO bekannt, deren Rechte ohnehin an den römischen Staat übergegangen waren.

II. Von den Adoptiv- bis zu den Soldatenkaisern

1. In einem **Reskript des NERVA** (96–98) verzichtete dieser ausdrücklich auf seine Rechte an einem von ATTICUS aufgefundenen und den Reichtum dessen Hauses mitbegründenden Schatz, nachdem dieser sich deswegen mehrmals an den Kaiser gewandt und jedesmal die Antwort erhalten hatte, er möge den Schatz behalten:[177] *Sein Sohn ATTICUS, der Vater des HERODES, war nicht vom Schicksal begünstigt, hatte seinen Reichtum verloren und war arm geworden, doch sie* (ARES) *zeigte ihm einen ungeheuren Schatz in einem der Häuser, welche er nahe dem Theater erworben hatte. Doch dessen Größe machte ihn eher vorsichtig als überschwenglich, so daß er folgenden Brief an den Kaiser schrieb: „Oh Kaiser, ich fand einen Schatz im eigenen Hause. Was befehlt Ihr, daß damit geschehen soll?" Darauf erwiderte der Kaiser: „Bediene Dich dessen, was du gefunden hast!". Doch ATTICUS gab seine Vorsicht nicht auf und schrieb, daß das Ausmaß des Schatzes im Widerspruch zu seinem Rang stehe. „Dann mache Dir Deinen unverhofften Glücksfall zunutze", antwortete der Kaiser, „denn es steht Dir zu."*[178] Es ist davon auszugehen, daß ATTICUS damit den Schatz nicht lediglich in Erfüllung einer Rechtspflicht als *beneficium* (Gnadenakt) des Kaisers erhielt, sondern daß die Anzeige nur wegen der Größe des Schatzes erstattet wurde und die Freigabe an den Grundeigentümer und Finder erfolgte.[179] Ein allgemeiner fiskalischer Anspruch in Form eines Schatzregals bestand aber wohl nicht.[180]

2. Die erste ausdrücklich normierte Bestimmung über das Eigentum an Schatzfunden stammt von HADRIAN (117–138),[181] die inhaltlich als **die hadrianische Teilung** in die Rechtsgeschichte

---

175 NÖRR, S. 14, Fußnote 14.

176 So auch HILL, S. 19.

177 PHILOSTRATOS, Leben der Sophisten, 2, I, 3, 548.

178 Eigene (freie) Übersezung, eine englische findet sich bei WRIGHT, S. 141/142.

179 NÖRR, S. 14.

180 Nach älterer Ansicht erhob unter Nerva der Fiskus jedoch Anspruch auf alle Schätze: LANGEWORT, S. 2; BRAUN, S. 20; MATHIAE, S. 11; DOLEZYCH, S. 53; KÜBLER, Sp. 10, ist der Ansicht, daß vielmehr der Kaiser dem ATTICUS das Volleigentum zugesprochen haben wird, das ihm der Fiskus ohne den kaiserlichen Eingriff mit Erfolg streitig gemacht hätte; GODEFROY, S. 514, behauptet, NERVA habe das fiskalische Recht aufgegeben.

181 Das heißt nach dem zuvor dargestellten jedoch nicht zwangsläufig, wie BRAUN, S. 18/19 behauptet, daß das erste nachchristliche Jahrhundert zu Ende gegangen sei, ohne daß der Schatzerwerb eine gesetzliche Regelung gefunden hätte.

eingegangen ist. AELIUS SPARTIANUS überliefert diese Entscheidung in seiner Beschreibung des Lebens des Herrschers *(Vita Hadriani)*:[182] *In betreff von Schatzfunden traf er die Regelung, daß der Finder selbst sich aneignen durfte, was er auf seinem eigenen Grund und Boden gefunden hatte; bei Funden auf fremdem Boden hatte er die Hälfte dem Grundeigentümer zu geben, die Funde auf Staatsgelände zu gleichen Bedingungen mit dem Fiskus zu teilen.*[183] Dieselbe Vorschrift wird in den Institutionen JUSTINIANS ausführlicher geschildert:[184] *Schätze, die jemand auf seinem Grundstück findet, hat der vergöttlichte Kaiser Hadrian, der natürlichen Gerechtigkeit folgend, demjenigen zugesprochen, der sie gefunden hat. Und dasselbe hat er bestimmt, wenn jemand an einem sakralen oder religiösen Ort zufällig einen Schatz gefunden hat. Hat er ihn dagegen auf einem fremden Grundstück gefunden, und zwar ohne danach gesucht zu haben, sondern zufällig, dann hat der Kaiser die Hälfte dem Grundeigentümer zugesprochen. Demgemäß hat er bestimmt, daß von einem Schatz, der auf einem kaiserlichen Grundstück gefunden wird, die eine Hälfte dem Finder gehört, die andere dem Kaiser. Dementsprechend gehört, wenn jemand einen Schatz auf einem öffentlichen oder fiskalischen Grundstück findet, die eine Hälfte ihm selbst, die andere dem Fiskus.*[185] Demnach ist das Recht des Finders auf eigenem ebenso wie auf sakralem und religiösem Boden unbeschränkt, während beim Fund auf fremdem, also auch fiskalischem, kaiserlichem und städtischem Grund eine Halbteilung stattfindet. Aus welchem tieferen Grund diese der Bestimmung des § 984 BGB entsprechende Regelung getroffen wurde, bleibt verborgen. Jedenfalls entsprach es für HADRIAN der *naturalis aequitatis* (natürlichen Gerechtigkeit/Billigkeit), einem häufigen Motiv in seinen Entscheidungen,[186] daß der findende Eigentümer von Grund und Boden auch Eigentümer des Schatzes wird. Im Gegensatz dazu wird die Bestimmung teilweise als „Altweiberentscheidung" kritisiert,[187] während andere sie wiederum für salomonisch halten.[188] Falls bereits AUGUSTUS von dem Schatz neben der Staatskasse auch dem

---

182 SPARTIANUS, Leben Hadrians, 18, 6: *de thesauris ita cavit, ut, si quis in suo repperisset, ipsa potiretur, si quis in alieno, dimidum domino daret, si quis in publico, cum fisco aequilabiter partiretur.*

183 Übersetzung nach HOHL, S. 47/48.

184 Institutionen, 2. Buch, 1. Titel: de rerum divisione (Über die Einteilung der Sachen), § 39: *Thesauros, quos quis in suo loco invenerit, divus HADRIANUS naturalem aequitatem secutus ei concessit qui invenerit. Idemque statuit, si quis in sacro aut in religioso loco fortuito casu invenerit. At si quis in alieno loco non data ad hoc opera, sed fortuitu invenerit, dimidum dominuo soli concessit. Et convenienter, si quis in Caesaris loco invenerit, dimidum inventoris, dimidum Caesaris esse statuit. Cui conveniens est, ut, si quis in publico loco vel fiscali invenerit, dimidium ipsius esse dimidum fisci vel civitatis.*

185 Übersetzung nach BEHRENDS/KNÜTEL/KUPISCH/SEILER I, S. 58.

186 NÖRR, S. 15, Fußnote 22.

187 PHILOSTRATUS, Leben des APPOLONIUS von Tyana, II, 39: *Sicher haben beide mit ihren Argumenten recht, aber es würde doch einen dummen Eindruck erwecken, wenn ich beide hieße, das Geld miteinander zu teilen. Einen solchen Entscheid könnte ja auch ein altes Weib treffen.* (Übersetzung nach MUMPRECHT, S. 223/225).

188 BONFANTE Mélanges Girard, S. 130.

Entdecker (der in der Regel der Eigentümer von Grund und Boden gewesen sein wird) die Hälfte als Prämie zusprach und NERO weiterhin beim Fund auf privatem Grund die alleinige Berechtigung des Grundeigentümers hergestellt hat, reformierte HADRIAN möglicherweise nur den Sachverhalt des Auseinanderfallens von Finder und Grundeigentümer.[189] Wie früher der Fiskus, so mußte jetzt der Eigentümer den Schatz mit dem Finder teilen. Er verringerte damit die naheliegende Gefahr, daß der Finder den Schatz verheimlichte, während es für diesen angenehmer sein konnte, die Hälfte des Schatzes rechtmäßig zu besitzen als den ganzen Schatz zu unrecht. Wenn dem so wäre, erschiene das Gesetz des HADRIAN weit weniger innovativ, als dies frühere Autoren angenommen haben, sondern lediglich eine Bekräftigung dessen, was bereits unter NERO gegolten hatte.[190] Ob HADRIAN dagegen den Fall des *locus religiosus* neu regelte, ist zweifelhaft.[191] Die hadrianische Entscheidung zum Schatzfund könnte sich an die ältere, in der Bergwerksordnung von Vispasca erscheinende Regelung des Bergrechtes angelehnt haben, nach der ebenfalls die hälftige Teilung zwischen dem Fiskus als Grundeigentümer und dem Bergbauberechtigten galt.[192]

3. Später beginnen die Kaiser, die von ihren Vorgängern gewährten Rechte teilweise wieder aufzuheben. Die Bestimmungen der *divi fratres* (göttlichen Brüder) **MARCUS AURELIUS und LUCIUS VERUS** (Kaiser 161–180 bzw. Mitkaiser 161–169), schränkten die Vorschrift HADRIANS insoweit ein, als die *in publicis religiosisve aut in monumentis* gefundenen Schätze zwischen Finder und Fiskus geteilt wurden. CALLISTRATUS überliefert ihre Entscheidung:[193] *Wenn auf fiskalischem, öffentlichem, religiösem Grund oder in Monumenten verborgene Schätze gefunden werden, so haben die göttlichen Brüder bestimmt, daß die Hälfte davon dem Fiskus zu übergeben ist. Wenn etwas auf kaiserlichem Grund gefunden wird, so ist auch die Hälfte dem Fiskus zu übergeben. Niemand muß anzeigen, daß er einen Schatz gefunden hat, wenn nicht ein Teil des Schatzes dem Fiskus zusteht. Wer aber einen Schatz findet und den dem Fiskus zustehenden Teil zurückbehält, verliert den Schatz und muß zudem noch einmal den gleichen Wert zahlen.*[194] Der Unter-

189 NÖRR, S.18; Hill, S. 21.

190 HILL, S. 21.

191 NÖRR, S. 18, Fußnote 37.

192 SCHÖNBAUER, S. 54 ff., S. 66 ff.; KÜBLER, Sp. 9.

193 CALLISTRATUS, Digesten, Buch 49, 14. Titel: de jure fisci (Vom Recht des Fiskus), 3, §§ 10, 11: *Si in locis fiscalibus, vel publicis religiosive, aut in monumentis thesauri reperti fuerint, divi fratres constituerunt, ut dimida pars ex his fisco vindicaretur: item si in Caesaris possessione repertus fuerit, dimidam aeque partem fisco vindcari. Deferre autem se nemo cogitur, quod thensaurum invenerit, partem ad fiscum pertinentem suppresserit, totum cum altero tanto cogitur solvere.*

194 Eigene (freie) Übersetzung, eine ältere findet sich bei OTTO/SCHILLING/SINTENIS IV, S. 1084.

schied zwischen *loca religiosa* und *monumenta* wurde bisher nicht übereinstimmend geklärt.[195] Jedenfalls machten die Kaiser die ihnen zustehende Hälfte nicht kraft Regals, sondern als Grundeigentümer geltend.[196]

4. Die **Severer und Soldatenkaiser** dürften wohl den hadrianischen Grundsatz, wonach der Schatz zwischen Finder und Grundeigentümer zu teilen war, weitgehend übernommen haben.[197] Für die Annahme, unter CARACALLA (211–217) oder ELAGABAL (218–222) habe ein Schatzregal bestanden,[198] welches auch mit Folter durchgesetzt werden sollte,[199] ist bisher nichts angeführt worden. ALEXANDER SEVERUS (222–234) modifizierte die bestehende Regelung insoweit, als der Kaiser jedenfalls das Recht an bedeutenden Schätzen erhielt.[200] AELIUS LAMPRIDIUS überliefert die Entscheidung wie folgt:[201] *Gefundene Schätze überließ er den Findern; waren die gemachten Funde sehr beträchtlich, so mußten die Finder sich darein mit seinen Hofbeamten teilen.*[202] Diese Praxis könnte den Beginn der Abwendung von dem hadrianischen System der natürlichen Billigkeit darstellen,[203] falls dies nicht bereits schon unter CARACALLA oder HELIOGABAL geschehen war. DIOKLETIAN (284–305) und MAXIMIAN (285–305) sollen indes - wiederum ohne daß Belege für diese Annahme vorhanden wären - erneut Regalität und Folter eingeführt haben.[204]

III. Byzantinische Dynastien vom 4. bis zum 6. Jahrhundert

1. **KONSTANTIN I., der Große** (306/312–337) nimmt dem Fiskus seine Rechte. In dem an die Fiskalbeamten *(rationales)* gerichteten Gesetz von 315 wird dem Entdecker die Hälfte des Schatzes zugebilligt, wenn er dem Staat gegenüber angezeigt wurde. In diesem Falle fand auch keine

---

195 BRAUN, S. 21, Fußnote 12; KÜBLER, Sp. 10, denkt bei *loca religiosa* an Begräbnisstätten und vermutet, die Sitte, den Toten Kostbarkeiten ins Grab mitzugeben, habe das Schatzsuchen an Grabstätten besonders aussichtsreich erscheinen lassen.

196 GOLL, S. 7.

197 HILL, S. 21; BRAUN, S. 22; ANDRÉ, S. 8; SCHMÜCKER, S. 2.

198 GODEFROY, S. 514, MATTHIAE, S. 12; ANDRÉ, S. 8; a.A. BRAUN, S. 22.

199 MATTHIAE, S. 12.

200 BONFANTE Corso, S. 104; BRAUN, S. 22 behauptet jedoch, es habe eine allgemeine Fiskalität bestanden, wenn auch dieser Kaiser wie NERVA den Schatz dem Finder zu schenken gepflegt habe; KÜBLER, Sp. 11 ist der Ansicht, der Stelle lasse sich nichts Sicheres entnehmen.

201 LAMPRIDIUS, Leben des ALEXANDER SEVERUS, 46, 2: *Thesauros reppertos is, qui repperebant, donavit et, si multi essent, addidit his eos, quos in suis habebat officiis.*

202 Übersetzung nach HOHL, S. 348.

203 HILL, S. 25; LIEBRECHT, S. 2 ist der Ansicht, der Schatz sei allgemein Regal des Fiskus gewesen.

204 BRAUN, S. 23.

weitere Untersuchung statt:[205] *Wenn jemand einen Schatz findet, und diesen freiwillig dem Fiskus anzeigt, soll er die Hälfte dessen, was er gefunden hat, erhalten und lediglich die andere Hälfte zur Zahlung an den Fiskus abliefern. Dies soll jedoch ohne Furcht vor Folter geschehen, jegliche Schikane durch den Fiskus hat zu unterbleiben. Denn es ist gerecht, daß jenen Vertrauen entgegengebracht wird, die freiwillig angezeigt haben, was sie gefunden haben. Sollte jedoch jemand den Reichtum, den er gefunden hat, nicht anzeigen wollen und auf irgendeine Weise denunziert werden, so ist er von dem zuvor genannten Akt der Gnade auszuschließen.*[206] Im wesentlichen werden demnach die Bestimmungen des MARC AUREL und LUCIUS VERUS aufrechterhalten, jedoch die Doppelstrafe bei Verheimlichung abgeschafft.[207] Daraus, daß die Eigentümerhälfte keine Erwähnung findet, ist jedoch nicht zu schließen, daß dessen Anrecht nicht mehr bestanden hätte.[208]

2. **GRATIANUS und THEODOSIUS I., der Große** (375–383 bzw. 379–395), der von ihm zum Mitregenten erhoben worden war und 394 das Römische Reich letztmals einte, erließen 380 ein noch liberaleres, an das Volk der Stadt Konstantinopel gerichtetes Gesetz, daß sich noch stärker an das des HADRIAN anlehnte. Der Entdecker wurde Eigentümer des auf seinem Grund aufgefundenen Schatzes; wurde er auf dem Grund eines anderen entdeckt, erhielt der Eigentümer nur noch ein Viertel. Dasselbe Gesetz verbot es, auf dem Grund eines anderen mit dem ausschließlichen Vorsatz zu graben, einen Schatz zu finden. Waren Finder und Eigentümer in einer Person vereinigt, fiel der ganze Schatz an ihn:[209] *Wenn jemand einen Schatz oder Geschmeide findet, welche in alten Zeiten von unbekannten Eigentümern verborgen wurden, so soll er solche Funde zu Eigentum erhalten, und er soll den Schrecken jeglicher Schikane durch die von*

---

205 Codex Theodosianus, 10. Buch, 18. Titel: De thesauris (Von den Schätzen), Nr. I.: Imp. CONSTANTINUS A. ad Rationales: *Quicunque Thesaurum invenerit, et ad fiscum sponte detulerit, medietatem consequatur inventi, alterum tantum fisci rationibus tradat: ita tamen, ut citra inquietudinem quaestionis omnis fiscalis calumnia conquiescat: Haberi enim fidem fas est his, qui sponte obtulerint, quod invenerint. Si quis autem inventas opes offerre noluerit, et aliqua ratione proditus fuerit, a supradicta venia debebit excludi. Dat. III. Kalend. April.* (30. März) *CONSTANTINO A. IV. et LICINO IV COSS* (315).

206 Eigene Übersetzung; eine englische Übersetzung findet sich bei PHARR, S. 283.

207 KÜBLER, Sp. 11.

208 KÜBLER, Sp. 11.

209 Codex Theodosianus, 10. Buch, 18. Titel: De thesauris (Von den Schätzen), Nr. II: *Imppp. GRATIANUS, VALENTINIANUS et THEOD. AAA. Ad Populum Urb. Constantinopolitanae: Quisquis thesauros, et condita ab ignotis dominis tempore vetustiore monilia, quodlibet casu, reppererit suae vindicet potestati, neque calumniae formidinem, fiscali, aut privato nomine, ullis deferentibus pertimescat: Non metalli qualitas, non repperti modus, sub aliquod perriculum quaestionis incurrat. In haec tamen naturali aequitate animadvertimus quoddam temperamentum adhibendum, ut si quo in solo proprio huiusmodi contigerit, integro id jure praesumat: qui in alieno, in quartam reppertorum partem, eum qui loci dominus fuerit, admittat. Ne tamen per hanc licentiam quisquam aut aliena effodiat, aut in locis non sui juris per famam suspecta rimetur. Dat. VII. Kal. Feb. Thessal. GRATIANO A. V. et THEOD. A. I. COSS* (380).

jemandem erhobene Information, sei es im Namen des Fiskus oder in dem einer Privatperson, nicht fürchten. Noch soll er sich jeglicher Gefahr der Folter aussetzen wegen der Qualität des Metalles oder der Menge des Fundes. Jedoch beachten Wir in dieser Angelegenheit natürlicher Billigkeit, daß eine gewisse Begrenzung dahingehend vorgenommen werden sollte, daß wenn jemand zufällig einen Fund auf eigenem Grund machen sollte, er ihn durch ungeteiltes Recht nehmen soll; wenn dies jedoch auf dem Grund eines anderen geschieht, so soll er dem Grundeigentümer ein Viertel des Fundes abgeben. Niemand darf jedoch ohne Erlaubnis auf eines anderen Grund oder auf ihm nicht gehörendem Eigentum ausfindig machen, was dort Gerüchten zufolge vermutet wird.[210]

3. Im Jahr 390 gab **Valentinian II.** (375–392) schließlich in einem an den Prätorianerpräfekten Neoterius gerichteten Gesetz sein Recht an Schätzen gänzlich auf:[211] *Jene, die durch himmlische Eingebung oder durch Führung des Glücks Schätze finden, dürfen was sie finden, ohne jegliche Furcht genießen.*[212] Die Textstelle enthält keinerlei Beschränkungen des Anspruches des Finders, so daß zuweilen vermutet wird, sie beziehe sich lediglich auf Funde auf eigenem Boden.[213] *Sine aliquo terrore* meint vor allem die Drohung mit Folter. Daß es an solcher nicht gefehlt hat, geht aus früheren Bestimmungen *(citra inquietudinem quaestionis,*[214] */periculum quaestionis)*[215] hervor. Vor allem bei Fund auf Fiskalland dürften diese gegenüber Entdeckern, von denen man vermutete, sie hätten das Ausmaß des Schatzes verschleiert, eine Rolle gespielt haben.[216] Der Schatz wird im übrigen als etwas betrachtet, was man *ducente fortuna,*[217] also durch Führung des Glücks bzw. der Glücksgöttin erhält. Dies spiegelt die Bedeutung der Fortuna-Kulte in der römischen Religion wider.[218]

4. Es liegt die Vermutung nahe, daß es in den Jahren zwischen 390 und 474 eine Gesetzgebung der Art gegeben hat, daß jegliche Schatzsuche verboten war, es sei denn, man erhielt eine besondere Genehmigung.[219] Jedenfalls würde dies erklären, weshalb die Kaiser regelmäßig mit Petitionen um die Erlaubnis von Schatzsuche oder die Verfügung über gefundene Schätze be-

---

210 Eigene Übersetzung, eine englische Übersetzung findet sich bei Pharr, S. 283.

211 Codex Theodosianus, 10. Buch, 18. Titel: De thesauris (Von den Schätzen), Nr. III.: *Imppp. Valentianus, Theod. Et Arcad. AAA. Neotherio P.P.: Eos qui suadente nummis, vel ducente fortuna, thesauros reppererint, reppertis laetari rebus, sine aliquo terrore, permittimus. Dat. VI. Non. Mart. Constantinop. Valentiano A. IV et Neotherio Coss* (390).

212 Eigene Übersetzung, eine englische Übersetzung findet sich bei Pharr, S. 283.

213 Mayer-Maly Ducente Fortuna, S. 142.

214 Codex Theodosianus, 10. Buch, 18. Titel: De thesauris (Von den Schätzen), Nr. I.

215 Codex Theodosianus, 10. Buch, 18. Titel: De thesauris (Von den Schätzen), Nr. II.

216 Mayer-Maly Ducente Fortuna, S. 142.

217 Mayer-Maly Ducente Fortuna, S. 141 ff.

218 Vergleiche Otto, Sp. 12 ff.

219 Hill, S. 30.

lästigt wurden, die sie zu weiterer Gesetzgebung veranlaßten. So setzten die Kaiser **Zeno und Leo II.** (474–491 bzw. 474) im Jahre 474 in einem an den Schatzmeister *(comes sacrarum largitionum)* Epinicius gerichteten Gesetz offensichtlich entnervt das Prinzip der hadrianischen Teilung wieder in Kraft:[220] *Niemand soll es ferner wagen, wegen Schatzsuche auf eigenem oder fremdem Boden oder von einem anderem oder ihm gefundener Schätze mit Bittschriften das wohlwollende Ohr Unserer Majestät zu beschweren. Denn auf seinem eigenen Boden soll es jedem freistehen, Schätze zu suchen, d.h. in alten Zeiten von unbekannten Eigentümern verborgene bewegliche Gegenstände, sobald dies ohne verbrecherische oder strafbare Opfer oder sonstige den Gesetzen verhaßte Künste geschieht. Wir bewilligen die freie Möglichkeit, von dem Gefundenen Gebrauch zu machen, damit er nicht Gottes Gnade durch verhaßte List erstrebe, so daß es überflüssig ist, das mit Bittschriften zu fordern, was schon durch Gesetz erlaubt ist, und zu glauben, man müsse erst um kaiserliche Freigebigkeit bitten. Auf fremden Boden aber soll es niemand wagen, wider Willen oder ohne Wissen der Eigentümer im eigenen Namen nach verborgenen Schätzen zu forschen. Wer sich darüber mit einer Bitte an Uns gewandt oder diesem Gesetz zuwider an einem fremden Ort einen Schatz gesucht und gefunden hat, soll gezwungen werden, das ganze an den Eigentümer des Ortes zurückzugeben und wegen Übertretung des Gesetzes bestraft zu werden. Hat er dagegen beim Pflügen oder sonstiger Bearbeitung des Bodens eines anderen oder aus Zufall auf fremdem Boden einen Schatz gefunden, soll er die Hälfte des gefundenen behalten, die andere Hälfte abgeben, d.h. mit dem Eigentümer des Grundes und Bodens teilen. Dadurch wird jedem Gerechtigkeit widerfahren und niemand nach fremdem Gut streben.*[221] Der Text wird unter anderem auch als Hinweis auf die verstärkte Aktivität von Schatzsuchern gewertet.[222] Wer durch *arte legibus odiosa*, also magische Praktiken zu einem Schatz gelangt war, durfte ihn nicht behalten. Diese Bestimmung hatte ihre Ursache nicht darin, daß Zeno etwa plötzlichen Bestrebungen, die Gunst höherer Mächte zu gewinnen, entgegensteuern wollte, sondern sind Ausdruck des sich stärker auswir-

---

220 Codex Iustinianus, 10. Buch, 15. Titel, 1, 1: *Impp. Leo et Zeno AA. Epinico consulari.: Nemo in posterum super requirendo in suo vel alieno loci thesauro vel super invento ab alio vel a se effusis precibus pietatis nostrae benignas aures audeat molestare. Nam in suis quidem locis unicuique, dummodo sine sceleratis ac puniendis sacrificiis aut alia qualibet arte legibus odiosa thesaurum (id est condita ab ignotis dominis tempore vetustiore mobilia) quaerere et invento uti liberam tribuimus facultatem., ne ulterius die beneficium invidiosa calumnia persequatur, ut superfluum sit hoc precibus postulare, quod iam lege permissum est, et imperatoriae magnanimatis videatur praevenire liberalitas postulanda. In alienis vero terrulis nemo audeat invitis, immo nonvolentibus vel ignorantibus dominis, opes abditas suo nomine perscutari. Quod si nobis super hoc aliquis crediderit esse supplicandum, aut praeter hujus legis tenorem in alieno loco thesaurum scrutatus invenerit, totum hoc locorum domino reddere compellatur, et velut temerator legis saluberrimae puniatur. Quodsi forte vel arando vel alias terram colendo vel quocumque casu, non studio perscrutandi, in alienis locis thesaurum invenerit, id, quod repertum fuerit, dimidia retenta, altera dimida data cum locorum domino partiatur. Ita enim eveniet, ut unusquisque suis fruatur et non inhiet alienis. Dat. VI id. Oct. Leone iuniore A. cons..*

221 Übersetzung nach Härtel/Kaufmann, S. 219.

222 Morrisson, S. 331.

kenden Christentums, das dazu führt, daß früher tolerierte Verhaltensweisen (Beobachtung der Bahn der Gestirne, Suche bei Nacht, Reinigungszeremonien, Sprechen von Formeln[223]) nunmehr mit Sanktionen bedroht wurden. Damit setzt eine bis in das 19. Jahrhundert reichende Reihe von Magieverboten ein.

5. Das Prinzip der hadrianischen Teilung wurde auch von **Justinian I.** (Kaiser 527–565) übernommen.[224] Obwohl er versichert hatte, in seinen Gesetzbüchern befänden sich keine Widersprüche,[225] sollten nach der in sein Corpus iuris civilis aufgenommenen Entscheidung des Hadrian die *in loco sacro vel religioso* gefunden Schätze ganz dem Finder gehören, während die Bestimmung der *divi fratres* ihm von solchen, die in einem *locus religiosus* oder *in monumentis* gefunden wurden, nur die Hälfte zubilligte. Dieser Widerspruch zwischen den beiden Bestimmungen hat in der Folge zu einem Streit geführt, wie die Stellen zu vereinbaren seien, ohne daß dies in befriedigender Weise gelungen wäre.[226] Grundsätzlich hatten Institutionen und Digesten die gleiche Gesetzeskraft.[227] Obwohl beide Entscheidungen im Codex Iustinianus überliefert sind, wird davon auszugehen sein, daß im römisch-justinianeischen Recht die des Hadrian bevorzugt wurde, die die Lehre vom Schatz umfassend wiedergibt.[228] André bemerkte vor mehr als hundert Jahren zu dieser Problematik: *Die Frage hat eine stattliche Literatur hervorgerufen; der Aufwand von Scharfsinn steht jedoch kaum im Verhältnis zur Wichtigkeit der Frage.*[229]

---

223 Siehe die Nachweise bei Morrison, S. 321, 329.

224 Institutionen, 2. Buch, 1. Titel: de rerum divisione (Über die Einteilung der Sachen), § 39; Braun, S. 26; Herbig, S. 8.

225 Codex Iustinianus, 1. Buch, 17. Titel: De vetere iure enucleando et de auctoritate iuris prudentium, qui in Digestis referuntur (Von dem aus dem alten Recht zu fertigenden Auszügen und von dem Ansehen der Rechtsgelehrten, welche in den Digesten aufgeführt werden), 2. Der Kaiser Flavius Justinianus an den Senat und das ganze Volk, § 15: *Irgend ein Widerspruch wird aber in diesem Rechtsbuche nicht vorkommen, noch auch zu finden sein, wenn Jemand mit Scharfsinn einzelne Abweichungen aufsuchte, denn dann ist etwas neues hinzugefügt oder auf eine verborgene Weise in der Stelle selbst enthalten, was den Verdacht des Widerspruches beseitigt und der Sache eine Wendung gibt, die jedem Zweifel begegnet.* (Übersetzung nach Otto/Schilling/Sintenis V, S. 188/189).

226 Siehe dazu Langewort, S. 18/19; Braun S. 37 ff.

227 Codex Iustinianus, 1. Buch, 17. Titel: De vetere iure enucleando et de auctoritate iuris prudentium, qui in Digestis referuntur (Von dem aus dem alten Recht zu fertigenden Auszügen und von dem Ansehen der Rechtsgelehrten, welche in den Digesten aufgeführt werden), 2. Der Kaiser Flavius Justinianus an den Senat und das ganze Volk, § 23: *Wir befehlen aber, daß Unsere Gesetze, welche Wir in diesen Rechtsbüchern, nämlich den Institutionen oder Anfangsgründen (der Rechtswissenschaft) und den Digesten oder Pandekten aufgestellt haben,* (...), *gleiches Ansehen mit Unseren kaiserlichen Konstitutionen genießen und ihre Gültigkeit vor Gericht in allen Angelegenheiten bewähren sollen,* (...). (Übersetzung nach Otto/Schilling/Sintenis IV, S. 192).

228 Braun, S.42; André, S. 33, Rentel, S. 16.

229 André, S. 30.

§ 2 Mittelalter

I. Frühmittelalter

1. Das **Schatzrecht der Goten** erscheint zunächst in dem um 506 unter ALARICH II. für die Westgoten geschaffenen „Breviarium Alaricianum" oder der „Lex Romana Visigotorum", die Auszüge aus dem Codex Theodosianus enthält und sich an die dort festgelegte Quote von $^1/_4$ zu $^3/_4$ zwischen Schatzentdecker und Grundeigentümer anlehnt.[230] Im Gegensatz dazu eignete sich der Staat im 6. Jahrhundert bei den Ostgoten unter THEODERICH DEM GROSSEN (471–526) sämtliche herrenlosen Güter an:[231] *Funde wie auch Gelder, die durch die lange Zeit ihren Eigentümer verloren haben, sind Unserer Schatzkammer zur Untersuchung zu übergeben, auf daß sie entweder dem Berechtigten wieder zum Besitz ausgehändigt werden oder, falls ein solcher fehlt, Uns bereitwillig zu überlassen sind.*[232] Damit taucht das Prinzip, daß Schätze gänzlich an den Herrscher fallen, abgesehen von einem möglichen Gebrauch in der frühen römischen Kaiserzeit, zum ersten Mal gesichert auf.[233]

2. Das **Fränkische Schatzrecht** bietet dann auch die ersten Quellen, die Anlaß dazu geben könnten, von ihnen eine gesetzliche Regelung für die Behandlung von Schatzfunden auf später deutschem Boden abzuleiten:

a. Verschiedentlich stehen bei den zeitgenössischen Autoren **erbeutete „Schätze"** im Mittelpunkt, derer man bei Feldzügen habhaft wurde. So wurden 772 bei der Zerstörung des sächsischen Nationalheiligtums, der Irminsäule *(Irminsul)*, einem gewaltigen Baumstamm, Kostbarkeiten[234] entdeckt, die KARL DER GROSSE (742–814) vollständig für sich behielt.[235] Dabei bleibt unerwähnt, ob dies auf einem Anspruch des Königs auf den gesamten Schatzfund und damit auf einem umfassenden Schatzregal beruhte. Im Jahre 776 wurde LIUDGAR von ALBERICH, Bischof von Utrecht, nach Friesland beordert, um dort heidnische Tempel zu zerstö-

---

230 Vergleiche GAUDEMET, 367; HÄNEL, S. 218.

231 MOMMSEN, S. 182: *Repositivae quoque pecuniae, quae longa vetustate compentes dominos amiserunt, inquisitione tua nostris applicantur aeraris, ut qui sua cunctos patimur possidere, aliena nobis debeant libenter offere.*

232 Eigene (freie) Übersetzung.

233 So auch MAYER-MALY Schatz, Sp. 1361; ders. Erblosigkeit, S. 491.

234 VON RICHTHOFEN, S. 181, Fußnote 2 wendet sich gegen die Ansicht, es könnte sich dabei lediglich um eine sagenhafte Ausschmückung gehandelt haben.

235 HERBIG, S. 9; VON RICHTHOFEN, S. 181; PERTZ MGH SS I, S. 151.

ren:[236] *Danach schickte ALBERICH LIUDGAR und mit diesem andere Diener Gottes zu den Friesen, damit sie dort deren Tempel und verschiedene Götzenbilder zerstören sollten. Als sie diese Befehle ausgeführt hatten, brachten sie einen großen Schatz mit, welchen sie in den Heiligtümern gefunden hatten; von diesem nahm Kaiser KARL zwei Drittel, ein Drittel überließ er ALBERICH zu seinem Gebrauch.*[237] Hier begnügte sich der König demnach mit einem - wenn auch recht großen - Anteil. Beide Stellen sind jedoch nicht geeignet, die Regalität von Schatzfunden in fränkischer Zeit zu belegen. Es handelt sich in diesen Fällen jeweils nicht um einen Schatz im technischen Sinne, sind doch die Eigentümer bekannt und etwa der Tempelschmuck kaum als verborgen zu betrachten. Wenn KARL also den „Schatz“ ganz oder teilweise für sich beanspruchte, so geschah dies wohl nicht aufgrund eines wie auch immer gearteten Schatzregals, sondern vielmehr in Ansehung seines Beuterechtes[238] oder eines Anrechtes auf strafweise verfallene Güter.[239] Ob ALBERICH seinen Anteil als persönliche Belohnung bzw. für sich selbst oder die Kirche erhielt, ist unklar. Im übrigen dürften auch die uneinheitlichen Quoten in diesen nur vier Jahre auseinanderliegenden Fällen der Annahme einer einheitlichen gesetzlichen Regelung in Form eines Schatzregals widersprechen.

b. Das **Kapitular KARLS DES GROSSEN von 789** spricht dagegen in einem zugefügten Abschnitt von Schätzen im technischen Sinne:[240] *Vom Schatz, der unter der Erde gefunden wird: Wird der Fund auf kirchlichem Boden gemacht, wird dem Bischof ein Drittel zugesprochen. Wenn ein Langobarde oder sonst jemand etwas ausgräbt, so darf der Grundeigentümer ihm freiwillig etwas von seinem Viertel abgeben, drei Viertel aber kommen Uns zu (...).*[241] Der in fehlerhaftem Latein abgefaßte Text ist nicht eindeutig und bietet viele Interpretationsmöglichkeiten. Er enthält wohl die Bestimmung, wonach von einem auf dem Grund der Kirche gefundenen Schatz dem

---

236 PERTZ MGH SS II, S. 408: *Post haec misit ALBRICUS LIUTGERUM, et cum eo alios servos Dei, ut destruerunt fana deorum et varias cultras idolorum in gente Fresonum. At illi iussa complentes, attulerunt magnum thesaurum ei quem in delubris invenerant; ex quo KAROLUS imperator duas partes accepit, tertiam vero partem ad usus suos ALBRICUM recipere praecepit.*

237 Eigene (freie) Übersetzung.

238 HILL, S. 54; WAITZ, S. 102/103; BRUNNER, S. 95, Fußnote 41. Von Schätzen ist vielfach im Zusammenhang mit Beute die Rede. So heißt es bei PERTZ MGH SS I, S. 36: *In diesem Jahr* (795) *kamen Schätze von den Awaren in großer Menge, die der König* (...) *zwischen den Kirchen und Bischöfen, Äbten und Grafen verteilte* (...)(eigene freie Übersetzung); PERTZ MGH SS I, S. 152: (...) *König KARL* (...) *nahm den König DESIDERIUS mit Frau und Tochter und dem gesamten Schatz seiner Pfalz gefangen* (eigene freie Übersetzung).

239 ECKSTEIN, S. 198.

240 PERTZ MGH Leg. I, S. 69: *Item de Thesauro quod subtus terra invenitur: inventus fuerit in terra ecclesiarum, tertia ad parte episcopi revocetur. Et si aliquod Langobardus aut qualibet homo proprio expontanea voluntate caverit, et aliquit ei dominus dederit in propria sua quarta portione exinde tollantur, et ille vero tres portiones ad nos perveniat* (...).

241 Eigene (freie) Übersetzung.

Bischof ein Drittel zusteht. Bei dem *Dominus* im zweiten Satz scheint es sich um einen privaten Grundeigentümer zu handeln. Von dem auf dessen Grund gefundenen Schatz erhält der Grundeigentümer ein Viertel, der König drei Viertel. Damit entspricht die Bestimmung der Quote des Codex Theodosianus.[242] Wenn der Grundeigentümer dem Finder eine Belohnung zubilligen will, so muß er diese aus seinem Viertel entnehmen. Möglicherweise hat der kirchliche Grundeigentümer ein Drittel erhalten, wenn er selbst gegraben hat, aber nur ein Viertel von dem, was ein Anderer abzüglich seines Finderlohnes gefunden hatte.[243] Es ist unklar, ob KARL dieser Schatz kraft Regals zustand.[244] Eines solchen hätte es jedenfalls hinsichtlich der Aneignung von Schatzfunden auf kirchlichem Boden nicht bedurft, da dieser ohnehin wie fiskalischer behandelt wurde.[245] Dies fand ursprünglich seine Rechtfertigung darin, daß die Kirche früher kein Eigentum haben konnte und aus diesem Grunde der entsprechende Teil des in ihrem Boden gefundenen Schatzes dem Fiskus anheimfiel.[246] Eventuell hat es sich aber auch um ehemaliges Königsgut gehandelt, womit die Zuteilung des Drittels durch den vormaligen Eigentümer lediglich aus Billigkeitsgründen oder sogar willkürlich erfolgt wäre.[247] Weiterhin könnte ein dem Grundeigentümer zustehendes Recht an Schatzfunden nur noch einmal ausdrücklich bestätigt worden sein, das diesem ohnehin zustand. Regelmäßig wurden die selbstverständlichen Rechte mitaufgeführt, da sich der König diese oft vorbehielt.[248] Obwohl die Kapitularien regelmäßig mit der Zustimmung der Großen und des Volkes gesetzt wurden und meist für das ganze Reich galten,[249] war diese Bestimmung nicht für das Fränkische, sondern nur für das Langobardische Reich bestimmt,[250] das 773/774 eingegliedert worden war und hat damit bereits für die nördlich gelegenen Gebiete kaum Aussagekraft. Für die Annahme, ein den germanischen Völkern geläufiges Regal könnte hier lediglich für jene, die in Italien siedelten, durch den Einfluß des römischen Rechtes modifiziert worden sein,[251] fehlt bisher jeglicher Beleg. Eine Bestimmung in Form eines allgemeinen Schatzregals läßt sich dem Kapitular jedenfalls nicht mit Gewißheit entnehmen.[252]

---

242 Codex Theodosianus, 10. Buch, 18. Titel : De thesauris (Von den Schätzen), Nr. II.

243 MAYER, S. 362, Fußnote 56.

244 STOBBE, S. 604, Fußnote 26.

245 HILL, S. 53 erwähnt, daß KARL das Eigentum der Kirche wie sein eigenes behandelt habe.

246 ECKSTEIN, S. 229, Fußnote 7.

247 ECKSTEIN, S. 200.

248 WAITZ, S. 138.

249 KÖBLER Rechtsgeschichte, S. 94.

250 ECKSTEIN, S. 200; GOLL, S. 12.

251 HILL, S. 53.

252 BRAUN, S. 50; a. A. HILL, S. 55, der aus der Übereinstimmung der Drittelquote im Kapitular und der Liudgarstelle eine allgemeine Regel ableiten will.

c. Anderseits gibt es auch keinen Beweis für eine andere als die regalistische Lösung. Zwar wird in dem am Ende des 8. Jahrhunderts entstandenen, als **Lex Romana Rhaetica Curiensis** (römisches Recht Churrätiens) bekannten Gesetz, welches für Rhaetien oder Norditalien in Anspruch genommen wird und in Sprache und Bestimmungen stark germanisch beeinflußt ist,[253] bezüglich der Schätze die Konstitution von 380[254] wiederholt, nach der der Finder auf eigenem Land alles erhält, auf fremdem Land aber ein Viertel an den Eigentümer abgeben muß:[255] *Wenn jemand Gold oder andere Funde auf seinem eigenen Grund entdeckt, muß er niemandem etwas abgeben, es sei denn, er hat rechtswidrig gehandelt. Wenn jemand Gold oder andere Funde auf dem Grund eines anderen entdeckt, soll er dem Grundeigentümer ein Viertel abgeben.*[256] Es herrscht jedoch Einigkeit darüber, daß diese Bestimmung als reines römisches Recht nicht als allgemeingültig für die germanischen Stämme der Zeit betrachtet werden kann, mag sie auch für einige südlich ansässige Geltung besessen haben.[257]

d. Es bleibt demnach als **Fazit** festzustellen, daß sich eine verbindliche Aussage über die den Schatzfund betreffende Rechtslage nicht treffen läßt.[258] Anderseits spricht einiges dafür, daß in karolingischer Zeit kein Schatzregal bestand. Dieses wird später in einer Zeit nur beschränkt auftauchen, in der das Jagdregal und Bergregal im Vordringen begriffen sind.[259] Bezüglich dieser Rechte ist jedoch bekannt, daß das Jagdrecht des Grundeigentümers bis in das 11. Jahrhundert unangetastet blieb und für die ältere Zeit der Bergbau von den Königen nur auf königlichen Domänen bezeugt ist. Die Vorstellung, daß andere Dinge als die Domänen als ursprüngliche Finanzquelle des Königs dessen Eigentum sein könnten, sind dieser Epoche fremd; im übrigen wurden Sachen im Moment fremder Besitznahme auch nicht mehr als herrenlos betrachtet.[260] Es ist auch unwahrscheinlich, daß das damals noch nicht sehr weit entwickelte Rechtssystem Unterschiede zwischen Fund, der dem Finder zustand, und dem Schatzfund gemacht hat. Vielmehr ist davon auszugehen, daß der Schatzfund insoweit zum Fund im weiteren Sinne zu rechnen war, jedenfalls bis das Schatzrecht zum Aneignungsrecht des Königs beziehungsweise der weltlichen

---

253 Hill, S. 54.

254 Codex Theodosianus, 10. Buch, 18. Titel : De thesauris (Von den Schätzen), Nr. II.

255 Zeumer MGH Leg. V, S. 283, IX. De tensauris. Imp. Gracianus. Data VI Kal. Feb. Interpretatio: *Si quis homo aut aurum aut aliqua alia rebustura in sua propria terra invenerit, ad nullum hominem exinde dare non debet, nisi ipse sibi in integro vindicetur. Nam si quis homo in alterius terra aut aurum aut aliua rebustura invenerit, quartam portionem illi, cujus terra est, exinde reddat.*

256 Eigene (freie) Übersetzung.

257 Hill, S. 55.

258 So auch Schmidt E., S. 49; Schleiss, S. 12.

259 Eckstein, S. 196.

260 Eckstein, S. 193, 194.

oder geistlichen Landesherren ausgebildet wurde.[261] Auch in England und Frankreich ist das Schatzregal nicht vor dem 11. Jahrhundert bekannt.[262] Damit liegt nahe, daß auch auf deutschem Boden von einem Schatzregal jedenfalls nicht vor dem 12. Jahrhundert gesprochen werden kann[263] und dem Fiskus insoweit keinerlei Ansprüche an einem Schatz zustanden.[264]

II. Hochmittelalter

Die Quellenlage im Hochmittelalter spiegelt den Höhepunkt der kaiserlichen Macht wider. Das Schatzrecht tritt daher in dieser Zeit vornehmlich dann zutage, wenn der Kaiser darüber verfügt oder es selbst setzt:

1. Dies geschah etwa in zahlreichen erhaltenen **Verleihungsurkunden**. So heißt es in einer solchen OTTOS III. (902–1002) aus dem Jahre 922 für das Kloster Brogne (Belgien):[265] *Aufgrund Unserer Verleihung sollen sie den Bann und die Funde* (repertura) *haben.*[266] Ganz offensichtlich überträgt der Kaiser hier ein ihm zustehendes Recht an Funden. Es ist jedoch umstritten, ob sich *repertura* auf den (Schatz-) Fund oder aber Bergwerksgut[267] bezieht. Im Jahre 1051 gewährt Papst LEO IX. (1048–1054) in einer an den Bischof von Toul gerichteten Bulle dem Kloster Saint Diey die gefundenen Schätze:[268] *Wenn gemünztes Geld gefunden wird, das ein großes Vermögen ausmacht, so soll alles unter Ausschluß jeder weltlichen Macht in der Gewalt der Brüder verbleiben.*[269] Diese scheint vorauszusetzen, daß irgendeine weltliche Macht üblicherweise Schätze beansprucht. Dabei wird es sich wohl um den Kaiser gehandelt haben. Aufgrund welchen Rechtes der Kaiser aber Ansprüche geltend machte und ob er diese nur gegenüber der Kirche oder aber allgemein erhob, bleibt hier unklar. Mit einer auf den 29. März 1122 datierten Urkunde schenkt Kaiser HEINRICH V. (1106–1125) dem Kloster Siegburg die auf

---

261 HÜBNER, S. 30/3.

262 ZEUMER Sachsenspiegel, S. 439.

263 HÜBNER, S. 154; ECKSTEIN, S. 204; PLANITZ, S. 217.

264 HAHN, S. 21.

265 GfädG MGH, S. 503: (...) *ex traditione nostra* (...) *habeant ibi bannum* (...) *et reperturam.*

266 Eigene (freie) Übersetzung.

267 ARNDT, S. 188, ist der Ansicht, das Wort *repertura* dürfe hier den Sinn von Bergwerksgut und nicht den von Schatz haben, und zwar schon deshalb, weil die Schätze auf Gründen des Klosters diesem auch ohne königliche Verleihung gehört haben würden.

268 Abgedruckt bei HILL, S. 55: *si inventio pecuniaris facta fuerit, quae vulgo fortuna dicitur, omni saeculari potentia seclusa in ditione fratrum tota permaneat.*

269 Eigene (freie) Übersetzung.

dessen Grundbesitz aufgefundenen Metalle und Gelder:[270] *Wir gewähren das Metall und Geld auf dem Grund ihrer Besitzungen und jenes, das die Erde preisgibt, was aus Habsucht vor Uns verborgen wurde, als zu ihren Rechten gehörig aus Königsrecht, weil Wir, was Uns zusteht, verschenken.*[271] *Metalli* und *pecunie* sind hier offensichtlich nicht identisch, so daß ersteres auf das Bergrecht, letzteres auf das Schatzrecht zu beziehen ist.[272] Im Jahre 1150 schenkt KONRAD III. (1138–1152) dem Kloster Corvey in einer Urkunde, deren Echtheit indes zweifelhaft ist,[273] alle Metallvorkommen samt Geldfunden zu Marsberg:[274] *Wir KONRAD, von Gottes Gnaden König der Römer, gewähren dem Abt des Klosters Corvey Wibald und allen seinen rechtmäßigen Nachfolgern auf ewig die Metallvorkommen* (...) *und alles gemünzte oder ungemünzte Geld* (*omnem pecuniam sive rudem sive formatam*) (...).[275] Es ist unstreitig, daß sich die Worte *pecunia* und *pecunia sive rudis, sive formata* auf den Schatzfund beziehen.[276] Wiederum werden die natürlichen Bodenschätze und Schatzfunde gemeinsam verliehen.[277] Ob aus diesen Urkunden aber hervorgeht, daß das Schatzregal verschenkt wurde, erscheint zweifelhaft.[278] Es gilt insoweit das bereits zu den karolingischen Quellen ausgeführte. Möglicherweise haben die Kaiser auch hier dieses Recht nicht als Herrscher kraft Regals, sondern als ehemalige Grundeigentümer oder in Wahrnehmung der Rechte der nicht eigentumsfähigen Kirche abgegeben,[279] so daß sie lediglich die Rechte bestätigt hätten, die die (neuen) kirchlichen Grundeigentümer ohnehin gehabt hätten. Insbesondere in Anbetracht der Vielzahl der Verleihungen muß auffallen, daß das Recht an Schatzfunden ausschließlich geistlichen Herren verliehen wird. Dies stützt die These, daß nur Ihnen gegenüber eine Erwähnung als nicht Eigentumsfähigen erforderlich war. Hätte es ein allgemeines Schatzregal gegeben, sollte dies auch weltlichen Herren gegenüber

---

270 WISPLINGHOFF, S. 75 f., Nr. 35 (St. 3137): *concidemus (...), ut si quid metalli vel pecunie in ullo possessionum ipsorum fundo sive loco tellus querentibus exposuerit ex his, que avaro sinu multa nobis abscondit, iuris ipsorum sit (...) pro iure regio, quia, quod ad nos attinet, donamus.*

271 Eigene (freie) Übersetzung.

272 SCHRADER, S. 186; STOBBE, S. 605, Fußnote 26, hält diese Urkunde für einen Beweis für das Bestehen eines Schatzregals.

273 HÄGERMANN, S. 15.

274 HAUSMANN, Nr. 232, S. 408/409: *CONRADUS Dei gratia Romanorum rex secundus WICBOLDO Corbeyensi abbati suisque successoribus regulariter ordinatis in perpetuum venas metalli videlicit auri, argenti, cupri, plumbi et stamni et omnem pecuniam sive rudem sive formatam que intra montem Eresburch, qui Corbeyensi ecclesie iure proprietario pertinere noscitur, latet tibi et per te corbeyensi ecclesie concedimus,* (...).

275 Eigene (freie) Übersetzung.

276 HETTLAGE, S. 21; ZEUMER Sachsenspiegel, S. 434; HILL, S. 57.

277 Vergleiche SCHRADER, S. 186.

278 Von einem Schatzregal geht jedoch HÜBNER, S. 154 aus.

279 Auf diese Sichtweise weist HILL, S. 56 hin, der sie jedoch spitzfindig *(sophistically)* findet.

Anwendung und Erwähnung gefunden haben. Es kann demnach allenfalls angenommen werden, daß hier lediglich ein Gedanke auftaucht, der sich später einmal zu einem Schatzregal entwickeln sollte.[280]

2. Waren in den zuvor angeführten Urkunden nur einzelne kirchliche Herren direkt betroffen, so beziehen sich die das **Verfassungsrecht** aufzeichnenden Regeln auf das Gesamtreich:

a. Zum ersten Mal erscheint eine den Schatzfund betreffende Bestimmung unter der Bezeichnung Regal ausdrücklich in der **Roncaglischen Konstitution** von 1158 FRIEDRICHS I. BARBAROSSA (1152–1190) über die Regalien (Regalienweistum). Es handelt sich um den Ausspruch über die königlichen Rechte *(sententia de regalibus)* in Abgrenzung gegenüber denjenigen der lombardischen Städte. Dieses auf dem zweiten Reichstag zu Roncaglia (bei Piacenza) erlassene Gesetz zählte zu den Hoheitsrechten neben dem Silber- und Salzabbau, Hafen und Geleit sowie Steuern unter anderem auch den Schatzfund:[281] *Königliche Gerechtsame sind* (...) *und die Hälfte des ohne Absicht auf kaiserlichem oder kirchlichem Boden gefundenen Schatzes; wenn er absichtlich gesucht worden ist, gehört er ihm ganz.*[282] Die Regelung wonach die Hälfte der zufällig auf kaiserlichem Grund gefundenen Schätze zum Regal erklärt wurde und bei absichtlicher Schatzsuche alles an den Kaiser fallen sollte, entsprach derjenigen des HADRIAN.[283] Es wird angenommen, daß diese von den zum Reichstag geladenen Glossatoren (den *quatuor doctores*) vermittelt wurde.[284] Diese vier Bologneser Lehrer, MARTINUS (gest. nach 1158), BULGARUS (gest. 1166), HUGO (gest. um 1170) und JACOBUS (gest. 1178), formulierten im Auftrag des Kaisers die vier Rechtsauskünfte über kaiserliche Rechte in Italien im Zusammenwirken mit 28 Juristen aus anderen norditalienischen Städten.[285] An dieser Stelle von einem Schatzregal zu sprechen, erscheint jedoch unangebracht.[286] Schließlich wird der Kaiser grundsätzlich nicht anders behandelt als jeder andere Grundeigentümer auch. Ein umfassender Anspruch besteht nur auf die durch absichtliche Suche entdeckten Schätze. Eines Schatzregals bedurfte es jedoch insoweit nicht, da dem Kaiser ohnehin der Anspruch auf strafweise erworbene Güter zustand.[287] Was die Konstitution über den Schatzfund bestimmt, findet sich fast wörtlich in JUSTINIANS

280 ECKSTEIN, S. 203; gegen diesen wendet sich direkt HÜBNER, S. 154.

281 APPELT, S. 29: *Regalia sunt haec (...) et dimidum thesauri inventi in loco Caesaris non data opera, vel in loco religioso; si data opera, totum ad eum pertinet.*

282 Übersetzung nach KROESCHELL I, S. 180.

283 Institutionen, 2. Buch, 1. Titel: de rerum divisione (Über die Einteilung der Sachen), § 39.

284 MAYER-MALY, Schatz, Sp.1361.

285 DOLEZALEK, Sp. 1138.

286 HETTLAGE, S. 25; SCHMIDT E., S. 43: *Das bestreitet niemand, daß die erwähnten Codizes ein allgemeines Schatzregal nicht statuieren,* (...).

287 ECKSTEIN, S. 198.

Institutionen,[288] ist also nicht Ausdruck eines deutschrechtlichen Schatzregals, sondern reines römisches Recht.[289]

b. Im September 1231 hat FRIEDRICH II. (1215–1250) eine wohl von dem normannischen König WILHELM II. (1035–1087) stammende Bestimmung in die **Konstitutionen von Melfi** oder den „Liber Augustalis" übernommen:[290] *Über die Schatzfunde, die den Justitiaren oder Baiuli für das Vermögen des Fiskus übergeben werden müssen: Wer Geld, Gold, Silber, Edelsteine oder andere Dinge findet, die ihm nicht gehören, hat die Funde umgehend unseren Justitiaren oder Baiuli anzuzeigen, unverzüglich an Unseren großen Hof zu bringen und dort abzugeben. Andernfalls verfällt er der Strafe für Diebstahl. Es ist nämlich zu wissen, daß jegliche Funde in Unserem Reich, die keinen Eigentümer haben, eigens dem Fiskus zustehen. Unser Pflichtgefühl gegenüber den Abwesenden verlangt aus Barmherzigkeit, daß diese Dinge, sobald sie in die Hand des Hofes gelangt sind, bis zu einem Jahr aufbewahrt werden, auf daß sie derjenige, der innerhalb eines Jahres kommt und sein Eigentum an diesen Dingen glaubhaft macht, erhalte. Andernfalls werden sie nach Ablauf eines Jahres zugunsten des Fiskus eingezogen.*[291] Die Konstitutionen von Melfi hatte FRIEDRICH II. nach seiner Rückkehr vom Kreuzzug ausarbeiten lassen, um Rechtsunklarheiten auszuräumen, die bei den Friedensverhandlungen aufgetreten waren.[292] Sie waren jedoch nur für sein sizilisches Königreich bestimmt und sind insoweit für die Rechtslage in Deutschland nicht weiter aufschlußreich.

III. Spätes Mittelalter

1. Die rechtliche Zersplitterung nimmt im Spätmittelalter mit der Aufgliederung des Reiches in lokale Herrschaftsbereiche weiter zu. Es entsteht ein allgemeines, personal bestimmtes Stammes- oder Volksrecht, das als Landrecht *(Ius terrae, mos provinciae)* bezeichnet wird. Für dieses wird die Sammlung des Rechts in **Rechtsbüchern** entscheidend.

---

288 Institutionen, 2. Buch, 1. Titel: de rerum divisione (Über die Einteilung der Sachen), § 39.

289 SCHMIDT E., S. 43/44.

290 STÜRNER, S. 402 (III, 35) *Pecuniam si quis invenerit, aurum, argentum, lapides pretiosos vel quaslibet res, que sue non sunt, inventas iustitiariis nostris vel baulis ipsarum partium statim ostendat et sine dilatione ipsemet ad magnam curiam nostram deferat et assignet. Alioquin et ipse furti pena tenebitur. Scire enim debet unusquisque inventiones regni Nostri, quarum dominus non apparerit, ad fiscum specialiter pertinere. Pietas enim nostra propter absentes misericorditer statuit res ipsas, postquam ad manus curie pervenerint, usque ad annum completum per se conservare, ut, si forte aliquis infra annum venerit et de rebus ipsis aliquas fore suas probaverit, quod suum fuerit, consequatur. Alioquin post transactum annum fiscalibus utilitatibus ascribantur.*

291 Eigene (freie) Übersetzung.

292 DILCHER, Sp. 476.

a. Mit dem **Sachsenspiegel** (1221–1224) des EIKE VON REPGOW (Reppichau bei Dessau) begann in Deutschland die etwa bis 1500 dauernde Rechtsbücherzeit,[293] in der durch private Aufzeichnung des bis dahin mündlich überlieferten Rechts der bestehende und offensichtlich auch empfundene Mangel an geschriebenem Recht ganz allmählich überwunden wird.[294] EIKE VON REPGOW nennt sein Werk „Spiegel der Sachsen" weil es das Gewohnheitsrecht seiner Zeit widergeben, es - „spiegeln" - sollte. Es bekennt sich hinsichtlich des Schatzfundes ausdrücklich zum Regalitätsprinzip (Landrecht 1, 35): *Vom vergrabenen Schatz. Vom Abbau des Silbers. 1. Jeder Schatz, der tiefer in der Erde vergraben ist, als ein Pflug geht, gehört in die Verfügungsgewalt des Königs. 2. Silber darf niemand auf dem Grundstück eines anderen abbauen ohne die Einwilligung dessen, dem das Grundstück gehört. Gibt dieser aber seine Zustimmung, so hat er die Schutzherrschaft darüber.*[295]

Der Sachsenspiegel bringt damit ein deutschrechtliches Schatzregal zum Ausdruck, indem er jeden Schatz, welcher unter Pflugfurchentiefe im Boden gefunden wird, vollständig dem König zuspricht.[296]

aa. Bis zur Gegenwart wird um die Frage nach dem **Gegenstand des Sachsenspiegelregals** gestritten, insbesondere darum, ob sich die Stelle auf Schätze oder aber auf Bodenschätze bezieht. Es lassen sich dabei im wesentlichen drei Richtungen unterscheiden: So wurde einerseits vertreten, die Bestimmung lasse sich ausschließlich auf ein Bergregal deuten.[297] Gemeint sei der gesamte Schatz, der tiefer unter der Ackerkrume verborgen liegt, den also die Natur dort abgelagert hat und der dem König zustehe. Dem Grundeigentümer sei dahingegen nur die landwirtschaftliche Nutzung gestattet. Andere wiederum beziehen die Stelle ausschließlich auf den Schatzfund.[298] Sie stützen sich vor allem auf die Deutung des Wortes *scat* als den von Menschenhand vergrabenen Schatz. Nur ein solcher könne auch von einem Pflug zutage gefördert werden. Einige Autoren sind schließlich auch für die Vereinigung beider Rechte eingetreten.[299] Die Sachsenspiegelstelle betreffe allgemein Güter, die in der Erde liegen, seien sie auch von verschiedener Art; *scat* sei jede Art von Schatz. Zudem seien in den Königsurkunden die Bodenschätze und der verborgene Schatz häufig zusammen verliehen worden. Danach sei § 1 die zusammenfassende Verkündigung zweier Regalien, deren Schätze, von Menschenhand wie von der Natur verborgen, im Boden liegen. Die Verschiedenheit der Auffassungen ergibt sich

---

293 MUNZEL I, Sp. 277 ff.

294 LIEBERWIRTH, S. 3.

295 Übertragung nach SCHOTT, S. 65.

296 HETTLAGE, S. 28.

297 ARNDT, S. 95 ff.; ZYCHA, S. 56; STOBBE, S. 605.

298 SCHMIDT E., S. 34; MÜLLER-ERZBACH, S. 45; ZEUMER Sachsenspiegel, S. 430; ECKSTEIN, S. 201.

299 HETTLAGE, S. 17 übersetzt daher: *Aller Reichtum, unter der Erde verborgen, tiefer als ein Pflug geht, gehört zur königlichen Gewalt*; SCHRADER, S. 185; SCHÖNBAUER, S. 185; SCHRÖDER/VON KÜNSSBERG, S. 587.

insbesondere aus der unterschiedlichen Auslegung des Wortes *scat*. Dies bedeutet ursprünglich wohl Vieh, wird aber später vorzugsweise für Geld gebraucht, insbesondere für das gemünzte Geldstück und erhält danach die allgemeinere Bedeutung von Vermögen.[300] Eike selbst bezeichnet seine Kenntnis von den Rechtsgewohnheiten der Vorfahren als Schatz, der ihm anvertraut sei, um ihn vor Verlust zu bewahren.[301] Seine Kunst gilt ihm zudem als edler Schatz, der, wenn man ihn vergräbt, also mit niemandem teilt, verringert wird.[302] Die Weise, in der Eike das Wort Schatz selbst benutzt, drängt nicht unbedingt den Gedanken auf, es handele sich um Bodenschätze. Zudem erscheint die Annahme, dem Grundeigentümer sei es erlaubt gewesen, die oberste Erzschicht in Stärke einer Pflugfurchentiefe zu gewinnen, während das darunterliegende Metall dem König gehören sollte, einigermaßen gewagt.[303] Bergschätze können zudem nicht ausgepflügt werden. Damit ist die Aussage wohl zumindest auch auf den durch menschliche Handlung vergrabenen Schatzfund und jedenfalls nicht ausschließlich auf ein Bergregal zu deuten.[304] Ob in der Bestimmung gleichzeitig auch ein solches festgelegt wurde, ist im Rahmen dieser Untersuchung nicht weiter von Bedeutung. Der Hinweis auf die gleichzeitigen Verleihungen von Schatz- und Bergrecht[305] hat jedoch insbesondere angesichts dessen einiges für sich, daß eine solche auch gleichzeitig mit der Entstehung des Sachsenspiegels bekannt ist. In einem Privileg für die Bischöfe von Livland vom 1. Dezember 1225[306] bestimmte König Heinrich VII. (1221–1235) in Nürnberg: *Wir (...) gewähren auf Bitte des Livländischen Bischof Albert (...) die Metallvorkommen und die verborgenen Schätze.*[307] Für die weiteren Ausführungen genügt es indes festzustellen, daß der diskutierten Stelle jedenfalls auch ein Schatzregal zu entnehmen ist. Von tatsächlich gehobenen Schätzen ist ansonsten in den Quellen dieser Zeit selten die Rede,[308] noch weniger erfährt man über deren rechtliche Behandlung.

---

300 Schmidt E., S. 31/32.

301 Vers 154 ff.: (...) *daz min scaz under der erde mit mir icht vor werde* (...).

302 Vers 159 ff.: (...) *kunst ist eine edele schatz* (...) *; got deme kargen nene gan schazzes den er hat begraben* (...).

303 Vergleiche Schmidt E., S. 34; anders aber Stobbe, S. 605, Fußnote 27: *Ich lege entscheidendes Gewicht auf die Worte deper den ein pluch ga: es wäre widersinnig, das Eigenthum am Schatz von der Tiefe des Vergrabens abhängen zu lassen.*

304 Zeumer Sachsenspiegel, S. 420; so auch Matthiae, S. 14; Herbig, S. 11; Rentel, S. 17; a.A. Dolezych, S. 57; Braun, S. 51.

305 Insbesondere Schrader, S. 185 ff.

306 Huillard-Bréholles, S. 865: *Henricus, Romanorum rex, ad petitionem Alberti Livoniensis episcopi, marchiam unam per episcopatum ejus instituit, eique concedit auctoritatem monetam faciendi et fundandi civitatem in Riga, ipsius fidei committens jus suum speciale super venas metalli et thesauros absconditos.* Abgedruckt bei Hettlage, S. 21; Vergleiche Pertz MGH SS XXIII, S. 241 ff.

307 Eigene (freie) Übersetzung.

308 Nicklis, S. 95 ff. erwähnt insoweit das „Grab des Valentianus“ (1174) in Andernach, einen Münzschatz in Krosigk/Sachsen-Anhalt (1228), eine römische Münze in Huy/Belgien (1288), einen Münzschatz in Steyr/Oberösterreich (1297) und einen Münzschatz in Mainz (1303).

bb. Bei der Frage nach der **Bedeutung des Schatzregals** des Sachsenspiegels ist zunächst zu beachten, daß die Tiefe des Pfluges die Trennlinie zwischen dem willentlich vergrabenen Schatz und den zufällig verlorenen Wertsachen (Fund) angibt. Ein sehr tief in der Erde liegender Schatz wird im allgemeinen schon lange verborgen sein, ein oberflächlich liegender dagegen nicht.[309]

Angesichts dessen, daß Sachsen keine alte Kulturlandschaft war, in der irgendwelche untergegangene Völkerschaften Schätze hinterlassen haben könnten, ist davon auszugehen, daß der Sachsenspiegel vornehmlich die Grabbeigaben aus heidnischen Zeiten im Auge hatte und erst in zweiter Linie verborgenes Geld.[310] Mit dem Aufkommen des Christentums schwand die Ansicht, daß dem Verstorbenen mitgegebene Wertsachen als „Totenteil" gehörten, so daß sich der König dieser als herrenlosem Gut annehmen konnte.[311] Es muß jedoch bezweifelt werden, daß das Schatzregal des Sachsenspiegels zur Zeit EIKE VON REPGOWS überhaupt praktische Bedeutung hatte und nicht nur eine lediglich theoretische Existenz geführt hatte.[312] Teilweise wird gar angenommen, daß die Regel nirgends geltendes Recht gewesen sei.[313] Es ist zumindest unklar, ob die Regalität lange andauerte[314] oder ob das System schon in EIKES Zeit eher theoretisch war bzw. wenig später verschwand.[315] Jedenfalls scheint es, als ob im 13. Jahrhundert weder das deutschrechtliche Regal des Sachsenspiegels, noch das römischrechtliche, ohnehin nur für Italien geltende der roncaglischen Konstitution, in beachtlichem Umfang ausgeübt wurde und die späteren Rechtsbücher es regelmäßig nicht mehr kennen.

b. Die Grundsätze des römischen Rechtes, welche ein Regal an Schätzen, die auf privatem Grund gefunden wurden, im Allgemeinen nicht anerkannten, hatten damals in Süddeutschland wohl auch aufgrund der geographischen Nähe zu Italien bereits Wurzeln gefaßt. Der Verfasser des 1274/75 in Augsburg entstandenen **Deutschenspiegels** läßt den Satz vom Schatzregal völlig aus, da er nicht (mehr) geltendes Recht war.[316] Wäre er ausschließlich auf Bodenschätze zu beziehen gewesen, hätte es keinen Grund gegeben ihn auszulassen, da er mit dem Recht nicht in Konflikt geraten wäre. Man wird annehmen dürfen, daß wenn das Schatzregal des Sachsenspiegels noch irgendeine Bedeutung gehabt hätte, es für das römische Recht schwie-

---

309 HERBIG, S. 11.

310 LEHMANN K., S. 281.

311 SCHMIDT E., S. 35.

312 So ECKSTEIN, S. 207.

313 VON THUDICHUM, S. 260; ARNDT, S. 99: *Ein Schatzregal, welches dahin ginge, daß dem Kaiser alle Schätze gehören und daß kein Schatz ohne kaiserliche Erlaubnis gegraben werden darf, ist, so scheint mir, auch in das deutsche Recht niemals aufgenommen worden.*

314 ZEUMER Sachsenspiegel, S. 437; SCHMIDT E., S. 52.

315 ECKSTEIN, S. 206–209.

316 ECKSTEIN, S. 208.

riger gewesen wäre, sich gegen das kaiserliche durchzusetzen, insbesondere unter Berücksichtigung dessen, daß sich die übrigen Regalien erhalten haben.

c. Der 1275/76 gleichfalls in Augsburg entstandene **Schwabenspiegel,** behandelt den Schatzfund in Artikel 346/7[317] der LASSBERGSCHEN Ausgabe ohne ein Schatzregal. Das dem Sachsenspiegel entlehnte Schatzregal in Artikel 197 des Schwabenspiegels von 1287[318] ist später interpoliert[319] und nur deshalb in das Rechtsbuch gelangt, weil man ihn auf Bodenschätze bezog. Der auf eigenem Grund entdeckte Schatz gehört dem Grundstückseigentümer und Entdekker.[320] Der Anspruch des Grundeigentümers auf den Schatzfund wird mit dem biblischen Gleichnis vom Schatz im Acker belegt.[321] Allerdings wird bei Fund auf fremdem Boden nicht das römische Recht in Form der hadrianischen Teilung übernommen, sondern das Prinzip des Codex Theodosianus[322] umgekehrt, so daß der Verfasser des Schwabenspiegels eine Verteilung des Schatzfundes zu $^1/_4$ an den Finder und $^3/_4$ an den Eigentümer annimmt.[323] Die überkommene Vorstellung, daß dem Finder nur ein geringer (Finder-)Lohn zustehe, mag dazu beigetragen haben, daß die Kodexstelle irrtümlich verstanden wurde und in der vertauschten Version auch in spätere Rechtsbücher[324] Eingang fand. Gleichzeitig mit dem Privatrecht des römischen Rechts dringt auch das diesem jedoch angepaßte römischrechtliche Regal an Schätzen ein. Der Schatz auf fiskalischem Grund, von dem nach römischem Recht dem Kaiser nur die Hälfte zustand und von dem in den Quellen regelmäßig lediglich derjenige auf der freien Straße aufgeführt ist, gehört dem Reich, wobei der Finder auch hier nur $^1/_4$ erhält.[325] Der Fund auf

---

317 VON LASSBERG, S.147/148.

318 VON LASSBERG, S. 91: 197 I.: *Wer schaecz under die erd begrebet tieffer den eyn pfluog gat der gehoert czuo dem kungklichen gewalt. Silber sol nyeman graben auff eynes mannes guot. On seynen willen des die stat ist. Ab` geit er das vrlaub. Die vogttey ist seyn daruber.*

319 ECKSTEIN, S. 204, Fußnote 3; ZEUMER Sachsenspiegel, S. 420, Fußnote 1; SCHMIDT E., S. 45.

320 *Unde ist daz ieman iht vindet uf sinem guote, daz ist sin mit rehte. Ob er under der erde vindet. Und daz ertriche sin eigen ist.*

321 (...) *Unde findet ein man guot an einer froemeden stat. Div in nuit bestat. Swez daz ertriche ist. Das daz guot uffe funden wirt Dez ist ouch daz gut. Daz beweret man (mut) dem heiligen evangelio. Daz sprichet also. Daz himelriche gelichet einem acker. Da schatz inne verborgen lit. Alse den ein mensche. Daz verkovffet allez sin guot. Unde kovffet den acker. Daz im der acker werde. Und im der schatz belibe. er sol aber dem vinder daz vierde teil geben daz ist reht.* Vergleiche dazu auch S. 44.

322 Codex Theodosianus, 10. Buch, 18. Titel : De thesauris (Von den Schätzen), Nr. II.

323 346. *Und vindet ez aber anders ieman. Danne er selbe. Und daz er es nut hat geheizen suchen. Dem sol er daz vierde teil geben. Wan daz ist sin funt reht. Und er hat in geheizzen suochen. So sol er im sinen lon geben. Daz er im hat geheizzen. Und (hat) er mit im nuit gedinget. Swaz er im danne git daz sol er nehmen mit rehte* (...).

324 Etwa in das Rechtsbuch des RUPRECHT VON FREISING und in das Kulmer Rechtsbuch.

325 347. *Unde vindet ein man guot uf der vrien strazze. Under der erde. Daz ist des riches. Und dem vinder soll daz vierteil werden.*

der freien Straße, also den Militärstraßen des Königs, ist aus Sicht der Praxis wohl der häufigste Fall für den Schatz auf fiskalischem Grund. Die königlichen Besitzungen waren meist als Lehen vergeben und der neue Herr hatte insoweit die Stellung des Königs eingenommen.[326]

d. In ganz ähnlicher Weise findet sich das Schatzrecht auch in dem **Rechtsbuch des Ruprecht von Freising** (1328), der von 1292 bis 1328 als Fürsprecher bei den Gerichten der Stadt Freising und des umliegenden Landes wirkte,[327] am Ende des ersten Teiles des Landrechtes: *cap.* 211. *Wer guet in seins selb erdrich. Und ist das ein mensch guet vindet in seins selb erdrich es sey schatz oder annder guet das ist mit recht sein. Vind es aber annders yemand dann er selbs unnd hat er es nicht haissenn suechenn, dem sol er den vierdenn tail gebenn das ist sein vindelmiet. Hiess er im es aber suechenn und hat er jm nichts gehaissenn also daz er jn nicht bedinget hat. Was er jm dann geit das sol er nemenn mit recht. Und vindet ein man guet an einer fremdnn stat, wes das selbig ertrich ist des ist auch das guet. Das bewärtt man mit dem heylignn ewangely. Da geschriebnn stat das himelreich ist geleich ainem schatz der da verporgenn ist in dem acker. Unnd wer jn vindet der verkaufft alles sein guet undd kaufft den acker darumb daz jm der schatz wird. Er sol aber dem vinder den vierdnn tail gebnn das ist sein recht*.[328]

e. Der Fund unter freier Straße wird hier nicht erwähnt, wohl aber im ansonsten sehr ähnlichen **Kulmer Recht** (um 1350),[329] das die Bestimmung über den gewöhnlichen Schatzfund dem Schwabenspiegel entlehnt.[330] Als landschaftliches Privileg oder Gesetzbuch steht es neben dem Rechtsbuch. Es handelt sich dabei um eine Mitte des 14. Jahrhunderts verfaßte Umwandlung des Magdeburger-Breslauer systematischen Schöffenrechts, daß später in Breslau und Preußen mehrere aus dem Schwabenspiegel stammende Zusätze enthielt und im Ordensland eine bedeutende Stellung einnahm.[331]

---

326 Eckstein, S. 210, 214; Hill, S. 62.

327 Munzel II, Sp. 1210.

328 von Maurer, cap. 211 des erst rechtpuech, S. 229/230.

329 Leman, S. 173: XLV. *Von den dy gut vynden. Unde ist das ymant icht vynder uf syme gute. Das ist syn myt rechte. Und vyndet is andirs ymant den her selbir. Und das her is nicht hat heyssen suchen. So sal her ym syn vuntlon geben. Daz ist das vyrde teyl. Wenne das ist syne vunt myte unde syn vunt recht. Und ist das her en hot heyssen suchen. So sal her ym syn lon geben. Das her ym dyngete. Ich meyne also. Das her myt ym nicht dyngete. Was her ym denne gebit. Das sal her von em nehmen. Von rechte. Und vyndet eyn man gut an eyner vremden stat des yn nicht bestat. Wes das ertriche ist. do das gut uf gevunden wart. Des ist ouch das gut. Daz beweret man mit deme heylegen ewangelio das spricht also. Das hemylryche gelichet sich eyme ackir do schatz inne lyt. Alse das eyn mensche ynne wirt. Daz vorkoufet alle syne gut und koufet den ackir das ym der schatz werde. Also ist tzu rechte des. Des das ertriche do ist. her sal abir deme vynder das vyrede teyl geben. Das ist syne rechte vunt myte.*

330 Leman, S. 173: XLVI. *Der do gut uf der strase vyndet obir der erden ader undir der erden. Unde vyndet eyn man gut uffn der vryhen strasse undir der erden das ist des riches. und deme vynder sal das vyrde teyl werden.*

331 Koebler, Sp. 1246.

f. Der spätere Brandenburgische oberste Hofrichter und Landeshauptmann JOHANN VON BUCH, der um 1305 in Bologna das römische Recht studiert hatte,[332] behandelte in seiner nach 1325 entstandenen, ältesten und einflußreichsten[333] **Glosse zum Landrecht des Sachsenspiegels**[334] den Schatzfund wie die zuvor aufgeführten Rechtsbücher nach römischem Recht.[335] Im Gegensatz zu diesen fällt ihm aber der Widerspruch zwischen Sachsenspiegel und römischem Recht auf: *Dis aber so ich jetzund von den schaetzen gesagt, scheinet wider disen artickel, in dem er saget, daß alle schaetze, welche in der erden gefunden werden, dem Reich zugehoeren.* In der Vorrede zu seiner Glosse tritt jedoch die Absicht VON BUCHS zutage, nachweisen zu wollen, daß zwischen dem Sachsenspiegel als Aufzeichnung deutschen Gewohnheitsrechts und dem kaiserlichen, d. h. dem römischen Recht kein Widerspruch besteht.[336] Daß man bei dieser Tendenz der Glosse keine Anerkennung eines deutschrechtlichen, vom römischen Recht abweichenden Schatzregals erwarten darf, versteht sich.[337] Er behilft sich, indem er das Schatzregal in ein Bergregal umdeutet, um sich so ein unbekanntes Recht zu erklären. Dies fiel ihm um so leichter, als das Bergregal allgemein anerkannt war. Er nimmt daher an, mit Schatz sei Erz gemeint, da die Sprache damals keinen anderen Begriff gekannt habe.[338] Tatsächlich aber war der Begriff in Worten wie *aruzi, aric, ariz* oder *artz* sehr wohl geläufig,[339] so daß der Erklärungsversuch später als *kümmerlicher Notbehelf*[340] bezeichnet werden wird. Es ist deutlich zu erkennen, daß es die Zwangsvorstellung von der unbedingten Geltung des Kaiserrechts war, die JOHANN VON BUCH nötigte, sich der ihm selbst ursprünglich fernliegenden Erklärung zu bedie-

---

332 SCHLOSSER, Sp. 527.

333 LIEBERWIRTH, S. 6.

334 KROESCHELL II, S. 218/219, der den Text nach einer Ausgabe GÄRTNERS von 1732 wiedergibt.

335 *Du solt aber wissen, daß man an fuenfferley enden Schaetze finden mag. Als erstlich auf stedten des Reichs, das ist, auf einem grund oder boden, so dem Reich zustehet, und sonst niemands kein gewalt darueber hat. Item auf gestlichen oertern. Auch auff solchen enden, die einem andern zu pfande stehen. Item, auff gemeinen stedten. Und zu letztmag sie ein jeder suchen und finden an den orten, welche sein eigen sind. Ob auff den ersten vier enden ein schatz gefunden wird, ist derselbig halb dem herren, dem dieselbigen oerter zugehoerig, und hab des so ihn findet, so fern er darnach nicht gesuchet hat* (...) *Findet aber einer einen Schatz auf seinem eigen grund und Boden, derselbige ist gar sein* (...) *Darumb ob jemand einen Schatz in dem seinen findet, darff er von keinem herrn verguenstigung bitten ihn außzugraben.*

336 Verse 172, 203 ff.

337 HETTLAGE, S. 26

338 *Merck, daß ein unterscheid ist zwischen Schatz und Ertz, davon er hie saget, daß es dem Reich gehoere. Denn er allhie Ertz vor einen schatz nimpt, und uneigentlich beniemet.* (...) *Dis ist darumb, daß die Deutsche sprach nicht so viel namen hat, als der dinge sein,* (...) *Wisse auch, ob wol alle land dem Reich unterthan sind, so mag man doch kein Ertz ohne des willen brechen, des die stedt oder boden ist.*

339 SCHMIDT E., S. 37/38; HERBIG, S.12 mit weiteren Nachweisen.

340 ZEUMER Sachsenspiegel, S. 422.

nen. Die späteren Glossatoren sind dem gefolgt, ohne jemals diese Deutung zu bezweifeln. Ein Schatzregal erkennt VON BUCH ausschließlich für den Fall des Verstoßes gegen das Magieverbot an: *Die schaetze allein fallen dem Reich heim, welche man mit der schwartzen kunst findet.* Tatsächlich spielte der Glaube, an unterirdische Schätze und an magische Mittel, um in ihren Besitz zu kommen, im Aberglauben der Bevölkerung eine große Rolle. Als hilfreich sollten sich etwa Wünschelruten, ein Blick in den Grund- oder Erdenspiegel, ein Sprung durch das Johannisfeuer, das Christoffel-Gebet, Opferung verschiedener Tiere, Beschwörung von Geistern und Teufel, Weihwasser und Hostien mit Monstranz erweisen.[341]

g. **Das Eisenacher Rechtsbuch** folgte dem Sachsenspiegel.[342] Es stellt eine Kompilation von Meißener Rechtsbrauch, glossiertem Sachsenspiegel, Schwabenspiegel, römischem und kanonischem Recht mit dem Stadtrecht des Landgrafen ALBRECHT (1260–1298) von 1283 dar.[343] Verfaßt wurde es von JOHANNES ROTHE (1360–1434) in seiner Zeit als Eisenacher Stadtschreiber (1384–1387). Wie die Glosse deutet ROTHE das Sachsenspiegelregal auf Bodenschätze,[344] um römisches Recht und das königliche Regal zu vereinbaren. Bei dem Schatzfund auf eigenem[345] und auf fremdem Boden[346] übernimmt das Rechtsbuch die Bestimmungen des Schwa-

---

341 Vergleiche BÄCHTOLD-STÄUBLI, S. 1001 ff.

342 Nach der Übertragung in RONDI, S. 205 f.

343 BENNA, Sp. 914.

344 100. *Wie nun in dem Landrecht beschrieben steht, jeder Schatz unter der Erde begraben, tiefer als ein Pflug pflügen kann, der gehört der königlichen Gewalt, dies ist so zu vernehmen, daß es Erzschatz meint, außer soviel wie hiervor geschrieben steht. Hier nennt man Schatz nach Erz, obwohl es ungleich genannt ist, das ist deswegen, daß es nicht soviel Namen hat. Obschon es des Reiches sei, so darf man es doch nicht ausgraben ohne dessen Willen, dem die Stätte oder der Acker gehört, wo es liegt. Ist es aber sein Wille, so behält er nach Recht die Vogtei darüber, sofern die Herrschaft ganz sein sei, und sonst nicht. Welcher Art Erz es sei, so ist der Schatz, tiefer als ein Pflug gräbt, des Reiches; hat aber das Reich das Gut einem anderen ganz oder zu einem Teil verliehen, so ist der Schatz sein nach dem Maß, das er an dem Gut hat; denn wer ein Gut in seinem maßgebenden Besitz hat, dem soll man dafür verantworten, was man an dem Gut tut; das weist das Landrecht aus.*

345 *Findet aber einer Schatz auf seinem Grundeigen oder auf dem Seinen, der Schatz gehört ihm und niemandem sonst. Das weist man nach aus dem heiligen Evangelium, da Christus das Himmelreich einem Acker vergleicht, darinnen der Schatz begraben und verborgen war, und ein Mann verkaufte, was er hatte, und kaufte den Acker, auf daß ihm der Schatz würde. Dies ist Stadtrecht und sehr eins mit dem Landrecht und geschriebenen Recht.*

346 *Findet ein Mann Schatz auf Gut, das einem anderen gehört, wem das Erdreich dann gehört, darin das Gut gefunden ist, dem gehört auch das Gut; aber dem Finder soll er nach Recht den vierten Teil davon geben, er ward denn zu suchen geheißen. Hat ihn aber der, dem der Acker oder Hofstelle gehört, den Schatz zu suchen geheißen, so soll er dem Finder etwas geben,, und was er ihm bereitwillig gibt, das muß jener zu Recht nehmen. Ist aber einem Lohn deswegen versprochen, daß er den Schatz suche, so soll man dem Finder seinen Lohn davon geben und ist ihm darüber hinaus nichts mehr pflichtig nach Recht.*

benspiegels. Bezüglich der Schätze auf fiskalischem Grund wird das römische Schatzregal mit seiner Halbteilung übernommen.[347] Das Regal wird auch bezüglich der in den *locis religiosis* gefundenen Schätzen eingeschränkt. Die Bestimmung fand ursprünglich ihre Rechtfertigung darin, daß die Kirche früher kein Eigentum haben konnte und aus diesem Grunde der entsprechende Teil des in ihrem Boden gefundenen Schatzes dem Fiskus anheimfiel. Langsam erst setzte sich die Anschauung durch, daß auch die Kirche eigentumsfähig sei und den Privaten gleichgestellt werden müsse.[348] Hatte das römische Recht in der Form der hadrianischen Entscheidung die auf religiösem Grund gefundenen Schätze ganz dem Finder und in Form der Entscheidung der *divi fratres* halb diesem und halb dem Fiskus zugestanden, so sieht das Eisenacher Rechtsbuch keinen Finderanteil vor, sondern spricht alles der Kirche zu.[349] Während das Recht des Fiskus an Schätzen auch derart eingeschränkt worden war, erfuhr es doch andererseits eine Erweiterung bezüglich der mit verbotenen Mitteln gesuchten bzw. gefundenen Schätzen.[350]

2. Außerhalb der Rechtsbücher tritt das Schatzrecht des späten Mittelalters noch in **weiteren Bestimmungen** zutage:

a. Die **Straßburger Judenordnung** vom 25. September 1383 übernimmt in § 11 die hadrianische Teilung,[351] wobei aber gleichzeitig auch der Gedanke Ausdruck findet, daß der Besitz den Juden nicht vollständig zustehe. So wird die ihnen zugedachte Hälfte wiederum halbiert. Zudem bezieht sich die Bestimmung nicht lediglich auf den eigentlichen Schatz, sondern auch auf den gewöhnlichen Fund.[352]

---

347 *Findet nun einer Schatz, der begraben ist in des Reiches Straße oder auf einer Allmende, der gehört nach dem Rechte dem Finder halb, und dem Herrn, in dessen Gericht die Straße liegt, oder wem die Allmende gehört, das andere halbe Teil.*

348 Eckstein, S. 229, Fußnote 7, mit weiteren, meist unzugänglichen Belegen.

349 *Findet einer Schatz an geweihten oder an geistlichen Stätten, der gehört dem Finder nicht, sondern dem Gotteshause oder dem Kloster, zu Geschenk soll man ihm etwas geben.*

350 *Wird der Schatz aber in den vorher genannten vier Stätten mit der schwarzen Kunst gefunden, so gehört er dem Reiche und Gericht.*

351 von Hegel, S. 982: 11. *Were ouch, daz sie denhein gut fundent in irem kirchhofe oder in irre schulen, da süllent sie uns in unserre stat geben daz halbe söliches gutesund süllent sie daz ander halbe teil behaben. Waz sie gutes findent in den husern da sie seshaft inne werent, oder in einem andern huse oder anderswo in unsere stette burgbau, da sie uff wisent, daran soll uns und unserre stat daz halbe teil werden und in an dem halben teil daz halbe teil bliben und daz übrige viertel dem, dez eigen ist, da es danne funden wirt aune geverde. Und suleent ouchsolich guot suchen mit wißende meister und rates zu Strazburg. Wer daz brichet, der beßert 100 gulden.*

352 Hill, S. 67.

b. Das römische Recht findet im Laufe des 15. Jahrhunderts steigende Akzeptanz.[353] Auch in den Bestimmungen des 5. Kapitels § 6–10 des **Westerwolder Landrechts** von 1470 findet sich das Schatzrecht in Form der hadrianischen Teilung.[354] Dort sind auch die bisher wenig beachteten Privilegien der Kirche berücksichtigt.

c. Die Reformationen, die teils amtlich, teils privat in Angriff genommen wurden, wollten das althergebrachte Land- oder Stadtrecht dadurch verbessern (reformieren), daß sie ihr Recht neu ordneten und dabei in verschieden starkem Maß römische Rechtsregeln aufnahmen. Ein frühes Beispiel für die zahlreichen Stadtrechtsreformationen ist die **Reformation der Stadt Nürnberg** von 1489,[355] die bezüglich des Schatzfundes gleichfalls römisches Recht anwendet.

d. Für einzelne Bauernschaften, Grundherrschaften oder Dörfer erfassen die **Weistümer** (auch Öffnungen oder Hofrechte) besondere Regelungen ihrer eigentümlichen Verhältnisse. Das römische Recht trifft dort auch auf Rechtsvorstellungen, die den Fundbegriff noch nicht von demjenigen des Schatzes trennen. Dort, wo das Fundregal herrschte, konnte sich das römische Recht im allgemeinen nicht durchsetzen. Dies belegen zahlreiche Bestimmungen, die den Schatz teilweise nicht einmal erwähnen, sondern zwischen Funden über und unter der Erde unterscheiden oder aber Fund und Schatz gleich behandeln, so etwa in Hornbach 1334,[356] Neu-

---

353 HILL, S. 70.

354 VON RICHTHOFEN, S. 265: § 6 *Item wel daer gelt vindet in synem gronde, hoert hem toe. § 7 Item wel gelt vindet in eens andermans grundt, nyet myt voersate versocht, dat hoert hem halff, ende den heren des grundes halff. § 8 Op hillige steden dat hoert daer (den kercken) to, daer dat gevonden wort.*

355 KÖBLER Nürnberg, S. 385/386: 32. Titel 1. Gesetz: *Wo einer in seinselbs aigen erbe. gründe oder podem einen schatz fünde auß eine glücksval unvürsehen unnd on kunst. so ist das seinselbs. Funde er aber also durch glückval einen schatz in eins andern aigen erbe oder gründen. so ist er halb des finders. und halb des. des der grund ist. und des gleichen so einer einen schatz funde in gemeiner stat. oder in eins herren gepewen oder gründen. so ist er auch halber des finders. unnd halber der Stat oder des herren. unnd wo aber durch verpottne kunst ichts gefunden würd. so ist des finders tail dem gemeinen fisco verfallen. Und das häißt aigentlich ein schatz das von unbekannte und unwissenden also verporgen ist. Und so sich der herr desselben also erfunde und fürsprechte. das sölicher schatz sein were und Im zustünde. So solt er demselben volgen.*

356 GRIMM V, S. 686: § 22: *daz ein Abt zu Hornbach hat bann und mann, das ist (...) den fund uber und under der erde, und andere.*

münster (Saar) 1429,[357] Zedingen 1429,[358] Liesdorf 1458,[359] Blieskastel (Saar),[360] Burgalben (Pirmasens) 1484[361] und St. Ingbert.[362] Gleiches gilt für eine Instruktion des Herzogs LUDWIG VON BAYERN (1450–1479) für den Pfleger von Wildeneck vom 11. November 1474: *Item die Fund und Schätze sollen der Herrschaft zustehen.*[363] Dies ist mithin nicht als Überleben des Sachsenspiegelregals, sondern vielmehr als Beweis für ein Regal nicht aus königlichem Recht, sondern aus dem alten Fundrecht zu deuten.[364]

e. Allerdings gibt es auch deutlicheren Widerstand gegen das römische System, der sich besonders deutlich in der **Schweiz** abzeichnet. Die dortigen Quellen belegen, daß sich die Stadtväter sehr lange der Regalität des Schatzfundes erfreuten, ohne ihre Rechte dem römischen Recht entsprechend zugunsten des Entdeckers und Grundeigentümers einzuschränken. Dies wird etwa in dem *Anstand mit den eidgenössischen Orten betr. Schatz* (...) vom 2. Juli 1481 im Stadtrecht von Bremgarten deutlich, nach dem die Schätze den *gemeinen eydgenossen* zustehen. Dem entspricht, daß die Schweiz entgegen dem übrigen Deutschland das römische Recht nicht völlig übernahm.[365]

f. Der **Layenspiegel** des ULRICH TENGLER, behandelt den Schatzfund in den Ausgaben von 1509 und 1510 noch nicht,[366] sondern erst in der Augsburger Ausgabe von 1511.[367] Danach

---

357 GRIMM, II, S. 33: *Item hat der scheffen gewiset daz alle Fondt, der in der Graffschaft Otwillre, is sie uff den lehen oder anderswa, under der erden oder uber der erden, is sie von golde, silber, kupfer, bly, isen, steynekolen oder anderswie oder was man fondt nennen mag, das der der herrschaft von Sarbrucken sy und yr mit rechte zugehore.*

358 GRIMM II, S. 45: *Item so etwas funden würde uber oder unter der erden, soll es jar und tag hinder den meigern gehalten werden, bis dass jemand kumpt und das begert, so aber das niemand begert, soll das getheilt werden wie der meiger schafft.*

359 GRIMM II, S. 14: *Item hat der Scheffen zu dem andern male gewiset vor recht eime abt und dem kloster Wadgassen zu (...) den fund under der erde und auf der erden.*

360 GRIMM, II, S. 29: *Vann ein fundt funden wirt under der erden oder uber der erden in dieser obrigkeit, wan der fundt besser ist den funf schilling hört er den hochgerichtsherrn zu.*

361 GRIMM V, S. 679 ff.: II, § 20: *Item wiset der scheffen beiden herrn zu den funt uber der erden und under der erden.*

362 GRIMM II, S. 55: *Mit recht weist der scheffe: so der fondt uf der erde und under der erde besser were den 5 ß gehoert er den hochgerichtsherren zu, so aber einer ein fondt funde so guet als 5 ß ist er desselbigen, so er schwigen mag; sunst gehoert er den hochgerichtsherren.*

363 EBERSTALLER/EHEIM/FEIGL/HAGENEDER, S. 561.

364 HILL, S. 71 läßt die Frage offen.

365 HILL, S. 76.

366 HILL, S. 69.

367 Zitiert nach GOLL, S. 19.

gilt bezüglich des Entdeckers und Grundeigentümers römisches Recht.[368] Der absichtlich gesuchte Schatz fällt gänzlich an den Grundeigentümer.[369] Ein Regal zugunsten der Fürsten bzw. Städte besteht für mit Magie gefundene Schätze, deren Entdecker zudem bestraft werden.[370] Auf fiskalischem Grund gilt Halbteilung zwischen Fiskus und Finder.[371] Auf kirchlichem Boden gefundene Schätze stehen allein dem Finder zu.[372]

§ 3 Neuzeit

1. Frühe Neuzeit

Im 16. Jahrhundert bezeugen zahlreiche Veröffentlichungen über römisches Recht, die Glossen zum Sachsenspiegel und die Landrechtsbearbeitungen das unaufhaltsame Vordringen des neuen Rechtes auch hinsichtlich der Schätze. Es stieß jedoch dort auf seine Grenzen, wo mit der territorialen Zersplitterung des Reiches auch diejenige des Rechtszustandes auftrat. Diese reichte zuweilen soweit, daß auf demselben Gebiete verschiedene Rechte herrschten. Dieser Zustand ermöglichte es, daß mit dem Bestreben der Städte und der erstarkten landesherrlichen Gewalt ihre Rechte auszubauen, ein völlig neuartiges Schatzregal entstand.

1. **Die Schatzregale der Reichsstädte** verdankten ihre Entstehung dieser gesetzlichen Verwirrung. Diese machten von dem Recht eigener Gesetzgebung auch insoweit Gebrauch, als sie das Schatzrecht zu ihren Gunsten regelten. Die Städte lehnten sich dabei an bereits zuvor bestehende Rechte an, wie etwa in der 1498 beschlossenen und 1499 gedruckten Wormser Reformation,[373] die wohl durch die Anwesenheit des Reichskammergerichtes (1497–1499) mitveranlaßt wurde. Sie spiegelt das Fundrecht mit seiner Dreiteilung, das Grundherrenrecht mit seinem Regal und das gemeine (römische) Recht mit seiner Zweiteilung zwischen Grundeigentümer und Finder wider: Bei dem Schatzfund auf eigenem Boden erhalten Grundeigentümer

---

[368] (...) *wo ainer denselben in seinem aigen grund vindet, dem die recht, oder nuzlich Oberkeit, directum oder utile dominium desselben grunds zugehörig unnd innhendig ist, sol der schaz von rechtswegen jm zustendig sein. Ob aber yemannts ainen schaz in ainem frömbden grund on würckliche übung ungeschicht vinden, der würd jm nicht gar, sonder der halb tail demselben grundherrn.*

[369] *Het er aber darnach gearbait, so wer im daran nichts, sonder dem grundtherrn zugehörig.*

[370] *Waer er aber durch zauberey oder sie schwarzen kunst gesücht unnd gefunden, so gehoeret er dem Fisco oder herrschaft, unnd ist dutzü straefflich.*

[371] *Dessgleichen so yemants ainen schaz in ains Fürsten, herren oder Statt grund also vindet, so waer jm der halbtail unnd dem Fürsten, herren oder Statt der ander halb tail züstendig.*

[372] *Waer aber ain solcher schaz an einer geweichten, oder gaistlichen stat gefunden, on geschicht, so moecht jn der vinder behalten, doch sein darum etlich disputation zwischen den geleerte.*

[373] KÖBLER Worms, 6. Buch, 21. Titel, S. 361.

und die Stadt jeweils die Hälfte.[374] Wurde die Entdeckung aber verschwiegen, erhielt sie ihn vollständig.[375] Beim Schatzfund auf fremdem Boden stand der Stadt ein Drittel zu[376] und falls absichtlich gesucht wurde, sogar die Hälfte des Schatzes.[377] Das Recht des Fiskus an mit verbotenen Mitteln gesuchten Schätzen umfaßte wie etwa auch in Mühlhausen[378] den gesamten Schatz.[379] Andere Städte widerstanden aber auch der Versuchung, sich mit Hilfe eines Schatzregals eine neue Einnahmequelle zu erschließen und blieben dem römischen Recht treu. In den Dinkelsbühler Statuten von 1536 findet sich das römische Recht in Form der mit Magieverbot[380] versehenen hadrianischen Teilung[381] und des hälftigen Anspruches der Stadt auf den auf fiskalischem Boden gefundenen Schatz.[382] Ganz ähnlich wie dieses Gesetz lautet insoweit auch die *verneute Reformatiocion der Stadt Nüremberg* von 1564.[383]

---

374 *So yemant verborgen oder vergraben gelt oder Schätze fünde in synem huse oder grunde. der soll das fürderlich und on alles verziehen unser Bürgermeister einen oder beiden zu wissen thun. Und solichs also geschicht alßdann der halb teil des gefunden gelts oder schatzes dem hern des grunds. und der and halb teil unser Stat Erario, oder Rentencamer folgen und werden.*

375 *So aber der her des grunds oder finder solichs verschwige und nit fürbrecht wie obsteet. so soll dasselb erfunden gelt oder Schatz an gemeyner unser Stat nutz gentzlich und der solichs verschwigen und verhelet hett. in straffe lybs und guots verfallen syn.*

376 *Wann aber unversehenlich ein Schatz oder Gelt in eines anderen grundt fünden und solichs zusuchen nit sunder anstellung oder flyssbeschehen were. so soll der dritteil dem hern desselben grundes und der ander dritteil dem finder und das dritte dritte teil an unser stat Buwe oder gemeinen nutz fallen und werden. doch das solichs wie obsteht unnsern burgermeistern zu vor angesagt und velkündet sy worden. So aber verhelung geschehe oder verschwyge wurde sollen die verheler gestrafft werden wie obgeschriben.*

377 *So aber sich yemant understünde durch die schwartz oder ander verbotten kunst Schetze zusuchen in synem eygen oder anderer grunde und fünde. wes also erfunden wurde, soll alles gentzlich unser Stat Erario oder Rentencammer gefallen und noch dem hern des grundes noch dem finder gar nicht mitgeteilt werden.*

378 Statuta Muhlhausana, § 8.

379 *So aber sich yemant understünde durch die schwartz oder ander verbotten kunst Schetze zusuchen in synem eygen oder anderer grunde und fünde. wes also erfunden wurde, soll alles gentzlich unser Stat Erario oder Rentencammer gefallen und noch dem hern des grundes noch dem finder gar nicht mitgeteilt werden.*

380 § 8: *Begebe sichs aber, daß jemand in seinen eigenen oder fremden Gründen durch verbottene Mittel und Kunst einen Schatz suchen, und dardurch etwas gefunden würde, das soll der Obrigkeit verfallen seyn, und nichts destoweniger derselbige Schatz-Sucher nach gestalt seiner Verhandlung gestraft werden.*

381 von Arnold, S. 332/33; von Weber, S. 1026, I., Tit. XVIII: § 1. *So einer in seinem selbst eigenen Erbgrund oder Boden einen Schatz findet aus einem Glücks-Fall ohnversehens und ohne verbottene Kunst, der ist dem Eigenthums-Herrn des Grundes alleinig zuständig. § 2 Finde aber einer durch Glücks-Fall einen Schatz in eines anderen Grund, so ist selbiger halb des Finders, und halb desjenigen, dessen der Grund ist.*

382 § 3. *So einer einen Schatz finde in gemeiner Stadt-Gebäuwen oder Gründen, so ist er auch halb des Finders und halb der Stadt.*

383 Abgedruckt bei Herbig, S. 78: *So ainer in seinen aignen vnuererbten gründen und gütern ungeuerlicher weiss / und nit durch verbotene kunst / ainen von alters verporgnen Schatz fünde / Der ist demselben*

2. Völlig ohne Zusammenhang mit dem königlichen Eigentumsanspruch auf Schatzfunde tauchen auch neue **landesherrliche Schatzregale** auf.[384]

a. Ein frühes Beispiel gibt **das Rechtsbuch des Johann Purgoldt,**[385] das wohl berühmteste des 16. Jahrhunderts, welches eine romanisierende Bearbeitung des Eisenacher Rechtsbuches darstellt. Es enthält noch einen Anklang an das mittelalterliche Schatzregal, indem es die Be-

---

Aigenthumbsherren des grunds allein zustendig. Wann aber solche gründe oder güter / ainem anderen vererbt sein / und der Erbmann auf dem Land / mit Acker oder anderer Paursarbeit / oder sonst jnn oder ausserhalb der Stat / durch ainen glücksfal / in denselben seinen vererbten gründen oder gütern / ainen schatz findet / So ist derselbig gefunden schatz des Erbmans halb / und der ander halb teyl des Aigenherrn. Aber auf frembdem gründen und gütern / soll nemand on bevilligung des Grundherren / nach schetzen graben oder suchen / Und wo das geschehe / ist alles und yedes so gefunden wurde / des grund oder Aigenthumbsherren. Wurde aber ain Schatz / in ains Raths und gemainer Stat / oder sonst in ains andern grund und poden / unstreflicher weiss ongeuerd gefunden / So soll dem finder / der halb teil / und der ander halb teil / gemeiner Stat / oder dem Erbherren des grunds oder guts zugestellt werden. Doch so der finder / solchen on gefhar gefundnen Schatz / der Obrigkeit oder dem Erbherren des grunds nit anzaigen / sonder geuerlich verhalten wurde / So soll Er seinen angepürenden halben teil / verwürckt und verloren haben. Und nachdem sich vilmaln zutregt / das ainer in Kriegsleüfden / auss forcht / oder sonst umb pesserer sicherheit willen / in ainem frembdem grund / gelt oder anders eingrabt / und hernach sich desselben orts / da es vergraben / nit erinnern kann / So pleibt doch solchs dem jhenen der es eingegraben hat / Und ist der Herr des grunds in solchem fall schildig / jne darnach suchen zu lassen. Begebe sich aber das yemand in seinem aignen oder jme vererbten oder sonst andern frembden gründen / durch verpotne kunst ainen schatz suchen / und dadurch etwas gefunden wurde / das soll der Obrigkeit verfallen sein / und nichts weniger derselbig Schatzsucher / nach gestalt seiner verhandlung gestraft werden.

384 Eckstein, S. 207; a.A. Zeumer Sachsenspiegel, S. 438.

385 Ortloff II, Buch III, S. 111/112: *Vindet her en also an eyner gewihten stat, also in eyner kirchin. Adder uff eynenkirchhoffe, szo ist der schatz des gotishawses halb und ist sein halb. Vindet er schatz uff eyme acker, hoffreyte, garthin, adder ander erbe, das sin nicht ist, adder uff guthe, das eme pfandes stehit, szo ist her des halb, des das gut ist unnd ist sein halb. Vindet her aber schatzt uff lande agger guthe, das sein ist, szo ist der schatz sein alleyne und endarff mit nymande teylin. Dit is dat beschribin recht unnd stet geschribin institut. de rerum divisione 1. Thesaurus.* cap. 74 *Hat eyn man acker, adder erbe, hus, adder hoff und derglichin gemithet unnd suchet den schatz doruffe und vindet en, her gibt seine mithe pflichtig dorvon und beheildet denn schatz, unnd ist deme nicht pflichtig dorvon mer zu gebin des der acker adder das erbeist. Hat en aber der gemiethet, des das erbe ist, unnd erbeietet es umme lon und vindet schatz doruffe von geschicht, szo ist her das viertil sein und die andern dry teyl sint des, des das erbe ist. Dith ist das beschriebin recht unnd stet beschriebin in institut. De rerum divisione.* cap. 75 *Vorsehet sich eyner schatzes uff seiner hoffreyte adder uff sime erbe und mitet eynen knecht dazzu umme lon, das her eme den schatz suche, und vindet der knecht danne den schatz, man ist eme seinen gedinget lon schuldig und nicht meher. Ist der knecht aber nicht gedinget sundern gebethin das her eme helffe den schatz suche, und vindet her en danne, der herre der hoffestat, des ackers adder des erbis der gibt dem knechte dorvon nach gnadin, was her wel, unnd ist doruber nymande mer pflichtig zu gebene.Dith is das beschriebin recht unnd steth beschriebin in institut. De rerum divisione l. theaurus. Unnd ist diht recht eyntrechtig mit dem heilligen*

stimmung des Sachsenspiegels wiederholt: *cap. 73*: *Findet eyner schatz begraben vonn ungeschicht, den her nicht suchet, tiffer dan eyn pflug geerin mag, der ist des riches, adder des forstenn, ader des herrin, des das gericht ist.* Offensichtlich galt für Schätze, die nicht tiefer lagen, als ein Pflug reicht, römisches Recht,[386] für die tiefer liegenden das des Sachsenspiegels. Die Rechtsausübung ging jedoch weit über den Sachsenspiegel hinaus, indem sie auch an der Oberfläche liegende Schätze und solche in Mauern usw. umfaßte. Die Vorstellung des fiskalischen Grundes beschränkt sich nicht mehr auf die freie Straße, sondern erstreckte sich auch auf das Gut der Gemeinde. Den Schluß, daß das alte königliche Recht (noch) in Übung war, läßt diese Stelle jedenfalls nicht zu.[387] Dies entspricht der Vorstellung von der landesherrlichen Gewalt, die an die Stelle der königlichen getreten war. Wenn auch das Reich Erwähnung findet, so wohl doch nur zum Ausdruck dessen, daß die nachgenannten Fürsten dieses Recht nunmehr ausübten.[388]

b. Ebenso wie sich die Städte mit ihren neu aufgestellten Regalien an bestehende fiskalische Rechte anschlossen, machten sich etwa auch die **süddeutschen Landesfürsten** bereits geübtes Recht zunutze. Die Dreiteilung des Fundrechtes taucht so etwa in der bayerischen Landesfreiheit von 1507 in § 14 - wenn auch mit vertauschten Quoten - wieder auf, wonach dem Finder nicht mehr als $^1/_3$ zugestanden, die andern $^2/_3$ aber der Landesherrschaft vorbehalten wurden.[389] Zahlreiche Quellen aus dem 16. Jahrhundert bezeugen auch, daß sich die Landesfürsten nicht nur des alten Fundrechtes bedienten, sondern bezüglich der Schätze auch an die Stelle der Grundherrschaft traten.[390] Anfangs gingen dabei die Rechte des Landesherren noch über diejenigen des Grundherren hinaus, indem diesem etwa der gesamte Schatz zukam. In einem Weistum aus Lannersbach (Tirol) aus dem 16. Jahrhundert wird berichtet, daß dort auf die Frage, was mit demjenigen zu geschehen habe, der nicht ein Drittel abgebe, die wohl über-

---

ewangelio, do Christus sprach: das riche der hymmel ist glich deme verborgin schatze in dem acker, den eyn mensche vindet und bergit en, unnd gehit unndt vorkouffet alles das her hat, unnd kouffet dormede den acker; es wirdet aber vorbochin umme der forstenn und herrin girheyt willen. cap. 78 *Werdet schatz gemuret in muren, adder in keller adder in ander gemach adder beheltnisse und werdit funden, der schatz gehoret nicht an die koninglichin gewalt, noch an die herschaft noch an den richter; her gehorit an die erbin unnd an die, uff der erber her also funden werdet, wan der behaldin ist in erin beslossen gebuwen unnd beheltnissen und nicht in der erdin. Ouch sso ist es allin luthin nicht bequemlich er gereitschaft in schencken, ladin adder in kastenn zu legin, die dicke uss erin hussern wandirn mussen unnd sich besorgin mussen vor diebin undt vor brande. Dith ist der stat recht und beschriebin recht.*

386 *Vindet her aber schatz pober eyner vorch tiff uff eyner gemeynde, szo ist her des riches adder des forsten, adder des herrin, in des gerichte her liht, halb und des vinders halb.*

387 Eckstein, S. 207; a.A. Zeumer Sachsenspiegel, S. 423.

388 Hill, S. 65; Eckstein, S. 207.

389 von Kreitmayr, S. 365; Hahn, S. 26.

390 Eckstein, S. 234 Fußnoten 1, 2 mit weiteren Belegen.

raschende Antwort erfolgte, ein Schatz stehe dem Fürsten vollständig zu.[391] In der Freiheit, Gerechtigkeit und Ehehafttaiding der Herrschaft Windhag (Oberösterreich) von 1508 wird dem Finder eines Schatzes, der diesen nicht anzeigt, Strafe an Leib und Gut angedroht.[392] Das Regal umfaßte später, wie etwa in den Statuta Austriae Inferioris, jedenfalls einen Anteil an dem auf fremdem Boden gefundenen Schatz.[393] Auch in der Schweiz wurde 1514 im Baseler Land das Graben nach Schätzen zwar ausdrücklich erlaubt, die Hälfte blieb indes der Landgrafschaft vorbehalten.[394] Trotz des Vordringens der neuen Regalien behauptete sich das römische Recht vielerorts.[395]

c. Mitte des 16. Jahrhunderts setzte Kurfürst AUGUST von Sachsen (1553–1586) eine Kommission zur endgültigen Regelung von streitigen Rechtsfragen ein, die auch diejenige des vielfach widersprüchlich geregelten Schatzrechtes beantworten sollte. Von diesem unsicheren und unklaren Zustand geben die anschließenden Verhandlungen zur **sächsischen Konstitution** vom 21. April 1572 Zeugnis, in denen das Regal des Sachsenspiegels erneut auf Bergwerke gedeutet wird:[396] *Jeweil der Text Sächsischer Recht alle Schetze, so unter der Erden begraben, tieffer dann ein Pflug gehet, der königlichen Gewalt, und also den Regalien zugeeignet; so haben etliche gemeinet, daß alles was an Schätzen unter der Erden gefunden, tieffer denn ein Pflug gehet, solle ohne Unterschied der Obrigkeit, so die Regalien hätte, zustehen, und daß diese Distinction derer gemeinen Rechte, solle durch die Sachsenrechte aufgehoben seyn. Dieweil aber unsre Verordnete dahin geschlossen, daß solche Correction der gemeinen Rechte nicht zuzugeben, bevorab, weil der Text von allen Schätzen, so unter der Erden, nicht von denen thesauris reconditis, sondern von den Bergwer-*

---

391 VON ZINGERLE/VON INAMA-STIRNBERG, S. 382: *Ich frag euch auf den aid, wer schatzgeld findt oder emphächt und nit den dritten thail der obrigkait antwort, was darin zu handlen sei ? - Ist zu recht erkennt, das alle verporgne schätz, durch wen die gefunden, unserm genedigisten fürsten und herrn zuesteen sollen, als was den vünder der fürst aus gnaden volgen last; (...).*

392 NÖSSLBÖCK, S. 640: *Schatz oder geld finden (136.) Wer im lantgericht Winthag einen schatz findt und denselbigen nit von stund an mit guetem gewissen der obrigkait damit derselb der orten, wie sich solliches gebüert, zertailt werdt, nit anzaigt, der soll an leib und guet gestrafft werden und sein gebürnuß an demselben schatz verlorn haben.*

393 ECKSTEIN, S. 230.

394 SCHNELL, S. 103, Fußnote zu Nr. 634: *Uff zinßtag vor Lucie ist erkant, daz alle die, so lustig wurden, zu Ougst in unser herlicheit nach schätzen ze graben, daz inen das vergönnt werden, doch also, ob sy einich schätz funden, daz sy dann von erst iren costen solichs grabens und suchens halb erlitten von solichem gefundenem gut voruß davonen nemmen, und dannethin das überig sol halb uns als oberherren der lantgrafschaft Sißgow, und der ander halb teil denen, so daselbs graben gesucht und das gut funden haben, volgen und werden.*

395 WASSERSCHLEBEN, S. 270 aus einem Weistum von Eschweiler: *Von schätz finden. Wan einer ein verborgen schatz in seinem erbe oder eigenthumb findet und keinen rechten erben dzue weisz, mag er denselbigen behalten und ist niemandts nichts schuldig darumb.*

396 II. const. 53, zitiert nach HERBIG, S. 18 und SCHLEISS, S. 12.

ken und Erz zu verstehen; und derowegen do einer auf fremden Grund, ohne Vorsatz, aus Glück und Zufall, oder in seinen eignen Gütern, einen Schätz fände, daß alsdann hierinne, nach Ordnung gemeiner Rechte zu sprechen sey; So lassen Wir Uns solches auch also gefallen; und werden Unsere Gerichte die Urtheile darauf zu richten und zu stellen wissen. Dieser Vorgang läßt erkennen, daß die ganze Frage ziemlich unklar, eine Praxis ebenso wenig fixiert war und das Bestreben die Regalität des Bergbaus zu sichern, wohl nicht ohne Einfluß auf die Entscheidung blieb.[397] Statt der regalistischen Lösung scheint danach das Eigentum an Schatzfunden in Sachsen, wie HAUBOLD es ausdrückt, (...) *durch eine eigene Constitution gegen fiscalische Misdeutungen, wozu eine Stelle des Sachsenspiegels Anlaß geben könnte, in Schutz genommen, und wird ganz nach den Grundsätzen des Römischen Rechts beurtheilt.*[398]

d. **Die Situation gegen Ende des 16./ Beginn des 17. Jahrhunderts** stellte sich jedoch kaum noch so dar, als hätte sich der Schatzsucher bzw. -finder häufig derartiger Freiheiten erfreuen können. Zur Hebung eines Schatzes war die Erlaubnis des Landesherrn einzuholen, der sich regelmäßig einen Teil des Schatzes vorbehielt. So heißt es im Banntaiding zu Wasserneuburg (circa 1565–1581): *auch schaz und perkwerch, darinnen niemand besuechen oder heben an des landsfürsten wissen und willen oder seiner anwalt, soll auch offenlich berueft werden.*[399] Derart mußte auch WILHELM REZER 1555 von Kaiser KARL V. (1519 –1556) die Erlaubnis zur Schatzsuche einholen, die dieser als *besonder gnadt* gewährte, sich aber gleichzeitig den Zehnten vorbehielt.[400] Später setzte sich die Ansicht durch, daß eine Erlaubnis nicht erforderlich sei, ver-

---

397 SCHLETTER, S. 210.

398 HAUBOLD, § 180, S. 178.

399 BISCHOFF/SCHÖNBACH, S. 426.

400 Zitiert nach GOLL, S. 15/16: *Freyheit Schaetz zu suchen. Wir CARL ets. Bekennen etc. Alss uns unser unnd des Reichs lieber getreuer WILHELM REZER zu Neidlingen zu erkennen genen, wie in dem Gebieth seines Dorffs Neidlingen, So er von weilandt seinem Schweher DIETRICHEN SPETEN erkaufft, unnd niemandts andern dann uns und dem hl. Reiche underworffen ein Berg sich der Buzenberg genant, darinn ein schaz liegen soll, den Er gern suchen unnd uns darauf umb unser gnedige erlaubnus und vergunnung diemutig angerueffen unnd gebetten, dess haben wir angesehen, solche sein zimblich bitt unnd darumb mit wohlbedachtem mueth und rechter wissen unnd daraus sondern gnaden, demselben WILHELM REZER zu Neidlingen, diese besonder gnadt und freyheit gegeben, thuen, geben, gunnen und erlauben Ihne hiermit auch von ro. Khey. Mach, volkummenheit wissentlich in Crafft dits briefs, Also das Er in gedachtl. Buzenberg schetz suechen, graben erheben unnd darmit gefahren, handlen thun unnd lassen soll unnd mag, als mit andern seinen aignen Haab unnd guethern von Uns unnd allermeniglich unverhindert, doch uns den Zehenden daran vorbehalten, Unnd gebiethen darauf etc. Das Sygedachten WILHELM RYZER unnd seine Erben, an dieser unser Khey. Begnadigung, freyheit, gunnung unnd erlaubnus, nicht hindern noch irren, Sundern Sy dero gerueigkhlich gebrauchen, geniessen unnd gentzlich darbey bleiben lassen, unnd hiewider nicht thuen, noch de jemandt andern zu thuen gestatten, in khein weisse, als lieb einem jeden sej unsser unnd des Reichs schwere Ungnadt unnd straff zuvermeiden, das mainen wir ernstlich, mit Urkundt etc. Datum Augspurg dem 27. Iuny Anno Doi. 1555.*

schiedentlich wurde die Schatzsuche sogar ausdrücklich erlaubt.[401] Dagegen setzten die Schweizer Grafen VON THIERSTEIN 1604 ihr Schatzregal wohl zur Überraschung der am Prozeß Beteiligten durch.[402] Auch die Kaiser legten besonderen Wert auf ihr Schatzregal und behielten sich dieses regelmäßig bei Verleihungen vor, so RUDOLF II. (1576–1612) 1603[403] und 1604[404] sowie FERDINAND III. (1637–1657) 1641[405] und 1642.[406]

II. Das Schatzregal im Zeitalter des Absolutismus (1648–1789)

1. Die mit der sächsischen Konstitution gefundene Lösung trug nicht zur Vereinheitlichung des Rechtszustandes bei, vielmehr ist auch im 17. Jahrhundert die Unsicherheit Gegenstand der Kritik und des **Konfliktes zwischen Romanisten und Regalisten**. Das Zeitalter des Absolutismus bedeutete auch das Ende der in ihr zum Ausdruck gekommenen Bescheidenheit der Landesherren, deren Macht in der Auseinandersetzung mit den Ständen vielfach weiter gefestigt worden war. Die Fürsten nahmen sich nun auch verstärkt der Schätze an, was ihnen um so leichter fiel, als diese niemandem bewußt gehörten, dessen Widerstand hätte gebrochen werden müssen. Dies läßt ECKSTEIN sagen: *Da wurde alles, was nicht rechtlich niet- und nagelfest war, zum willkommenen Gegenstand landesfürstlicher Finanzpolitik. So wurde denn ein neu angemaßtes Schatzregal fleißig geübt.*[407] Das unübersichtliche Gefüge der „wohlerworbenen Rechte“ konnte freilich kein absolutistischer Staat als Ganzes aufheben, ohne elementare Rechtssät-

---

401 Statuta Muhlhausana 3. Buch 95 § 1; Statuta Austriae Inferioris XII § 1.

402 SCHNELL, Nr. 634, S. 103/104: *LUDI KRÄMER, so einen schatz in seinem hauß gefunden, spricht ime an. CONR. HAUWMÜLLERS erben sprechen diesen schatz an, alß der von ime herkomme. Erkannt. Soll der schatz uns. gn. hh. alß die der grafen VON THIERSTEIN gerechtigkeit (und welhen dieser und alle schätz der oberen herligkeit) heimgefallen sein.*

403 ZIVIER, S. 358, Nr. 162: Am 31. Dezember 1603 überträgt Kaiser RUDOLF II. in Prag das Kammergut Sohrau: (...) *halten wir unns, unnsern erben unnd nachkommenden kunigen zu Beheimb, obristen herzogen in Schlesien, fürsten zu Oppeln unnd Rattibor hierinnen genzlichen und ausdrücklichen bevor, unnsere kaiserliche, künigliche unnd lanndesfürstliche recht unnd regalia, als mettall, goldt, silber unnd alle andere perckwerch unnd schäze, do einige derer orth erfunden wurden,* (...).

404 ZIVIER, S. 358, Nr. 163: Am 17. September 1604 überläßt Kaiser RUDOLF II. in Prag den Pfandschilling Schurgast: (...) *Solches alles unnsz, unnsern erben und nachkomenden konigen zu Behaimb und obristen herzogen in Schlesien an unnsern koniglichen unnd lanndesfürstlichen regalien, schätzen und bergwergen, da einige dererortt erfunden wurden* (...).

405 ZIVIER, S. 363, Nr. 173: Am 3. September 1641 verkauft FERDINAND III. in Oppeln die Herrschaft Lublinitz, mit *metallen unndt bergkwergk, auszer goldt, silber, verborgene unndt vergrabene schätze* (...).

406 ZIVIER, S. 364, Nr. 175: Am 10. November 1642 verkauft FERDINAND III. die Herrschaft Ratibor: *jedoch halten wir uns ausdrücklich bevor unser kais., königl. Und landesfürstl. Regalia, als metall, bergwerk, schätze der erden, da einige der orte befunden werden* (...).

407 ECKSTEIN, S. 237.

ze zu verletzen und die bestehende Gesellschaftsordnung zu revolutionieren. Der Landesherr mußte daher im Zweifel sein Recht an den einzelnen Teilen des Territoriums durch konkrete Regalien verifizieren können.

a. Diesen Nachweis versuchten die **Verteidiger des Regalitätssystems** zu erbringen, welche danach strebten, die Bestimmungen zugunsten der Fürsten oder des Kaisers extensiv zu erweitern. Sie wurden durch die philosophische und staatswissenschaftliche Ideenrichtung dieser Zeit unterstützt, in deren Mittelpunkt der Staat stand, um dessentwillen es Untertanen und Recht gab. So ist auch die rechtswissenschaftliche Literatur der Zeit den Regalien an Schätzen wohlgesinnt. VEIT LUDWIG VON SECKENDORFF (1629–1692) führt aus: *So dann auch die gefundene Schätze entweder gantz/oder halb/nachdem sie auff gemeinem oder Privat-Grunde erhoben würden. Also ist mit der Zeit dieses Recht sehr gemässiget worden/und gebrauchen sich heute zu tage nicht allein die Römischen Käyser in etlichen Fällen/nach Inhalt der Reichs-Satzungen/solcher Fiscal-Gerechtigkeiten/sondern auch viel andere Fürsten und Potentaten des Reichs/welche die hohe Landes-Obrigkeit haben. Ja es ist dahin gekommen/daß auch der Fürsten Land-Stände/die mit Gerichten oberst und niederst begabet sind/die meisten vorgedachten Stücke in Ubung haben/also/* (...) / *nach Sachsen-Recht/die gefundene Schätze/* (...) */einziehen/* (...).[408] Zur Verteidigung des Schatzregals werden gelegentlich großen Einfallsreichtum beweisende Argumente angeführt, wie etwa das Bedürfnis des Staates nach Prachtentfaltung oder auch ein staatliches Obereigentum, nach dem alle Güter, die nicht von den Privaten besessen werden, dem Fürsten gehören.[409] Man stützte sich zudem immer noch auf die Bestimmung des Sachsenspiegels, die man durch die kursächsische Konstitution nicht außer Kraft gesetzt sah. Der Haß der Bevölkerung kehrte sich daher in besonderem Maße gegen die Juristen, die den Landesherrn die rechtliche Grundlage für eine solche Ausdehnung der Regalität lieferten.[410] Über das entgegenstehende römische Recht setzte man sich mit dem Argument hinweg, dieses sei durch Gewohnheit durchbrochen.[411] Der Niederländer HUGO GROTIUS (1583–1645) führt in § 7 des siebten Kapitels seines epochemachenden Werkes „de iure belli ac pacis libri tres" (Drei Bücher über das Recht des Krieges und des Friedens) im Jahre 1625 aus: *Zu den herrenlosen Sachen gehören auch die Schätze, d. h. Geld , dessen Eigentümer unbekannt sind. Was aber nicht zu sehen ist, gilt als nicht bestehend. Deshalb fallen Schätze nach dem Naturrecht dem Finder zu, d.h. dem, der den Schatz hebt und ergreift. Allerdings kann durch Gesetz oder Gewohnheit etwas anderes angeordnet werden* (...). *Die Germanen sprechen die Schätze und sonstige herrenlose Sachen den Fürsten zu. Dies ist jetzt das allgemein gültige Recht und gleichsam das Völkerrecht; denn es gilt sowohl in Deutschland wie in Frankreich, England, Spanien und Dänemark. Man kann dies nicht für Unrecht erklären,*

---

408 VON SECKENDORFF, 3. Teil, 3. Kapitel, § 2, S. 508/509.

409 VON DER BURG, These 30.

410 THIEME, S. 29.

411 Zu den Argumentationsmustern mit Nachweisen der vielfach unzugänglichen zeitgenössischen Literatur ECKSTEIN, S. 256/257.

wie eben gezeigt ist.[412] Diesen Gedanken schlossen sich auch JOHANN SCHILTER (1632–1705) und JOHANN GEORG ESTOR (1699–1773) an.[413] Die Autoren ermutigten einzelne Fürsten, ihr angemaßtes landesherrliches Schatzregal weiter zu üben. Dies kommt auch in der Brandenburg-Ansbacher Verordnung von 1708[414] zum Ausdruck, deren Bestimmung später noch dem Preußischen Landrecht vorging. Dort wird beklagt, daß dem Landesherrn des öfteren Schatzfunde entzogen würden,[415] um dann klarzustellen: *Gleichwie aber dergleichen Schätze, und andere obangeführte massen gefundene Dinge, Uns dem Domino Territorii alleinig zugehörig.* Zuwiderhandelnden wird der Entzug des Schatzes und Bestrafung angedroht, denjenigen, die den Fund melden, eine Belohnung in Aussicht gestellt.[416]

b. Damit stellten sich Fürsten wie Juristen in Widerspruch zu der herrschenden Meinung und den **Romanisten,** die sich mit Masse gegen eine Regalität der Schätze zugunsten der Fürsten wandten und am römischen Recht festhielten.[417] AUGUSTIN VON LEYSER (1683–1752)[418] führt aus: *Der Schatz stand früher im deutschen Recht dem Fiskus zu und wird heute den Privaten überlassen.*[419] SAMUEL STYRK (1640–1710)[420] betont, daß der Sachsenspiegel durch die kursächsische Konstitution von 1572 aufgehoben worden sei und statt dessen entdeckte Schätze nach subsidiärem römischen Recht je zur Hälfte Finder und Grundbesitzer gehörten.[421] Damit hatten sie starken Einfluß auf die Urteile der Gerichte und die Rechtsbescheide der Fakultäten.[422] JOHANN PETER VON LUDEWIG resümiert: *Bleibet es also dabey: daß die Lehre des Heylandes,*

---

412 SCHÄTZEL, S. 216.

413 Vergleiche KLÜSSENDORF Niederhone, S. 17.

414 VON ARNOLD, S. 68/69.

415 *Nachdem bis anhero verschiedentlich vorgekommen, daß ein und andere Untertane (...) sich unterstünden, wann sie an ein und andern verborgenen Orthe, ob und unter der Erde einen Schatz, oder sonsten andere Dinge, welche keinen Herrn haben oder zu deren Eigentum niemand Rechts befugten Anspruch machen kann, gefunden, solche Sachen zu ihrem Nutzen zu verwenden, und uns ungebührlich zu entziehen.*

416 *Also befehlen Wir hiemit allen Unseren Ober- und anderen Beambten gnädigst, mittelst dieser Unserer gnädigster Verordnung, jedermänniglich zu intimiren, daß sich Niemand ein dergleichen gefundenes Geld, oder andere Dinge, zu verschweigen, unternehmen, oder dann so es hernachmalen in Erfahrung kommen wird, einer nachdrücklichen animadversion nebst Hinwegnahm des Inventi gewärtig seyn, dagegen aber denjenigen so es anzeigen, die Versicherung zu geben, daß sie jedesmahln nach Befinden in Gnaden bedacht werden sollen.*

417 HILL, S. 79; ECKSTEIN, S. 239; WITZEL, S. 213.

418 VON LEYSER, S. 44.

419 VON LEYSER, S. 44: *Thesauri prisco jure Germanico ad fiscum pertinebant, hodierno privatis relinquuntur.*

420 STRYK, 41. Buch, Teil 1, § 13.

421 VON LEYSER, S. 46.

422 ECKSTEIN, S. 237, erwähnt ein Hallisches Konsilium von 1700, das zu untersuchen hatte, ob die Schätze nicht zu den Regalien gehörten, was aber verneint wurde. Ein Schatzregal sei *universali consuetudine* noch nicht eingeführt, so daß das *ius commune* gelte. Daher sei das römische Recht solange anzuwenden, bis ein anderes im Einzelnen erwiesen sei.

ein Schaz sey vor ein Zubhoer des Eigenthümers, wo solcher verborgen, zu halten, der natürlichen Billigkeit und reinen Sitten-Lehre sowohl, als auch der Weise vieler Völker am allergemäßen sey. Worinnen dann die Eigenthümer von dem LandesHerrn auch nicht zu beeinträchtigen seyn mögen. Und man hat hohe Ursachen, die Lehren de REGALIBVS nicht auszuziehen, sondern es, in zweifelhaften Fällen, bey der Lehre des gemeinen Rechtes, de IVRIBVS FISCALINIS zu lassen. Dann es, leider! schon dahin an manchen Orten gekommen, daß die Landes Herren alles, was eintraeglich, zu Regalien machen, folglich den Unterthanen nicht viel übrig gelassen wird, durch Handel und Wandel was zu erwerben.[423] Wo aber entsprechende Gesetze zugunsten des Fiskus existierten, konnte man sich nicht darüber hinwegsetzen.[424] Im übrigen wurde aber weitgehend nach römischem Recht entschieden.[425] Die Beamten vertraten häufig die regalistische Rechtsposition nachdrücklicher als ihre Herrschaft, die den Untertanen die entdeckten Gegenstände nicht selten überlies, freilich nicht ohne einen Zusatz, der klarstellte, daß man nur im konkreten Fall eine Ausnahme vom Schatzregal erlauben wolle, um derart keine Präzedenzwirkung zu entfalten.[426] Zahlreiche Fälle weisen ein solches Muster der Koppelung zwischen Regalvorbehalt und Großzügigkeit gegenüber den Untertanen auf.[427] Man war zu der Überzeugung gekommen, daß die Aussicht auf eine Anerkennung die Beteiligten von Verheimlichung und Unterschlagung abhielt.

---

423 von Ludewig, S. 759.

424 Wie etwa in in Oberösterreich, wo der Erzherzog 1693 einen Anteil an Schätzen, die mehr als 100 rheinische Gulden Wert sind, verlangt (Hill, S. 78; Eckstein, S. 234). In der Schweiz bleibt 1752 die Schatzgräberei als solche verboten (Schnell, S. 103, Fußnote zu Nr. 634), wer dort ertappt wurde, mußte in Basel 1727 gar einen Lasterstecken mit sich führen: Schnell, S. 248/249: *Schreiben von Varnspurg bittet für den Schatzgraber Heinrich Martin von Augst, daß ihme der Lasterstecken möchte abgenommen werden. Erkannt. Ist dieser Martin zur Geduld gewiesen, und solle weder er noch andere, die um Begnadigung anhalten ohne Schein ihres Wohlverhaltens von ihren Hrn. Predigern nicht mehr angehöret werden.*

425 Hill, S. 79.

426 Klüssendorf Neukirchen, S. 130 mit weiteren Nachweisen.

427 Mittellosen Untertanen wurden die entdeckten Gegenstände häufig überlassen. Dabei wurde auch Sorge dafür getragen, daß die Summe auch tatsächlich zu den Berechtigten gelangte. In einem Reskript vom 18. Februar 1720 über einen Schatz aus Bergen-Enkheim zeigte Graf Johann III. von Hanau (1712-1736) solche Gnade gegenüber seinen Untertanen (Klüssendorf Verordnungen, S. 179, Abb. 5). Wilhelm VIII. (1751–1760) hatte als Graf zu Hessen-Hanau in einem ihm aus dem Amt Bieber vorgelegten Fall bestimmt, das Geld für die minderjährigen Entdecker mündelsicher anzulegen (Klüssendorf Neukirchen, S. 129/130). Als Einwohner in Hand- und Spanndiensten beim Wiederaufbau des wüsten Pfarrhauses von Neukirchen in der Schwalm am 4. Dezember 1711 114 Gold- und 22 Silbermünzen entdeckten, stellte Landgraf Karl (1670–1730) klar, daß ein solcher Fund kraft Schatzregal ihm zustehe. Er legte vier Stücke in seine Sammlung, überwies 73 Goldgulden als Zuschuss zu den Baukosten des Pfarrhauses und verteilte 40 Goldgulden unter den sechs Entdeckern. Dabei entsprach der jeweilige Anteil der unterschiedlichen Meldefreudigkeit der Betroffenen (Klüssendorf Neukirchen, S. 125 ff.; ders. Verordnungen, S. 179).

2. Das Zeitalter des willkürlichen Absolutismus wurde von jenem des moralischen Absolutismus bzw. der Aufklärung abgelöst. Der Untertan trat in den Mittelpunkt des juristischen Denkens, in dessen Wohl der Sinn des Rechts zu finden ist und der Staat nichts als das Mittel für die Zwecke der allgemeinen Untertanenglückseeligkeit wird. Die in dieser Zeit veröffentlichten juristischen Schriften befassen sich mit der Frage der Rechtmäßigkeit des Schatzregals und kamen nahezu ausschließlich zu dem Resultat, daß das vielfach ausgeübte Recht zu Unrecht bestehe.[428] **Die vernunftrechtlichen Kodifikationen** der Zeit sahen jedenfalls kein umfassendes Schatzregal mehr vor, indem sie dem Fiskus mal nichts (Preußen), mal ein Drittel (Österreich) und auch zwei Drittel (Bayern) zusprachen. Bei planmäßiger Schatzsuche gerieten die Beteiligten im Gegensatz zur zufälligen Entdeckung zwar nicht mehr in Konflikt mit der Regalität und den Rechten des Grundeigentümers, wohl aber gelegentlich mit der landesherrlichen Religionshoheit. Abergläubische Mittel standen unter Strafe, und mancher Entdecker mußte im nachhinein nachweisen, sich keiner Zauberei bedient zu haben.[429] Aufgrund dieser Problematik waren Anträge auf Genehmigung der Schatzsuche nicht einmal selten, die derart weder durch Beamte gestört, noch im Erfolgsfall um ihre Früchte gebracht werden sollte.[430]

a. Kurfürst Maximilian III. Joseph von Bayern (1745–1777) erließ 1756 den **Codex Maximilianeus Bavaricus Civilis,**[431] der trotz der Zeitströmungen grundlegende Neuerungen eher behutsam angeht.[432] Es ist das Hauptwerk seines Beraters Wiguläus Xaverius Aloysius Freiherr von Kreittmayr (1705–1790), der sich des Konfliktes zwischen Schatzregal und römischem Recht durchaus bewußt ist: *Ob man nun das nämliche auch von den Schätzen dafür zu halten, folglich das römische Recht in diesem Stück überhaupt für abrogiert zu achten habe, oder ob es nicht vielmehr, wie Andere glauben wollen, in dubio bei dem Jure Romano verbleibe, so lange kein besonderes Statutum oder Herkommen aufgewiesen werden könne, ist juris maxime controversi.*[433] Er glaubt allerdings, eine regalistische Tradition mit den Landesfreiheiten von 1507,

---

428 Eckstein, S. 241.

429 Klüssendorf Verordnungen, S. 176.

430 Steinwascher, S. 257 ff.

431 *oder neu verbessert -und ergänzt- Chur-Bayerisches Land-Recht, welches alle zur bürgerlichen Rechts-Gelehrsamkeit gehörige Materien (...) sowohl nach denen Gemein- als Statuarischen Rechts-Grundsätzen, mit durchgängiger Applicierung der Ersteren auf die Letztere, wie auch mit nöthiger Entscheid- oder Supplirung deren vorhin entweder in Thesi strittig und zweifelhaft oder defectuos befundener Stellen, nebst dem am Ende beygefügten Lehen-Recht in sich begreift, sohin mit Einschluß obgedacht- neuer Gerichts- und Criminal-Ordnungen ein kurz- deutlich ordentlich und vollständiges Systema Juris Privati Universi, wie solches in hiesigen Churlanden dermalen üblich und eingeführt ist (...) in ganz natürlich- und ungezwungenem Zusammenhang dargestellt* (so der Titel der Erstausgaben).

432 Köbler Rechtsgeschichte, Sp. 339.

433 Kreittmayr, S. 307.

1508 und 1511 belegen zu können.[434] Derart legitimiert wurden dem Fiskus, in Erneuerung eines Generalmandates vom 15. Mai 1752[435] im 2. Teil, 3. Kapitel, § 4, zwei Drittel zugesprochen[436] und das verbleibende Drittel zwischen Finder und Grundeigentümer aufgeteilt.[437] Neben diesen sind weitere an dem Grundstück Berechtigte, wie etwa Pächter ausgeschlossen.[438] Derjenige allerdings, der *abergläubische Dinge* gebrauchte, verlor seinen Anteil unbeschadet des Rechts des unschuldigen Grundeigentümers an den Fiskus (Magieverbot).[439] Zu den abergläubischen Dingen zählte KREITTMAYR nicht mehr die Wünschelrute, die er nach allgemeiner Ansicht legalisiert glaubt; ob man dem Wink eines Gespenstes folgen darf, läßt er offen.[440] Der Fund auf kirchlichem Boden erhielt keine Sonderregel.[441] Wer einen Schatzfund verheimlichte, verlor seinen Anteil und wurde zudem bestraft.[442] KREITTMAYR löste demnach den Konflikt zwischen römischem Recht und Schatzregal, wie er glaubte, durch einen Kompromiß: *Die ganze Verordnung kommt demnach, soviel das Drittel des Erfinders betrifft, fast durchaus mit dem Jure Romano und der übrigen zwei Dritteln halber mit dem Jure Germanico, nach obverstandenen Principiis Grotii* (d.h. des HUGO GROTIUS) *und andere überein.*[443]

b. Den großen Rechtsreformen anderer deutscher Staaten entspricht in Österreich die Bemühung um den **Codex Theresianus** (CT). Eine 1753 gebildete Fachkommission sollte innerhalb von vier Jahren ein für alle Erbländer gültiges Gesetzbuch vorlegen, was allerdings tat-

---

434 KREITTMAYR, S. 308.

435 DANZER, S.75/76.

436 *1. Soll man den Schatz in drey Theile theilen, wovon dem Fisco zwey Drittel zugehen, der Ueberrest aber dem Erfinder, wenn er den Fund auf seinem Eigenthum thut, verbleibt.*

437 *Falls aber 2. Derselbe in fremden geschiehet, so theilt der Erfinder sothanes Drittel mit dem Eigenthümer des Orts, ausser da der Schatz nicht von ungefehr gefunden, sondern ohne des Eigenthümers Wissen und Willen mit Fleiss darauf nachgesucht oder gegraben worden, welchenfalls das ganze Drittel dem Proprietario Loci allein zugehört.*

438 *Unter dem Eigenttum wird 4. Disfalls vorzüglich das Dominium utile verstanden, mithin dem Domino directo praeferirt, wohingegen Usufructarius, Commodatarius, Depositarius, Pignoratarius und dergleichen von der Paticipation ausgeschlossen seyns.*

439 *Gebraucht man sich aber 3. etwa gar abergläubischer Dinge hierunter, so verfällt man dadurch nicht nur in malefizische Strafe, sondern der Anteil, welchen man sonst dabei gehabt hätte, gehet verloren und kommt dem Fiskus zu, jedoch ohne Praejudiz des Eigenthümers, wenn er bei der Sach unschuldig ist.*

440 KREITTMAYR, S. 306.

441 *Ergiebt sich nun 5. Der Fall in Kirchen, geweyhten Orten oder auf Gemeinds-Gründen, öden und herrelosen Gütern, so kommt erstenfalls des Eigenthümers Antheil der Kirch oder causa piae, anderenfalls der Gemeinde und drittenfalls dem Fisco zu.*

442 *Sollte sich endlich 6. Jemand unterstehen, den gefundenen Schatz zu verhelen, und nicht nur mit malefizisch-willkürlicher Straf belegt, sondern er verwürkt anbey seinen ihm sonst gebührenden Antheil, und fallt solcher vielmehr demjenigen zu, der dieses am ersten angiebt.*

443 KREITTMAYR, S. 308.

sächlich erst 1766 geschah.[444] Auch dieses Gesetzeswerk steht bezüglich des Schatzfundes zwischen dem Regalitäts- und Teilungsprinzip.[445] Ein Entwurf, der für den Zufallsfund auf fremdem Boden die Teilung zwischen Grundeigentümer und Finder anordnen wollte, fand bei den Kompilatoren keine Mehrheit.[446] Statt dessen war ein Schatzfund anzuzeigen und der nächsten Gerichtsstelle zu übergeben. Es folgte ein Aufgebot, bei dem dieser demjenigen, der sein Eigentum oder Erbrecht daran bewies, auszuhändigen war.[447] Gelang dies nicht oder meldete sich niemand, so wurde der Schatz zum *erblosen Gut* erklärt[448] und eingezogen, wobei dem Grundeigentümer seine Kosten und Schäden zu ersetzen waren. Darüber hinaus erhielten er und der Finder die Hälfte des nach der gerichtlichen Schätzung festgestellten Wertes *als eine ihnen für ihre Mühe und Redlichkeit zukommende Verehrung*.[449] Sie hatten derart keinen sachenrechtlichen, sondern lediglich einen schuldrechtlichen Anspruch gegen den Fiskus, der auf Geld, nicht aber auf Teilung gerichtet war.[450] Auch der Codex Theresianus bestimmte einen Anspruchsverlust des Finders beim Einsatz unerlaubter Mittel[451] oder bei Suche gegen den Willen des Grundeigentümers.[452] Der Entwurf wurde jedoch von Kaiserin MARIA THERESIA (1740–1780) abgelehnt und ist nie Gesetz geworden. Vielmehr wurde 1771 JOHANN BERNHARD HORTEN, der schon Mitglied der Fachkommission gewesen war, mit der ursprünglich als Kürzung gedachten Umarbeitung des Codex Theresianus beauftragt. Auch der unter JOSEPH II. (1780–1790) entstandene Entwurf HORTEN betrachtete den Schatz als herrenloses Gut, wenn niemand sein Eigentum nachweisen konnte.[453] Im anderen Falle sollte der Eigentümer dem Finder und dem Grundeigentümer eine Hälfte abgeben müssen.[454] Die kaiserliche Entschließung vom 1. Oktober 1773 ordnete jedoch ein Drittelung des Schatzes wie viele ältere Vorbilder, etwa der Tractatus de iuribus incorporabilis[455] an, der noch 1679 ein Magieverbot enthalten hatte.[456] LEOPOLD II. (1790–1792) setzte eine neue „Kommission in Gesetzessachen“ unter dem Vorsitz des KARL ANTON VON MARTINI ein, der 1794 unter Verwendung des Entwurfes HORTEN und des Preußischen allgemeinen Landrechtes von 1794 einen eigenen Entwurf aus-

---

444 GRASS, Sp. 630.

445 MAYER-MALY Erblosigkeit, S. 490.

446 MAYER-MALY GRASS-FestS, S. 317.

447 Codex Theresianus II 4, 91.

448 Codex Theresianus II 4, 92.

449 Codex Theresianus II 4, 93.

450 MAYER-MALY Erblosigkeit, S. 490.

451 Codex Theresianus II 4, 72 ff.: *Daß Niemand, werder auch seie, sich gelüsten lassen solle, mit ungeziemenden und abergläubischen Künsten Schätze zu graben* (...).

452 Codex Theresianus II 4, 81.

453 Codex Theresianus II 3, 29.

454 Codex Theresianus II 3, 30.

455 Titel XII § 2.

456 *Wann jemand mit Zauberey einen Schatz zu erobern sich unterstünde, es gesche gleich auf seinem eigenen oder fremden Grund, so ist dasjenige, was er findet, Unserer Landesfürstlichen Cammer verfallen.*

arbeitete. Der Entwurf MARTINI leitet die Herrenlosigkeit des Schatzes nicht mehr von dessen Erblosigkeit ab und gab damit die Verknüpfung des Schatzrechtes mit dem Erbrecht auf, blieb aber bei der Drittelung des Schatzes.[457] Erstmals verschaffen sich auch die Gedanken der Aufklärung insoweit Geltung, als das strafbewehrte Verbote magischer Praktiken keine Erwähnung mehr fanden. Der Entwurf wurde mit Patent vom 13. Februar 1797[458] als Westgalizisches Gesetzbuch und mit Patent vom 18. September 1797 auch für Ostgalizien verkündet.

c. In Preußen wird zum 1. Juni 1794 das **Allgemeine Landrecht für die preußischen Staaten** in Kraft gesetzt, das für den Schatzfund die §§ 74–106[459] in Anspruch nimmt und wie schon sein Vorgänger von 1721[460] römisches Recht statuierte. Das Gesetzbuch bestimmte neben einer Anzeigepflicht[461] in den §§ 81, 82 die hadrianische Teilung als Grundsatz,[462] wovon zugunsten des Fiskus gemäß §§ 85, 86 ausgenommen wurde, wer ohne Erlaubnis des Eigentümers auf fremdem Boden Schätze fand[463] oder sich der Magie bediente.[464] Gleiches stieß demjenigen zu, der bei der Schatzsuche den Brandschutzbestimmungen zuwider handelte.[465] Dies verweist wohl auf die Gewohnheit, Schätze mit Hilfe von Lampen oder Fackeln bei Nacht zu suchen.

---

457 Codex Theresianus II 4, 25.

458 Sammlung der Gesetze und Verordnungen im Justizfache 1797, Nr. 337.

459 HATTENHAUER/BERNERT, S.113/114.

460 Verbessertes Landrecht von 1721, 3. Buch Tit. I. Artikel X.: *Von gefundenen Gütern und Schätzen: wie es die natürliche Billigkeit lehrt, gehört der ohne teuflische Kunst gesuchte Schatz (im eigenen Boden) dem Finder, in fremdem dem Finder und Grundeigentümer zu gleichen Teilen; an heiligen Orten u.s.w. wenn gesucht von ungefähr: dem Finder allein.*

461 *§. 75. Wer einen Schatz findet, muß davon der Obrigkeit sofort Anzeige machen.*

462 *§. 81. Ist der Eigenthümer des Schatzes nicht auszumitteln, so gehört der Schatz, in so fern derselbe aus Sachen besteht, die vom gemeinen Verkehr nicht ausgenommen sind, demjenigen, welcher ihn auf seinem eignen Grunde gefunden hat. §. 82. Hat jemand einen Schatz auf fremdem Grunde, jedoch ohne besonderes Nachsuchen gefunden, so gebührt die eine Hälfte dem Finder, und die andre dem Eigenthümer des Grundes.*

463 *§. 85. Wer aber ohne Bewilligung des Eigenthümers auf fremdem Grunde Schätze sucht und findet, kann keine Belohnung fordern, sondern die ihm sonst gebührende Hälfte fällt dem Fiskus anheim.*

464 *§. 86. Wer zur Nachsuchung von Schätzen vermeintlicher Zaubermittel, durch Geisterbannen, Citiren der Verstorbenen, oder anderer dergleichen Gaukeleien, es sei aus Betrug oder Aberglauben sich bedient, der verliert (...) sein Anrecht auf einen etwa zufälliger Weise wirklich gefunden Schatz.*

465 *§. 87. Wer bey Nachsuchung eines Schatzes Polizeygesetzen, welche zur Verhütung von Feuersbrünsten, oder andern gemeinen Beschädigungen gegeben sind, entgegen handelt, der wird dadurch seines Anrechtes auf den Schatz ebenfalls verlustig. §. 88. In beyden Fällen (§. 86. 87.) tritt der Fiskus an die Stelle des Uebertreters.*

3. Tiefgreifend neue Impulse erfuhren die Wertschätzung historischer Monumente und im Gefolge auch Maßnahmen zu deren Schutz durch die Aufklärung und die sie vorbereitenden Strömungen, wenn auch noch fundamentale Unterschiede zum modernen Denkmalverständnis bestanden.[466] In diesem Kontext sind die keineswegs seltenen Vorschriften zu sehen, die vor allem im 18. Jahrhundert zum **Schutz von Denkmalen** ergingen. Es wurden dabei im Interesse der Wissenschaft Bestimmungen erlassen, wonach Altertumsfunde gegen Ersatz des Wertes bzw. des Seltenheitswertes dem Staat zu überlassen waren. Es setzte sich vielfach die Auffassung durch, daß die aus antiquarischen Motiven erwünschte Meldung von Funden durch die landesherrliche Anerkennung der Rechte der Beteiligten am ehesten zu fördern sei.[467]

a. Schon lange Zeit vor den ähnlichen Bestimmungen anderer deutscher Staaten[468] erließ Herzog EBERHARD III. von **Württemberg** (1633–1674) am 11. August 1670 im Zusammenhang mit der Neuorganisation seiner Kunstkammer eine Fundablieferungsvorschrift, in der er dazu anwies, nach römischen Fundstücken zu forschen, die gegen eine Entschädigungspflicht eingeschickt werden sollten:[469] *Demnach wir eine zeithero Unsere habende Antiquiteten und rariteten in gewisse Ordnung bringen und eine förmliche Kunstkammer anrichten lassen, welche wir nach und nach soviel möglich augieren und vermehren bedacht sein und wir nun hierbei nicht zweifeln, dass hin und wieder entweder bei ein oder anderem Privato in Unserem Herzogtum wohl manche Stuck alter römischer inscriptionum lampadum urnarum und dergleichen zu finden sein, oder auch sonst da oder dorten stehen (...) als ist hiermit Unser Befelch an euch, ihr wolltet mit Gelegenheit in euer gnädigst anvertrauten Superintendenz und Amt nachfragen und forschen, ob nicht einer oder anderer dergleichen etwas habe, es seien Münzen oder rudera von alten Monumentis, massen bereits schon mehrmals geschehen, daß auf den Feldern bei bei beschehenen Umbrüchen zerschiedene römische Antiquiteten in Unserem Land gefunden worden und was Ihr in Erfahrung bringet, ein solches zu Unsern eigenen frstl. Handen berichten oder verschlossen einschicken, gedenken wir uns auf erlangende Nachricht gnädigst zu resolvieren. An deme beschiecht Unsere Meinung. Datum Stuttgart den 11. Augusti 1670.* Dabei handelte es sich freilich weder um ein regelmäßig

---

466 HAMMER Geschichte, S. 32.

467 KLÜSSENDORF Mabillons Spur, S. 396.

468 Bereits 1597 fand mit Unterstützung des württembergischen Herzogs eine Grabung auf dem Boden des römischen Kastells Benningen statt, deren Leiter mit archäologischer Gründlichkeit und unter Anwendung wissenschaftlicher Methoden arbeiten (GÖTZ, S. 95). Das Sammeln von Urnen und Inschriften wurde seit der Mitte des 16. Jahrhunderts in vielen Fürstenhäusern zur Mode. Fundstükke wurden in Sammlungen und Raritätenkabinette eingelegt, zu deren Förderung man Ausgrabungen durchführte. Die Motive lagen zwischen wissenschaftlichem Interesse, Freude am Sonderbaren und bloßer Schatzgräberei (KLÜSSENDORF Verordnungen, S. 176/177). 1676 ließ Kurfürst JOHANN GEORG II. von Sachsen Grabungen nach Fürstengräbern durchführen, die aber eher dem Ahnenkult entspringen (GÖTZ, S. 95).

469 FLEISCHHAUER Kunstkammer, S. 16; ders. Geschichte, S. 83 f.

am Materialwert orientiertes Schatzregal, noch um eine Umbildung desselben, sondern um die Neuausbildung eines spezifischen Altertümerrechts, das, im Gegensatz zum Regal, auch eine Entschädigung vorsah.[470] Ähnliches gilt für die Verordnung eines seiner Nachfolger, des Herzogs KARL EUGEN (1737–1793) von 1757 zur Ablieferung von Münzen an Prof. JOHANN CHRISTIAN VOLZ (1721–1783).[471] Diese zugunsten des wissenschaftlich engagierten Beamten ergangene Verfügung hatte jedoch keinen Bestand, sondern war bereits mit dessen Tod erledigt.

b. Vom 22. Dezember 1716 datiert eine Verordnung in der Markgrafschaft **Baden-Baden**[472] wonach das Eigentum an *wegen Altertum rarer Sachen*, deren Metallwert über zehn Gulden hinausging, dem Staat zustand. Das Graben nach Schätzen war ebenso wie das Beherbergen von Schatzgräbern verboten. Allerdings konnte eine Ausgrabung obrigkeitlich erlaubt werden, wenn ein Schatz vermutet wurde. Im Falle der Hebung wurde der Schatz nach Abzug der Kosten und Schäden zwischen Eigentümer und Fiskus geteilt. Die Bestimmung war nach einer Niederschrift von 1782 modifiziert noch später Bestandteil des badischen Polizeirechts und stellte dem Finder ein Viertel des Entdeckten als Belohnung in Aussicht. Dem Landesherrn stand der Vorbehalt zu, zufällig entdeckte Münzen und andere Altertumsfunde zu behalten und dem Finder eine *Ergötzlichkeit* davon abzugeben.[473]

c. Die Verordnung des Landgrafen FRIEDRICH II. von **Hessen-Kassel** (1760–1785) vom 22. Dezember 1780, die Erhaltung der im Lande befindlichen Monumente und Altertümer betreffend, bestimmte in § 6:[474] *Wann jemand Münzen oder sonstige Altertümer findet, so soll er solches dem nächsten Beamten anzeigen und insoferne das Gefundene annehmlich ist, nicht nur die*

---

470 HAMMER Geschichte, S. 27.

471 Abgedruckt bei KLÜSSENDORF Verordnungen, S. 176 (Abb. 2): *Wemnach wir zur Vermehrung Unsers Fürstlichen Münz- und Antiquitäten-Cabinets gnädigst wollen, daß die etwa hie und dar ausgrabende oder sich sonst findende antique Medaillen zu gedacht Unserm Fürstlichen Münz-Cabinet und zwar zu Handes des Pofessoris und Antiquarii VOLZEN, gegen billigmäßige Vergütung deren Werths, eingeliefert werden sollen; Als wir dir ein solches des Endes anmit unverhalten, um davon deinen Amts-Untergebenen die schleunige Eröffnung zu thun, und dir bestmöglich angelegen seyn zu lassen, damit dieser Unser gnädigster Befehl auf das genaueste befolget werde. Daran beschiehet Unser gnädigster Will und Meynung. Stuttgart, den 27. Jan 1757.*

472 Generallandesarchiv Karlsruhe 74/2499; Vergleiche HANS, S. 6.

473 KLÜSSENDORF Verordnungen, S. 176.

474 Sammlung Fürstlich Hessischer Landes-Ordnungen, 6. Teil (1760–1785), S. 1015; zitiert nach KLÜSSENDORF Niederhone, S. 106 und 112; abgedruckt bei HUSE, S. 27 ff. Bereits am 29. August 1749 gab es in Kurpfalz eine Verfügung wegen Einsendung der gefundenen Antiquitäten etc. gegen angemessene Belohnung (Vergleiche VON WUSSOW, S. 85).

Vergütung des inneren Werts, sondern auch nach Befinden ein mehrers gewärtigen, bei denen aber, die das Gefundene verheimlichen, soll solches konfisziert werden, und derjenige, der es angeben wird, den dritten Teil des Werts bekommen. Die Bestimmung blieb bis zum 1. Februar 1962 gültig. Bei den Regelungen dachte man an die Förderung des 1780 eingeweihten Fridericianums in Kassel, dessen Sammlungen bald durch die einsetzenden Angebote erhebliche Erweiterungen erfuhren. Die numismatischen Komponenten hatten einen konkreten Anlaß: Den Schatz von Niederhone vom 29. Juli 1780.[475] Gleich sieben der am Erlaß beteiligten Beamten hatten zuvor an der Lösung für den Schatz mitgearbeitet, den sie schließlich für das Museum ankauften und den Entdeckern Belohnungen zukommen ließen.[476] Der Regierungsrat JOHANN DANIEL VON SCHMERFELD (1742–1815) führte in seiner gutachterlichen Stellungnahme seine Ablehnung eines Schatzregals aus: *Ohnehin liegt hier bei der Verordnung des Römischen Rechts eine Billigkeit zum Grund, die um so mehr zur Richtschnur genommen zu werden verdient, als die Entdeckung und Erhaltung sonst nicht mehr zum Vorschein kommender Altertümer, bei denen mehrenteils der innere Gehalt der Materie, woraus sie bestehen, den geringsten Teil des Werts ausmacht, dadurch eher befördert wird, als wenn sich der Fiskus dergleichend unentgeltlich zueignet* (...).[477]

d. Im Kurfürstentum **Mainz** wurde 1784 eine von JOHANN GEORG REUTER (1737–1810) entworfene Verordnung[478] publiziert, die die Teilung zufällig gefundener Schätze zwischen Grundbesitzer und Finder unter Ausschluß des Fiskus nach römischem Recht festschrieb.[479] Sie wurde durch den Münzschatz von Mudau im Oberamt Amorbach initiiert. Der Fund war innerhalb von zwei Tagen anzuzeigen.[480] Im Falle der Zuwiderhandlung war Verlust der Schatzhälfte

---

475 KLÜSSENDORF Niederhone, S. 1 ff.

476 KLÜSSENDORF Verordnungen, S. 182.

477 Hessisches Staatsarchiv Marburg, Best. 17 b, Gef. 27, Nr. 1, fol. 73, 78; zitiert nach KLÜSSENDORF Niederhone, S. 19. Auch noch fast hundert Jahre später wurden Münzschätze im ehemaligen hessenkasselschen Kreis Hünfeld und zwar in Treischfeld (1860), Kermes (1865) und Obernüst (1864) nach römischem Recht bzw. der Verordnung von 1780 behandelt und teilweise für das Museum in Kassel angekauft. Die von den dortigen Museumsbeamten bei der Behandlung der Funde vertretene Einstellung zeigt, daß Münzschätze als Quelle neuer Sammlungsstücke betrachtet wurden (SIPPEL, S. 289 ff.).

478 Staatsarchiv Würzburg, MRA Herrenlose Güter, K 133/2. Abgebildet bei KLÜSSENDORF Verordnungen, S. 176 (Abb. 6).

479 KERSTING, S. 1171: *daß a) von nun an bis auf anderweite Verfügung die zufällig gefundenen Schätze, mit Ausschließung des Fiscus, halb dem Eigenthümer des fundi und halb dem Finder zugetheilt werden solle.*

480 KERSTING, S. 1171: *Es ist gleichwohl b) hierbei der ernstliche und höchste Befehl, daß von allen dergleichen Entdeckungen längstens in Zeit zwei Tagen dem Amte oder der Vogtei, oder wenigstens dem Ortsvorgesetzten, die Anzeige von dem Finder gemacht, und bis auf erfolgende amtliche Verfügung nicht das Mindeste abhanden gebracht werden soll* (...).

und Bestrafung die Folge.[481] Die Schatzsuche selbst, insbesondere unter Verwendung von Magie, blieb untersagt.[482] Zweck der Verordnung war es, neu gefundene, interessante Münzen für ein noch einzurichtendes Universitätsmünzkabinett zu sichern, von denen man festgestellt hatte, daß sie bei Regalität des Schatzfundes unterschlagen wurden.[483] Allerdings betrachtete man die Verordnung lediglich als befristeten und widerruflichen Verzicht auf einen begründeten landesherrlichen Rechtsanspruch.[484]

e. In **Österreich** waren nach den Verordnungen vom 24. Februar und 2. November 1776 sowie vom 15. Februar 1782, erneuert durch Hofkanzlei-Dekret vom 5. März 1812 alte Münzen, unabhängig vom Metall sowie andere Altertumsfunde an das Münz- und Antiken-Kabinett gegen eine Belohnung abzuliefern: *für die also eingeliefert werdenden Alterthümer und Denkmale wird jederzeit nach der billigsten Schätzung und nach Maß des höhern oder niedern Grades ihrer Seltenheit der Werth ersetzt werden.*[485]

---

481 Kersting, S. 1171: (...) *mit dem Anhange, daß Derjenige, welcher, aus was immer für einer Ursache, solche Anzeige zu machen unterlassen würde, nicht nur seines Anspruches auf den ordinationsmäßigen Antheil verlustiget, und dieser einem Armeninstitut zugewendet, sondern auch der Verheimlicher annebst noch mit einer willkürlichen Strafe angesehen werden soll; wes Ende sich dann bei einem jeden sich ergebenden Vorfalle der amtliche Bericht forthin gewärtigt wird.*

482 Kersting, S. 1171: *Uebrigens versteht es sich von selbst, daß das ohnehin verbotene Ausgehen auf Schatzgraben, besonders unter Anwendung allerhand abergläubischer Mittel, unter willkürlicher schwerer und unausbleiblicher Strafe forhin verboten bleibe.*

483 Witzel, S. 214.

484 Kersting, S. 1171: *Obschon der herrschaftliche Fiskus auf die gefundenen Schätze einen gegründeten Anspruch hat und diese Befugnis des Fisci insbesondere in den kurfürstl. Landen durch das Herkommen bestätigt ist, so haben doch Se. Kurfürstliche Gnaden, bei Gelegenheit eines im Oberamte Amorbach zufällig entdeckten kleinen Schatzes, sich gnädigst entschlossen, auch in dergleichen Fällen das Vergnügen, Höchstihre Unterthanen glücklich zu machen, dem Vortheile des Fiscus vorzuziehen und sich des Endes, bis auf geschehenden Widerruf oder anderweite Verordnung, ihres Rechtes also und dergestalt zu begeben* (...).

485 Freiherr von Helfert, S. 90/91 (Nr. 126). Nach späteren Weisungen vom 15. Juni und 14. August 1846 und 16. April 1860 wurde den politischen Landesstellen aufgetragen, vorkommende Funde *möglichst zu überwachen und die Finder, insoweit es ohne Zwang thunlich ist, zur Einsendung besonders interessanter und leicht transportabler Stücke zu vermögen.*

1. Das 19. Jahrhundert bringt den nahezu vollständigen Niedergang der Schatzregale mit sich. Sie werden in der zeitgenössischen Literatur mit der Bemerkung übergangen, sie seien nicht mehr rechtsbeständig, so daß **römisches Recht in den zivilrechtlichen Kodifikationen** zur Regel wird, die keine Ausnahmen mehr duldet.[486]

a. In Frankreich wird 1804 unter NAPOLEON I. (1769–1821) der **Code civil** erlassen. In Artikel 716 bestimmt dieser: *Le trésor est toute chose cacheé ou enfouie, sur laquelle personne ne peut justifier sa propriété, et qui est decouverte par le pur effet du hazard. La propriété d` un trésor apartient à celui qui le trouve dans son propre fond: si le trésor est trouvé dans le fond d`autrui, il appartient pour moitié à celui qui l`a découvert, et pour l`autre moitié au propriétaire du fonds.* Der Code civil hat auch in den westlichen Teilen Deutschlands (Baden, Berg, Rheinpreußen, Rheinbayern, Rheinhessen, Westfalen) teilweise längere, über die Zeit der französischen Herrschaft bis hin zur Einführung des BGB in den betreffenden Gebieten hinausreichende Bedeutung erlangt. Dies gilt etwa auch für das Badische Landrecht von 1809, das die Bestimmung über den Schatzfund wie folgt ins Deutsche überträgt (Satz 716): *Das Eigenthum eines Schatzes gehört dem, der ihn auf eigenem Boden findet. Der auf dem Boden eines Andern gefundene Schatz gehört zu einer Hälfte dem Finder und zur andern Hälfte dem Eigentümer des Bodens.* Auch in Bayern werden staatliche Ansprüche durch Verordnung vom 22. November 1815[487] aufgehoben.

b. Der als Urentwurf bezeichnete Entwurf MARTINI wurde nach mehrfacher Überarbeitung mit Patent vom 1. Juli 1811 als **österreichisches ABGB** verkündet und erhielt am 1. Januar 1812 für die gesamten Erblande der Habsburger Gesetzeskraft. Gemäß § 399 nahm auch hier der Staat wie in den älteren Rechten von jedem gefundenen Schatz $^1/_3$ in Anspruch, während der Rest nach den Grundsätzen des römischen Rechtes zur Verteilung gelangte.[488] Bei Verheimlichung fiel der Anteil des Finders an den Anzeigenden und nur subsidiär an den Fiskus. Erst mit dem Hofkanzlei-Dekret vom 15. Juli 1846[489] wurde in Österreich das ärarische Drittel aufgegeben und die hadrianische Teilung eingeführt: *Hinsichtlich des Schatzes überhaupt, somit auch hinsichtlich archäologischer Funde, wird das Drittheil, welches nach § 399 des allgemeinen Bürgerlichen Gesetzbuches für das Staatsvermögen vorgesehen ist, von nun an aufgegeben*; (...). Dies geschah, um einer Verheimlichung von Funden zu begegnen.[490] So macht das von 1811 bis 1846 einzufordernde Staatsdrittel als Spur des Regalitätsprinzips dem Teilungsgedanken

486 VON GIERKE Privatrecht, S. 543.

487 Reg.Bl. S. 1002.

488 *Von einem Schatze wird der dritte Theil zum Staatsvermögen gezogen. Von den übrigen zwei Drittheilen erhält eines der Finder, das andere der Eigenthümer des Grundes.*

489 Sammlung der Gesetze und Verordnungen im Justizfache 1846, Nr. 970.

490 MAYER-MALY Schatz, Sp. 1362; ders. Erblosigkeit, S. 490.

und damit der Rückkehr zur hadrianischen Regelung Platz. Die zuvor stärker privatrechtliche Begründung aus der Erblosigkeit mag den Übergang zu dieser Aufteilung zwischen Privaten erleichtert haben.[491]

c. Auch das **Sächsisches Bürgerliches Gesetzbuch** statuiert in § 233 römisches Recht: *Werden eingemauerte, vergrabene oder sonst verborgene Sachen entdeckt, deren Eigentümer wegen der Länge der Zeit nicht ausgemittelt werden kann, so erwirbt der Finder mit deren Besitzergreifung das Eigentum derselben - natürlich nur auf eigenem Boden.* Ein fiskalischer Anspruch besteht dann, wenn der Eigentümer den Schatz unter Vornahme einer strafbaren Handlung entdeckt.[492] Diese Bestimmungen entsprechen denen im Herzogtum Nassau.[493]

2. Ob im 19. Jahrhundert noch **Rudimente von Schatzregalen** bestanden, ist ungewiß. In der Literatur werden zumindest solche für Schleswig und Schwarzburg-Rudolstadt beansprucht.

a. In Schleswig bestand ein Regal, daß auf das von WALDEMAR II. (1202–1241) erlassene **Jütisch Lov**, Buch II Artikel 113 von 1241 zurückgeht.[494] Diese Bestimmung lautete:[495] *Findet irgend jemand Gold oder Silber entweder im Hügel oder hinter seinem Pflug oder auf irgendeine andere Weise, da soll das der König haben. Aber leugnet er, daß er etwas fand, wehre er sich mit Verwandteneid.*[496] Der Umfang des Regals ist umstritten.[497] Einen Rechtsanspruch auf Vergütung hatte der Finder zwar nicht, jedoch wurde ihm eine solche in der Regel in der Höhe des

---

491 MAYER-MALY Erblosigkeit, S. 493.

492 Vergleiche DAUDE, S. 73.

493 DAUDE, S. 79; BERTRAM, S. 32/33.

494 PAPPENHEIM JherJb., S. 152; Vergleiche DAUDE, S. 79.

495 Zitiert nach PAPPENHEIM JherJb., S. 153, der dort den Originaltext wie folgt wiedergibt: *Hittaer nokaer man gull aethae silf i höghae aethae aeftaer si plogh. Aeth nokrae andrae lundae. Tha scal kunung thet hauae. AEn withes aennen man at han hittae gull aeth silf. Oc dyl han. Tha waeri sik meth fraend eeth.*

496 Übersetzung nach VON SEE, S. 117.

497 Vergleiche dazu PAULSEN, S. 30 und FALK, S. 426/27 Anm. 60, der den Grundgedanken der Vorschrift darin sieht, daß das Beste und Kostbarste unter dem Fundgut dem König gehöre und sie so auch auf den einfachen Fund zu beziehen sei. PAPPENHEIM JherJb., S. 158 geht davon aus, daß Gold und Silber nicht in dem Sinn der erschöpfenden Aufzählung, sondern lediglich wegen ihres Wertes als für das Regal in Frage kommende Objekte seien. Aufgrund einer Gesetzesanalogie oder -auslegung seien auch andere als Edelmetallfunde einzubeziehen, die in neuerer Zeit Wert erlangt hätten: *Denn alles, was zur Regalität der Gold- und Silberfunde geführt hat, gilt auch für andere Altertumsfunde.* Nur durch den Nachweis eines derogierenden Gewohnheitsrechtes sei eine Beschränkung des Regals auf Gold und Silber zu rechtfertigen. Dieses Schatzregal ermögliche die wirksame Wahrnehmung des an Altertumsfunden bestehenden öffentlichen Interesses: *Es wird dabei freilich in den Dienst eines ihm ursprünglich völlig fremden Zweckes gestellt. Auf der anderen Seite ist für seine eigentliche Bestimmung, die sich auf die Nutzbarkeit des regalen Rechts gründet, in unserer Zeit kein Raum mehr.*

Metallwertes zugestanden.[498] Entsprechend der ursprünglichen Bestimmung erstreckte sich das Regal in Schleswig jedenfalls auf solche Gegenstände, die einen eigentlichen Sachwert hatten, nämlich auf Gold und Silber. Ziel des Schatzregals war es, an Edelmetall für den König zu gelangen; die meisten Gegenstände wurden dann in den Münzstätten eingeschmolzen.[499] Die den Schatz betreffenden Bestimmungen tauchen in den dänischen Gesetzen unter dem Begriff des „Danefae" auf. Das Wort ist nicht -wie man vermuten könnte- von dem Namen der Dänen abgeleitet, sondern bedeutet soviel wie „Totengut".[500] Die dänischen Könige hatten ihr Recht auf Danefae 1660 in dem sogenannten Grafenprivileg (§ 15)[501] und erneut 1671 an den Adel abgetreten. Das 1683 erlassene Gesetzbuch[502] König CHRISTIANS V. (1670–1699) ließ derartige Funde wieder dem König zukommen. Dies geschah in Übereinstimmung mit der in Dänemark geltenden Auslegung, nach der sich das Regal nach der wortgleichen Verordnung vom 22. März 1737 im Anschluß an das ältere Recht wie folgt gestaltete: *Gold, Silber, Metall, und alle anderen Schätze, die vergraben oder versteckt in der Erde, in jedem Wald, Feld, Haus oder sonstwo gefunden werden, und an denen niemand sein Eigentum geltend macht, werden Danefae genannt und gehören dem König allein und niemand anderem.*[503] Demnach wurden Altertumsfunde, die keinen Materialwert besaßen, von dem Regal nicht erfaßt. In dem Bestreben, die Bestände des königlichen Münzkabinetts zu erhöhen, welches Teil der bereits von FRIEDRICH III. (1648–1670) gegründeten königlichen „Kunstkammer" war, wurde die Proklamation vom 7. August 1742 verkündet: *Jeder, der alte Münzen findet oder alles andere, was wegen seines Alters oder seiner besonderen Natur von gewisser Seltenheit zu sein scheint, erhält volle Bezahlung entsprechend dem Wert im Gegenzug bei Ablieferung.*[504] CHRISTIAN THOMSON, der 1842 Direktor geworden war, legte besonderen Wert auf gute Beziehungen zu der Öffentlichkeit. Eine wörtliche Auslegung der Danefae-Gesetze hätte den Finder verleiten können, seine Funde anderweitig zu verkaufen. Daher bürgerte es sich in der Praxis ein, dem Finder über den gesetzlichen Werterssatz hinaus eine zusätzliche Belohnung zu gewähren, die sich am Verhalten des Finders und dem wissenschaftlichen Wert des Objektes orientierte.[505] Damit wurde dem rein fiskalischen Blickwinkel ein Ende gesetzt und andererseits die Lücke geschlossen, die das Jütisch Lov hinsichtlich vom Materialwert belangloser, aber wissenschaftlich bedeutsamer Funde offen gelassen hatte.

---

498 PAPPENHEIM DJT, S. 13.

499 MOESGAARD, S. 75.

500 GALSTER, S. 299; PAPPENHEIM, JherJb., S. 154.

501 *Wenn auch irgend ein Schatz im Grafschaftsdistrikt unter der Erde vergraben oder verborgen gefunden wird, soll solcher dem Grafen selbst und keinem Anderen gehören* (zitiert nach PAPPENHEIM JherJb, S. 158).

502 Buch V, Kapitel 9, Artikel 3.

503 Übersetzt nach dem englischen Text in: GALSTER, S. 300. FREIHERR VON HELFERT, S. 90 (Nr. 123): *Dazu hat sich in neuerer Zeit die Übung gesellt, daß dem Finder, wenn er beim sammeln und aufbewahren der gefundenen Gegenstände besondere Sorgfalt an den Tag legt, ein Extradouceur verabreicht wird.*

504 Übersetzung des Textes bei GALSTER, S. 300.

505 GALSTER, S. 301.

b. Ein etwaig für **Schwarzburg-Rudolstadt** bestehendes Schatzregal hat sich im Text nicht finden lassen. Die sich darauf beziehende Literatur[506] stützt sich ausschließlich auf eine Anmerkung CARL HEIMBACHS Mitte des 19. Jahrhunderts, der feststellt: *Nach dem Recht von Schwarzburg gehören alle Schätze dem Staat.*[507] Art, Umfang und Gültigkeitsdauer einer solchen Bestimmung sind nicht bekannt.

3. In einer ersten Phase vom Aufgeklärten Absolutismus bis Anfang der 1840er Jahre entdeckten die Herrscher zunehmend ihr Interesse am Kunstschutz, wobei nur wenige **Verordnungen zur Denkmalpflege** bereits dem Anspruch übergreifender allgemeiner Bestimmungen mit kulturstaatlichem Anspruch genügten, ohne daß sie danach eine über den Status als Prestigeobjekte hinausreichende Bedeutung gewonnen oder zu weiteren Maßnahmen geführt hätten.[508] Nach den Umstrukturierungen von Reichsdeputationshauptschluß, Auflösung des alten Reichs und Gründung des Deutschen Bundes stellten sich die Fürsten allmählich der aus Historismus und Romantik erwachsenden Denkmalpflege,[509] wobei sich die Bodendenkmalpflege meist in Spezialordnungen zum Schutz und zur Erfassung von Fundstätten[510] sowie bezüglich beweglicher Funde,[511] oft mit Einschluß von Münzen vollzog. Ein wesentliches Standbein der frühen Bodendenkmalpflege stellten die Geschichts- und Altertumsvereine dar.[512] Die Problematik überregionaler Vergleiche liegt dabei darin, daß, sofern die deutschen Staaten zu Regelungen fanden, diese nur verstreut, inhaltlich lückenhaft sowie formal uneinheitlich vorzufinden sind,[513] so daß die nachfolgenden lediglich beispielhaft aufgeführt seien:

---

506 VON GIERKE Privatrecht, S. 543 Anm. 94; HÜBNER, S. 185; STOBBE, § 149, Anm. 22.

507 HEIMBACH, § 180 Note 7.

508 SPEITKAMP, S. 315.

509 KLÜSSENDORF Verordnungen, S. 182.

510 Mecklenburg-Schwerin (13. April 1804, erneuert 1836), Schleswig-Holstein (27. Oktober 1810, 29. April 1852), Baden (1828), Bayern (19. November 1830), Preußen (20. Juni 1830, 24. Dezember 1844), Hannover (4. November 1844, 8./23. Juli 1853) (KLÜSSENDORF Verordnungen, S. 183).

511 Baden (5. November 1811, 27. April 1842), Bayern (11. Juni 1830), Sachsen-Gotha (16. Oktober 1852, 11. Januar 1827 (Zirkular-Verordnung, Zusatz zu dem ersten Theile der neuen Beyfugen zur Landesordnung Nr. CLXXV. Vergleiche PICK, S. 114), Mecklenburg-Strelitz (3. Januar 1843, 14. Mai 1870) (KLÜSSENDORF Verordnungen, S. 183). In Nassau kam es zu einem Vorkaufsrecht an Altertumsfunden für Inländer (17. Mai 1826), mit Einschluß des Vereins für Altertumskunde (AMENT, S. 187 ff.).

512 KRAUS, S. 207.

513 KLÜSSENDORF Verordnungen, S. 182

a. In **Bayern** wurden die Entdecker alter Münzen und anderer wissenschaftlicher Raritäten durch Verordnung vom 23. März 1808[514] und eine ministerielle Entschließung vom 28. März 1808[515] verpflichtetet, den jeweiligen Gegenstand der Behörde bei Androhung von Strafe anzuzeigen und zu übergeben, wofür sie nicht nur den Materialwert, sondern auch eine der *Behutsamkeit des Vorganges bei seiner Auffindung* angemessene Belohnung erhalten sollten.[516]

b. Nach einer Verordnung im Großherzogtum **Hessen-Darmstadt** vom 22. Januar 1818[517] waren Funde von Altertümern sogleich der Ortsbehörde anzuzeigen, die weiteren Bericht an ihre Oberbehörde oder an die Direktion des großherzoglichen Museums zu erstatten hatte.[518] In den Ausführungsbestimmungen bezüglich der Ausgrabungen und Funde wurde 1841 auf Anregung der Großherzoglichen Museumsdirektion eine Anzeige- und Ablieferungungspflicht von Altertumsfunden an diese Behörde verankert, 1846 auf Antrag des historischen Vereins für das Großherzogtum nach preußischem Vorbild eine eingehende Instruktion für sämtliche Bau-Forst- und Rentbeamte in bezug auf Bodendenkmäler vorgesehen.[519]

c. In **Württemberg** galt nach der Bekanntmachung des Ministers des Inneren des Königreiches Württemberg vom 17. Februar 1820[520] in Bezug auf Schatzfunde grundsätzlich römisches Recht in Form der hadrianischen Teilung. Die dem Finder zustehende Hälfte fiel an den Grundeigentümer, wenn er ohne bzw. gegen dessen Willen oder in seinem Auftrag gesucht hatte. Es galt zudem ein Magieverbot, bei dessen Verletzung der Schatz dem Staat anheimfiel. Bestand der Schatz aus alten Münzen, so waren diese dem Königlichen Münzkabinett gegen Vergütung des Wertes anzubieten.[521]

---

514 Wie etwa auch bei einer Verordnung in Anhalt-Bernburg vom 10. März 1832 zeigt sich auch bei dieser die im 19. Jahrhundert häufig zu beobachtende Verbindung zwischen einem aktuellen Münzfund und einer daraus abgeleiteten allgemeinen, auch andere Altertumersfunde umfassenden Regelung (Klüssendorf Verordnungen, S. 183).

515 Reg.Bl. 1808, S. 752/753.

516 Freiherr von Helfert, S. 91 (Nr. 127); vergleiche Siebertz, S. 33/34.

517 Abgedruckt bei Wagner, S. 5/6: Allerhöchste Verordnung vom den 22. Januar 1818, die Erhaltung der vorhandenen Denkmäler der Baukunst betreffend: *Wir Ludewig von Gottes Gnaden Großherzog von Hessen und bei Rhein etc.* (...) *verordnen* (...) *folgendes:* (...): *6. Wenn bei Nachgrabungen oder andern Veranlassungen Altertümer aufgefunden werden, so haben Unsere Beamten dafür zu sorgen, daß dieselben möglichst erhalten werden, und ist davon sogleich die Anzeige an unser Ober-Baukolleg oder die Direktion Unsers Museums zu machen.* (...) *Darmstadt, den 22. Januar 1818.*

518 Freiherr von Helfert, S. 88 (Nr. 116).

519 Wagner, S. 10; Freiherr von Helfert, S. 91 (Nr. 129).

520 Reg.Bl. 1820, S. 6.

521 Vergleiche Daude, S. 73.

d. Ein Ausschreiben der Landesregierung im Herzogtum **Sachsen-Meiningen** vom 25. Januar 1839 verpflichtete Baumeister und Bauhandwerker, sowie Gemeindebeamte auf die Entdeckung solcher Gegenstände wie alter Münzen, Waffen, Geschirre etc. zu achten und sicherte die Zahlung des durch Schätzung von Sachverständigen ermittelten Wertes der Fundgegenstände zu, sowie ggf. eine darüber hinausgehende Prämie.[522]

e. Auch in **Preußen** ist die in Aussicht gestellte Belohnung das Vehikel für die Akzeptanz der Ordnung zur Ablieferung von Münz- und Altertumsfunden vom 8. April 1865.[523] Entsprechend führt der Generaldirektor der königlichen Museen aus: *Häufig kommt der Fall vor, und mit dem täglich erleichterten Verkehre immer häufiger, daß Funde von Münzen und anderen antiquarisch der Erhaltung werten Gegenständen gleich bei ihrer Auffindung zerstreut oder an die nächsten Unterhändler verkauft werden, um dann nicht selten, wenn die Hoffnung auf größeren Gewinn getäuscht ward, oder die Furcht, von dem Eigentümer des Bodens in Anspruch genommen zu werden, erwacht, in den Schmelztiegel zu wandern, und so, ganz abgesehen von der Ergänzung der Sammlungen, der wissenschaftlichen Verwertung für die Archäologie und Vaterlandskunde entzogen werden. Um diesem Umstande, soviel von meiner Seite geschehen kann, abzuhelfen, erkläre ich hiermit, daß die Finder bei Einsendung des Fundes an die königlichen Museen darauf rechnen können, jedenfalls den vollen Metallwert und nach Maßgabe der Bedeutenheit und Seltenheit der Gegenstände einen angemessenen höhern Werth zu erhalten, welcher nach erfolgter Einigung sofort ausgezahlt wird. Wenn öffentliche Sammlungen der Provinz die Mittel haben, den Ankauf eines Fundes in dem gegeben Fall zu sichern, so werde ich gegen dieselben gern zurücktreten, und in diesen Falle nur wünschen, der allgemeinen Übersicht wegen eine Notiz über denselben zu erhalten.*[524]

IV. Das Schatzrecht des Deutschen Reiches (1871–1945)

1. Das **Kaiserreich** (1871–1918) bringt sowohl auf zivilrechtlichem Gebiet wie auf dem des Denkmalschutzes wesentliche Bestimmungen, die zum Teil bis heute Bestand haben.

a. Bei den Beratungen zum **Bürgerlichen Gesetzbuch** wird das Bestehen von Schatzregalen geleugnet und eine Wiedereinführung ausdrücklich abgelehnt: *Eine Betheiligung des Fiskus oder der Gemeinde an dem Vortheile des Finders (...) ist hier so wenig, wie bei dem gewöhnlichen Fund zu bestimmen. Ein eigentliches Schatzregal besteht nicht.*[525] Ob damit aber dem öffentlichen Interesse an der Erhaltung und Sicherung von Altertumsfunden ausreichend Rechnung getra-

---

522 Freiherr von Helfert, S. 91 (Nr. 128); Wussow I 102.

523 Klüssendorf Verordnungen, S. 183.

524 Lezius, S. 130; Freiherr von Helfert, S. 92 (Nr. 130).

525 Motive, S. 391.

gen wurde, war während der Beratungen zum BGB sehr umstritten. Daher sind mehrfach bedeutende Juristen für eine besondere Gestaltung zivilrechtlicher Vorschriften für den Eigentumserwerb an archäologischen Objekten („Altertümern") eingetreten. So hatte OTTO BÄHR vorgeschlagen, bei Funden von besonderem geschichtlichen oder künstlerischen Wert dem Land, auf dessen Gebiet sie aufgefunden wurden, und, wenn dieses auf die Ausübung des Rechts verzichten wollte, dem Reich ein dinglich wirkendes Vorkaufsrecht einzuräumen. Mit einem derart konstruierten Recht wollte er einen Verlust deutschen Kulturgutes durch Verschleuderung wertvoller Funde verhindern, das sowohl gegenüber dem Käufer des Gegenstandes als auch sämtlichen Rechtsnachfolgern gegenüber geltend gemacht werden können sollte.[526] Auch OTTO VON GIERKE betrachtete die Vorschrift des § 984 als nicht geeignet, das öffentliche Interesse an der Sicherstellung und Erhaltung von archäologisch bedeutenden Entdeckungen zu sichern. Er plädierte daher für ein öffentliches Anrecht auf solche Gegenstände.[527] Der Entwurf I zum BGB enthielt jedoch keine Sonderbestimmung darüber, daß Gegenstände von künstlerischem oder historischem Wert an öffentliche Behörden gegen Wertersatz abzuliefern seien. In der 2. Lesung kam dann aber der Wunsch der württembergischen Regierung zur Sprache, mit Rücksicht darauf, daß in einigen Ländern, neben dem Königreich Württemberg[528] etwa auch im ehemaligen Kurhessen,[529] eine derartige Ablieferung alter Münzen und sonstiger Altertümer angeordnet sei, eine Ergänzung des Entwurfes an geeigneter Stelle des Einführungsgesetzes mit folgendem Inhalt herbeizuführen: *Unberührt bleiben die Vorschriften der Landesgesetze, welche die Ablieferung von alten Münzen und sonstigen für das öffentliche Interesse werthvollen Alterthümern an öffentliche Behörden gegen entsprechenden Werthersatz anordnen.*[530] Mit dem Hinweis auf Artikel 42 (jetzt 109) EGEGB, welcher die landesgesetzlichen Vorschriften über die Enteignung unberührt ließ, betrachtete man bei den Kommissionsberatungen zum BGB die Einwände Württembergs einerseits sowie diejenigen BÄHRS und VON GIERKES andererseits als erledigt.[531] Der Kommission für die zweite Lesung lagen noch verschiedene weitere Änderungsanträge vor. Es wurde etwa auch angeregt, dem Finder statt der Schatzhälfte nur einen Finderlohn zuzugestehen. Der Gedanke wurde jedoch aus Furcht vor der Verheimlichung von Schatzfunden insbesondere im Hinblick auf Kulturgüter verworfen.[532] Unter Berücksichtigung einiger Änderungsvorschläge wurde der Schatzfund nach römischrechtlichem Vorbild in § 984 BGB geregelt und ist in dieser Gestalt bis heute unverändert geblieben: *Wird eine Sache, die solange verborgen gelegen hat, daß der Eigentümer nicht mehr zu*

---

526 BÄHR, Anm. zu § 917 II.

527 VON GIERKE Entwurf, S. 348.

528 Bekanntmachung des württembergischen Ministers des Innern vom 17. Februar 1820, Reg.Bl. S. 6; Siehe Fußnote S. 99.

529 § 6 der kurhessischen Verordnung vom 22. Dezember 1780; Siehe Seite S. 92 f.

530 Reichsjustizamt, S. 99.

531 Protokolle, S. 273 f.

532 Protokolle, S. 273.

ermitteln ist (Schatz), entdeckt und infolge der Entdeckung in Besitz genommen, so wird das Eigentum zur Hälfte von dem Entdecker, zur Hälfte von dem Eigentümer der Sache erworben, in welcher der Schatz verborgen war.

b. Das Inkrafttreten des BGB ließ die bereits während seiner Beratung aufgeworfene Frage, ob dieses das öffentliche Interesse an der Erhaltung von archäologischen Objekten hinreichend berücksichtigte, jedoch nicht verstummen. Daher nahm sich auch der **27. Deutsche Juristentag 1904** durch eine von Juristen und Archäologen gebildete Kommission dieser Problemstellung an. Dort äußerte sich auch der Nordist MAX PAPPENHEIM in einem Gutachten zu der Frage: *Empfiehlt es sich, reichsrechtlich oder landesrechtlich dem Staate ein Vorrecht an Altertümern zu gewährleisten ?*.[533] Er sprach sich darin sowohl gegen ein landesgesetzlich verankertes Recht des Staates auf Eigentumserwerb an beweglichen Altertümern mit ihrer Entdeckung als auch gegen ein dingliches Vorkaufsrecht aus. Entscheidend war für ihn, daß der Schatzfund nach § 984 BGB von einem Altertumsfund nur schwer zu unterscheiden sei.[534] Schatzregale, wie sie für Schleswig oder Schwarzburg-Rudolstadt beansprucht wurden, nach dem der Staat im Moment der Entdeckung Eigentum erwarb, lehnte er ab. Diese erfaßten gerade nicht die wissenschaftlich wichtigen Altertumsfunde, an deren Erhaltung und Bewahrung allein ein öffentliches Interesse bestehe, das ein Eingreifen des Staates rechtfertige. Die Schaffung eines neuen „Altertumsregals" zog PAPPENHEIM in Erwägung, verwarf diesen Gedanken jedoch wieder.[535] Vielmehr favorisierte er ein landesgesetzlich verankertes Privileg des Staates an Altertumsfunden in Form eines Rechtes auf Überlassung gegen Vergütung des einer Anzeigepflicht unterliegenden Gegenstandes.[536] Auch LUDWIG ENNECCERUS wandte sich in der Diskussion für die juristische Seite gegen ein Regal: *Es ist innerlich nicht gerechtfertigt, dem Staate ein Vorrecht auf Altertumsfunde im weiteren Umfange zu geben, als es die Altertumspflege erfordert. Nicht als Erwerbsquelle, sondern lediglich zur Förderung der Altertumskunde darf dieses Regal gewährt werden. Die Neuschaffung eines nutzbaren Regals auf diesem Gebiet widerstreitet durchaus dem öffentlichen Interesse und ist mit den Auffassungen der Neuzeit nicht im Einklange.*[537] Statt dessen sprach er sich für eine dingliche Erwerbsberechtigung gegen eine angemessene, aber keinesfalls den vollen Wert ersetzende Vergütung aus.[538] Der Rechtshistoriker und Numismatiker ARNOLD VON LUSCHIN-EBENGREUTH (1841–1932) stellte fest, daß die Vertuschung von Funden die Regel sei und forderte daher, *daß der Staat eben im Interesse der Denkmalpflege besser auf jeden Eigentumsanspruch verzichten, und sogar sein Vorkaufsrecht einschränken* sollte.[539] GAREIS

533 PAPPENHEIM DJT, S. 3 f.

534 PAPPENHEIM DJT, S. 16; ders. JherJb, 144 ff.

535 PAPPENHEIM DJT, S. 12.

536 PAPPENHEIM DJT, S. 22.

537 SADSD, S. 90.

538 SADSD, S. 91, 95.

539 SADSD, S. 97/98.

forderte zudem eine reichsrechtliche Lösung. Die Forschung müsse für das gesamte Reichsgebiet gleichermaßen gesichert sein: (...) *die sog. Jungfräulichen Paragraphen unseres Einführungsgesetzes, die mit den Worten beginnen ‚Unberührt bleiben', sind zahlreich genug, und es ist zu wünschen, daß sie nicht noch vermehrt werden, nicht nur der Reichsidee wegen, sondern hauptsächlich der Übereinstimmung in der historischen Forschung wegen.*[540] LEIDIG verwies auf seine persönlichen Erfahrungen mit dem Jütischen Lov als Dezernent der Regierung in Schleswig. Er betonte, ihm sei kein Fall einer Verheimlichung bekannt geworden und forderte eine Anzeigepflicht und ein staatliches Enteignungsrecht.[541] LENTNER unterstützte diesen Vorschlag,[542] während WILDHAGEN ein staatliches Untersuchungsrecht forderte.[543] Nachdem ENNERCCERUS darauf hingewiesen hatte, daß beides bereits im Antrag enthalten sei,[544] wurde dieser, nachdem die Änderungswünsche zurückgezogen worden waren, einstimmig angenommen.[545] Er lautete: *Es empfiehlt sich, durch Reichsgesetz oder, bis ein solches erfolgt, durch Landesgesetz dem Staat ein durch Anzeigepflicht gesichertes Vorrecht auf den Erwerb beweglicher Altertumsfunde gegen Vergütung zu gewähren.*[546] ENNERCCERUS konnte daraufhin als Berichterstatter in der zweiten Plenarsitzung des Juristentages über den in der Kommission gefaßten Beschluß Mitteilung machen. Er bekräftigte dabei die Auffassung der Kommission, daß die Allgemeine Denkmalpflege nur durch Landesgesetz, ein staatliches Vorrecht an beweglichen Altertumsfunden nur durch Reichsgesetz verwirklicht werden könne:[547] *Der Schutz des Landesgesetzes würde versagen, sobald der Altertumsfund die Landesgrenze passiert hat und in ein Land gekommen ist, das ein Vorrecht des Staates auf Erwerbung von Altertümern nicht anerkennt.* (...) *Was die Gestaltung des Vorrechtes im einzelnen betrifft, so wurde ein eigentliches Regal* (...) *von Niemandem gewünscht.* Ein solches Vorrecht könne *natürlich nicht so gestaltet werden, daß der Staat unmittelbar kraft Rechtsregel Eigentümer aller Altertumsfunde würde, sondern nur so, daß ihm das Recht gegeben wird, die gefundenen Sachen* (...) *gegen Vergütung vom Finder oder Grundeigentümer zu erwerben* (...).

c. Die Reichsverfassung von 1871 beließ den **Denkmalschutz** als Teil der Kulturverwaltung bei den Ländern; die wenigen Versuche, eine Denkmalschutzgesetzgebung des Reichs zu initiieren, blieben erfolglos.[548] Denkmalschutzbestimmungen fanden sich im Landes- und Reichs-

540 SADSD, S. 100.
541 SADSD, S. 102/103.
542 SADSD, S. 106/107.
543 SADSD, S. 107/108.
544 SADSD, S. 109/110.
545 SADSD, S. 111.
546 SADSD, S. 627.
547 SADSD, S. 626.
548 SPEITKAMP, S. 315.

recht und waren strafrechtlicher, zivilrechtlicher und verwaltungsrechtlicher Art, und verteilten sich auf Kabinettsverfügungen, Verwaltungsanweisungen, Polizeiverordnungen, Bauordnungen, Gemeindeordnungen, Kommunalaufsichtsgesetze, Gesetze über kirchliche Vermögensverwaltung sowie schließlich Verordnungen über die Organisation von Denkmalschutzbehörden.[549] In fast allen Länder standen am Anfang Einzelregelungen unterhalb der Ebene von Gesetzen, besonders häufig behördliche Verfügungen einer Mittelinstanz. Angesichts der Fülle und Vielfalt dieser Bestimmungen ist eine Gesamtdarstellung nicht möglich.[550] Staatliche Institutionen übernahmen mit den Funktionen der privaten Vereine auch oft deren Bestände; die Gesetzeslage wurde den Notwendigkeiten einer effektiven Bodendenkmalpflege langsam und durchaus noch gegen Widerstände angepaßt.[551] Die rechtlichen Grundlagen des obrigkeitlichen Denkmalschutzes blieben während des 19. Jahrhunderts noch weit über die Jahrhundertwende hinaus verstreut, uneinheitlich und lückenhaft.[552] Frühe Beispiele sind eine Verordnung betreffend den Schutz geschichtlicher und vorgeschichtlicher Baudenkmäler der Hansestadt Bremen von 1872[553] und Regelungen zur Meldepflicht von Fundstellen im Großherzogtum Mecklenburg-Strelitz der Jahre 1870 und 1872.[554] Um 1880 setzt das Interesse an einer geschlossenen Kodifizierung des aufgesplitterten Denkmalschutzrechts ein. Die Entwicklung der Erforschung der Bodendenkmäler erfuhr ganz entscheidende Einschnitte.[555] Dennoch scheiterte 1883/84 in Baden der Versuch, ein Denkmalschutzgesetz zu verabschieden.[556] Auch andernorts blieb es bei Einzelregelungen, wie etwa der Verordnung des Hamburger Senats vom 4. Juli 1883, die vorschrieb, über Funde beweglicher Gegenstände auf oder in der Erde, in Flüssen, Kanälen, Teichen, Torfmooren etc. der Kommission für Sammlung vorgeschichtlicher Altertümer Anzeige zu erstatten.[557] In Preußen ergingen zahlreiche Runderlasse des Ministers der geistlichen, Unterrichts- und Medizinalangelegenheiten, so solche vom

---

549 Speitkamp, S. 315/319.
550 Peters H.-G., S. 196.
551 Kraus, S. 214.
552 Speitkamp, S. 315.
553 Peters H.-G., S. 196, Planck, S. 238.
554 Peters H.-G., S. 196.
555 Kraus, S. 214.
556 Eckerle, S. 220.
557 Freiherr von Helfert, S. 89 (Nr. 119).

15. Januar 1886, betreffend Ausgrabungen auf fiskalischem Terrain,[558] vom 12. Juli 1886, betreffend den Schutz der Altertümer vor Aufgrabung, Zerstörung und Veräußerung durch unberufene Hand,[559] vom 30. Dezember 1886 (gemeinsam mit dem Minister des Inneren), betreffend Ausgrabungen auf Liegenschaften der städtischen und ländlichen Gemeinden,[560]

---

558 LEZIUS, S. 132 c): *Wiederholt sind in letzter Zeit Nachgrabungen nach Altertümern angestellt worden, zu denen nicht ein wissenschaftliches Interesse, sondern der Wunsch nach Gewinn Veranlassung gegeben hat. Da durch Ausgrabungen dieser Art das allgemeine staatliche Interesse an der Erhaltung der Kunstdenkmäler geschädigt und oft auch eine ungesetzliche Verschleppung von wertvollen Kunstgegenständen herbeigeführt wird, so ist, soweit es die gegenwärtige Gesetzgebung gestattet, diesem Übelstande mit allen zu Gebot stehenden Mitteln entgegenzutreten. Wir bestimmen daher, daß in allen Fällen, in denen es sich um Ausgrabungen auf fiskalischem Terrain der Domänen- und Forst-Verwaltung handelt, vor Beginn der Ausgrabungen unter Darlegung der obwaltenden Umstände an uns Bericht zu erstatten ist. Nachdem unsererseits dem Konservator der Kunstdenkmäler Gelegenheit zur etwaigen Einwirkung auf die einzelnen Fälle gegeben worden ist und, soweit als nötig, die sachverständige Leitung der bezüglichen Arbeiten, sowie die Sicherung der eventl. Fundstücke vorgesehen ist, werden wir eventl. unter Aufstellung der der Sachlage entsprechenden Bedingungen die Vornahme der Ausgrabungen genehmigen.*

559 LEZIUS, S. 132/133 d): *Der Durchforschung der Ringwälle, Grabstätten, Ansiedlungsplätze usw. aus römischen oder heidnisch-germanischen Zeiten für wissenschaftliche Zwecke ist die Aufgrabung und Zerstörung derartiger Denkmäler in gewinnsüchtiger Absicht vielfach gefolgt. Die Schädigung des wissenschaftlichen Interesses an der Erhaltung resp. sachverständigen Benutzung dieser Zeugen einer längst verschwundenen Vergangenheit steht außer allem Verhältnis zu dem materiellen Wert der in einzelnen Fällen gemachten Funde. Die Gegenstände letzterer Art würden, wenn sie irgendwo wertvoll sein sollten, gern vom Staat oder den Provinzal-Museen oder in einzelnen wissenschaftlichen Vereinen angekauft und bei weitem den meisten Fällen höher bezahlt werden, als dies seitens der Händler gegenüber unkundigen Findern geschieht. Soweit die Gesetze die Erhaltung der Denkmäler welche in öffentlichem Eigentum sind, sichern - cfr.* VON WUSSOW, *Erhaltung der Baudenkmäler I S. 17 ff. – wird eine geeignete Einwirkung der staatlichen und kirchlichen Behörden hinreichen, um dem Raubbau auf Urnen, Gegenstände und Metall, Glas usw. erfolgreich entgegenzutreten. Die Privateigentümer der in Rede stehenden Denkmäler sind in ihrer Verfügungsbefugnis unbeschränkt, aber auch ihnen wird durch die Tätigkeit der in allen Provinzen des Staats vorhandenen wissenschaftlichen Vereinen, Gesellschaften pp. oft mit Erfolg vorzustellen sein, welche Interessen der Wissenschaft mit alten Kulturstätten verknüpft sind, und wie das eigene Interesse durch Zuziehung von Sachverständigen zu den etwaigen Ausgrabungen auf Privateigentum nur gewinnen würde – cfr. Loc. Cit. I. S. 48 ff. a. a. O. Ew. Hochwohlgeboren ersuche ich ergebenst im Sinne des vorstehenden der Erhaltung der alten Grabstätten, Hünengräber, Ringwälle, tumuli, Bauwerke usw. Ihre Fürsorge gefälligst zuzuwenden.*

560 LEZIUS, S. 133 e): *Die unbefugten Aufgrabungen der Überreste der Vorzeit – Stein- und Erdmonumente, Gräberfelder, Reihengräber, Urnenfriedhöfe, Wendenkirchhöfe, Steinhäuser, Hünengräber, Hünen- oder Riesenbetten, Ansiedlungsplätze, Ringwälle, Landwehren, Schanzen, Mauerreste, Pfahlbauten, Bohlbrüchen usw. aus römischer, heidnisch-germanischer oder unbestimmbar vorgeschichtlicher Zeit – sowie die Verschleppung der dabei gewonnenen Fundstücke haben neuerdings in verschiedenen Provinzen des Staats einen Umfang eingenommen, welchem die Staatsbehörden im allgemeinen Interesse entgegenzutreten haben werden. Nachdem ich, der Minister der geistlichen pp. Angelegenheiten bereits*

vom 5. Februar 1887, betreffend die Ausdehnung des Erlasses vom 30. Dezember 1886 auf Stiftungen usw.,[561] vom 5. Februar 1887, betreffend Benachrichtigung der Generalverwaltung

durch meinen Erlaß vom 12. Juli 1886 Ew. Excellenz Fürsorge für diesen Gegenstand im allgemeinen in Anspruch genommen habe und durch die in Gemeinschaft mit dem Herrn Minister für Landwirtschaft, Domänen und Forsten erlassene Verfügung vom 15. Januar 1886 die Ausgrabungen aus fiskalischem Terrain der Domänen- und Forstverwaltung von der Genehmigung der Zentralstelle abhängig gemacht worden sind, bestimmten wir nunmehr in Ansehung der Liegenschaften der Städtischen und ländlichen Gemeinden im ganzen Staatsgebiete, daß in allen Fällen vor Beginn derartiger Ausgrabungen bezw. vor Erteilung der erforderlichen Genehmigung der Aufsichtsbehörde unter Darlegung der der obwaltenden Umstände an uns Bericht zu erstatten ist. Nachdem unsererseits dem Konservator der Kunstdenkmäler Gelegenheit zur Etwaigen Einwirkung auf die einzelnen Fälle gegeben worden ist, und soweit als nötig, die sachverständige Leitung der bezüglichen Arbeiten, sowie die Sicherung der etwaigen Fundstücke vorgesehen ist, werden wir – eventuell unter Aufstellung der der Sachlage entsprechenden Bedingungen – die Vornahme der Ausgrabungen genehmigen. Es unterliegt keinem Zweifel, daß die Eingangs beregten Denkmäler als Sachen von besonderem historischen und wissenschaftlichen Wert anzusprechen sind, zu deren Veräußerung oder wesentlichen Änderung, insbesondere Aufgrabung, Bloßlegung, Zerstörung ihres äußeren Ansehens, gänzlichen oder teilweise Entfernung ihres Inhalts – es sei durch die Gemeinde selbst oder mit ihrer Erlaubnis durch Dritte – ein Gemeindebeschluß und die Genehmigung desselben durch die vorgesetzte Aufsichtsinstanz erforderlich ist. Vgl. §§ 16 und 30 Zuständigkeitsgesetz vom 1. August 1883 für die Kreisordnungsprovinzen, § 50 Nr. 2 der Städteordnung vom 30. Mai 1853 für die sechs östlichen Provinzen, § 49 Nr. 2 bezw. § 53 Nr. 2 der Städteordnung vom 19. März 1856 und der Landgemeindeordnung vom 19. März 1886 für Westfalen, § 46 Nr. 2 bezw. § 96 der Städteordnung vom 15. Mai 1856 und der Landgemeindeverordnung vom 23. Juli 1845 für die Rheinprovinz, § 71 Nr. 2 Gesetz vom 14. April 1869 betreffend die Verfassung und Verwaltung der Städte und Flecken der Provinz Schleswig-Holstein, Zirkular-Erlaß vom 5. November 1854. M.Bl. d. i. V. p. 1858 S. 2. Dies trifft zunächst und ohne Rücksicht auf ihren Inhalt alle sich äußerlich als Werke von Menschenhand kenntlich machenden Stein- und Erdmonumente unbestimmten Alters (frühgeschichtliche und vorgeschichtliche unbewegliche Denkmäler), speziell die heidnischen Grabstätten, als Reihengräber, Hünengräber, Riesenbetten, einzelne Tumuli, Ansiedlungsplätze pp. wobei zu beachten ist, daß nicht selten schon die äußere Lage und Anordnung der Grab- u.a. Denkmäler, auch abgesehen von ihrem Inhalt und ihrer inneren Anordnung, für die Erkenntnis der besonderen Kulturrichtung eines untergegangenen Volkes oder Volksstammes von Wichtigkeit ist. Es ist notwendig, daß die königliche Regierung sich durch die von Ihnen in Anspruch zu nehmende freie Tätigkeit der Lokalinstanzen, die Königlichen Landräte, Lokalbeamten und Kreisschulinspektoren, die Amtsvorstände, die Geistlichen und Lehrer oder durch andere geeignete und ortskundige Vertrauensmänner, welche ihnen die überall bestehenden wissenschaftlichen Vereine für die Altertumskunde an die Hand geben können, allmählich eine Übersicht über das Vorhandensein und den Zustand der frühgeschichtlichen und vorgeschichtlichen Stein- und Erddenkmäler ihres Bezirks verschaffen, die bedeutenderen zutreffenden Falls in die Lagerbücher der Gemeinden aufnehmen lassen und alles vorbereiten, was die demnächstige Feststellung derselben in den vorhandenen Kreis- und Bezirkskarten größeren Maßstabs, worüber s. Z. besondere Bestimmungen vorbehalten bleiben, ermöglicht. Aber auch die nicht zu Tage liegenden Grabstätten pp., die etwa bei absichtlicher oder zufälliger Aufgrabung des Grund und Bodens gefunden werden, charakterisieren sich in dem Augenblicke als Gegenstände von der königlichen Museen in Berlin von Altertümern und dergleichen[562] und vom 6. Juni 1887, betreffend die Anwendung des Erlasses vom 30. Dezember 1886 auf die katholische Kirche.[563] Verordnungen wie die zuletzt genannte widersprachen diametral einer religiösen Weltsicht und

---

besonderem historischem und wissenschaftlichen Werte, wo sie aufgedeckt werden, dergestalt, daß jede eigenmächtige Zerstörung, Veräußerung oder Veränderung ihrer Gesamt-Anordnung oder ihres Inhalts (Urnen und Tongefäße, Steine, Waffen und Geräte aus Stein oder Metall, Münzen, Gegenstände von Glas, Bernstein, u. a. Stoffen pp.) oder gar Entfremdung der letzteren unterbleiben muß. Die Kommunalbehörden werden dafür verantwortlich gemacht werden können, daß in solchen Fällen sogleich der weiteren Bloßlegung Einhalt getan, die Anlage und deren Inhalt in jeder möglichen Weise gegen Veräußerung oder Entfremdung geschützt und tunlichst bald an die Aufsichtsbehörde berichtet wird. In den Kontrakten mit Bau- und anderen Unternehmern kann das Erforderliche vorgesehen werden. Befinden sich Gegenstände der vorgedachten Art, wie Urnen, Waffen pp. und andere frühgeschichtliche oder vorgeschichtliche bewegliche Denkmäler, es sei von früheren Ausgrabungen her oder aus anderen Erwerbsquellen, in Besitz von Gemeinden, so unterliegen auch diese dem obengedachten Veräußerungs- und Veränderungsverbot, von welchem nur die Aufsichtsbehörde nach vorgängiger Zustimmung der Zentralinstanzen dispensieren kann. Ew. Excellenz ersuchen wir ergebenst, die ihnen unterstellten Verwaltungsorgane, soweit dieselben für diese Angelegenheit in Betracht kommen, gefälligst mit entsprechender Anweisung zur praktischen Geltendmachung der entwickelten Gesichtspunkte zu versehen und mit den Provinzialverwaltungen wegen analoger Anweisung an die kommunal-ständischen Beamten gefälligst in Verbindung zu treten.

561 LEZIUS, S. 136 f): *Die Königliche Regierung erhält anbei Abschrift der von dem Herrn Minister des Inneren und mir gemeinschaftlich an alle Herren Oberpräsidenten und den Herrn Regierungspräsidenten in Sigmaringen erlassenen Verfügung vom 30. Dezember v. Js. – betreffend die unbefugten Aufgrabungen der Überreste der Vorzeit, Stein- und Erdmonumente, Gräberfelder usw. aus römischer, heidnisch germanischer oder unbestimmbar vorgeschichtlicher Zeit, sowie die Verschleppung der dabei gewonnenen Fundstücke, zur Kenntnisnahme und sinngemäßen Anordnung im Aufsichtswege bezüglich der unter Aufsicht der Königlichen Regierung stehenden Grundstücken von Stiftungen und stiftischen Fonds, sowie aller zum Ressort der königlichen Regierung gehörigen, nicht schon zu den Liegenschaften der politischen Gemeinden zählenden Schulgrundstücke.*

562 LEZIUS, S. 136/137 g): *Damit die Generalverwaltung der königlichen Museen hierselbst in die Lage gebracht werde, auch ihrerseits nach Möglichkeit der leider immer noch in großem Maße statthabenden Verbringung von vorgeschichtlichen und frühgeschichtlichen Funden entgegenzuwirken und unter Umständen dem Übergang solcher Fundstücke in Privatsammlungen, wo sie vorerst für die wissenschaftliche Ausbeutung verloren sind, zuvorzukommen ersuche ich Ew. Hochwohlgeboren ergebenst, die Lokalbehörden ihres Bezirks anzuweisen, von allen durch amtliche Anzeige oder auf anderem Wege zu ihrer Kenntnis gelangenden Funde solcher Altertümer der vorgeschichtlichen oder frühgeschichtlichen Zeit Ew. Hochwohlgeboren sogleich Bericht zu erstatten. Von den so zu Ihrer Kenntnis gelangenden Funden wollen Ew. Hochwohlgeboren schleunigst der Generalverwaltung der königlichen Museen hierselbst direkt Nachricht geben.*

563 LEZIUS, S. 137 h.): *Ew. Exzellenz benachrichtige ich hierdurch ganz ergebenst, daß die von dem Herrn Minister des Innern und mir gemeinschaftlich erlassene Verfügung vom 30. Dezember v. Js. M.Bl. d. i. V.*

dem Autonomieanspruch der Kirchen, die eine Inkompetenz des Staates beim Denkmalschutz, die lange eigenständige Tradition katholischer Kulturpflege, den Vorrang kirchlicher Nutzungsbedürfnisse und das kirchliche Eigentumsrecht[564] geltend machten. Die staatlichen Denkmalschutzinitiativen seit den 1880er Jahren provozierten daher umgehend den Widerstand der Kirchen.[565] In Bayern hatte Minister v. LUTZ am 19. Februar 1887 sämtliche Kreisregierungen *daran erinnert, daß nach mehreren in Bayern geltenden civilrechtlichen Normen dem Fiscus privatrechtliche Ansprüche auf diejenigen gefundenen Gegenstände zustehen, welche wie z.B. Münzen unter den Begriff des Schatzes fallen.*[566] In Hessen-Darmstadt erfolgte 1879 und 1893 die Aufnahme von besonderen Bestimmungen über Funde bei Bauausführungen in die allgemeinen Vertragsbedingungen für die Ausführung von Staatsbauten. 1889, 1892, 1893 und 1896 ergingen Amtsblätter und Ausschreiben wegen des Öffnens alter Grabstätten, zur Verhütung der Verschleppung von Altertümern nach auswärts, wegen Anzeige der Funde bei der Museumsdirektion und dergleichen.[567] Seit 1890 kam es zu einer rapiden Verdichtung der Rechtsvorschriften wofür neben den Folgen des Kulturkampfs, dem zunehmenden Antiquitätenhandel, der Verschleppung von kirchlichem Kunstinventar und den Begleiterscheinungen von Urbanisierung, Stadterweiterung und Verkehrsausdehnung, die programmatisch gesteuerte Ausdehnung des Kultur- und Rechtsstaates ausschlaggebend war. Aber erst nach der Jahrhundertwende begannen die Länder, wie vom Juristentag gefordert, erste Denkmalschutzgesetze zu erlassen. Bereits 1902 wurde im Großherzogtum Hessen-Darmstadt ein entsprechendes Gesetzeswerk verabschiedet,[568] welches auch die Bodendenkmäler umfaßte[569] und insoweit dem gescheiter-

---

pro 1887 Nr. 1 S. 8 ff., betreffend die unbefugten Aufgrabungen der Überreste der Vorzeit – Stein- und Erdmonumente, Gräberfelder usw. aus römischer, heidnisch-germanischer oder unbestimmter vorgeschichtlicher Zeit – sowie die Verschleppung der dabei gewonnenen Fundstücke, im Hinblick auf § 50 Nr. 2 des Gesetzes vom 20. Juni 1875 (GS. S. 241) über die Vermögensverwaltung in den katholischen Kirchengemeinden bezw. § 2 Nr. 2 Gesetz vom 7. Juni 1876 (GS. S. 149) auch auf alle katholisch-kirchlichen Grundstücke, sowie alle Grundstücken von Stiftungen bezw. Stiftischen Fonds, welche unter der Verwaltung der katholischen Kirchenbehörden stehen, sinngemäße Anwendung findet. Ich bemerke dazu, daß die in dem Erlaß vom 30. Dezember v. Js. untersagte ‚wesentliche Veränderung' der in Rede stehenden unbeweglichen und beweglichen Denkmäler, insbesondere ihre Aufgrabung, Bloßlegung, Zerstörung ihres äußeren Ansehens oder ihrer Gesamtanordnung, gänzliche oder teilweise Entfernung ihres Inhalts, nach der Natur der hier in Frage stehenden wissenschaftlichen Fragen, unter Umständen eine Veräußerung im Sinne der obgedachten Gesetzesbestimmungen rechtlich gleichsteht. Ew. Excellenz ersuche ich daher ganz ergebenst, in diesem Sinne mit den betreffenden Herrn Bischof wegen Erlasses zutreffender Aufklärungen bezw. Anordnungen an die Kirchenvorstände pp. ihrer respektiven Diözesen gefälligst ins Benehmen zu treten.

564 SPEITKAMP, S. 349 ff.

565 SPEITKAMP, S. 348/349.

566 FREIHERR VON HELFERT, S. 87 (Nr. 113).

567 WAGNER, S. 10.

568 Denkmalschutzgesetz vom am 16. Juli 1902, Reg. Bl. 275, abgedruckt bei KNEER, S. 205 ff.

569 IV. Abschnitt, Artikel 25-30.

ten Entwurf zu einem badischen Denkmalschutzgesetz[570] folgte. Ausgrabungen und Bodenfunde unterlagen der Anzeigepflicht. 1911 folgte als nächstes deutsches Land das Großherzogtum Oldenburg mit seinem Denkmalschutzgesetz,[571] dessen Vorschriften über Ausgrabungen und Funde[572] mit den hessischen nahezu wörtlich übereinstimmen. Diesen Vorbildern eiferte auch Lübeck[573] mit ausführlichen Ausgrabungs- und Bodenfundschutzvorschriften[574] nach. In Baden (1913),[575] Sachsen und Württemberg (1914) scheiterten entsprechende Entwürfe.[576] Wenn auch bis 1918 nur wenige Länder des Reiches umfassende Denkmalschutzgesetze erlassen hatten, so schufen dennoch einige auf den Sektor der Bodendenkmalpflege beschränkte Spezialgesetze. Den Auftakt bildeten Gesetzgebungsinitiativen Bayerns,[577] die insbesondere eine Genehmigungs- und Anzeigepflicht regelten.[578] Preußen, das nie ein Landesdenkmalschutzgesetz erlassen hatte, schuf in seinem Ausgrabungsgesetz von 1914[579] Bestimmungen bezüglich von Ausgrabungen,[580] Gelegenheitsfunden[581] sowie der Ablieferung der gefundenen Gegenstände einschließlich der Entschädigung.[582] Nach § 27 blieben die Vorschriften unberührt, nach denen dem Staate in Ansehung eines diesem Gesetz unterstehenden Gegenstandes weitergehende Rechte zustanden. Die Ausführungsbestimmungen von 1920 stellten ausdrücklich klar, daß etwa die Vorschriften des Jütischen Lovs unangetastet blieben.[583] Das Ausgrabungsgesetz galt in den ehemaligen preußischen Landesteilen der nach 1945 gegründeten Bundesländern bis zum Erlaß der entsprechenden Denkmalschutzgesetze fort. In den Kriegsjahren erließen noch Baden (1914)[584] und Sachsen-Weimar-Eisenach (1917)[585]

---

570 Siehe HAMMER Geschichte, S. 94 f.

571 Denkmalschutzgesetz vom 18. Mai 1911, GBl., 37. Band, S. 959.

572 §§ 21-23.

573 Denkmalschutzgesetz Lübecks vom 3. Februar 1915, Sammlung der lübeckischen Gesetze und Verordnungen, S. 9.

574 Denkmalschutzgesetz vom 3. Februar 1915, §§ 13–18.

575 Vergleiche HANS, S. 82 ff.

576 Siehe dazu HAMMER Geschichte, S. 157 f.

577 Königliche Allerhöchste Verordnung, die Ausgrabungen und Funde von prähistorischen oder historischen merkwürdigen Gegenstände betreffend vom 6. September 1908 und Ministerialbekanntmachung vom 7. September 1908, Bayerisches GVBl. 1908, S. 762 f.

578 Vergleiche SIEBERTZ, S. 69.

579 Ausgrabungsgesetz vom 26. März 1914, PreußGS Nr. 10, 1914, S. 41.

580 Ausgrabungsgesetz vom 26. März 1914, §§ 1–4.

581 Ausgrabungsgesetz vom 26. März 1914, §§ 5–7.

582 Ausgrabungsgesetz vom 26. März 1914, §§ 8–21.

583 Ausführungsbestimmungen vom 20. Juli 1920 zum Ausgrabungsgesetz vom 26. März 1914, Nr. 26 zu § 27.

584 Verordnung die Ausgrabungen und Funde betreffend vom 27. Juli 1914, Bad. GVBl. S. 290.

585 SPEITKAMP, S. 319/320.

einschlägige Bestimmungen. In der Summe läßt sich eine stetige Verdichtung der Vorschriften zum Denkmalschutz feststellen, in deren Folge am Vorabend des Ersten Weltkrieges fast alle deutschen Staaten Vorschriften erlassen hatten.[586]

2. **Zwischen den Weltkriegen** erfuhr die Gesetzgebung keine wesentlichen Veränderungen, da vom Modell her bereits bekannte Bestimmungen lediglich in weiteren Ländern übernommen wurden oder radikalere Neuregelungen im Entwurfsstadium steckenblieben.

a. Die **Weimarer Republik** hatte in Artikel 150 der Reichsverfassung vom 11. August 1919[587] den Denkmalschutz als Staatszielbestimmung verankert. Ob diese Bestimmung dem Reich eine konkurrierende Gesetzgebungskompetenz für den Bereich des Denkmalschutzes verlieh, war ebenso umstritten[588] wie die Frage, ob es sich bei der Bestimmung um eine Institutsgarantie handelte oder sie lediglich programmatischen Charakter hatte.[589] Nach vorherrschender und in der Praxis umgesetzter juristischer Auffassung blieb den Ländern das Recht zur gesetzlichen Regelung des Denkmalschutzes. Ein Reichsdenkmalschutzgesetz wurde zwar gefordert, in Weimarer Zeit aber nicht verwirklicht.[590] Auch der Großteil der Länder erließ keine umfassenden Denkmalschutzgesetze. Die von der Reichsregierung unter Berufung auf eine diesbezügliche Kompetenz 1919[591] und 1920[592] erlassenen Bestimmungen waren jedenfalls für den hier interessierenden Bereich der Schatzfunde nicht relevant. Dahingegen hatten während der Weimarer Zeit vier Länder Denkmalschutzgesetze erlassen, die Bestimmungen über Ausgrabungen und die Behandlung von Funden enthielten. Es handelt sich dabei um diejenigen Hamburgs (1920),[593] Lübecks (1921),[594] Lippes[595] und Mecklenburg-Schwerins[596] (jeweils 1929). Der 1926 vorgelegte preußische Gesetzentwurf[597] scheiterte 1927 im Landtag. Er sah

---

586 Ausgrabungsgesetz vom 12. Dezember 1917, Weimarisches Regierungsblatt, S. 27.

587 RGBl. 1920 S. 1383: *Die Denkmäler der Kunst, der Geschichte und der Natur sowie der Landschaft genießen den Schutz und die Pflege des Staates. Es ist Sache des Reichs, die Abwanderung deutschen Kunstbesitzes in das Ausland zu verhüten.*

588 Siehe dazu Hammer Geschichte, S. 201.

589 Melchinger, S. 96.

590 Speitkamp, S. 316.

591 Verordnung über die Ausfuhr von Kunstwerken vom 11. Dezember 1919, RGBl. S. 1961.

592 Verordnung zum Schutz von Denkmalen und Kunstwerken vom 8. Mai 1920, RGBl. S. 913.

593 Denkmalschutzgesetz vom 6. Dezember 1920 (§§ 18–23; 23 Nr. 3; 24), Amtsblatt S. 1441.

594 Denkmalschutzgesetz vom 10. Dezember 1921 (§§ 14–19), Sammlung der lübeckischen Gesetze und Verordnungen 1921, Nr. 200, S. 299.

595 Denkmalschutzgesetz vom 17. Januar 1929 (§§ 13 f.), Lippische Gesetzessammlung, S. 15.

596 Denkmalschutzgesetz vom 5. Dezember 1929 (§§ 8 f.), Rbl. S. 309.

597 Sammlung der Drucksachen des Preußischen Landtages, 2. Wahlperiode, 11. Band, Nr. 4298, S. 5566 ff. (Begründung S. 5569 ff.).

keine Spezialvorschriften für Bodenfunde vor, sondern es sollte das preußische Ausgrabungsgesetz aufrechterhalten werden.[598] Ähnlich sahen die Bestimmungen Sachsens von 1926 und Bayerns von 1925/26 aus.[599] Mecklenburg-Strelitz erließ 1920 ein sich an das preußische von 1914 anlehnendes Ausgrabungsgesetz,[600] ebenso Thüringen (1932),[601] wo im wesentlichen der Anwendungsbereich des Weimarischen Ausgrabungsgesetzes räumlich erweitert wurde.

b. Obwohl die äußeren Umstände es nahelegen würden, in der **Zeit der nationalsozialistischen Diktatur** eine Neuorientierung des Denkmalschutzes zu erwarten, erfolgten kaum tiefgreifende Umwälzungen.[602] Andererseits mußte dem Bereich der Bodendenkmalpflege besondere Bedeutung zukommen, wenn auch nur in der speziellen Ausrichtung zur germanischen Vorzeit.[603] Die Bodendenkmalpflege hat im nationalsozialistischen Deutschland von der Instrumentalisierung als Weltanschauungswissenschaft profitiert.[604] Infolge der wachsenden Popularität der Archäologie engagierten sich zahlreiche neue ehrenamtliche Mitarbeiter in der Denkmalpflege, die Fundmeldungen stiegen um bis zu 150 Prozent an.[605] Unter der Überschrift „Denkmalfrevel" fanden Bodendenkmalschutzbestimmungen Eingang in den Entwurf eines Deutschen Strafgesetzbuches vom Dezember 1936 (§§ 269, 272).[606] Begründet wurden diese mit dem Gedanken eines staatlichen Obereigentums an Gegenständen von *völkischem Wert*, die von zentraler Stelle geschützt werden müßten.[607] Die Fundvorschrift wurde mit dem mittelalterlichen Schatzregal in Verbindung gebracht und setzte eine landesrechtlich statuierte Ablieferungspflicht voraus.[608] Nach den Umwälzungen des Verfassungsrechtes von 1933 und 1934 stand fest, daß nunmehr in erster Linie das Reich die Gesetzgebungskompetenz für Denkmalschutz und -pflege innehatte, da nach Artikel 2 Absatz 1 des Gesetzes über den Neuaufbau des Reiches vom 29. Januar 1934[609] die Hoheitsrechte von den Ländern auf das Reich über-

---

598 Sammlung der Drucksachen des Preußischen Landtages, 2. Wahlperiode, 11. Band, Nr. 4298 (Begründung zu § 19, S. 5572 ff.).

599 Siehe Hammer Geschichte, S. 217.

600 Ausgrabungsgesetz vom 21. Dezember 1920, Amtlicher Anzeiger 1929 S. 1161.

601 Ausgrabungsgesetz vom 1. Juli 1932, Gesetzessammlung für Thüringen 1932, S. 122/123.

602 Hammer Geschichte, S. 226.

603 Hammer Geschichte, S. 233.

604 Strobel, S. 231.

605 Nowakowski, S. 201.

606 Regge/Schubert 1, S. 409 ff.; dies. 2, S. 1 ff.

607 Begründung zum Entwurf eines Deutschen Strafgesetzbuches 1936, S. 175, 179, abgedruckt bei Regge/Schubert 2, S. 1 ff., 175, 179.

608 Begründung zum Entwurf eines Deutschen Strafgesetzbuches 1936, S. 181 f., abgedruckt bei Regge/Schubert 2, S. 181 f.

609 RGBl. I S. 75.

gegangen waren, wobei den Landesbehörden deren Wahrnehmung teilweise übertragen wurde.[610] Obwohl bereits kurz nach der „Machtergreifung" viele Länder denkmalschützende Normen erlassen hatten, schufen nur Sachsen[611] und Braunschweig[612] (jeweils 1934) umfassende Denkmalschutzgesetze. Während das braunschweigische Werk lediglich drei Paragraphen umfaßte, enthielt das sächsische auch für bewegliche Bodenaltertümer detailliertere Regelungen.[613] Die Regalien des Mittelalters erwiesen sich manchen zeitgenössischen Autoren als der neuen Zeit durchaus angemessen, erschienen ihnen doch *die Idee des Pflichtrechts, der Vorrang von Gemeinschaftsinteressen, der Betriebszwang des Unternehmers und die Verwirkung geläufig genug.*[614] Im Gegensatz zum 19. Jahrhundert betrachtete man den Gedanken der Regalität wohlwollend und blickte mit Verachtung auf das römische Recht, sei doch *die öffentliche Bewirtschaftung von Bodenschätzen (...) jetzt wieder im Vordringen, der fiskalische Gesichtspunkt gegenüber dem des gemeinen Wohls zurückgetreten, und wir haben den Eigentumsbegriff des Pandektenrechts über Bord geworfen.*[615] Die Wiedereinführung von Regalien wurde daher durchaus befürwortet: *Dann hätten wir nicht nur Zeugnis abgelegt von dem ewigen Gehalt und der Lebenskraft des deutschen Rechts, sondern auch einen bescheidenen Beitrag zu den Gegenwartsaufgaben unseres Volkes erbracht, wie dies unser aller Wunsch und Wille ist.*[616] Die gesetzgeberische Umsetzung ließ nicht lange auf sich warten. Der Entwurf eines Reichsdenkmalschutzgesetzes vom Mai 1938 baute auf dem preußischen Gesetzentwurf von 1926 auf und bezog auch Bodenaltertümer in seinen Schutz mit ein. Dabei statuierte er ein Regal zugunsten des Reiches: *§ 19 (1) Bei planmäßigen Grabungen entdeckte bewegliche Bodenaltertümer fallen in das Eigentum des Reichs. Unbewegliche Bodenaltertümer kann der Grabungsunternehmer vom Boden trennen; sie fallen mit der Trennung in das Eigentum des Reichs. Der Eigentümer des Grundstücks hat keinen Anspruch auf Ersatz des Wertes. (2) Bei Zufallsfunden bleiben die Vorschriften des Bürgerlichen Rechts über den Eigentumserwerb unberührt. Die Denkmalschutzbehörde kann jedoch die Übereignung der Funde an das Reich verlangen. Sie kann als Ersatz etwaiger Aufwendungen und als Anerkennung eine angemessene Vergütung gewähren. Besitzt der Fund einen erheblichen Stoffwert, so ist dieser Wert angemessen zu vergüten. (3) Der Reichsminister für Wissenschaft, Erziehung und Volksbildung kann die vom Reich erworbenen Funde einem anderen öffentlichen Rechtsträger zuweisen.*[617] Im gleichen Jahr gab der Autor und zuständige Referent Butler auch ein *Merkblatt zum Schutz der*

---

610 Hammer Geschichte, S. 254.

611 Denkmalschutzgesetz vom 13. Januar 1934, Sächsisches Gesetzblatt S. 13.

612 Denkmalschutzgesetz vom 17. September 1934, Braunschweigische Gesetzes- und Verordnungssammlung S. 179; vgl. Peters, S. 196, Planck, S. 238.

613 Denkmalschutzgesetz vom 17. September 1934, § 9.

614 Thieme, S. 87/88.

615 Thieme, S. 87/88.

616 Thieme, S. 87/88.

617 Hans, S. 194.

Bodenaltertümer heraus, in dem er vor *geldgieriger Raubgräberei* sowie *Neugier und unverständigem Tatendrang* warnte.[618] Das Gesetzgebungsprojekt selbst scheiterte an einem Kompetenzstreit zwischen dem Reichspropagandaministerium, das alle Kulturangelegenheiten an sich zu ziehen versuchte und dem 1934[619] errichteten Reichsministerium für Wissenschaft, Erziehung und Volksbildung,[620] so daß trotz auch noch 1939 bestehender Gesetzgebungspläne bis Kriegsende kein Ergebnis mehr zustande kam. Daneben mag eine Rolle gespielt haben, daß in der deutschen Vor- und Frühgeschichte seit 1933 ein unerbittlicher Machtkampf mit den hergebrachten föderalistischen Strukturen tobte.[621]

---

618 STROBEL, S. 225, 229.

619 Erlaß über die Errichtung des Reichsministerium für Wissenschaft, Erziehung und Volksbildung vom 1. Mai 1934 (RGBl. I S. 365).

620 HAMMER Geschichte, S. 262/263.

621 STROBEL, S. 223.

Dritter Teil : Das Schatzregal in der Bundesrepublik

§ 1 Die Einführung der Schatzregale

I. Das ursprüngliche Bundesgebiet (1949–1990)

Obwohl **in den „alten" Bundesländern vor der Vereinigung** mehrheitlich Schatzregale eingeführt wurden, blieben sie meist auf staatliche Grabungen beschränkt („kleines" Schatzregal). Die Länder Baden-Württemberg und Rheinland-Pfalz blieben die einzigen Flächenländer, die einen umfassenden unmittelbaren Eigentumserwerb („großes" Schatzregal) in ihren Denkmalschutzgesetzen vorsahen. Dieser blieb damit in der „alten" Bundesrepublik eine südwestdeutsche Erscheinung, das bremische Schatzregal hat keine nenneswerte Anwendung gefunden.[622]

1. **Von der Gründung der Bundesrepublik bis zum Ende der 60er Jahre** blieb die Rechtslandschaft hinsichtlich von Schatzfunden und des Denkmalschutzrechtes nahezu unverändert. Im Gegensatz zu den meisten europäischen Staaten war eine sehr uneinheitliche und erst spät flächendeckende Gesetzgebung vorhanden, die oft nicht einmal innerhalb des selben Landes einheitlich, sondern teilweise noch nach der alten politischen Länderaufteilung in Erlassen geregelt war. [623] Das Grundgesetz[624] konnte aufgrund seiner Konzeption, den Ländern die Kulturhoheit zu überlassen, keine allgemeine und grundsätzliche, dem Artikel 150 WRV entsprechende Bestimmung über Denkmalschutz enthalten, die aber Vorbild entsprechender Vorschriften in mehreren Landesverfassungen[625] wurde. Dem Bund fehlt nach der bundesstaatlichen Kompetenzordnung des Grundgesetzes die Zuständigkeit zum Erlaß unmittelbar denkmalschützender Vorschriften, mit Ausnahme der Artikel 75 Nr. 5 GG (Schutz deutschen Kulturgutes gegen Abwanderung in das Ausland), Artikel 75 Nr. 3 GG (Naturdenkmale) und Artikel 73 Nr. 1 GG (Zivilschutz im Verteidigungsfall). In dem vormaligen Bundesland Baden, dem heutigen Regierungsbezirk Freiburg in Baden-Württemberg, das tatsächlich nur das Gebiet Südbadens umfaßte, kam es 1949 noch vor der Bildung des Südweststaates zur Verab-

---

622 Der Senator für Bildung, Wissenschaft, Kunst und Sport in seinem Schreiben vom 24. Februar 1997 an den Verfasser.

623 Planck, S. 238.

624 Grundgesetz für die Bundesrepublik Deutschland vom 23. Mai 1949, BGBl. I, S. 1.

625 Baden: Verfassung vom 22. Mai 1947 (Reg.Bl. S. 129) Artikel 32; Hessen: Verfassung vom 1. Dezember 1946 (GVBl. S. 229); Nordrhein-Westfalen: Verfassung vom 18. Juni 1950 (GVBl. S. 127) Artikel 18; Rheinland-Pfalz: Verfassung vom 18. Mai 1947 (VOBl. S. 209) Artikel 40; Saarland: Verfassung vom 15. Dezember 1947 (Abl. S. 1077) Artikel 34; Württemberg-Hohenzollern: Verfassung vom 20. Mai 1947 (Reg.Bl. S. 1) Artikel 119.

schiedung eines Denkmalschutzgesetzes, [626] das Vorbild für die späteren Gesetze der anderen Länder wurde. Die Regelung des Bodendenkmalrechtes entsprach im wesentlichen dem Reichsdenkmalschutzgesetz von 1938.[627] Dementsprechend wurde auch das auf planmäßige Grabungen beschränkte Schatzregal als § 44 übernommen: *Bewegliche, bei planmäßigen Grabungen entdeckte Bodenaltertümer werden mit der Entdeckung staatliches Eigentum, über das der Oberen Denkmalschutzbehörde das Verfügungsrecht zusteht.* Es dauert fast ein Jahrzehnt, bis Schleswig-Holstein 1958 mit seinem Denkmalschutzgesetz[628] folgte. Dieses führte jedoch kein Vorrecht des Staates ein, sondern hob im Gegenteil sogar noch das auf dem jütischen Lov beruhende schleswigsche Schatzregal auf.[629] Damit blieb diese rechtliche Konstruktion bis auf einen bescheidenen Rest in Südbaden in den ersten beiden Jahrzehnten des Bestehens der Bundesrepublik praktisch bedeutungslos, mit dem Unterschied, daß sich diese juristische Singularität vom äußersten Norden in den Süden verlagert hatte.

2. Erst die **Regalisierungswelle in den 70er Jahren** führte in vielen Ländern zu der Einführung von Schatzregalen wenn auch in unterschiedlich starker Intensität.

a. Den Auftakt bildete als ein radikales Novum in der Rechtslandschaft der Bundesrepublik die erstmaligen Einführung einer besonders weitreichenden Regelung, des „großen" Schatzregals **Baden-Württembergs** im Rahmen des § 23 des Denkmalschutzgesetzes von 1971:[630] *Bewegliche Kulturdenkmale, die herrenlos sind oder die so lange verborgen gewesen sind, daß ihr Eigentümer nicht mehr zu ermitteln ist, werden mit der Entdeckung Eigentum des Landes, wenn sie bei staatlichen Nachforschungen oder in Grabungsschutzgebieten entdeckt werden oder wenn sie einen hervorragenden wissenschaftlichen Wert haben.* Es geht auf einen Gesetzentwurf der Landesregie-

---

626 Denkmalschutzgesetz vom 12. Juli 1949, GVBl. S. 303; abgedruckt bei Hingst, S. 38 ff. Nach § 38 sind Bodenaltertümer *Zeugnisse ur- oder frühgeschichtlicher Kulturen, wie sie der Boden in Form von Werken oder Gebilden aus Menschenhand oder in Gestalt menschlicher Überreste, sei es als erdgebundene Anlagen, wie alte Siedlungen, Heiligtümer, Wehranlagen, Verkehrswege, Bestattungsorte, oder als bewegliche Gegenstände, wie Waffen, Werkzeuge, Gefäße, Scherben, Schmucksachen, Münzen sowie menschliche Knochen von wissenschaftilicher Bedeutung oder in Gestalt von Naturgegenständen birgt, die Gegenstand menschlicher Sammeltätigkeit, Jagd, Zucht oder sonstiger Einwirkungen gewesen sind.*

627 Hans, S. 130.

628 Denkmalschutzgesetz vom 7. Juli 1958, GVOBl. S. 217.

629 Blens-Vandieken, S. 68.

630 Gesetz zum Schutz der Kulturdenkmale (Denkmalschutzgesetz) vom 25. Mai 1971, Gbl. S. 209.

rung[631] zurück. Auch wenn sich dieser auf den bereits bestehenden badischen Vorläufer bezog, so lehnte sich die Bestimmung erkennbar, insbesondere bei dem Begriff des *wissenschaftlichen Wertes*, an die Regelung in der benachbarten Schweiz (Artikel 724 ZGB) an. Diese lautet: *Werden herrenlose Naturkörper und Altertümer von erheblichem wissenschaftlichen Wert aufgefunden, so gelangen sie in das Eigentum des Kantons, in dessen Gebiet sie gefunden worden sind.* Ein etwaiger Gegensatz zu § 984 BGB und damit zum Bundesrecht wurde zwar erwogen, jedoch mit der Annahme einer unterschiedlichen Funktion der Normen verneint: *§ 984 des BGB garantiert kein Recht auf Eigentumserwerb, sondern hat im Rahmen des Sachenrechts vielmehr die Funktion, herrenloses Gut aus Gründen der Rechtsordnung so bald wie möglich einem Rechtsträger zuzuordnen.* Der Ausschuß für Verwaltung und Wohnungswesen hatte vorgeschlagen, den ursprünglich geplanten Begriff der Fundschutzgebiete durch denjenigen der Grabungsschutzgebiete zu ersetzen.[632] Bedenken sowohl aus Regierungskreisen wie auch von Seiten der Opposition in der ersten Lesung,[633] die einen Gegensatz zum Bundesrecht und einen Eingriff in das Eigentum befürchteten und daher in einschlägigen Fällen Enteignungsvorschriften anwenden wollten, konnten sich nicht durchsetzen. Auch der Vorschlag im Ausschuß für Verwaltung und Wohnungswesen, wenigstens Fundprämien in das Gesetz aufzunehmen, fand keine direk-

631 Drucksache V-2808 vom 8. Juli 1970, S. 28/29 zu § 23: *Zur Zeit gilt in Südbaden noch das Bad. Denkmalschutzgesetz vom 12. Juli 1949, dessen § 44 bestimmt, das bewegliche bei planmäßigen Grabungen entdeckte Bodenaltertümer mit der Entdeckung staatliches Eigentum werden. Diese Bestimmung enthält also ein Schatzregal des Staates. Sie ersetzt für Kulturdenkmale den § 984 des BGB, nach welchem Entdecker und Eigentümer beim Fund einer beweglichen Sache, deren Eigentümer nicht mehr feststellbar ist, je zur Hälfte das Eigentum erhalten. (...) Bei Funden von Kulturdenkmalen, an denen ein hervorragendes wissenschaftliches Interesse besteht, sollte grundsätzlich das Land Eigentümer werden.*

632 Drucksache V-4460 vom 23. April 1971, S. 9.

633 Landtag Baden-Württemberg, 5. Wahlperiode 75. Sitzung - 8. Juli 1970: Abg. Dr. Bender (CDU): (...) *Diese Bestimmung greift in die Eigentumsproblematik ein. Einmal weicht die Regelung sowohl in § 21* (sic !) *des Regierungsentwurfs wie auch in § 22 des FDP/DVP-Entwurfs von den Bestimmungen des § 986* (sic !) *BGB, also von Bundesrecht, ab. Zum anderen wird in die bundesrechtlich geschützte Eigentumserwerbschance des Eigentümers eingegriffen. (Abg. Weyrosta: Das ist mir zu juristisch !) - Ja, aber ich muß diese Frage, weil sie immerhin Verfassungsprinzipien berührt, hier ansprechen. (Abg. Doll: Das ist aber keine Grundfrage der Denkmalpflege !) - Herr Kollege Doll, das hindert mich nicht, sie anzusprechen. Offenbar haben die Denkmalschutzbehörden und die Regierung in der Regelung des § 23 keine verfassungsrechtlichen Hinderungsgründe gesehen. Ich meine aber, das uns das nicht davon abhalten soll, diese Frage im Ausschuß sehr gründlich zu erörtern. Ich muß hier sagen, daß wir möglicherweise den Weg gehen müssen, den der Entwurf der FDP/DVP genommen hat, der jedenfalls für Funde, die nicht herrenlos sind, Enteignungsvorschriften angewendet wissen will. Ich bin der Auffassung, daß das zwar ein scheinbar kleines Problem ist, aber eine ganz prinzipielle Bedeutung hat. Wir dürfen jedenfalls nicht daran vorbeigehen.*

te Berücksichtigung,[634] so daß der Regierungsentwurf mit dem Schatzregal nahezu unverändert in zweiter und dritter Beratung verabschiedet wurde.[635] Von geringfügigen redaktionellen Eingriffen abgesehen, wird diese Vorschrift zum Vorbild für die späteren „großen" Landesschatzregale im alten und neuen Bundesgebiet.[636]

b. Die übrigen Bundesländer konnten sich zunächst nicht zu einem derart weitreichenden Schritt durchringen. **Hamburg** statuierte zwei Jahre später in seinem Denkmalschutzgesetz[637] - dem Entwurf des Senates vom 10. April 1973[638] folgend - lediglich ein („kleines") Schatzregal, das sich auf staatliche Nachforschungen beschränkte und lehnte sich damit an die alte badische, nicht aber an die baden-württembergische bzw. schweizerische Regelung an: *§ 18 (3): Archäologische Gegenstände und bewegliche Denkmale, die so lange im Boden verborgen gewesen sind, daß ihr Eigentümer nicht mehr zu ermitteln ist, werden mit der Entdeckung Eigentum der Freien und Hansestadt Hamburg, wenn sie bei staatlichen Nachforschungen entdeckt werden.* Zur Begründung[639] wurde insbesondere auf Vorteile für die Wissenschaft verwiesen: *Das Schatzregal wird die Forschungsarbeit in vielen Fällen erleichtern, in denen Untersuchungen ohne Eingriff in die Substanz nicht durchführbar sind und ein Enteignungsverfahren unverhältnismäßig hohe Schwierigkeiten machen würde, z. B. weil der Eigentümer nicht feststellbar ist.*

c. Die Denkmalschutzgesetze Bayerns von 1973[640] und Hessens von 1974[641] verzichteten gänzlich auf ein Schatzregal. Der Mißerfolg der regalistischen Lösung vor allem in den Flächenländern veranlaßte das Deutsche Nationalkomitee für Denkmalschutz 1974, zum Europäi-

---

634 Landtag Baden-Württemberg, 5. Wahlperiode, 106. Sitzung - 6. Mai 1971, S. 6257: *Zu § 23 regt ein Vertreter der SPD an, dem Finder einer Sache eine Fundprämie zu gewähren. Der Vertreter der Regierung erklärt, daß vorgesehen sei, eine Fundprämie im Wege von Verwaltungsvorschriften zu sichern.*

635 Landtag Baden-Württemberg, 5. Wahlperiode, 106. Sitzung - 6. Mai 1971, S. 6246.

636 Klüssendorf Mabillons Spur, S. 397.

637 Denkmalschutzgesetz vom 3. Dezember 1973, geändert am 12. März 1984, GVBl. S. 61.

638 Drucksache VII/2883.

639 Drucksache VII/2883, S. 14: *Neu soll in das Gesetz in § 18 Absatz 3 das sogenannte Schatzregal aufgenommen werden. Aufgrund dieser Regelung soll in Zukunft die Freie und Hansestadt Hamburg Eigentum an archäologischen Gegenständen und anderen beweglichen Denkmälern erwerben, die solange im Boden verborgen gewesen sind, daß ihr Eigentümer nicht mehr zu ermitteln ist. Voraussetzung dafür ist, daß die Funde bei staatlichen Nachforschungen gemacht werden. Die Einführung dieses Eigentumserwerbs durch den Staat ist nach Artikel 3 und 73 EGBGB und abweichend von § 984 rechtlich zulässig* (...). *In der Vorschrift werden sowohl archäologische Gegenstände als auch bewegliche Denkmäler genannt, weil es sich auch um Funde aus neuerer Zeit handeln kann, die daher nicht unter die Definition des § 2 Absatz 7 fallen.*

640 Denkmalschutzgesetz vom 26. Juni 1973, GVBl. S. 328.

641 Denkmalschutzgesetz vom 23. September 1974, GVBl. S. 450.

schen Denkmalschutzjahr 1975 ein („großes") Schatzregal für die Denkmalschutzgesetze zu fordern.[642] Diesem Wunsch kam jedoch 1975 zunächst lediglich **Bremen** mit der Einführung einer entsprechenden Regelung nach:[643] *§ 19: Bewegliche Kulturdenkmäler, die herrenlos sind oder die so lange verborgen waren, daß ihr Eigentümer nicht mehr zu ermitteln ist, werden mit der Entdeckung Eigentum des Landes, wenn sie bei staatlichen Nachforschungen oder in Grabungsschutzgebieten entdeckt werden oder wenn sie einen hervorragenden wissenschaftlichen Wert haben.* Das Land übernahm damit die Regelung Baden-Württembergs wörtlich und lehnte sich auch bei der Begründung[644] des Gesetzentwurfes an dieses Vorbild an. Allerdings befürchtete man, durch den originären Erwerb jeglichen Schatzfund aufgedrängt zu bekommen und konstruierte daher ein Erlöschen des Eigentums des Landes (§ 19 Absatz 2), wenn nach Ablauf einer Frist von drei Monaten nach Inbesitznahme des Gegenstandes keine entsprechende Eintragung in die Denkmalliste erfolgt ist; es gilt dann ausdrücklich die Regelung des § 984 BGB. Das Gesetz wurde in erster Lesung ohne Debatte, in der zweiten Lesung nur mit einem kurzen Hinweis zu Schriftstücken über kirchliche Belange beschlossen.[645]

d. Auch die Kultusministerkonferenz nahm 1977 Artikel 8 des Europäischen Übereinkommens zum Schutz des archäologischen Kulturgutes vom 6. Mai 1969[646] zum Anlaß, den zögernden Ländern zu empfehlen, erneut zu prüfen, ob ein Schatzregal landesrechtlich zu schaffen sei.[647] Das **Saarland** kam dieser Forderung im gleichen Jahr gesetzgeberisch nach,[648] beschränkte sich jedoch wiederum auf ein „kleines" Schatzregal: *§ 23 (1): Bewegliche Kulturdenkmäler, die herrenlos sind oder die so lange verborgen waren, daß ihr Eigentümer nicht mehr zu*

---

642 DNK, S. 104: Empfehlungen des Deutschen Nationalkomitees für das Europäische Denkmalschutzjahr 1975: Anforderungen, die an ein Denkmalschutzgesetz und seinen Vollzug zu stellen sind: C. 5.: *Schatzregal des Landes bei Entdeckung von Schatzfunden oder herrenlosen beweglichen Bodendenkmälern, wenn sie bei staatlichen Grabungen oder in Grabungsschutzgebieten entdeckt werden oder einen besonderen wissenschaftlichen Wert besitzen.*

643 Gesetz zur Pflege und zum Schutz der Kulturdenkmäler vom 27. Mai 1975, GBl. S. 265.

644 Drucksache 8/1374, S. 16 zu §§ 18 und 19: *Nach § 984 BGB erwerben beim Fund einer verborgenen beweglichen Sache Entdecker und Eigentümer der Sache, in der die entdeckte Sache verborgen war, das Eigentum je zur Hälfte. Aus dieser Bestimmung des BGB ist noch kein Recht auf Eigentumserwerb abzuleiten, sie schließt aber nicht aus, daß der Gesetzgeber ein Schatzregal schafft (vgl. Art. 73 Einführungsgesetz zum BGB). ‚Der hervorragende wissenschaftliche Wert' in § 19 Abs. 1 ist nicht identisch mit dem kommerziellen Wert (etwa Goldmünzen aus dem vorigen Jahrhundert) reicht somit für den Eigentumserwerb durch das Land nicht aus.*

645 Das Archiv der Bremischen Bürgerschaft in seinem Schreiben vom 13. Januar 1998 an den Verfasser.

646 BGBl. I S. 1285.

647 GMBl. S. 59.

648 Gesetz Nr. 1067 zum Schutz und zur Pflege der Kulturdenkmäler im Saarland vom 12. Oktober 1977.

ermitteln ist, werden mit der Entdeckung Eigentum des Landes, wenn sie bei staatlichen Nachforschungen oder in Grabungsschutzgebieten entdeckt werden. Nach den selben Voraussetzungen wie in Bremen erlischt das Eigentumsrecht gegebenenfalls nach drei Monaten (§ 23 Absatz 2). Der erste Gesetzentwurf des SPD-Fraktion[649] hatte noch kein Schatzregal vorgesehen, das erst in demjenigen der Landesregierung[650] vorkam. Zur Begründung wurde ausgeführt: *Es soll hierdurch unterbunden werden, daß durch staatliche Nachforschungen oder durch in Grabungsschutzgebieten entdeckte Bodendenkmäler dem Grundstückseigentümer ein unverdienter Vermögenszuwachs entsteht, wie es bisher nach § 984 BGB der Fall war.*[651] Der Entwurf wurde anschließend in erster[652] und zweiter Lesung[653] unverändert verabschiedet.

e. Ebenso errichtete **Berlin** im gleichen Jahr ein Schatzregal in seinem Denkmalschutzgesetz[654] (§ 5 Abatz 2 Satz 1): *Bodendenkmale, die solange im Boden verborgen gewesen sind, daß ihr Eigentümer nicht mehr zu ermitteln ist, werden mit der Entdeckung Eigentum des Landes Berlin, wenn sie bei staatlichen Nachforschungen und Grabungen sowie bei anderen Gelegenheiten, bei denen staatliche Stellen oder Versorgungsbetriebe tätig werden, entdeckt werden.*

f. Während Rheinland-Pfalz 1978 in seinem Denkmalschutzgesetz[655] völlig auf staatliche Ansprüche verzichtete, statuierte **Niedersachsen** 1978 in seinem entsprechenden Gesetzeswerk[656] ein „kleines" Schatzregal: § 18: *Bewegliche Denkmale, die herrenlos oder so lange verborgen gewesen sind, daß ihr Eigentümer nicht mehr zu ermitteln ist, werden mit der Entdeckung Eigentum des Landes Niedersachsen, wenn sie bei staatlichen Nachforschungen entdeckt werden.* Der ursprüngli-

---

649 Drucksache 7/129.

650 Drucksache 7/279.

651 Drucksache 7/279, S. 13 zu § 23.

652 Landtag des Saarlandes - 7. Wahlperiode - 10. Sitzung am 18. Februar 1976, S. 467 ff.

653 Landtag des Saarlandes - 7. Wahlperiode - 31. Sitzung am 12. Oktober 1977, S. 1608 ff.

654 Denkmalschutzgesetz vom 22. Dezember 1977, GVBl. S. 2540.

655 Denkmalschutzgesetz vom 23. März 1978, GVBl. S. 159.

656 Denkmalschutzgesetz vom 30. Mai 1978, GVBl. S. 517.

che von der Landesregierung als § 15 eingebrachte[657] und begründete[658] Entwurf erfuhr auch durch den Kulturausschuß[659] keine Veränderungen, die mehr als nur redaktionelle Bedeutung[660] gehabt hätten und wurde zu § 18 der Endfassung.

g. Das Schatzregal erfuhr einen Rückschlag in **Nordrhein-Westfalen,** das 1980 in seinem Denkmalschutzgesetz[661] nach heftigen Auseinandersetzungen völlig auf eine Einführung verzichtete, obwohl der ursprüngliche Gesetzentwurf[662] und dessen Begründung[663] noch dafür eingetreten waren und es bereits die erste Lesung[664] überstanden hatte: § 19*: Bewegliche Sachen, die herrenlos oder so lange verborgen gewesen sind, daß ihr Eigentümer nicht zu ermitteln ist, werden mit der Entdeckung Eigentum des Landes Nordrhein-Westfalen, wenn sie bei staatlichen Nachforschungen entdeckt werden.* In der 1. Sitzung der Gemeinsamen Arbeitsgruppe „Denkmalschutz" kamen dann jedoch zahlreiche Änderungswünsche der Interessenverbände zur Sprache. So wurde etwa von Seiten der Landschaftsverbände gefordert, nicht das Land, sondern die mit den Ausgrabungen beauftragte Stelle - also gegebenenfalls sie selbst - sollten Eigentümer

---

657 Entwurf der Landesregierung vom 23. März 1977, Drucksache 8/2420, S. 8: *§ 15 Schatzregal. Bewegliche Denkmale, die herrenlos oder so lange verborgen gewesen sind, daß ihr Eigentümer nicht mehr zu ermitteln ist, werden mit der Entdeckung Eigentum des Landes Niedersachsen, wenn sie bei staatlichen Nachforschungen entdeckt werden. § 11 Abs. 3 Satz 2 bleibt unberührt.*

658 Drucksache 8/2420, S. 28: *Nach § 984 BGB wird beim Fund einer verborgenen herrenlosen beweglichen Sache das Eigentum je zur Hälfte vom Finder und vom Eigentümer derjenigen Sache erworben, in der der Fund verborgen war. Dem Landesgesetzgeber ist jedoch durch Artikel 73 in Verbindung mit Artikel 3 EGBGB die Befugnis vorbehalten, in Abweichung hiervon das sogenannte Schatzregal einzuführen. Der Gesetzentwurf macht von dieser Möglichkeit für Niedersachsen Gebrauch. Entsprechende Schatzregalien sind in den Denkmalschutzgesetzen der Länder Baden-Württemberg, Bremen und Hamburg sowie in dem Regierungsentwurf des saarländischen Gesetzes verankert. Sie sichern der Denkmalpflege das Eigentum an Fundstücken, die bei Grabungen staatlicher Stellen oder in Grabungsschutzgebieten entdeckt werden.*

659 Sitzung des Kulturausschusses vom 27. April 1978, Drucksache 8/3674, S. 19.

660 Landtag Niedersachsen - 8. Wahlperiode - 37. Tagungsabschnitt - 94. Plenarsitzung am 12. Mai 1978, Sp. 9168.

661 Denkmalschutzgesetz vom 11. März 1980, GV NW S. 226/SGV NW 224.

662 Gesetzentwurf der Fraktionen der SPD/FDP vom 4. Mai 1979, Drucksache 8/4492, S. 14.

663 Drucksache 8/4492, S. 32 zu § 19: *Das Schatzregal macht von der in Artikel 73 des Einführungsgesetzes zum BGB in Verbindung mit § 984 vorgesehenen Möglichkeit Gebrauch, bestimmte Funde in öffentliches Eigentum zu überführen.*

664 Landtag Nordrhein-Westfalen, Plenarprotokoll 8/105 vom 16. Mai 1979, S. 7115 ff.

des Schatzfundes werden[665] und - freilich unter völliger Verkennung des Schatzbegriffes - den Titel „Schatzregal" zu ersetzen.[666] Die Landwirtschaftsverbände sahen ihre Mitglieder der Möglichkeit beraubt, bei der Bearbeitung ihrer Felder nach § 984 BGB als gleichzeitige Entdecker und Grundstückseigentümer vollständiges Eigentum zu erwerben und monierten den Bruch von Bundesrecht.[667] Die Katholische Kirche verwahrte sich gegen eine Gleichbehandlung mit Privaten.[668] In der zweiten Sitzung der Arbeitsgruppe[669] wurde ein weitgehendes Entgegenkommen diskutiert, indem die Änderungsvorschläge der Landschaftsverbände vollständig übernommen,[670] der Vorrang des Bundesrechtes festgeschrieben und der Eigentümeranteil statt

---

665 Ausschußprotokoll 8/1594, S. 78: Dr. TRIER, Staatlicher Vertrauensmann für kulturgeschichtliche Bodenaltertümer im Gebiet des Landschaftsverbandes Westfalen/Lippe: *Eine erhebliche Verbesserung der Arbeitsbedingungen für die amtliche Bodendenkmalpflege bedeutet die Aufnahme eines Schatzregales in den vorliegenden Gesetzentwurf. Eigentümer dieser bei Ausgrabungen geborgenen Funde sollte allerdings die mit den Ausgrabungen beauftragte Stelle sein und nicht allein das Land Nordrhein-Westfalen.* Stellungnahme der Landschaftsverbände Rheinland und Westfalen-Lippe vom 2. August 1979, Zuschrift 8/2461, S. 7: *§ 19 soll lauten: ‚Bewegliche Sachen, die herrenlos oder solange verborgen gewesen sind, daß ihr Eigentümer nicht mehr zu ermitteln ist, und bei Nachforschungen des Landes, der Landschaftsverbände oder sonstiger öffentlicher Körperschaften entdeckt werden, werden mit der Entdeckung Eigentum der nachforschenden Stelle.' Die Vorschrift sollte nicht auf staatliche Nachforschungen beschränkt bleiben, sondern auf die Nachforschungen der Landschaftsverbände und anderer öffentlicher Körperschaften erstreckt werden, damit auch diese das Eigentum an den entdeckten Gegenständen erlangen.*

666 Ausschußprotokoll 8/1594, S. 85: Prof. Dr. JANSEN, Staatlicher Vertrauensmann für kulturgeschichtliche Bodenaltertümer im Gebiet des Landschaftsverbandes Rheinland: *Nun muß man sagen, daß nicht jeder archäologische Fund unter die Kategorie ‚Schatz' fällt. Verbrannte Getreidekörner, die in einem jungsteinzeitlichen Gefäß zurückgeblieben sind, sind gewiß im Sinne des § 984 BGB kein Schatz. Von dem Begriff ‚Schatz' wird also nur ein Teil des archäologischen Fundgutes erfaßt. In der archäologischen Praxis ist bisher in Streitfällen nach § 984 verfahren worden. Wenn also bei staatlichen Nachforschungen aus einem Grab 20 Töpfe herauskommen, bedeutet das: 10 für den Staat und 10 für den Eigentümer, welche Konsequenzen das auch immer haben mag. (Heiterkeit) Das ist unangenehm, weil die Sache dann aus dem Zusammenhang gerissen wird. Das ist ganz klar. Deswegen würde ich unter Umständen die Überschrift hier umformulieren, etwa: ‚Verfahren bei Auffindung beweglicher Sachen'.* Diese Äußerung läßt erkennen, daß der Begriff des Schatzes unzutreffend mit einem besonderen Wert verknüpft wird.

667 Zuschrift 8/2630 vom 24. September 1979, Anlage, S. 4: *Die Vorschrift des Bürgerlichen Gesetzbuches ist nicht beachtet. Es gilt das dafür zuständige Bundesrecht.*

668 Katholisches Büro in Nordrhein-Westfalen, Zuschrift 8/2625, S. 2: *Die Gleichbehandlung mit Privaten, die da und dort mal ein Denkmal besitzen, ist nicht verfassungskonform. Dies gilt auch für die Vorschriften der §§ (...) 19 (...).*

669 2. Sitzung der Arbeitsgruppe Denkmalschutz vom 4. Oktober 1979, Ausschußprotokoll 8/1653, S. 24.

670 Ausschußprotokoll 8/1653, S. 24: *Abg. HEINZ F.D.P empfiehlt, die Formulierung der Landschaftsverbände zu übernehmen und einen anderen Begriff für die Überschrift zu wählen.*

mit der tatsächlichen Hälfte des Objektes im vollen[671] oder anteiligen[672] Geldeswert zugeteilt werden sollte. Daraufhin bat der Vorsitzende das Kultusministerium um nochmalige Prüfung der Frage, mit dem dann Einigkeit bezüglich der Berücksichtigung der Landschaftsverbände erzielt wurde,[673] so daß das Beratungsergebnis der Arbeitsgruppe und anderer Ausschüsse in dem neuen § 20 zusammengefaßt werden konnte.[674] Im Ausschuß für Schule und Kultur wandte sich das Innenministerium dann jedoch gegen einen Vorbehalt zugunsten des Bundesrechts, *denn § 984 stehe immer entgegen, und das Land könne nur entweder per Gesetz eine andere Regelung treffen oder keine besondere Regelung treffen, und dann gelte § 984 BGB.*[675] Zwei Wochen später fand der Ausschuß zu der Auffassung, daß man mit einem Schatzregal nur auf eine vormals auf dem Landesgebiet bestehende Regelung zurückgreifen könne, sich eine solche indes nicht finden lasse: *Das würde bedeuten, daß durch dieses Gesetz eine Enteignung ohne Entschädigungsausgleich vorgenommen würde, so daß die Formulierung (...) einen Verstoß gegen*

---

671 Ausschußprotokoll 8/1653, S. 24: *Abg. Dr. PETERMANN CDU bittet, um einen Verstoß gegen Bundesrecht zu vermeiden, die Formulierung einzuführen: ,(...) sofern § 984 BGB nichts anderes vorschreibt.' In diesem Paragraphen sei das Eigentumsregal mit der Folge geregelt, daß die Hälfte dem Eigentümer und die Hälfte dem Finder gehörten. - Dann könnte man prüfen, ob es bundesrechtlich möglich sei, die Realteilungspflicht so abzuändern, daß man dem Eigentümer lediglich einen Anspruch auf den Halbwert seiner abzuliefernden Sache in Geld zugestehe. Dadurch könnte man vielleicht einen großen Teil der Prozesse vermeiden, deren Ausgang aufgrund des genannten Bundesrechts nicht vorherzusehen sei.*

672 Ausschußprotokoll 8/1653, S. 24: *Abg. HEINZ F.D.P. wäre bereit darüber zu reden, ob man dem Eigentümer einen Teil des Wertes in Geld ersetzen könne. Dabei müsse man aber bedenken, daß erfahrungsgemäß zunächst sehr hohe Kosten behauptet würden, um ein Unternehmen zu verhindern. Aus der Begründung zu § 19 lasse sich jedoch ersehen, daß die Rechtsfragen eindeutig geklärt seien.*

673 Gemeinsame Arbeitsgruppe Denkmalschutz, 6. Sitzung vom 21. Januar 1980, Ausschußprotokoll 8/1774, S. 14: *Vorschlag der CDU: Übernahme des Entwurfs der Koalitionsparteien bis zu dem Wort Entdeckung, dann weiter: ,soweit nicht § 184* (sic !) *BGB entgegensteht, Eigentum des Landes NW, wenn sie bei staatlichen Nachforschungen oder solcher der Landschaftsverbände entdeckt werden'. Abg. Dr. PETERMANN CDU begründet, der erste Teil der von der CDU vorgeschlagenen Änderung betreffe die verfassungsrechtliche Frage, inwieweit § 184* (sic !) *berücksichtigt werden müsse. Der wesentliche Teil des Vorschlages betreffe jedoch die Einbeziehung der Landschaftsverbände. Soweit er es übersehen könne, erklärte LtdMinR MENNICKEN (KultMin), beständen bei der Landesregierung keine Bedenken gegen die Einbeziehung der Landschaftsverbände.*

674 Vorlage 8/2214.

675 Ausschußprotokoll 8/1787 vom 30. Januar 1980, S. 11: *Ministerialrat KUCK (Innenministerium) erläutert, auf Grund des Einführungsgesetzes zum BGB sei es möglich, daß nicht nur landesrechtliche Regelungen erhalten blieben, sondern auch neue landesrechtliche Regelungen getroffen würden. Wenn das Land also die Kompetenz habe, eine Regelung über ein Schatzregal zu treffen, dann müßte seiner Meinung nach der Hinweis auf das BGB gestrichen werden; (...).*

Artikel 14 GG darstellen würde.[676] Ein Schatzregal lasse sich mithin nur durch einen Vorbehalt zugunsten des Bundesrechts retten, *denn es habe sich nicht feststellen lassen, ob es nicht vielleicht irgendwo in den nichtpreußischen Landesteilen ein Schatzregal gegeben habe, das möglicherweise heute noch gültig sei, so daß dieser Paragraph irgendwann einmal Bedeutung erlangen könne.*[677] Auf derart wage Grundlagen wollten sich die Mitglieder des Ausschusses jedoch nicht einlassen, so daß festgestellt wurde, *der Paragraph sei offensichtlich in Unkenntnis der Verhältnisse des Landes Nordrhein-Westfalen aus anderen Gesetzen übernommen worden.*[678] Nachdem ein Vertreter des Kultusministeriums dann auch noch erklärte, ein Schatzregal passe ohnehin *nicht mehr so recht in die Zeit des Grundgesetzes,*[679] sprach sich der Ausschuß einstimmig für die Streichung des Schatzregals aus[680] und verfaßte eine entsprechende Beschlußempfehlung.[681] In der Begründung[682] verwies er auf das Fehlen eines historischen Vorgängers für ein zu schaffendes Schatzregal. Dementsprechend wurde das Denkmalschutzgesetz ohne entsprechende Regelung in zweiter Lesung[683] verabschiedet. Die Landesregierung hat unlängst deutlich gemacht, daß auch in Zukunft nicht an die Einführung eines Schatzregals gedacht wird.[684]

h. Die Einführung des großen Schatzregals in **Rheinland-Pfalz** ging auf einen Antrag[685] der oppositionellen SPD-Fraktion zur Ergänzung des Denkmalschutz- und -pflegegesetzes zurück. Darin wurde die Landesregierung aufgefordert, eine entsprechende Regelung zu erar-

---

676 Ausschußprotokoll 8/183 vom 13. Februar 1980, S. 3: *Eingehende Überprüfungen hätten ergeben, daß es ein Schatzregal in Preußen nie gegeben habe und durch diese Vorschrift ein neues Schatzregal begründet würde.*

677 Ausschußprotokoll 8/183 vom 13. Februar 1980, S. 3.

678 Abg. HEINZ F.D.P., Ausschußprotokoll 8/1832, S. 8.

679 LtdMinR MENNICKEN (KultMin), Ausschußprotokoll 8/1832, S. 8.

680 Ausschußprotokoll 8/1832, S. 8.

681 Drucksache 8/5625, S. 20.

682 Drucksache 8/5625, S. 53: *Die vom Ausschuß für Schule und Kultur in seiner Antragssitzung beschlossene Fassung des Gesetzentwurfes sieht nicht mehr die Schaffung eines Schatzregals vor. Durch das Schatzregal wäre die Möglichkeit geschaffen worden, bestimmte Funde in öffentliches Eigentum zu überführen. Langwierige Feststellungen haben ergeben, das in den meisten Landesteilen des Landes Nordrhein-Westfalen aus früheren Zeiten kein Schatzregal besteht. Dies wäre jedoch aus rechtlichen Gründen Voraussetzung gewesen, ein Schatzregal bestehen zu lassen. Ursprünglich hatten alle Fraktionen noch an der Einrichtung eines Schatzregals festgehalten. Die Streichung dieser Bestimmung wurde einstimmig beschlossen.*

683 Landtag Nordrhein-Westfalen, Plenarprotokoll 8/129 vom 28. Februar 1980, S. 8781 ff.

684 Antrag der Fraktion der SPD und der Fraktion Bündnis 90/Die Grünen. 20 Jahre Denkmalschutzgesetz – Erfahrungen und Perspektiven: (...) *4. Es hat sich gezeigt, daß bislang alle bedeutenden archäologischen Funde aus Nordrhein-Westfalen in öffentliches Eigentum gelangt sind. Damit hat sich die bisherige Praxis offenkundig bewährt. Insofern erübrigt es sich, ein ‚Schatzregal' einzuführen* (DI 2/2000, S. 56).

685 LT-Drucksache 10/1792 vom 2. Oktober 1985.

beiten, da es als *unumgänglich notwendig* angesehen wurde, *wie in Baden-Württemberg ein sogenanntes ‚Schatzregal' vorzusehen.* Die CDU-Fraktion legte daraufhin den erarbeiteten Gesetzentwurf vor.[686] In der Begründung[687] wurden als Vorteile einer solchen Regelung insbesondere der Wegfall von Entschädigungen,[688] die Willkürlichkeit der Verteilung des § 984 BGB [689] und die ermöglichte Anwendung des Straf- statt des Ordnungswidrigkeitenrechtes[690] genannt. Dieses Argumentationsmuster wurde auch in seiner ersten Lesung[691] weiterverfolgt.

---

686 LT-Drucksache, 10/1820 vom 17. Oktober 1985, S. 3.

687 LT-Drucksache, 10/1820 vom 17. Oktober 1985, S. 5.

688 LT-Drucksache, 10/1820 vom 17. Oktober 1985, S. 5: *2. (...) Hiernach wird das Land mit der Entdeckung des Fundes originär Eigentümer, ohne eine Entschädigung leisten zu müssen. (...) 4. Wissenschaftlich hervorragende Funde gelangen - ohne Entschädigung - in das Eigentum des Landes. Sammlungen können aufgebaut werden; (...) Mit dieser Regelung lassen sich die Grenzen, die der Haushalt der Denkmalpflege bisweilen setzt, maßvoll überwinden. (...) 5. Die Einführung des Schatzregals bewirkt, das die Bereitstellung von Entschädigungsmitteln gem. § 20 Denkmalschutz- und -pflegegesetz im bisherigen Umfang nicht mehr erforderlich sein wird. Das Land könnte dann allenfalls ohne Anerkennung einer Rechtspflicht nach Maßgabe des Haushaltes im Kulanzwege Entschädigungsleistungen an den Finder und den Eigentümer der Sache, in der der Schatz verborgen war, zahlen.*

689 LT-Drucksache, 10/1820 vom 17. Oktober 1985, S. 5: *3. (...) Die Zuordnungsentscheidung des § 984 wird in Ausschöpfung des Artikel 73 EGBGB vom Gesetzgeber nun in einem anderen Sinn - eben im Interesse des Landes - getroffen. Dies erscheint auch gerechtfertigt. Denn die Zuordnungsentscheidung des § 984 läßt sich durchaus hinterfragen: Welchen Verdienst hat und welche Leistung erbringt denn der Spaziergänger, der einen wertvollen germanischen Silberfund macht, und der Landwirt, in dessen Wald der Fund solange gelegen hat ? Wäre es nicht ebenso zu rechtfertigen, das Gemeinwesen, den Staat, zum Eigentümer eines wissenschaftlich bedeutenden Fundes zu machen?*

690 LT-Drucksache, 10/1820 vom 17. Oktober 1985, S. 5: *4: Für den Denkmalschutz ist von wesentlichem Interesse, daß mit der Einführung eines Schatzregals der Schatzfund durch das Strafrecht (Fundunterschlagung) und nicht mehr durch das Ordnungswidrigkeitenrecht begründet wird.*

691 Landtag Rheinland-Pfalz -10. Wahlperiode - 55. Sitzung, 14. November 1985, S. 3090: Abg. Busch CDU: (...) *Wir hatten die ganze Zeit das Problem, das wir keine Handhabe hatten, diese Funde vom Staat her in Besitz von Museen und staatlichen Einrichtungen zu übernehmen. Wir hoffen, daß sich mit diesem Gesetz einiges hier ändern wird. Es gibt ja eine ganze Schar von Leuten, die sonntags oder an Feiertagen oder wenn sie einmal Zeit haben, über die Felder wandern und mit hochempfindlichen Metallsuchgeräten, Detektoren, die Gegend abklappern und suchen. Da finden die irgend etwas, reißen den ganzen Fund aus dem Zusammenhang, und für die Wissenschaft ist dieser Fund verloren. (...) Beim Schatzregal, das wir jetzt einführen wollen, ist die Pflicht zur Ablieferung gegeben. Das heißt, der Staat kann zwar eine Entschädigung geben, er ist aber nicht mehr gezwungen. Ich halte es für wichtig, das zu tun; denn stellen Sie sich einmal vor, wenn jemand über eine Wiese läuft und findet dort zufällig ein römisches Schwert oder ein Bronzeschwert, dann gehört ihm die Hälfte dieses Fundes, obwohl er überhaupt nichts mit der Sache zu tun hat. Oder jemand kauft ein altes Haus und findet im Keller einen Goldschatz - die Hälfte gehört ihm.* Im letzten Falle hätte der Schatz freilich dem in einer Person zusammenfallenden Entdecker und Eigentümer der schatzbergenden Sache vollständig zugestanden.

Der wissenschaftliche Dienst des Landtages kam im Gegensatz zu den nordrhein-westfälischen Kollegen in einer mit dem Kultus- und Justizministerium abgestimmten gutachterlichen Stellungnahme[692] zu dem Ergebnis, daß der Landesgesetzgeber die Kompetenz zur Einführung eines Schatzregals besitze und dieses nicht gegen die Eigentumsgarantie des Grundgesetzes verstoße.[693] Der Kultusminister[694] verwies zudem auf die Mehrheit der Bundesländer mit Schatzregalen und wandte sich gegen die Befürchtung von Fundunterschlagungen.[695] In der zweiten Beratung[696] befürworteten auch Oppositionsredner ein Schatzregal mit Hinsicht auf Raubgrabungen;[697] der Kultusminister betonte nochmals die finanziellen Aspekte.[698] Während die im Landtag vertretenen Parteien die Einführung eines Schatzregals einhellig begrüßten, gab es heftigen Widerstand der Kirchen, der das Gesetzgebungsverfahren erheblich verzögerte. Der federführende Kulturpolitische Ausschuß des Landtages beschloß in seiner 35. Sitzung

---

692 Vorlage 10/1135.

693 Vorlage 10/1135, S. 28.

694 Landtag Rheinland-Pfalz -10. Wahlperiode - 55. Sitzung, 14. November 1985, S. 3092: Kultusminister Dr. GÖLTER: (...) *Der zweite Gesichtspunkt, das Schatzregal, meine Damen und Herren, geht ja in der Tragweite und Bedeutung über diesen Punkt hinaus.* (...) *Dies bedeutet in der Tat eine erhebliche rechtliche Veränderung der Ausgangssituation.* (...) *Der Gedanke des Schatzregals ist in einer Reihe von Bundesländern verankert, nämlich in Baden-Württemberg, Berlin, Bremen, Hamburg, Hessen, Niedersachsen und Schleswig-Holstein. Sie sehen das ist die Mehrheit.* (In Hessen und Schleswig-Holstein bestand tatsächlich kein Schatzregal).

695 Landtag Rheinland-Pfalz - 10. Wahlperiode - 55. Sitzung, 14. November 1985, S. 3092: Kultusminister Dr. GÖLTER: (...) *Der Gedanke des Schatzregals ist immer auf gewisse Bedenken gestoßen, weil nicht ohne jede Begründung befürchtet werden kann, daß die entsprechenden Meldungen zurückgehen könnten. In soweit ist das ein sehr klassischer und sehr schöner Punkt, wo gesetzliche Regelung und Ehrlichkeit des berühmten und immer wieder so apostrophierten mündigen und staatstreuen Bürgers halt zusammenkommen müssen. Mit anderen Worten, meine Damen und Herren, Gesetzesformulierungen allein bedeuten nicht in jedem Punkt und bis zu jedem Einfall die Lösung der Probleme.*

696 Landtag Rheinland-Pfalz - 10. Wahlperiode - 78. Sitzung, 15. Oktober 1986, S. 4663 ff.

697 Landtag Rheinland-Pfalz - 10. Wahlperiode - 78. Sitzung, 15. Oktober 1986, S. 4664, Abg. BOJACK SPD: (...) *Leider ist es so, daß Raubgräber diese Werte für die Wissenschaft erbeuten und verhökern. Leider ist es immer noch so, daß die eine oder andere Kreisverwaltung große Toleranz übt und solchen eigennützigen Gräbern die Ausbeutung solcher Fossilien gestattet.* (...) *Und leider gibt die technische Entwicklung diesen Freibeutern Hilfsinstrumente an die Hand, sogenannte Schatzsuchgeräte, die auf Ultraschallbasis arbeiten. Diese könnten nicht einfach verboten werden, weil sie nicht - so wurde uns dies von dem Vertreter des Kultusministeriums gesagt - gemeingefährlich wie etwa Waffen sind.*

698 Landtag Rheinland-Pfalz - 10. Wahlperiode - 78. Sitzung, 15. Oktober 1986, S. 4667, Kultusminister Dr. GÖLTER: *Meine Damen und Herren, es hat sich mit Blick auf die finanziellen Konsequenzen als richtig erwiesen, zur Absicherung des Eigentumsrechts an Funden ein Schatzregal einzuführen, wie es die Länder Baden-Württemberg - es ist schon gesagt worden -, Berlin, Bremen, Hamburg, Niedersachsen und das Saarland bereits erfolgreich anwenden. Dies ist im übrigen eine alte Empfehlung der Kultusministerkonferenz.* (...).

am 25. September 1986, dem Landtag die Annahme des Gesetzesentwurfes einschließlich des § 19a mit der Maßgabe zu empfehlen, daß in § 23 ein neuer Absatz 4 eingefügt werde, der - bis dahin einmalig in der Bundesrepublik - vorsieht, daß § 19 a keine Anwendung finden solle, *sofern Kulturdenkmäler von gottesdienstlicher oder sonstiger kultischer Bestimmung in Sachen entdeckt werden, die im Eigentum von Kirchen oder Religionsgemeinschaften stehen und ihrem unmittelbaren Zwecken gewidmet sind. Soweit § 19a gegenüber den Kirchen und Religionsgemeinschaften Anwendung findet, werden diese Kulturdenkmäler den Kirchen oder Religionsgemeinschaften auf Antrag als Dauerleihgabe überlassen.*[699] Zu den trotz dieser Ausnahmeregelung weitergehenden kirchlichen Forderungen bemerkte der Kultusminister: *Ich denke, das sollte auch von kirchlicher Seite gewürdigt werden; sonst müßte man ja irgendwann mal die Frage nach Motiven stellen.*[700] Am 15. Oktober 1986 wurde der Gesetzentwurf unter Berücksichtigung des neuen § 23 Absatz 4 in der Annahme- und Beschlußempfehlung [701] in zweiter Beratung und in der Schlußabstimmung jeweils einstimmig angenommen und verkündet.[702] Danach lautet § 19a: *Funde, die herrenlos sind oder die so lange verborgen waren, daß ihr Eigentümer nicht mehr zu ermitteln ist, werden mit der Entdeckung Eigentum des Landes, wenn sie von besonderem wissenschaftlichen Wert sind oder bei staatlichen Nachforschungen oder in Grabungsschutzgebieten (§ 22) entdeckt werden.* Die F.D.P hat in ihrem Programm zur Landtagswahl 2001 die Abschaffung des Schatzregals in Rheinland-Pfalz gefordert.[703] Nach ihrer erneuten Regierungsbeteiligung bleibt das Thema auf der Tagesordnung, nachdem der Koalitionsvertrag mit der SPD keine eindeutige Vereinbarung enthielt.

II. Das vereinigte Deutschland (seit 1990)

Nach der Vereinigung der deutschen Staaten 1990 blieben die auf dem Gebiet des Denkmalschutzes von der DDR erlassenen Rechtsnormen nach dem Einigungsvertrag so lange als Landesrecht in Kraft,[704] bis sie durch entsprechende Gesetze der neuen Länder abgelöst wurden. Der Bereich der Schatzfunde bildete dabei keine Ausnahme, wurde aber von allen neuen Ländern alsbald durch die Einführung von Regalien geregelt.

---

[699] Vorlage 10/1336 zur Vorlage 10/1204 vom 25. September 1986.

[700] Kultusminister Dr. GÖLTER, Landtag Rheinland-Pfalz -10. Wahlperiode - 78. Sitzung, 15. Oktober 1986, S. 4667.

[701] LT-Drucksache, 10/2698.

[702] GVBl. S. 291.

[703] *Die F.D.P. fordert (...) das Ersetzen des sogenannten „Schatzregals" durch ein Ankaufsvorrecht des Staates; die Pflicht zur Anzeige eines Fundes und zeitweiligen Überlassung zur wissenschaftlichen Bearbeitung bleibt unberührt.* (abrufbar unter: http://www.fdp-doppelt-gut.de/programm/schule.htm).

[704] Vergleiche Artikel 9 Absatz 1 des Einigungsvertrages vom 31. August 1990, BGBl. II, S. 885.

1. Bis dahin galt das **Übergangsrecht der ehemaligen DDR**. Auf deren Gebiet war die Bodendenkmalpflege in den ersten Jahren ihres Bestehens und in den davorliegenden Nachkriegsjahren nicht entwickelt; die bestehenden Landesgesetze galten weiter, so für die ehemals preußischen Landesteile Brandenburg und Sachsen-Anhalt das preußische Ausgrabungsgesetz von 1914.[705] 1954 wurde die „Verordnung zum Schutz und Erhalt der ur- und frühgeschichtlichen Bodenaltertümer“[706] erlassen, die sowohl unbewegliche als auch bewegliche Bodenaltertümer betraf.[707] Sie erfaßte jedoch mit der Begrenzung bis zur Frühgeschichte keine Funde aus dem Zeitraum nach 1300 mehr und zudem mit der Begrenzung auf Bodendenkmäler nicht sich im oberirdischen Gemäuer befindliche Schätze.[708] Die Verordnung wird teilweise als die erste moderne, der Sache umfassend dienliche Rechtsvorschrift für Schutz und Behandlung der Bodendenkmale auf deutschem Gebiet bezeichnet.[709] Sie wurde im gleichen Jahr durch eine Durchführungsverordnung zur Sicherung bei Baumaßnahmen[710] ergänzt. Das europäische Denkmalschutzjahr 1975 führte, wie vielfach auch in der Bundesrepublik, zur Einführung eines Denkmalpflegegesetzes.[711] Hinsichtlich des Gebietes der Bodendenkmalpflege schuf es indes keine Neuerungen, da die Verordnung von 1954 in Kraft blieb.[712] Dagegen enthielt § 361 des am gleichen Tag erlassenen Zivilgesetzbuches (ZGB)[713] ein („großes“) Schatzregal: *(1) Münzen, Gegenstände von kulturhistorischer Bedeutung oder andere wertvolle Gegenstände, die solange verborgen waren, daß der Eigentümer nicht mehr festgestellt werden kann, gehen zum Zeitpunkt ihres Auffindens in Volkseigentum über.* Absatz 2 enthielt Bestimmungen über eine Anzeigepflicht und Finderlohn.[714] Der im Einigungsvertrag vereinbarte Übergang von der Rechts-

705 Gramsch, S. 242.

706 Verordnung zum Schutz und Erhalt der ur- und frühgeschichtlichen Bodenaltertümer vom 28. Mai 1954, Gesetzblatt der DDR 1954, Nr. 54, S. 547. In § 1 Absatz 1 heißt es: *Bodenaltertümer im Sinne dieser Verordnung sind alle Reste von Lebewesen, Gegenständen und Bauwerken aus ur- und frühgeschichtlicher Zeit, die im Boden erhalten geblieben sind und von der Entwicklung des Menschen von seinem ersten Auftreten bis in das Mittelalter hinein Zeugnis ablegen.*

707 Verordnung zum Schutz und Erhalt der ur- und frühgeschichtlichen Bodenaltertümer vom 28. Mai 1954, § 1 Absatz 2.

708 Klüssendorf Mabillons Spur, S. 399.

709 Gramsch, S. 242.

710 Erste Durchführungsverordnung - Sicherung bei Baumaßnahmen - vom 28. Mai 1954, GBl. S. 549.

711 Gesetz zur Erhaltung der Denkmale in der Deutschen Demokratischen Republik - Denkmalpflegegesetz vom 19. Juni 1975, GBl. I Nr. 26, S. 458.

712 Gesetz zur Erhaltung der Denkmale in der Deutschen Demokratischen Republik - Denkmalpflegegesetz vom 19. Juni 1975, §§ 5 Absatz 2, 17 Absatz 2.

713 GBl. I Nr. 27, S. 465.

714 § 361 ZGB der DDR: *(2) Der Finder hat den Fund dem zuständigen staatlichen Organ anzuzeigen und Angaben über die näheren Umstände des Auffindens zu machen. Er hat Anspruch auf eine angemessene Belohnung, wenn er seiner Anzeigepflicht freiwillig nachgekommen ist. Dieser Anspruch besteht nicht, wenn der Fund in Ausführung eines hierauf gerichteten beruflichen oder sonstigen Auftrags erfolgte.*

ordnung der DDR zu derjenigen der Bundesrepublik beinhaltete auch die Ablösung des ZGB durch die Rückkehr zum BGB, nachdem dieses seinerseits seit dem 1. Januar 1976 vom ZGB verdrängt worden war. Auf vor dem 3. Oktober 1990 gehobene Schätze ist damit noch immer das Regal des ZGB anwendbar, so daß ein solcher Schatz in das Eigentum des betreffenden Bundeslandes gelangt. 1989 legte das Hochschulministerium die überarbeitete Verordnung von 1954 als Gesetzentwurf sowie einen Maßnahmenplan zur Entwicklung und Durchführung der Bodendenkmalpflege in den 90er Jahren vor; beide blieben nach der Wende in der neugewählten Volkskammer Gegenstand von Beratungen, ohne aber vor der Vereinigung noch verabschiedet zu werden.[715]

2. Das erste Schatzregal in den neuen Ländern erließ 1991 **Brandenburg** in § 20 seines neugeschaffenen Denkmalschutzgesetzes:[716] *Bewegliche Bodendenkmale, die herrenlos sind oder die solange verborgen gewesen sind, daß ihr Eigentümer nicht mehr zu ermitteln ist, werden mit der Entdeckung Eigentum des Landes, wenn sie bei erlaubten Ausgrabungen oder in Grabungsschutzgebieten entdeckt werden oder wenn sie für die wissenschaftliche Forschung von Wert sind.* Die Begründung zum Gesetzentwurf[717] bezog sich insbesondere auf die unerwünschte Fortgeltung der bis dahin geltenden DDR-Gesetze, die einen wirksamen Schutz der Denkmale nicht garantierten.[718] In erster Lesung wurden Bedenken gegen das Schatzregal lediglich hinsichtlich von inhaltlichen Unklarheiten geäußert.[719] In der Beschlußempfehlung des Ausschusses für Wissenschaft, Forschung und Kultur[720] blieb § 20 des Entwurfes dennoch unverändert und war in der zweiten Lesung nicht mehr Gegenstand der Debatte.[721] Das Brandenburger Schatzregal wirft durch die Formulierung, *wenn sie wissenschaftliche Forschung von Wert sind,* die auf die sonst übliche „besondere" oder „hervorragende" Bedeutung verzichtet, die Frage nach seiner Reichweite auf, also ob es über den Rahmen eines „großen" Schatzregals hinausreicht.

---

715 Gramsch, S. 246.

716 Gesetz über den Schutz und die Pflege der Denkmale und Bodendenkmale vom 22. Juli 1991, GVBl. S. 311.

717 Drucksache 1/1206, S. 29 zu § 20.

718 Drucksache 1/1206, S. 29.

719 Landtag Brandenburg - 1. Wahlperiode - Plenarprotokoll 17–15. Mai 1991, S. 1327, Dr. Markov (PDS-LL): (...) *§ 2 Schatzregal: Dort ist eindeutig definiert der Eigentumsübergang über bewegliche Bodendenkmäler bei erlaubten Grabungen. Nicht definiert ist aber in diesem Gesetzentwurf, was bei zufälligen Grabungen im Rahmen von Trassenverlegung oder Bodengrabungen auf Privatgrundstücken mit den dort vielleicht gefundenen beweglichen Bodendenkmälern passiert.*

720 Drucksache 1/276.

721 Landtag Brandenburg - 1. Wahlperiode - Plenarprotokoll 22 - 26. Juni 1991, S. 1667 ff.

3. Nur drei Monate nach Brandenburg führte auch **Sachsen-Anhalt** eine ganz ähnlich lautende Bestimmung in § 12 seines Denkmalschutzgesetzes[722] ein: *Bewegliche Kulturdenkmale, die herrenlos sind oder die solange verborgen gewesen sind, daß ihr Eigentümer nicht mehr zu ermitteln ist, werden mit der Entdeckung Eigentum des Landes, wenn sie bei staatlichen Nachforschungen oder in Grabungsschutzgebieten entdeckt werden oder wenn sie einen hervorragenden wissenschaftlichen Wert haben.* Der von der Landesregierung eingebrachte[723] und begründete[724] Entwurf zum ursprünglichen § 10 überstand die erste Beratung[725] und die Beratungen im Ausschuß für Kultur und Medien[726] inhaltlich unverändert und wurde derart als § 12 in zweiter Beratung[727] verabschiedet.

4. Mit Beginn des darauffolgenden Jahres folgte auch **Thüringen** mit § 17 seines Denkmalschutzgesetzes:[728] *Bewegliche Kulturdenkmale, die herrenlos oder solange verborgen gewesen sind, daß ihr Eigentümer nicht mehr zu ermitteln ist, werden mit der Entdeckung Eigentum des Landes, wenn sie bei staatlichen Nachforschungen, in archäologischen Schutzgebieten oder bei ungenehmigten Nachforschungen entdeckt wurden oder wenn sie einen hervorragenden wissenschaftlichen Wert besitzen.* Das Gesetzesvorhaben beruhte auf dem Gesetzentwurf der Landesregierung.[729] In der Begründung wurde auf das Ziel verwiesen, *unrechtmäßiges Fundeigentum nach § 984 BGB zu*

---

722 Denkmalschutzgesetz vom 21. Oktober 1991, GVBl. S. 368.

723 Entwurf der Landesregierung vom 13. Mai 1991, Drucksache 1/446.

724 Drucksache 1/446, S. 18: *Ausgehend vom § 984 wird das Eigentum beim Fund einer verborgenen herrenlosen Sache je zur Hälfte vom Finder und vom Eigentümer derjenigen Sache erworben, in der der Fund verborgen war. Durch Artikel 73 in Verbindung mit Artikel 3 des Einführungsgesetzes zum Bürgerlichen Gesetzbuche in der im Bundesgesetzbl. III Gliederungsnummer 400-1 veröffentlichten bereinigten Fassung, zuletzt geändert durch Anlage I Kapitel III Sachgebiet B Abschnitt II Nr. 1 zum Einigungsvertrag vom 31. August 1990 in Verbindung mit Artikel 1 des Einigungsvertragsgesetzes vom 23. September 1990 (Bundesgesetzbl. II S. 885), kann der Landesgesetzgeber in Abweichung hiervon das sogenannte ‚Schatzregal' einführen. Hiervon wird in diesem Gesetz Gebrauch gemacht. Dies haben bereits eine Reihe von Alt-Bundesländern wie Niedersachsen, Baden-Württemberg u.a. in ihren Denkmalschutzgesetzen getan. Ziel dieses ‚Schatzregals' ist es, der staatlichen archäologischen Denkmalpflege das Eigentum an den Fundstücken zu sichern, die bei Grabungen durch staatliche Stellen oder in Grabungsschutzgebieten geborgen werden.*

725 Landtag von Sachsen-Anhalt, Erste Wahlperiode, Plenarprotokoll 1/16 vom 23. Mai 1991, S. 943.

726 Ausschuß für Kultur und Medien vom 4. September 1991, Drucksache 1/734.

727 Landtag von Sachsen-Anhalt, Erste Wahlperiode, Plenarprotokoll 1/21 vom 13. September 1991, S. 1543.

728 Gesetz zur Pflege und zum Schutz der Kulturdenkmale im Land Thüringen vom 7. Januar 1992, GVBl. S. 17.

729 Gesetzentwurf der Landesregierung, Drucksache 1/824.

verhindern.[730] Ausnahmen vom Schatzregal zugunsten der Kirchen wurden anders als in Rheinland-Pfalz nicht im Gesetz, sondern in Staatsverträgen zwischen dem Land und den Evangelischen Kirchen (1994)[731] und dem Heiligen Stuhl (1997)[732] vorgesehen.

5. Der Freistaat **Sachsen** führte im Frühjahr 1993 einen in seinem ausdrücklichen Umfang bis dahin unbekannten Schatzregaltypus in § 25 seines Denkmalschutzgesetzes[733] ein: *Bewegliche Kulturdenkmale, die herrenlos oder solange verborgen gewesen sind, daß ihr Eigentümer nicht mehr zu ermitteln ist, werden mit der Entdeckung Eigentum des Freistaates Sachsen und sind unverzüglich an die zuständige Landesoberbehörde für den Denkmalschutz zu melden und zu übergeben.* Der von der Staatsregierung eingebrachte[734] und begründete[735] Gesetzentwurf überstand die drei Lesungen[736] nahezu unverändert. Aufgrund der Beschlußempfehlung und des Berichtes des Ausschusses für Kultur und Medien[737] und eines Änderungsantrages der Fraktion der CDU wurde lediglich das Wort *herauszugeben* durch die Worte *zu melden und zu übergeben* ersetzt.[738] Der staatliche Eigentumserwerb an Schatzfunden ist anders als bei der unklaren Formulierung in Brandenburg ausdrücklich weder durch die Entdeckung bei staatlichen Gra-

---

730 Gesetzentwurf der Landesregierung, Drucksache 1/824, S. 23 zu § 17: *Das Schatzregal ist notwendig, um bei staatlichen Grabungen, in Schutzgebieten nach § 19 und bei ungenehmigten Grabungen den Eigentumsanteil des Staates als Finder zu sichern bzw. unrechtmäßiges Fundeigentum nach § 984 BGB zu verhindern. Öffentlichrechtliche Abweichungen von § 984 sind für denkmalschutzrechtliche Schatzregale vom Bundesverfassungsgericht ausdrücklich für unbedenklich erklärt worden.*

731 Staatsvertrag zwischen dem Freistaat Thüringen und den Evangelischen Kirchen vom 17. Mai 1994, GVBl. Nr. 17: Artikel 9 Absatz 3: *Soweit das Schatzregal Anwendung findet, werden diese Kulturdenkmäler den Kirchen auf Antrag als Dauerleihgabe überlassen.*

732 Staatsvertrag zwischen dem Freistaat Thüringen und dem Heiligen Stuhl vom 11. Juni 1997, Thüringer Landtag - 2. Wahlperiode, Drucksache 2/2100, S. 3-30, Artikel 18 Absatz 3: *Soweit das Schatzregal Anwendung findet, werden diese Kulturdenkmäler der Katholischen Kirche auf Antrag als Dauerleihgabe überlassen.*

733 Gesetz zum Schutz und zur Pflege der Kulturdenkmale im Freistaat Sachsen vom 3. März 1993, GVBl. S. 229.

734 Gesetzentwurf der Staatsregierung vom 1. Oktober 1992, Drucksache 1/2350, S. 16: *Bewegliche Kulturdenkmale, die herrenlos oder solange verborgen gewesen sind, daß ihr Eigentümer nicht mehr zu ermitteln ist, werden mit der Entdeckung Eigentum des Freistaates Sachsen und sind unverzüglich an die zuständige Landesoberbehörde für den Denkmalschutz herauszugeben.*

735 Drucksache 1/2350, S. 28: *Für Funde von beweglichen Kulturdenkmalen wird ein Schatzregal für den Freistaat Sachsen eingeführt.*

736 Sächsischer Landtag, 1. Wahlperiode - 53. Sitzung, 13. Oktober 1992, S. 3710 ff.; 60. Sitzung, 21. Januar 1993, S. 4135 ff.; 61. Sitzung, 22. Januar 1993, S. 4239.

737 Beschlußempfehlung und Bericht des Ausschusses für Kultur und Medien vom 13. Januar 1993, Drucksache 1/2695.

738 Änderungsanträge zu Drucksache 1/2350, S. 1.

bungen („kleines" Schatzregal) noch auf den (besonderen) wissenschaftlichen Wert („großes" Schatzregal) beschränkt und wird ausdrücklich auch auf herrenlose Sachen ausgedehnt.

6. Als letztes „neues" Bundesland führte **Mecklenburg-Vorpommern** Ende 1993 das große Schatzregal in § 13 seines Denkmalschutzgesetzes[739] ein: *Bewegliche Denkmale, die herrenlos sind oder die solange verborgen gewesen sind, daß ihr Eigentümer nicht mehr zu ermitteln ist, werden mit der Entdeckung Eigentum des Landes, wenn sie bei staatlichen Nachforschungen oder in Grabungsschutzgebieten im Sinne des § 16 entdeckt werden oder wenn sie einen hervorragenden wissenschaftlichen Wert haben.* Der Gesetzentwurf der Landesregierung[740] blieb auch nach den Ausschußberatungen[741] unverändert und wurde derart in erster[742] und zweiter Lesung[743] nur gegen die Stimmen der LL/PDS verabschiedet. Zur Begründung des staatlichen Eigentumserwerbes führte die Landesregierung aus: *Der Zugang der (wissenschaftlichen) Öffentlichkeit ist nur dann auf Dauer gesichert, wenn die Funde und die Dokumentation der Befunde in einer ständig fachkundig (hauptamtlich) betreuten Sammlung aufbewahrt werden.*[744] In der Debatte wurde insbesondere auch auf die Regionalisierung[745] der in Landeseigentum fallenden Objekte hingewiesen.

7. Dem Vorbild Sachsens bei der Statuierung einer weder auf bei staatlichen Nachforschungen entdeckte bzw. wissenschaftlich (besonders) wertvolle Funde beschränkten Regelung folgte **Berlin** 1995 mit § 3 Absatz 2 seines Denkmalschutzgesetzes,[746] indem es das bereits bestehen-

---

[739] Gesetz zum Schutz und zur Pflege der Denkmale im Lande Mecklenburg-Vorpommern vom 30. November 1993, GVBl. S. 975.

[740] Drucksache 1/2993, S. 29: *Der Paragraph regelt das Eigentumsverhältnis derjenigen Funde, bei denen der Eigentümer nicht mehr ermittelt werden kann. Im Regelfall sind diese Funde von besonderem wissenschaftlichen Wert. Der Entwurf basiert im wesentlichen auf § 23 des baden-württembergischen Denkmalschutzgesetzes. Die Formulierung ist durch ein Urteil des Bundesverwaltungsgerichts* (sic!) *abgesichert* (...).

[741] Drucksache 1/3770, S. 20.

[742] Landtag Mecklenburg-Vorpommern - 1. Wahlperiode - 75. Sitzung am 21. April 1993, S. 4282 ff.

[743] Landtag Mecklenburg-Vorpommern - 1. Wahlperiode - 91. Sitzung am 10. November 1993, S. 5389 ff.

[744] Drucksache 1/2993, S. 29.

[745] Landtag Mecklenburg-Vorpommern - 1. Wahlperiode - 91. Sitzung am 10. November 1993, S. 5390, Heide Grossnick (CDU): (...) *Zur Bekräftigung der hohen kommunalen Verantwortlichkeit, aber auch des Willens der Parlamentarier, nämlich der Wahrung der kulturellen Regionalidentität, sei hier noch ein unscheinbarer Satz aus § 11 zitiert: Die Funde verbleiben anschließend in der Regel in der Fundregion, auch wenn es sich, wie es im § 13 Schatzregal heißt, um öffentliches beziehungsweise Landeseigentum handelt.*

[746] Gesetz zum Schutz von Denkmalen vom 24. April 1995, GVBl. S. 274.

de („kleine") Schatzregal[747] verschärfte: *Bewegliche Bodendenkmale, deren Eigentümer nicht mehr zu ermitteln sind, werden mit der Entdeckung Eigentum des Landes Berlin.* Auch die besondere Reichweite der Regelung hat im Gegensatz zu anderen Ländern nicht zu einer Diskussion über die Norm geführt. Der Antrag der Fraktionen der CDU und SPD[748] enthält nicht einmal eine Begründung zum Schatzregal, das auf Beschlußempfehlung des Ausschusses für Stadtplanung und Stadtentwicklung[749] in erster[750] und zweiter Lesung[751] verabschiedet wurde.

8. **Schleswig-Holstein,** das 1958 noch sein auf dem jütischen Lov beruhendes Schatzregal für Schleswig aufgegeben hatte, bestimmte durch Änderung[752] seines Denkmalschutzgesetzes in § 19a Absatz 1 ein großes Schatzregal für das ganze Land: *Bewegliche Kulturdenkmale, die herrenlos sind oder die solange verborgen gewesen sind, daß ihre Eigentümerinnen oder Eigentümer nicht mehr zu ermitteln ist, werden mit der Entdeckung Eigentum des Landes, wenn sie bei staatlichen Nachforschungen oder in Grabungsschutzgebieten im Sinne des § 19 entdeckt werden oder wenn sie einen hervorragenden wissenschaftlichen Wert besitzen. Der Finder hat Anspruch auf eine angemessene Belohnung. Über die Höhe entscheidet die oberste Denkmalschutzbehörde.* Der von der Landesregierung eingebrachte[753] und begründete[754] Gesetzentwurf hatte noch keinen Finderlohn enthalten. Die Zielsetzung des Schatzregals bestand darin, *Funde zu erhalten, der wissenschaftlichen Forschung zu erschließen und nach Möglichkeit der Öffentlichkeit in Museen und Ausstellungen zu Bildungszwecken zugänglich zu machen. Auch wird die Gefahr der Abwanderung wertvollen Kulturguts verringert.*[755] Sowohl die Vereinigung der Industrie- und Handelskam-

---

747 § 5 Abatz 2 Satz 1 des Denkmalschutzgesetz vom 22. Dezember 1977, GVBl. S. 2540.

748 Drucksache 12/4977.

749 Drucksache 12/5433.

750 Abgeordnetenhaus von Berlin - 12.Wahlperiode - 76. Sitzung vom 24. November 1994, S. 6461.

751 Abgeordnetenhaus von Berlin -12. Wahlperiode - 83. Sitzung vom 30. März 1995, S. 7154.

752 Gesetz vom 31. März 1996 zur Änderung des Gesetzes zum Schutz der Kulturdenkmale, GVOBl. S. 409.

753 Gesetzentwurf der Landesregierung, Drucksache 13/3149, S. 12.

754 Drucksache 13/3149, S. 20/21: *In Übereinstimmung mit nahezu allen neueren Landesdenkmalschutzgesetzen wird in Absatz 1 ein sogenanntes Schatzregal für gefundene bewegliche Kulturdenkmale eingeführt, d.h. ein originärer Eigentumserwerb des Staates an solchen Funden. Beschränkt wird es auf Funde bei staatlichen Nachforschungen oder in Grabungsschutzgebieten sowie auf Funde von hervorragendem wissenschaftlichen Wert.*

755 Drucksache 13/3149, S. 20/21.

mern[756] wie auch der Grundeigentümerverband „Haus & Grund"[757] sprachen sich für Fundprämien aus, was im Bildungsausschuß unterstützt wurde.[758] In erster Lesung[759] betonte die Kultusministerin die Stoßrichtung gegen Raubgräber[760] und bat mit Hinweis auf das jütische Lov auch um Unterstützung des Vertreters der dänischen Minderheit.[761] Dem Petitum der Katholischen Kirche nach einer Sonderregelung analog zum Gesetz in Rheinland-Pfalz erteilte sie jedoch eine Absage.[762] Die Landesregierung wurde bei ihrem Vorhaben sowohl von

---

756 Umdruck 13/4544: *Gegen die Einfügung des § 19a in das Gesetz bestehen keine Bedenken. Es sollte jedoch erwogen werden, diese Bestimmungen um eine Regelung zum Finderlohn in Anlehnung an die BGB-Regelung zu ergänzen, um damit einem ehrlichen Finder einen Anreiz zu schaffen.*

757 Umdruck 13/4558: *Gegen die Einführung eines Schatzregals bestehen diesseits keine grundsätzlichen Bedenken. Solche bestehen allerdings gegen die Streichung des bisherigen Finderlohnes. Es ist nicht auszuschließen, daß künftige Entdecker entsprechender Funde diese gegenüber dem Eigentümer unterschlagen und damit auch der Allgemeinheit vorenthalten. Der Finderlohn ist durchaus auch als Anreiz zu verstehen, Funde dem Eigentümer herauszugeben. Die Regelung über das Schatzregal sollte insoweit entsprechend ergänzt werden.*

758 Bericht und Beschlußempfehlung des Bildungsausschusses vom 9. Februar 1996, Drucksache 13/3339: *An § 19a Abs. 1 werden folgende neue Sätze 2 und 3 angefügt: Der Finder hat Anspruch auf eine angemessene Belohnung. Über die Höhe entscheidet die oberste Denkmalschutzbehörde.*

759 Schleswig-Holsteinischer Landtag (13. Wahlperiode) - 108. Sitzung. Freitag, 8. Dezember 1995, S. 7580 ff.

760 Schleswig-Holsteinischer Landtag (13. Wahlperiode) - 108. Sitzung. Freitag, 8. Dezember 1995, S. 7580/7581, Die Ministerin für Wissenschaft, Forschung und Kultur TIDICK: (...) *Die bisher geltende Regelung war nicht immer sachgerecht. Es galt das Schatzfundrecht des Bürgerlichen Gesetzbuches, und sah zum Beispiel sogar für Grabräuber vor, daß sie mit einem Entdeckeranteil belohnt wurden. Das kann nicht logisch und gerecht sein.*

761 Schleswig-Holsteinischer Landtag (13. Wahlperiode) - 108. Sitzung. Freitag, 8. Dezember 1995, S. 7580/7581, Die Ministerin für Wissenschaft, Forschung und Kultur TIDICK: *KARL OTTO MEYER, das geht übrigens auf das jütische Recht zurück, das bis in das 20.Jahrhundert im Landesteil Schleswig angewandt wurde. (...) Vielleicht fällt es da dem Abgeordneten MEYER leichter, dem Denkmalschutzgesetz zuzustimmen, wenn er weiß, daß wir hier eine alte Regelung des jütischen Rechtes wiederaufleben lassen. (Beifall bei der F.D.P.- KARL OTTO MEYER (SSW): Dagegen habe ich ja gar nichts !).*

762 Schleswig-Holsteinischer Landtag (13. Wahlperiode) - 108. Sitzung. Freitag, 8. Dezember 1995, S. 7580/7581, Die Ministerin für Wissenschaft, Forschung und Kultur TIDICK: (...) *Der Vorschlag des Erzbischöflichen Amtes Kiel, eine Sonderregelung für die Kirchen zu schaffen, ist nicht aufgegriffen worden, da wir insoweit keinen Bedarf sahen.*

SPD[763] wie auch der F.D.P.[764] unterstützt, wobei jedoch wiederum die Forderung nach einem Finderlohn aufkam, der in zweiter Lesung nachgegeben wurde.[765] Neben der inhaltlichen Änderung findet erstmals auch ausdrücklich die nicht mehr zu ermittelnde *Eigentümerin* Berücksichtigung, wenn auch die Belohnung dem *Finder* überlassen bleibt.

9. In **Bayern** gibt es seit Beginn der neunziger Jahre vergebliche Versuche der SPD, ein Schatzregal einzuführen. Ein dahingehend 1994 eingebrachter Antrag[766] auf Einrichtung eines entsprechenden Fachausschusses wurde durch Beschluß des Bayerischen Landtages abgelehnt.[767]

---

763 Schleswig-Holsteinischer Landtag (13. Wahlperiode) - 108. Sitzung. Freitag, 8. Dezember 1995, S. 7582, Dr. WEBE (SPD): *Durch das neue Schatzregal für gefundene bewegliche Kulturdenkmäler haben wir in der Weise Abhilfe geschaffen, wie es die Titelüberschrift der ‚Kieler Nachrichten' vom 23. November treffend formuliert: ‚Finderlohn gestrichen', und dann fortzufahren - ich zitiere mit Genehmigung der Präsidentin: ‚Schlechte Zeiten für Schatzsuche. Das Land reformiert den Denkmalschutz und streicht die Belohnung für ehrliche Finder.' Bisher stand ein sogenanntes bewegliches Kulturdenkmal jeweils zur Hälfte dem Grundbesitzer und dem Entdecker zu. Demnächst gehören alle Funde aus früherer Zeit automatisch dem Staat.*

764 Schleswig-Holsteinischer Landtag (13. Wahlperiode) - 108. Sitzung. Freitag, 8. Dezember 1995, S. 7584/7585, Dr. HAPPACH-KASAN (F.D.P.): *Es muß die Möglichkeit bestehen, einen Fund zu dokumentieren und wissenschaftlich auszuwerten. Allerdings meinen wir, daß der ehrliche Finder auch eine Belohnung erhalten sollte.*

765 Schleswig-Holsteinischer Landtag (13. Wahlperiode) - 114. Sitzung, Mittwoch, 21. Februar 1996, S. 8114, Dr. WIEBE (SPD): *Ehrlichkeit wird eben nicht bestraft, wie es in der Verbandszeitschrift des Bundes der Steuerzahler zu lesen ist. Dort wird leider behauptet - ich zitiere wörtlich: ‚Damit fördert man eher die Unterschlagung des Fundes statt Ehrlichkeit zu belohnen.'* (...) *Ich meine, das ist eine verwegene Feststellung, daß alle Finder von Schätzen potentielle Kriminelle und Straftäter sind. Mit der vorliegenden Formulierung ist Rechtssicherheit gegeben* (...).

766 Abgeordneter STARZMANN und acht weitere Abgeordnete der SPD, Antrag vom 10. Februar 1994, Drucksache 12/14410: *Der Landtag wolle beschließen: Die Staatsregierung wird aufgefordert, einen Fachausschuß einzusetzen, der einen Vorschlag für eine praktikable gesetzliche Einführung des ‚großen' Schatzregals in Bayern auszuarbeiten. Als Anreiz zur Meldung und Abgabe von Funden nach Einführung des Schatzregals soll ein Prämiensystem eingeführt werden, das ohne Bestehen eines Rechtsanspruches Ausgleichszahlungen an den Finder und Grundeigentümer durch den Staat ermöglicht. Mit den anderen Bundesländern sind Gespräche aufzunehmen, um die Gesetzgebung über die Eigentumsrechte an Grabungsfunden in der Bundesrepublik auf dem Niveau des ‚großen' Schatzregals, wie es bereits in Baden-Württemberg, Bremen, Rheinland-Pfalz und in allen neuen Bundesländern besteht, zu vereinheitlichen.*

767 Beschluß des Bayerischen Landtages vom 14. Juli 1994, Drucksache 12/16780.

Der im Folgejahr eingebrachte Antrag,[768] die Staatsregierung zu einer Gesetzgebungsinitiative aufzufordern, erfuhr in den Ausschußberatungen[769] eine intensivere Diskussion. Zum ersten Mal wurde dabei die Verankerung nicht im Denkmalschutzgesetz, sondern im Ausführungsgesetz zum Bürgerlichen Gesetzbuch angeregt. Die Staatsregierung hatte in Abstimmung mit dem Landesamt für Denkmalpflege, der Prähistorischen Sammlung und der Staatlichen Münzsammlung die Einführung eines Schatzregals als nicht effektiv abgelehnt,[770] da es in anderen Ländern das Problem der Raubgrabungen nicht habe beheben können[771] und die Anzahl der gemeldeten Funde verschlechtere.[772] Die Praxis habe gezeigt, daß man mit den Mitteln des Ankaufs weiter komme als mit dem Schatzregal.[773] Aus dem Gesichtspunkt der Finanzierung von Grabungen sei es gegenüber den Gemeinden ein wichtiges Argument, daß derjenige, der sich an den Kosten beteiligt, bei einem wertvollen Fund eine entsprechende Eigentümerstellung habe.[774] Die Einführung eines Schatzregals führe eher zu einer Verschlechterung als zu einer Verbesserung der Situation.[775] Die Gegenargumentation, wonach die Verweigerung der Einführung des Schatzregals in Bayern, das sich von Ländern mit Schatzregal umgeben und sich daher dem Einströmen von Funden aus diesen Ländern ausgesetzt sehe, diesen gegenüber unsolidarisch sei,[776] hielt den Ausschuß nicht von der Empfehlung ab, den Antrag abzulehnen,[777] der der Landtag folgte.[778] Die Bayerische Staatsregierung betonte auf die Anfrage eines Abge-

---

768 Antrag des Abgeordneten Starzmann (SPD) vom 2. Februar 1995, Drucksache 13/348: *Der Landtag wolle beschließen: Die Staatsregierung wird aufgefordert, einen Vorschlag für eine praktikable gesetzliche Einführung des großen Schatzregals in Bayern auszuarbeiten und diesen als Änderungsantrag zum Bayerischen Gesetz über die Ausführung des Bürgerlichen Gesetzbuches in den Landtag einzubringen. Gleichzeitig mit der Einführung des Schatzregals soll als Anreiz zur Meldung und Abgabe von Funden ein Prämiensystem ausgearbeitet werden, das ohne Bestehen eines Rechtsanspruches Ausgleichszahlungen an den Finder und Grundeigentümer durch den Staat ermöglicht. Mit den anderen Bundesländern sind Gespräche aufzunehmen, um die Gesetzgebung über die Eigentumsrechte an Grabungsfunden in der Bundesrepublik auf dem Niveau des ‚großen' Schatzregals, wie es bereits in Baden-Württemberg, Bremen, Rheinland-Pfalz und in allen neuen Bundesländern besteht, zu vereinheitlichen.*

769 Ausschuß für Hochschule, Forschung und Kultur, 35. Sitzung vom 8. Mai 1996, Drucksache 13/348.

770 Drucksache 13/348, S. 26.

771 Drucksache 13/348, S. 27.

772 Drucksache 13/348, S. 28.

773 Drucksache 13/348, S. 27.

774 Drucksache 13/348, S. 29.

775 Drucksache 13/348, S. 29.

776 Drucksache 13/348, S. 26/29, 30.

777 Ausschuß für Hochschule, Forschung und Kultur, Drucksache 13/4809.

778 Beschluß des Bayerischen Landtag vom 16. Juli 1996, Drucksache 13/5425.

ordneten[779] hin 1999 grundsätzlich weiterhin ihre Ablehnung des Schatzregals,[780] zeigte aber Gesprächsbereitschaft. Nachdem in einer Untersuchung des Denkmalschutzrechts vom Januar bis Oktober 2000 die Einführung eines Schatzregals noch erwogen worden war,[781] lehnte der Landesdenkmalrat in seiner Stellungnahme zu geplanten Änderungen des Denkmalschutzgesetzes und zu Änderungen in der Struktur des Bayerischen Landesamts für Denkmalpflege die Einführung eines Schatzregals im Jahr 2001 ab: *Nach Auffassung des Landesdenkmalrates würde die Einführung eines ‚Schatzregals' zu einer Verschlechterung des jetzigen Zustands führen.*

---

[779] Schriftliche Anfrage des Abgeordneten STARZMANN SPD vom 17. Mai 1999, Drucksache 14/1682: 4. *Der Landesdenkmalrat hat sich für eine bundesweite Vereinheitlichung des Rechtes an Fundstücken aus Bodendenkmälern ausgesprochen. Da die Mehrheit der Bundesländer das „Große Schatzregal" eingeführt hat, erhebt sich die Frage, ob die Staatsregierung die wünschenswerte Vereinheitlichung auf dem Niveau der Mehrheit der Länder anstrebt?*

[780] Antwort des Staatsministeriums für Wissenschaft, Forschung und Kunst vom 26. August 1999, Drucksache 14/1682: Zu 4.: *Bayern ist eines von insgesamt drei Ländern (außerdem Nordrhein-Westfalen und Hessen), die bisher kein Schatzregal eingeführt haben. Die Ausformungen des Schatzregals in den andern Ländern sind allerdings sehr unterschiedlich, vom umfassenden Zugriff des Staates auf das Eigentum an archäologischen Funden bis hin zu starken Einschränkungen z.B. auf Funde von besonderer wissenschaftlicher Bedeutung. Der Bayerische Landtag hat bereits mehrfach Anträge auf Einführung des Schatzregals, zu denen sich die Staatsregierung negativ geäußert hatte, abgelehnt, zuletzt im Jahr 1996. Mittlerweile sind die Länder Bayern, Hessen und Nordrhein-Westfalen auf Ebene der Kultusministerkonferenz gebeten worden, ihre bislang eingenommene Haltung zu überprüfen. Auch wenn hierzu bisher seitens der Staatsregierung keine Initiative ergriffen wurde, so besteht dennoch die Bereitschaft, aus gegebenem Anlaß die für und gegen ein Schatzregal sprechenden Gründe erneut kritisch abzuwägen.*

[781] Abschlußbericht zur Untersuchung des Denkmalschutzrechts und der Denkmalschutzverwaltung (22. Februar 2001) vom Wissenschaftsministerium dem Landesdenkmalrat: *2. 2 Einführung eines ‚Schatzregals'. Situation: In fast allen deutschen Ländern (außer Bayern, Hessen und Nordrhein-Westfalen) gilt ein landesrechtliches ‚Schatzregal', kraft dessen das jeweilige Land das Eigentum an Bodendenkmälern mit deren Entdeckung erwirbt. Demgegenüber wird der Erwerb des Eigentums an Bodendenkmälern, deren Eigentümer nicht anderweitig ermittelt werden kann, in Bayern durch § 984 BGB geregelt. Immer wieder werden bayerischen Museen Bodendenkmäler zum Verkauf angeboten, deren Besitzer behaupten, die Bodendenkmäler zufällig in Bayern gefunden zu haben und dadurch mindestens zur Hälfte Eigentümer dieser Bodendenkmäler geworden zu sein. Es ist davon auszugehen, daß nicht wenige dieser Bodendenkmäler aus anderen deutschen Ländern stammen, wo sie illegal ausgegraben wurden, aber nicht verkäuflich sind, weil das Eigentum an Bodendenkmälern ohnehin dem jeweiligen Land zusteht. Auch bei nicht erlaubten Ausgrabungen in Bayern können derartige Denkmäler entdeckt worden sein. Entsprechende Behauptungen der Anbieter lassen sich oft nicht widerlegen. Maßnahme: Einführung eines „Schatzregals" auch in Bayern. Vorteile: ‚Raubgräber' würden künftig weniger zu illegalen Aktivitäten ermutigt. Ferner könnte die öffentliche Hand zumindest die Bodendenkmäler, die in Bayern gefunden werden, ohne Einsatz von Haushaltsmitteln erwerben. Nachteile: u.U. verfassungsrechtliche Probleme (die Zulässigkeit neuer landesrechtlicher ‚Schatzregale' wird unterschiedlich beurteilt).*

Die Bereitschaft der Finder von archäologischem Gut, dieses dem Staat kostenlos oder nahezu kostenlos zu überlassen, wird durch das Schatzregal vermindert.[782]

10. Die Freie und Hansestadt **Hamburg** erweiterte 1997 - dem durch den Senat eingebrachten[783] und begründeten[784] Entwurf folgend - durch die Änderung des Denkmalschutzgesetzes ihr bereits bestehendes „kleines" zu einem „großen" Schatzregal (§ 18 Absatz 3): *Archäologische Gegenstände und bewegliche Denkmale im Sinne von § 2 Nummern 3 und 4, die so lange im Boden verborgen gewesen sind, daß die Eigentümerin oder der Eigentümer nicht mehr zu ermitteln ist, werden mit der Entdeckung dann Eigentum der Freien und Hansestadt Hamburg, wenn ihnen ein hervorragender wissenschaftlicher Wert zuzubilligen ist. Der Fund ist unverzüglich der zuständigen Behörde zu melden. Bei nichtöffentlichen Nachforschungen oder Bodeneingriffen ist dem Finder eine angemessene Fundprämie zu gewähren.*[785] Die Einführung eines Anreizes für den Schatzentdecker sollte *die Gefahr einer Unterschlagung derartiger Objekte vermindern.*[786]

§ 2 Der Umfang der Schatzregale

I. Eigenschaft als Kulturdenkmale

Bereits die Verankerung in den Denkmalschutzgesetzen bringt es mit sich, daß Gegenstand des staatlichen Eigentumsanspruches der Länder bezüglich von Schatzfunden im Gegensatz zu den historischen Vorgängern ohne Rücksicht auf den materiellen Wert nur Kulturdenkmale sein können. Deren Definition eröffnet mit dem Anwendungsbereich der jeweiligen Denkmalschutzgesetze gleichzeitig auch denjenigen der darin enthaltenen Schatzregale.

---

782 2.2 (Einführung eines „Schatzregals").

783 Gesetz zur Änderung des Denkmalschutzgesetzes, Drucksache 15/7398.

784 Drucksache 15/7398, S. 10: *§ 18 Absatz 3, der sich mit dem Schatzfund beziehungsweise Schatzregal befaßt, soll insofern geändert werden, als derartige Gegenstände nicht mehr nur dann, wenn sie bei staatlichen Forschungen entdeckt werden, sondern in jedem Fall Eigentum der Freien und Hansestadt Hamburg werden. Dies setzt allerdings voraus, daß diesen Gegenständen ein hervorragender wissenschaftlicher Wert zuzubilligen ist. Dieses Schatzregal entspricht der Regelung in den meisten Denkmalschutzgesetzen anderer Bundesländer und ist auch im Hinblick auf seine Konkurrenz zum bürgerlichen Recht, das heißt, § 984 BGB in Verbindung mit Artikel 73 EGBGB, vom Bundesverfassungsgericht für zulässig erklärt worden, wenn es sich um Objekte von erheblichem wissenschaftlichen Wert handelt* (...).

785 GVBl. 1997, S. 269.

786 Drucksache 15/7398, S. 10.

1. Die Bestimmungen der Länder wählen zwar hinsichtlich der von ihnen erfaßten Objekte im Wortlaut insoweit **abweichende Begrifflichkeiten**, als sowohl von *beweglichen Kulturdenkmalen,*[787] von *beweglichen Bodendenkmalen,*[788] *beweglichen Denkmalen,*[789] *archäologischen Gegenständen und beweglichen Denkmälern*[790] und *Funden*[791] die Rede ist; tatsächlich resultieren aber keine Unterschiede aus den Begrifflichkeiten *Kulturdenkmal* und *Denkmal.*[792] Die Begriffsbestimmung für Kulturdenkmäler ist damit in allen 16 Ländergesetzen der Bundesrepublik inhaltlich gleich, wenn auch in Betonung der Eigenständigkeit verschieden formuliert.[793] Auch das Merkmal der Beweglichkeit stellt keine Abweichung dar, da die Bestimmungen einerseits an § 984 BGB anknüpfen, aus dessen Stellung im Sachenrecht über den Erwerb und Verlust des Eigentums an beweglichen Sachen unmittelbar hervorgeht, daß die Sache beweglich sein muß[794] und andererseits unbewegliche Sachen als *pars fundi* ohnehin einen bekannten Eigentümer haben, nämlich den des Grundes. Der Begriff des Bodendenkmals stellt dahingegen eine Einschränkung hinsichtlich des Fundortes dar.[795] Der ausschließlich im Schatzregal des Landes Rheinland-Pfalz vorkommende Begriff der *Funde*, der weiter als der des (Kultur-) Denkmales sein soll,[796] bedeutet nach der Legaldefinition des § 16 jedoch nicht mehr, als das von ihnen *bei Entdeckung anzunehmen ist, daß sie Kulturdenkmäler (§ 3) sind oder als solche gelten*. Nach den Denkmalschutzgesetzen aller Bundesländer ist demnach die Kulturdenkmaldefinition eine zentrale Norm, die maßgeblich über ihren Anwendungsbereich und damit auch gleichzeitig über denjenigen ihrer Schatzregale entscheidet.

2. Wie schon bei dem Begriff selbst, so weichen die Denkmalschutzgesetze auch bei den Voraussetzungen für die Eigenschaft als Kulturdenkmal im Wortlaut voneinander ab, wobei es jedoch bei leichten Nuancen von Gesetz zu Gesetz das entscheidendes Merkmal ist, daß ein

---

787 B-W § 23; HB § 19 Absatz 1; SL § 23; FS § 25; S-A § 12; S-H § 19a; TH § 17.

788 BER § 3 Absatz 2; BRA § 20.

789 M-V § 13; N § 18.

790 HH § 18 Absatz 3.

791 R-P § 19a.

792 FECHNER Unterschiede, S. 35.

793 KIESOW, S. 76.

794 HÖNES Denkmalrecht, § 19a, Rz.12; VON STAUDINGER-GURSKY, § 984, Rz. 1; MüKo-QUACK, § 984, Rz. 1.

795 A.A. wohl FECHNER Unterschiede, S. 35, der Bodendenkmal, Kulturdenkmal und Denkmal gleichsetzt, ohne Rücksicht darauf, daß etwa in überirdischen Mauern oder Decken verborgene Sachen zwar Kultur-, aber keine Bodendenkmale sind.

796 HÖNES Denkmalrecht, § 19a, Rz. 11.

öffentliches Interesse[797] oder **Interesse der Allgemeinheit**[798] **an der Erhaltung der Sachen** besteht. Durch diese Eingrenzung soll verhindert werden, daß die Allgemeinheit für die Sicherung von Objekten in Anspruch genommen werden kann, die lediglich für einen kleinen Teil von Spezialisten oder Liebhabern Bedeutung hat.[799] Das öffentliche Interesse bzw. die Erhaltungswürdigkeit muß sich zumeist aus der klassischen Begriffstrias[800] der wissenschaftlichen,[801] geschichtlichen[802] und künstlerischen[803] Gründe rechtfertigen. Die Landesgesetze nennen zudem auch technische,[804] städtebauliche,[805] volkskundliche,[806] heimatgeschichtliche,[807] landschaftsgestaltende[808] und kultische[809] Gründe. Damit beschränkt sich keines der Gesetze auf den historischen oder paläontologischen Quellenschutz.[810] Aus diesem weiten Kreis soll jedoch ein engerer der denkmalfähigen Objekte ermittelt werden.[811] Die zumindest im Wortlaut verschiedenen Definitionen treffen dabei eine Auswahl, die willkürlich und kasuistisch erscheint[812] und der sich unlängst Hamburg[813] entzogen hat. Dabei verläuft die Prüfung jedoch nicht in einem „Entweder-Oder-Schema", die Denkmalfähigkeit kann sich

797 B-W § 2 Absatz 1; BER § 2 Absatz 1; BRA § 2 Absatz 1; HB § 2 Absatz 1; HH § 2 Absatz 1; M-V § 3 Absatz 2, 4; N § 3 Absatz 1, 2; R-P § 2 Absatz 1; SL § 2 Absatz 1; FS § 2 Absatz 1; S-A § 1 Absatz 2; S-H § 2 Absatz 1; TH § 2 Absatz 1.

798 BER § 2 Absätze 2, 5.

799 OVG Berlin NJW 1990, S. 2019 ff.; BVerwG DÖV 1988, S. 425.

800 Hammer DÖV, S. 360, Fußnote 19.

801 B-W § 2 Absatz 1; BER § 2 Absatz 5; BRA § 2 Absatz 1; HB § 2 Absatz 1; M-V § 2 Absatz 1; N § 3 Absatz 2; R-P § 3 Absatz 1 Nr. 2 a; SL § 2 Absatz 1; FS § 2 Absatz 1; S-A § 2 Absatz 1; S-H § 1 Absatz 2; TH § 2 Absatz 1.

802 BER § 2 Absatz 5; BRA § 2 Absatz 1; M-V § 2 Absatz 1; N § 3 Absatz 2; SL § 2 Absatz 1; FS § 2 Absatz 1; S-A § 2 Absatz 1; S-H § 1 Absatz 2; TH § 2 Absatz 1.

803 B-W § 2 Absatz 1; BER § 2 Absatz 5; BRA § 2 Absatz 1; HB § 2 Absatz 1; M-V § 2 Absatz 1; N § 3 Absatz 2; R-P § 3 Absatz 1 Nr. 2 a; SL § 2 Absatz 1; FS § 2 Absatz 1; S-A § 2 Absatz 1; S-H § 1 Absatz 2; TH § 2 Absatz 1.

804 BRA § 2 Absatz 1; HB § 2 Absatz 1; SL § 2 Absatz 1; S-A § 2 Absatz 1; TH § 2 Absatz 1.

805 BER § 2 Absatz 5; BRA § 2 Absatz 1; M-V § 2 Absatz 1; N § 3 Absatz 2; R-P § 3 Absatz 1 Nr. 2 a; SL § 2 Absatz 1; FS § 2 Absatz 1; S-A § 2 Absatz 1; S-H § 1 Absatz 2; TH § 2 Absatz 1.

806 BRA § 2 Absatz 1; M-V § 2 Absatz 1; SL § 2 Absatz 1; TH § 2 Absatz 1.

807 B-W § 2 Absatz 1; HB § 2 Absatz 1; R-P § 3 Absatz 1 Nr. 2 b.

808 FS § 2 Absatz 1; S-H § 1 Absatz 2.

809 S-A § 2 Absatz 1.

810 Oebbecke AuF, S. 55

811 Hammer DÖV, S. 359 mit weiteren Nachweisen.

812 Hammer DÖV, S. 360.

813 HH § 2.

aus einem oder mehreren der genannten Gründen ergeben.[814] Letztendlich darf man indes davon ausgehen, daß alle Gesetze dasselbe schützen wollen, nämlich alle historisch bedeutsamen Gegenstände.[815]

a. Das Kriterium des **wissenschaftlichen Wertes** stellt für den Kulturdenkmalbegriff das umfassendste Merkmal dar.[816] Dieser bezieht sich auf die Vermittlung der gewonnenen Erkenntnisse,[817] bei der das Objekt als Medium hervorragendes leisten kann.[818] Hauptfall der wissenschaftliche Bedeutung eines Gegenstandes ist seine Quellenfunktion für die erkenntnissuchende Tätigkeit.[819] Ein Objekt ist demnach dann wissenschaftlich wertvoll, wenn durch Forschung an einem Gegenstand der historische Kenntnisstand einer wissenschaftlichen (Spezial-) Disziplin vermehrt werden kann.[820] Diese ist nicht auf die Archäologie, Paläontologie oder Geschichte begrenzt, sondern gilt für alle Zweige der Wissenschaft.[821] Es kommt dabei nicht darauf an, ob das Objekt tatsächlich Gegenstand wissenschaftlicher Forschung oder nur erhalten wird.[822] Wissenschaft ist alles, was nach Inhalt und Form als ernsthafter planmäßiger Versuch zur Ermittlung der Wahrheit anzusehen ist.[823] Das Merkmal der wissenschaftlichen Bedeutung greift theoretisch unendlich weit, weil die Wissenschaft hinsichtlich ihrer Gegenstände, Fragestellungen und Methoden nicht beschränkt ist.[824] Dennoch sind die Möglichkeiten, den Denkmalwert eines Objektes mit seinem wissenschaftlichen Wert zu begründen, begrenzt und verlangen feste Konturen.[825] Es erlangt diese nicht etwa bereits dadurch, daß ein Wissenschaftler es bedeutend findet.[826] Das Denkmal bzw. seine Erhaltung muß vielmehr einem breiten Kreis von Sachverständigen wichtig erscheinen;[827] es muß mithin über seine eigene Geschichte hinaus so interessant sein, daß es bemerkenswerte oder wertvolle Fakten für einen Wissenschaftszweig bieten kann.[828]

---

814 Hammer DÖV, S. 361.
815 Hammer DÖV, S. 360.
816 Hönes Denkmalrecht, § 3, Rz. 53.
817 Oebbecke AuF, S. 56.
818 Oebbecke AuF, S. 60.
819 Oebbecke AuF, S. 57.
820 Hammer DÖV, S. 361.
821 Hönes Denkmalrecht, § 3, Rz. 53.
822 Hönes Denkmalrecht, § 3, Rz. 54.
823 BVerfGE 5, S. 83 (146 f.).
824 Strobl/Majocco/Birn, § 2, Rz. 19.
825 Strobl/Majocco/Birn, § 2, Rz. 19.
826 Oebbecke AuF, S. 59.
827 BVerfGE 11, S. 32 (35).
828 VGH Baden-Württemberg NVwZ-RR 1989, S. 232 (233); Hammer DÖV, S. 361.

b. Mit der ausdrücklichen Nennung des **geschichtlichen Wertes** wird die besondere Rolle dieser Wissenschaft selbst und ihrer Hilfswissenschaften für den Denkmalschutz hervorgehoben, obwohl sie bereits in den wissenschaftlichen Gründen enthalten ist und so etwa in Baden-Württemberg und Rheinland-Pfalz keine Erwähnung findet.[829] Sie hat sich heute in zahlreiche Spezialdisziplinen (Kunst-, Rechts-, Kirchen-, Medizin-, Technikgeschichte usw.) verzweigt und umgekehrt sucht jede Wissenschaft, ihre Geschichte zu erforschen.[830] Dazu gehört wie beim allgemeinen Wissenschaftsbegriff auch die Vermittlung der gewonnenen Kenntnisse, was in Rheinland-Pfalz noch zusätzlich als *Förderung des geschichtlichen Bewußtseins*[831] umschrieben wird.[832] *Heimatgeschichtliche Gründe* betreffen den selben, wenn auch territorial begrenzten Bereich.[833] Es geht darum, daß ein Objekt die Geschichte eines Ortes, eines Territoriums, eines Volkes oder der Gattung Mensch bezeugt, anschaulich macht und im Bewußtsein der Menschen hält, wobei indes ein besonderer Anschauungs- und Demonstrationswert erforderlich ist.[834]

c. Unter dem Begriff der **künstlerischen Bedeutung**, ist der gesteigerte ästhetische oder gestalterische Eigenwert des Objektes zu verstehen, der von seinem Quellenwert unabhängig ist.[835] Diesen hat ein Gegenstand dann, wenn er unabhängig vom ästhetischen Empfinden der Gegenwart und nicht notwendig im Detail[836] den Eindruck vermittelt, nicht alltäglich zu sein oder einen besonderen Symbolgehalt hat[837] bzw. als individuelle schöpferische Leistung Ausdruck künstlerischer Inspiration und Gestaltungskraft ist.[838] Dabei ist es gleichgültig, welcher Kunstrichtung ein Werk angehört.[839]

d. Unter **städtebaulichen Gründen** ist insbesondere der Gestaltwert[840] und auch der funktionelle Nutzen[841] für die materielle Lebenswelt des Menschen zu verstehen, der bei einem histo-

---

829 Hönes Denkmalrecht, § 3, Rzn. 54, 57.

830 Hammer DÖV, S. 361.

831 R-P § 3 Absatz 1 Nr. 2 b.

832 Oebbecke AuF, S. 56.

833 Vergleiche Strobl/Majocco/Birn, § 2. Rz. 21.

834 Oebbecke AuF, S. 60: (...) *Beweismittel oder Beweisgegenstand muß die geschichtliche Bedeutung haben.*

835 Strobl/Majocco/Birn, § 2, Rz. 20; Oebbecke AuF, S. 55; VGH Baden-Württemberg DVBl. 1988, S. 1219 (1221); Hammer DÖV, S. 361; Hönes Denkmalrecht, § 3, Rz. 70.

836 OVG Nordrhein-Westfalen NVwZ-RR 1992, S. 533.

837 BVerfGE 11, S. 32 (35).

838 OVG Berlin NJW 1990, S. 2020; OVG Lüneburg NVwZ 1983, S. 233.

839 Hönes Denkmalrecht, § 3, Rz. 73.

840 VG München BayVbl. 1974, S. 649.

841 Oebbecke AuF, S. 56.

Tabelle 1: Erhaltungswürdigkeit als Kulturdenkmaleigenschaft

Gründe für ein öffentliches Interesse	BER 2 V	BRA 2 I	HB 2 I	B-W 2 I	M-V 2 I	N 3 II	R-P 3 I	SL 2 I	FS 2 I	S-A 2 I	S-H 1 II	TH 2 I
wissenschaftliche	●	●	●	●	●	●	●	●	●	●	●	●
geschichtliche	●	●			●	●		●	●	●	●	●
künstlerische	●	●	●	●	●	●	●	●	●	●	●	●
städtebauliche	●	●			●	●	●	●	●	●	●	●
technische		●	●					●		●		●
volkskundliche		●			●			●				●
heimatgeschichtliche			●	●			●					
landschaftsgestaltende									●			●
kultische										●		
Umweltbelebung							●					

Quelle: Eigene Darstellung

risch gewachsenen oder durch besondere Geschicke geprägten Straßen-, Platz- oder Ortsbild bzw. einer entsprechenden Siedlungsstruktur gegeben sein[842] und gegebenenfalls mit dem Merkmal *künstlerisch* überlappen kann.[843]

e. Die Entsprechung für die natürliche Umgebung ist in den **landschaftsgestaltenden Gründen** zu finden, die aber ebenso wie die *Belebung und Werterhöhung der Umwelt*, also Bereicherung der näheren Umgebung in positiver Weise,[844] nach Sinn und Zweck der Gesetze restriktiv auszulegen sind und daher stets eine historische Komponente verlangen.[845] Diesen Gesichtspunkten, die sich auf gebaute und gepflanzte Zeugnisse beschränken, kommt indes bei den von den Schatzregalen erfaßten Objekten ebenso wie bei den städtebaulichen Gründen kaum Bedeutung zu.

f. Auch der **Ursprung der Objekte** kann für ihre Einordnung Bedeutung gewinnen. Unter dem Begriff der Kulturdenkmale sind sowohl im fachwissenschaftlichen wie im allgemeinen Sprachgebrauch von Menschen geschaffene Gegenstände zu verstehen,[846] die ursprünglich

---

842 Hammer DÖV, S. 363.

843 OVG Lüneburg NVwZ 1983, S. 231 f.

844 Hönes Denkmalrecht, § 3, Rz. 1.

845 Hammer DÖV, S. 363.

846 FB Artikel 1 Absatz 1, 4; Vergleiche HB § 2 Absatz 7, N § 3 Absatz. 4.

eine andere Zweckbestimmung hatten, als von vornherein als Monument zu dienen.[847] Damit werden etwa botanische Spuren, Skelette und Bodenverfärbungen nicht erfaßt.[848] Dem wirken diejenigen Denkmalschutzgesetze entgegen, die auch ausdrücklich Zeugnisse, Überreste oder Spuren menschlichen, tierischen oder pflanzlichen Lebens[849] mit einbeziehen. Ob der Begriff des Kulturdenkmals in Bremen,[850] Baden-Württemberg,[851] Hamburg[852] und Niedersachsen[853] auch paläontologische Denkmäler einschließt, wird bezweifelt.[854] Naturgeschichtliche Denkmale werden von der Mehrzahl der Legaldefinitionen weder nach grammatikalischer noch historisch-systematischer Auslegung erfaßt.[855] Der Schutz von Naturdenkmalen

Tabelle 2: Herkunft der Gegenstände als Kulturdenkmaleigenschaft

Hervorbringen der Natur als Kulturdenkmale	BER	BRA	HB	B-W	HH	M-V	N	R-P	SL	FS	S-A	S-H	TH
alle	§ 2 I, V	§ 2 I, V						§3 II	§2 III		§2 I,II	§ 1 II	§ 2 VI
Zeugnisse menschlichen Lebens			§ 2 I	§ 2 I	§2 Nr. 4	§2 V	§3 IV			§2 III			

Quelle: Eigene Darstellung

hat seit der reichsrechtlichen abschließenden Regelung 1935 den Bereich des Denkmalschutzes weitgehend verlassen und seinen Standort im Naturschutz gefunden, wo er auch weitgehend spezialgesetzlich geregelt wurde.[856] Die Ausnahme bilden einige Denkmalschutzgesetze, die systemwidrig ausdrücklich auch paläontologische Zeugnisse in ihren Schutz einbeziehen und deren Bestimmungen wiederum denjenigen der Naturschutzgesetze vorgehen.

847 Melchinger, S. 37,

848 Fechner Unterschiede, S. 36.

849 Vergleiche BRA §§ 2 Absatz 5; R-P § 3 Absatz 2; SL § 2 Absatz 3; TH § 2 Absatz 7; S-A § 2 Absatz 2 Nr. 5; S-H § 1 Absatz 2.

850 HB § 2 Absatz 1.

851 B-W § 2 Absatz 1.

852 HH § 2 Nr. 4.

853 N § 3 Absatz 4.

854 Dörner, S. 17; a. A. Oebbecke AuR, S. 40; Hönes Denkmalrecht, § 3, Rz. 107.

855 Hammer DÖV, S. 363; anders etwa noch das Hessische Denkmalschutzgesetz von 1902 (Reg.Bl. S. 275), Artikel 33 ff. und das Denkmalschutzgesetz Oldenburgs von 1911 (Gbl. S. 959) §§ 1 Absatz 1 Nr. 2–5, 11 ff., die noch ausdrücklich Naturdenkmale in ihren Anwendungsbereich einschlossen.

856 Hammer DÖV, S. 363.

Tabelle 3: Alter als Kulturdenkmaleigenschaft

Zeitgrenze bei Kulturdenkmalen

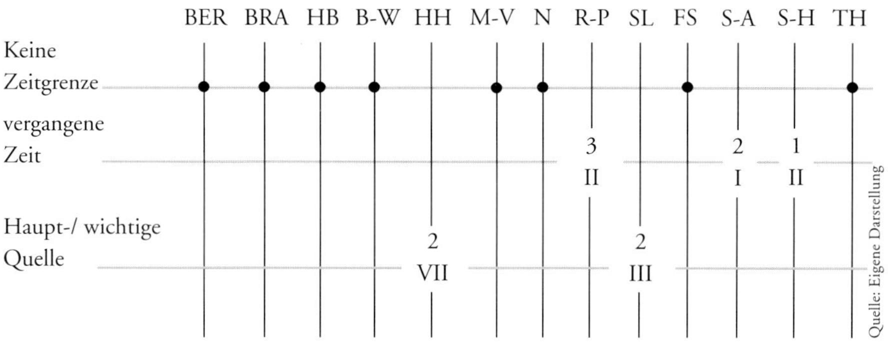

g. Die meisten Denkmalschutzgesetze mit Schatzregal verzichten auf jede **zeitliche Eingrenzung** bei der Bestimmung des Kulturdenkmalbegriffes. Dennoch wird wohl das Erfordernis des öffentlichen Interesses an der Erhaltung regelmäßig sehr junge Objekte ausschließen.[857] Hamburg und das Saarland beschränken den Anwendungsbereich auf solche, die entweder eine Hauptquelle oder aber doch eine wichtige Quelle wissenschaftlicher Erkenntnis sind. Damit werden jedenfalls die Gegenstände der Neuzeit ausgeschlossen.[858] In Rheinland-Pfalz, Sachsen-Anhalt und Schleswig-Holstein müssen sie aus *vergangener Zeit* stammen. Ob darin eine zeitliche Einschränkung besteht, muß indes angesichts dessen, daß bereits die Zeit des Nationalsozialismus, die Nachkriegszeit und die fünfziger Jahre dazu gezählt werden[859] oder ein Zeitraum von dreißig Jahren von der Gegenwart angenommen wird,[860] bezweifelt werden.

II. Weitere Voraussetzungen

Erfüllt ein entdecktes Objekt die Voraussetzungen eines Kulturdenkmals und ist damit der Anwendungsbereich eines Denkmalschutzgesetzes eröffnet, so enthalten die Schatzregale in der eigentlichen Norm zusätzliche Beschränkungen auf bestimmte Kulturdenkmale, die auf weiteren Gesichtspunkten beruhen.

1. Zunächst sind bei allen Regelungen die **Eigentumsverhältnisse zum Zeitpunkt der Entdeckung** entscheidend.

---

857 Dörner, S. 41; Oebbecke AuF, S. 45.

858 Oebbecke DVBl, S. 385; ders. AuF, S. 54.

859 Oebbecke AuF, S. 54.

860 Hönes Denkmalrecht, § 3, Rz. 38.

a. Die Schatzregale der Länder erfassen sämtlich solche Objekte *die solange verborgen gewesen sind, daß ihr Eigentümer nicht mehr zu ermitteln ist.* Die Übernahme des Wortlautes des § 984 BGB verdeutlicht, daß Gegenstände zunächst dann erfaßt werden, wenn sie **Schätze** darstellen.

b. Außer in Berlin und Hamburg erfassen die Schatzregale nach ihrem Wortlaut außer Schätzen auch **herrenlose Sachen**. Darunter sind solche zu verstehen, an denen noch nie Eigentum bestanden hat, an denen es aufgegeben worden (derelinquiert) oder sonstwie erloschen ist.[861] Im Gegensatz zur Halbteilung beim Schatz nach § 984 BGB erhält gemäß § 958 BGB derjenige das Eigentum, der die Sache in Eigenbesitz nimmt. Der Wortlaut des § 984 umfaßt diese Objekte nicht, da dort vorausgesetzt wird, daß die gefundene Sache zum Zeitpunkt der Verbergung in irgendjemandes Eigentum gestanden hat, der selbst beziehungsweise dessen Erbe aber infolge des vergangenen Zeitraumes nicht mehr zu ermitteln ist. Daß Kulturdenkmäler unter den Begriff der herrenlosen Sache fallen können, ist nicht ungewöhnlich. Ein in einer Abfallgrube aufgefundenes Gefäß, das etwa wegen einer geringen Beschädigung vor Jahrhunderten weggeworfen und derart herrenlos wurde, fiele nach wortgetreuer Auslegung gemäß § 958 BGB in das vollständige Eigentum desjenigen, der es in Eigenbesitz nimmt, ein ähnliches Objekt an einem anderen Fundort aber gemäß § 984 BGB zur Hälfte an Entdecker und Eigentümer der schatzbergenden Sache. Da die Schatzregale aber darauf aus sind, keine Lücke bei der originären Eigentumszuordnung am Fund zu lassen, wurden neben den Schätzen auch die herrenlosen Sachen ausdrücklich einbezogen. Es soll damit nicht nur der hälftige Eigentumserwerb an Schatzfunden durch Entdecker und Eigentümer der bergenden Sache nach § 984 BGB ausgeschlossen werden, sondern auch die Aneignung nach § 958 BGB, nach dem derelinquierte Sachen der Okkupation unterliegen und Alleineigentum des Okkupanten werden. Schon früh wurde gefordert, die Schatzfundbestimmung des § 984 BGB auch auf solche herrenlose Funde auszudehnen oder analog anzuwenden, die aufgrund ihrer langen Verborgenheit der menschlichen Nutzung nicht zur Verfügung standen.[862] Mit dem Wortlaut der Bestimmung ist dies indes kaum zu vereinbaren, denn eine herrenlose Sache kann niemals solange verborgen sein *daß der Eigentümer nicht mehr zu ermitteln ist*,[863] hat sie doch entweder nie einen solchen gehabt oder ist von diesem aufgegeben worden. Demnach bezieht sich § 984 BGB grundsätzlich nur auf solche Sachen, an denen noch Eigentum besteht. Der nicht mehr zu ermittelnde Eigentümer kann nur der gegenwärtige, nicht aber der ursprüngliche (regelmäßig verstorbene)[864] sein.[865] Daß sich Praxis und Kommentarliteratur trotzdem im wesentli-

---

861 Palandt-Bassenge, § 958, Rz. 1.

862 Pappenheim, JherJb, S. 148.

863 Wieling, Enzyklopädie, § 11 VI 2 a; Pappenheim JherJb, S. 143; Stricker, S. 27.

864 Hennings, S. 5.

865 Blens-Vandieken, S. 16; Herbig, S. 31; Vogel, S. 14; Müller, S. 20.

chen auf § 984 geeinigt haben,[866] gilt daher eher als eine Art Ermüdungserscheinung, denn als endgültige Klärung der Frage.[867] Derartige Fälle, in denen die Herrenlosigkeit eines Fundes anzunehmen ist, sind aber in tatsächlicher Hinsicht dem Schatzfund nahezu gleichgelagert, werden doch auch hier Gegenstände, die infolge ihrer Verborgenheit dem Rechtsverkehr lange entzogen waren, entdeckt und diesem wieder zugeführt. Die ratio legis des § 984 beruht nicht darauf, daß die verborgene Sache einmal einen Eigentümer hatte oder noch hat, sondern vielmehr ist die Entdeckung das rechtlich Entscheidende und der Verdienst, nicht die Besitzergreifung.[868] Wollte man diese zur Voraussetzung eines Eigentumserwerbes machen, zwänge man den Entdecker, den Fund zu heben bzw. zu ergreifen. Dies bringt die Gefahr mit sich, daß die Sache beschädigt oder eine häufig bedeutsame Fundlage und der Zusammenhang mit den umgebenden Bodenschichten verändert würde.[869] Eine analoge oder direkte Anwendung des § 984 BGB auch auf herrenlose Altertumsfunde entspricht damit sowohl dem gesetzgeberischem Zweck als auch den Bedürfnissen der Praxis. Eine Anwendung des § 958 BGB kommt für Altertumsfunde daher nicht in Betracht.[870] Ob ein Altertumsfund Schatz im Sinne des § 984 oder herrenlose Sache im Sinne von § 958 ist, also ein nicht mehr zu ermittelndes Eigentum oder gar keines (mehr) besteht,[871] ist demnach für seine rechtliche Behandlung irrelevant.[872] Dies ist indes unabhängig von der Frage, ob ein Fund tatsächlich herrenlos ist. Der Eigentümer der bergenden Sache ist jedenfalls nicht schon vor der Entdeckung Eigentümer von darin verborgenen herrenlosen Sachen. Selbst wenn man davon ausginge, daß ein genereller Besitzwille vorhanden wäre, genügte dies jedoch für den Rechtserwerb an verborgenen Sachen nicht, vielmehr ist ein körperliches Ergreifen selbst dann erforderlich, wenn genau bekannt ist, wo sie sich befindet.[873]

---

866 Palandt-Bassenge, § 984, Rz. 1; von Staudinger-Gursky, § 984, Rz. 1; Blens-Vandieken, S. 19; RGRK-Pikart § 984 Rz. 7; MüKo-Quack § 984, Rz. 1; Soergel-Mühl, § 984, Rz. 1; a.A. Wieling Enzyklopädie § 11 VI 2 a; Eberl, Nr. 5, S. 7/8.

867 Lehmann H., S. 78.

868 Pappenheim JherJb, S. 146; Blens-Vandieken, S. 19 mit weiteren Nachweisen.

869 Blens-Vandieken, S. 19.

870 Blens-Vandieken, S. 19.

871 Dies ist insbesondere bei Grabbeigaben umstritten. Künne, S. 1 ff.; Schleiss, S. 27 und Hennings, S. 13 ff. nehmen an, sie gehörten den Erben des Bestatteten. Darin stimmt Schneider, S. 28 ff. für römische Gräber überein, nimmt aber bei germanischen an, daß die Beigaben nach zeitgenössischem Recht den Toten selbst gehörten und damit nach heutiger Vorstellung durch das Erlöschen der Rechtsfähigkeit des Verstorbenen herrenlos geworden seien. Brückner, S. 15 und Pappenheim JherJb, S. 144 ff. unterstützen diese Ansicht, ohne aber nach Epochen zu unterscheiden.

872 Blens-Vandieken, S. 30.

873 Wieling Enzyklopädie, § 11 VI 2 a.

2. Ein großer Teil der Länder macht ihren Eigentumsanspruch von der **Bedeutung des Schatzfundes** abhängig.

a. Lediglich in Brandenburg[874] genügt es, wenn die (Boden-) Denkmale *für die wissenschaftliche Forschung von Wert sind.* Der **wissenschaftliche Wert** ist jedoch nur auf den ersten Blick eine Einschränkung des Schatzregals. Irgendeinen Wert für die wissenschaftliche Forschung wird wohl jedes neu entdeckte Kulturdenkmal haben.[875] Zudem ist die wissenschaftliche Bedeutung auch in Brandenburg bereits Voraussetzung für die Eigenschaft als Kulturdenkmal,[876] so daß die Erwähnung eine entbehrliche und irreführende Wiederholung darstellt. Demnach kennt das brandenburgische Schatzregal ebenso wie in Berlin und Sachsen keine Einschränkung seines Eigentumsanspruches, außer derjenigen auf Bodendenkmale.

b. Die Frage, wann einem Fund ein *hervorragender* oder **besonderer wissenschaftlicher Wert** zukommt, ist im Einzelfall schwierig zu beantworten. Es ist dabei nicht notwendig, daß jedes Kulturdenkmal für sich einen besonderen wissenschaftlichen Wert besitzt, sondern es genügt, daß ihm als Teil einer Sachgesamtheit eine solche Bedeutung zukommt (z.B. Scherben eines Keramikgefäßes).[877] Wenn bereits der „einfache" wissenschaftliche Wert eines Denkmals erfordert, daß es bzw. seine Erhaltung einem breiten Kreis von Sachverständigen wichtig erscheint[878] und es über seine eigene Geschichte hinaus so interessant sein muß, daß es bemerkenswerte oder wertvolle Fakten für einen Wissenschaftszweig bieten kann,[879] so müssen die Anforderungen an den *besonderen* oder *hervorragenden Wert* entsprechend höher sein.[880]

3. Ein Teil der Schatzregale stellt auch auf die **Entdeckungsumstände** ab.

a. **Staatliche Nachforschungen** sind Nachforschungen, die das Landesdenkmalamt selbst durchführt oder die es von Dritten - in der Regel Universitätsinstituten - unter seiner Leitung im Auftrag durchführen läßt, unabhängig davon, ob diese nicht oder nicht ausschließlich mit Landesmitteln finanziert werden.[881] Es ist dabei für den Eigentumserwerb gleichgültig, ob den entdeckten Kulturdenkmalen ein wissenschaftlicher Wert zukommt oder nicht.[882]

---

874 BRA § 20.

875 Dörner, S. 40.

876 BRA § 2 Absatz 1.

877 Strobl/Majocco/Birn, § 23, Rz. 3.

878 BVerfGE 11, 32 (35).

879 VGH Baden-Württemberg NVwZ-RR 1989, S. 232 (233); Hammer DÖV, S. 361.

880 Eberl, Nr. 2, S. 11; a. A. Hönes Denkmalrecht, § 19 Rz. 21.

881 Strobl/Majocco/Birn, § 23, Rz. 3.

882 Strobl/Majocco/Birn, § 23, Rz. 3.

b. Gleiches gilt für die nur in Brandenburg erwähnten **erlaubten Ausgrabungen**.

c. Kulturdenkmale, die bei **ungenehmigten Nachforschungen** entdeckt werden, wurden als Reaktion auf den in dieser Frage indifferenten § 984 BGB in das Schatzregal Thüringens aufgenommen. Danach ist es für den Eigentumserwerb unerheblich, ob der Entdecker sich die den Schatz bergende Sache durch unerlaubte Handlung aneignet oder unerlaubt auf fremdem Grundstück nach Schätzen sucht.[883] Die Bestimmung wendet sich mithin in erster Linie gegen den Eigentumserwerb durch sogenannte „Raubgräber".

4. Einige Schatzregale stellen schließlich auch auf die **Fundorte** ab.

a. Niedersachsen und das Saarland weiten ihren Anwendungsbereich auf in **Grabungsschutzgebieten** entdeckte Objekte aus. Die Denkmalschutzgesetze sehen die Möglichkeit vor, die zuständige Behörde durch Rechtsverordnungen ein bestimmtes abgegrenztes Gebiet auszuweisen zu lassen, wenn dort Bodendenkmäler etwa nach Luftaufnahmen, früheren Funden oder Sondierungsgrabungen zu vermuten sind.[884] Dabei ist zwar keine Gewißheit erforderlich, eine bloße Mutmaßung reicht aber nicht aus.[885] Die Ausweisung eines Grabungsschutzgebietes schafft den Dienststellen die Möglichkeit, ein größeres archäologisch bedeutsames Gebiet dauerhaft zu überwachen und damit Gefährdungen von Bodendenkmalen nach Möglichkeit abzuwenden.[886]

b. Die Schatzregale Berlins, Brandenburgs und Hamburgs beschränken ihren Anwendungsbereich auf **Bodendenkmale**. Darunter versteht man Objekte, die sich unterhalb der Bodenfläche befinden oder vor der Bergung befanden,[887] in der Regel also Überreste menschlicher Tätigkeit aus vor- und frühgeschichtlicher Zeit, die heute Gegenstand archäologischer Untersuchungen sind.[888] Damit werden solche Objekte nicht erfaßt, die man oberhalb der Erdoberfläche findet.[889] Somit entfallen auch Gebäude und bewegliche Sachen als Fundorte, es sei denn, diese hätten sich auch im Boden befunden.

---

883 Blens-Vandieken, S. 23; Peters, S. 54; Langewort, S. 44.

884 Gahlen, S. 689; Oebbecke DVBl., S. 389.

885 Oebbecke DVBl., S. 389.

886 Gahlen, S. 690.

887 Dörner, S. 15.

888 Melchinger, S. 37.

889 Dörner, S. 39.

Tabelle 4: Beschränkungen des Anwendungsbereiches der Schatzregale

	Staatliche Nachforschungen	Grabungsschutzgebiete	hervorragender wissenschaftlicher Wert	nur Bodendenkmale	ungenehmigte Nachforschungen	bei erlaubten Ausgrabungen
Baden-Württemberg (§ 23)	●	●	●			
Berlin (§ 3 II)				●		
Brandenburg (§ 20)		●	„für die wissenschaftliche Forschung von Wert"	●		●
Bremen (§ 19)	●	●	●			
Hamburg (§ 18 III)				●		
Mecklenburg-Vorpommern (§ 13)	●	●	●			
Niedersachsen (§ 18)	●					
Rheinland-Pfalz (§ 19a)	●	●	●			
Saarland (§ 23)	●	●				
Sachsen (§ 25)						
Sachsen-Anhalt (§ 12 I)	●	●	●			
Schleswig -Holstein (§ 19a)	●	●	●			
Thüringen (§ 17)	●	✪	●		●	

✪ archäologische Schutzgebiete

Quelle: Eigene Darstellung

5. In Bremen[890] und im Saarland[891] hängt die andauernde Wirkung des Schatzregals von **Geltendmachung des Landeseigentums** ab. Dieses erlischt, wenn es nicht innerhalb von drei Monaten durch Eintragung in die Denkmalliste bzw. Geltendmachung des Herausgabeanspruches manifestiert wird.[892] In diesem Fall geht es auf diejenigen mit ex-nunc-Wirkung[893] über, die es bei Fehlen des Schatzregals gemäß § 984 BGB erlangt hätten.

890 BRE § 19 Absatz 2.

891 SL § 23 Absatz 2.

892 Vergleiche DÖRNER, S. 40.

893 DÖRNER, S. 41.

III. Versuch einer Kategorisierung

Die Mannigfaltigkeit der Bestimmungen verlangt es, sie nach verschiedenen Typen zu ordnen, wird es doch deutlich, daß es in Hinsicht auf die Nuancen und Unterschiede nicht möglich ist, von einem einheitlichen Schatzregal zu sprechen. Die Vorschriften sind mittlerweile so vielgestaltig, daß der Versuch einer einfachen Typisierung schwierig erscheint.[894] Es bietet sich trotz der nicht zu umgehenden Abgrenzungsprobleme dennoch an, diese im wesentlichen je nach Reichweite in drei Hauptgruppen zu unterteilen:

1. Zunächst bilden diejenigen Schatzregale, die lediglich auf den Fundhergang (bei staatlichen Nachforschungen, in Grabungsschutzgebieten) abstellen, eine Einheit. Es handelt sich dabei um diejenigen Niedersachsens und des Saarlandes. Diese bescheiden sich mit dem geringsten Eingriff in die durch § 984 BGB gewährten Rechte. Der Ausschluß privater Entdecker in Grabungsschutzgebieten oder bei staatlichen Grabungen hat weitgehend Akzeptanz gefunden, während die Vorenthaltung des Grundeigentümeranteils Widerspruch findet. Die Umstände hätten es erlaubt, die Bestimmungen als „Grabungsregal" zu bezeichnen. Aus Gründen der Kontinuität der Begriffe in der Diskussion sollte diese Form des staatlichen Eigentumsanspruches jedoch weiterhin als **kleines Schatzregal**[895] bezeichnet werden.

2. Die weitaus größte Gruppe bilden die Bestimmungen, die bereits aufgrund der Bedeutung eines Fundes, also seines hervorragenden wissenschaftlichen Wertes, eingreifen. Es handelt sich dabei zumeist um wörtliche oder sinngemäße Wiederholungen des baden-württembergischen Schatzregals. Neben Baden-Württemberg kennen Bremen, Hamburg, Mecklenburg-Vorpommern, Rheinland-Pfalz, Sachsen-Anhalt, Schleswig-Holstein und Thüringen derartige Bestimmungen. Sie werden als **großes Schatzregal**[896] bezeichnet.

3. Eine letzte Gruppe bilden diejenigen Normen, die den staatlichen Erwerb weder von der Fundbedeutung noch von dem Fundhergang abhängig machen. Es handelt sich dabei um die Schatzregale Berlins, Brandenburgs (jedoch jeweils nur für Bodenfunde) und Sachsens, die sich in das ursprünglich nur zweigeteilte Schema klein/groß nicht mehr einordnen lassen. Diese Bestimmungen statuieren den denkbar umfassendsten staatlichen Eigentumsanspruch an kulturell bedeutsamen Schatzfunden, der (bis auf diejenigen auf Bodenfunde) keinerlei Einschränkungen mehr kennt. Dieser Umstand erlaubt es, sie mit dem Begriff **umfassendes Schatzregal** anzusprechen, der hier erstmals in Vorschlag gebracht wird.

---

[894] DÖRNER, S. 23, Fußnote 78, glaubt, ein solcher Versuch müsse scheitern.

[895] Nach LEHMANN H., S. 82, Anm. 2; so auch KLÜSSENDORF Mabillons Spur, Fußnoten 14, 24.

[896] Nach LEHMANN H., S. 82, Anm. 2; so auch KLÜSSENDORF Mabillons Spur, Fußnote 14.

§ 3 Die Gesetzgebungskompetenz zur Statuierung von Schatzregalen

I. Die grundsätzliche Verteilung zwischen Bund und Ländern

Die Schatzregale der Länder erstrecken sich auf Sachen, deren eigentumsrechtliche Zuordnung bis zu ihrer Einführung als Bundesrecht durch § 984 BGB in Form der Halbteilung zwischen Entdecker und dem Eigentümer der schatzbergenden Sache erfolgte. Von dieser Bestimmung weichen sie ab, indem sie nicht mehr Privaten, sondern sich selbst das Eigentum verschaffen. Dieses Abrücken vom Bundesrecht ist nur dann mit der Verfassung zu vereinbaren, wenn dem jeweiligen Landesgesetzgeber darin tatsächlich das Recht eingeräumt worden war, eine derartige Vorschrift zu erlassen, ihm also eine entsprechende Gesetzgebungskompetenz zustand. Die grundsätzliche Verteilung der Gesetzgebungskompetenzen zwischen Bund und Ländern gestaltet sich derart, daß die Ausübung der staatlichen Befugnisse und die Erfüllung der staatlichen Aufgaben gemäß Artikel 30 GG grundsätzlich Sache der Länder ist, soweit dieses keine andere Regelung trifft oder zuläßt. Diese Grundregel erfährt in Artikel 70 GG insoweit eine Spezifizierung, als den Länder das Recht der Gesetzgebung zugestanden wird, soweit das Grundgesetz nicht dem Bund derartige Befugnisse verleiht. Nach dieser Systematik streitet damit im Zweifel eine Vermutung zugunsten einer Zuständigkeit der Länder, nicht aber zugunsten einer Kompetenz des Bundes.[897] Damit besteht auch für die Errichtung von Schatzregalen zunächst eine Zuständigkeitsvermutung für die Länder. Der Bund ist dahingegen nur dann zur Gesetzgebung berufen, wenn es eine ihm durch das Grundgesetz zugewiesene Zuständigkeit bestimmt. Es müßte gewissermaßen der „Nachweis“ geführt werden, daß die geregelte Materie einem dem Bund vorbehaltenen Sachbereich zugeordnet ist. Es wäre nach einer - die grundsätzliche Gesetzgebungskompetenz der Länder zur Errichtung von Schatzregalen verdrängenden - Gesetzgebungszuständigkeit des Bundes zu suchen. Die von der Verfassung gewählte Technik, dem Bund nur insoweit das Recht der Gesetzgebung zuzusprechen, als dafür in der Verfassung enthaltene Befugnisse zu finden sind, hat zur Folge, daß das Grundgesetz diejenigen des Bundes durch Aufzählung bestimmter Gegenstände beschreiben muß (Enummerationsprinzip), die „Materien“ der Gesetzgebung genannt werden.

---

[897] BVerfGE 26, S. 281 (297).

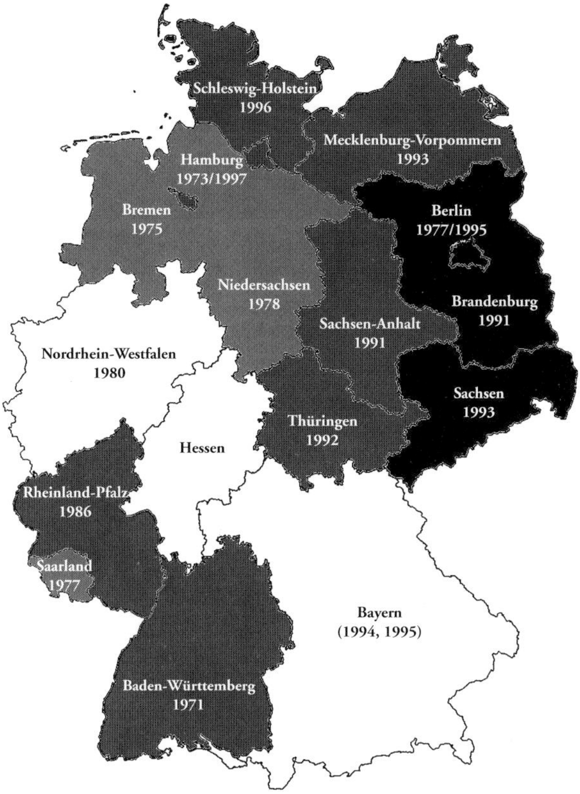

Quelle: Eigene Darstellung

Karte 2: Die verschiedenen Schatzregaltypen in Deutschland

umfassendes Schatzregal	1973 / 1997	Einführung / Verschärfung
großes Schatzregal	1996	Jahr der Einführung
kleines Schatzregal	(1994, 1995)	gescheiterter Einführungsversuch
kein Schatzregal		

II. Die Rechtsnatur der Schatzregale

Bei der Auslegung und Abgrenzung der Kompetenztitel ist auf die unmittelbar geregelte Materie, beziehungsweise auf den Regelungsschwerpunkt abzustellen.[898] Die im übrigen auch für die Frage des Rechtsweges bedeutsame Frage[899] nach der Rechtsnatur der Schatzregale ist daher der Ausgangspunkt weiterer Überlegungen.

1. Dabei kommen zwei **mögliche Gesetzgebungsmaterien** in Betracht. Die landesrechtlichen Schatzregale sind in den jeweiligen Denkmalschutzgesetzen öffentlich-rechtlich geregelt und beziehen sich auf Kulturdenkmäler. Diese Umstände sprechen dafür, die entsprechenden Vorschriften unter der Gesetzgebungsmaterie des „Denkmalschutzes" einzuordnen. Wenn diese als solche auch nicht im Grundgesetz genannt wird, so bestehen keine Zweifel darüber, daß die Kompetenz zum Erlaß von Gesetzen im Bereich des Denkmalschutzes zur ausschließlichen Landeszuständigkeit nach Artikel 70 Absatz 1 GG gehört.[900] Sie zählt als Teil der Kulturhoheit zu den Kompetenzbereichen, die den Ländern weitgehend unangefochten zustehen.[901] Andererseits regeln die Schatzregale den (originären) Erwerb von Eigentum an Sachen, also einen Vorgang, der weitgehend im BGB geregelt ist. Unzweifelhaft ist dabei, daß § 984 BGB, als vor Einführung der Schatzregale maßgebliche Bestimmung, Teil des bürgerlichen Rechts ist. Die Materie des „Bürgerlichen Rechts" im Sinne des Artikel 74 Nr. 1 GG unterliegt der konkurrierenden Gesetzgebung. Auf diesem Gebiete steht an sich sowohl dem Bund als auch den Ländern das Recht der Gesetzgebung zu. Sofern und soweit jedoch der Bund von seinem Gesetzgebungsrecht Gebrauch macht, entfällt die Befugnis der Länder zur Gesetzgebung (Artikel 72, 74 GG), so daß grundsätzlich eine „Vorranggesetzgebung" des Bundes bzw. eine subsidiäre Länderzuständigkeit besteht. Das bedeutet, daß neues Landesrecht mangels einer Landeskompetenz in dem bundesrechtlich geregelten Stoffbereich nicht mehr ergehen kann und altes (zuvor erlassenes) Landesrecht durch späteres Bundesrecht aufgehoben wird[902] und insoweit eine sachliche und zeitliche „Sperrwirkung" für die Landesgesetzgebung besteht.

---

898 Badura StR, D 78; Stern, § 37 II 4c.

899 Eberl, Nr. 5, S. 7 spricht sich in jedem Falle für den Zivilrechtsweg aus: *Die Frage, ob Sachen dem Schatzregal des DSchPflG RP unterfallen, ob sie an das Land herausgegeben werden müssen oder ob sie der Grundeigentümer vom Land zurückverlangen kann, ist bisher soweit feststellbar regelmäßig als zum Bereich des Zivilrechts gehörend behandelt worde*n(...). *Sogar eine als Folge des Schatzregals auf § 985 BGB gestützte Herausgabeklage des Landes gegen den Schatzbesitzer wäre als eine Klage aus dem Eigentum von den Zivilgerichten zu entscheiden.*

900 BVerwG DVBl. 1997, S. 436.

901 Fechner Rechtlicher Schutz, S. 25.

902 Artikel 31 GG: *Bundesrecht bricht Landesrecht.*

2. Die Frage nach der Gesetzgebungskompetenz für die Errichtung von Schatzregalen hängt damit wesentlich davon ab, ob die entsprechenden Bestimmungen als öffentlich-rechtliche denkmalschutzrechtliche Regelungen der Zuständigkeit der Länder oder als die Begründung von Eigentum regelnde zivilrechtliche Normen zunächst der konkurrierenden Legislative des Bundes zuzuweisen sind. Die Unterscheidung der beiden Hauptbereiche des Rechts, des öffentlichen und des Privatrechts, war zwar schon dem römischen Recht bekannt, die **Schwierigkeit der Abgrenzung** besteht jedoch noch immer. Die Problematik der Einordnung der Schatzregale fügt sich in diejenige der Regalien im Ganzen ein, deren Wesen und Funktion seit jeher äußerst umstritten gewesen ist und eine Einordnung schon immer problematisch erscheinen ließ. Noch Mitte des 19. Jahrhunderts sprach etwa der Heidelberger Rechtslehrer JOHANN CASPAR BLUNTSCHLI (1808–1881) von den Regalien als einem *Miszbegriff*, der *amphibienartig halb im öffentlichen Rechte, halb im Privatrechte seinen Wohnsitz hat.*[903] In ähnlichem Sinne äußerte sich 1942 und damit auch noch ein Jahrhundert später HANS THIEME, dem die isolierende Einordnung der Regalien ins öffentliche oder ins Privatrecht widerstrebte: *Die Regalien entziehen sich dieser Unterscheidung, sie verliert hier ihren Sinn. Nach wie vor erscheinen die Regalien als Gegenstand beider Teilgebiete,(...), nirgends bloß institutionell oder privatrechtlich, sondern überall zugleich politisch.*[904] Die obersten Bundesgerichte haben sich bei der Einordnung der Schatzregale teilweise nahtlos in diese Tradition eingereiht, indem sie die Frage entweder offen ließen[905] oder die Ansicht vertraten, daß diese nach ihrem Inhalt und ihrer gesetzgeberischen Zielsetzung zum Denkmalschutz gehörten, andererseits aber zugleich auch bürgerlichrechtliche Fragen regelten, so daß sich eine Gesetzgebungskompetenz sowohl aus Artikel 70 Absatz 1 GG und im übrigen aus Art 72 Absatz 1 GG ergebe.[906] Derart zunächst salomonisch anmutende Entscheidungen waren indes in der Sache selbst wenig hilfreich. Eine „Doppelzuständigkeit", auf deren Grundlage Bund und Länder ein und denselben Gegenstand gleichzeitig in unterschiedlicher Weise gesetzgeberisch regeln könnten, ist mit der verfassungsrechtlich vorausgesetzten Abgrenzungsfunktion der Verteilung der Gesetzgebungsbefugnisse (siehe Artikel 70 Absatz 2 GG) unvereinbar.[907] Sofern ein Sachbereich - wie möglicherweise hier das Schatzregal - eine mehrfache Zuordnung erlaubt, muß der Gegenstand nach Inhalt und Wirkung der zu beurteilenden Regelung zu der einen oder der anderen Materie kompetenzrechtlich zugeordnet werden, wobei es auf den Schwerpunkt der Regelung oder Maßnahme ankommt[908] und ein historisch bestehender Sachzusammenhang besonders zu berücksichtigen ist,[909] der in Zweifelsfällen von größerem Gewicht ist, als spätere konstruktive oder selbst dogmatische Ein-

---

903 BLUNTSCHLI, S. 367.
904 THIEME, S. 27.
905 BVerfG JZ 1988, S. 919.
906 BVerwG DVBl. 1997, S. 436.
907 BADURA StR, D 78.
908 BVerfGE 36, S. 193 (202 f.); 36, S. 314 (319).
909 BADURA StR, D 78.

sichten allein.[910] Für derart zweifelhafte Fälle der Einordnung eines Regelungsgegenstandes unter die Kompetenzbereiche der Artikel 73 ff. GG hat sich dabei eine auf Tradition und Entwicklung dieser Rechtsgebiete abstellende Interpretation durchgesetzt, wobei für die Subsumption einer Regelung unter die Kompetenznorm entscheidend ist, ob sie sich in den herkömmlichen Regelungsbereich und die vorgefundenen Grundstrukturen der fraglichen Materie einfügt.[911] Im Lichte diese Vorgaben ist daher auch das Schatzregal zwingend in eine der beiden sich zur Auswahl stellenden Materien einzuordnen.

3. Es spricht wenig dafür, **das Schatzregal als Denkmalschutzrecht (Öffentliches Recht)** zu klassifizieren.

a. Die Annahme, Schatzregale könnten und dürften bereits deshalb nicht als „bürgerliches Recht" im Rahmen der konkurrierenden Gesetzgebungskompetenz des Bundes nach Artikel 74 Nr. 1 GG geregelt werden, da sie *öffentlich-rechtlicher Natur* seien,[912] erscheint angesichts des Umstandes, daß die bestehenden Regelungen sämtlich in den Denkmalschutzgesetzen der jeweiligen Länder geregelt sind und derart ihren **Standpunkt im öffentlichen Recht** finden, zunächst naheliegend. Dabei findet jedoch keine Beachtung, daß der Begriff des bürgerlichen Rechtes in Artikel 74 Nr. 1 des GG keinesfalls als Gegensatz zum öffentlichen Recht, sondern als Zusammenfassung aller Normen zu verstehen ist, die herkömmlicherweise dem Zivilrecht zugeordnet werden.[913] Dementsprechend kann eine Norm auch dann im öffentlichen Recht geregelt sein, wenn sie der Materie des „bürgerlichen Rechts" zuzurechnen ist. Eine Regelung ist auch nicht bereits deshalb öffentliches Recht, weil sie in einem Gesetz zu finden ist, das seinen Schwerpunkt im öffentlichen Recht hat, so daß sie im Gesamtbild der jeweiligen Regelung nur eine untergeordnete Rolle spielt,[914] was auch die Motive zu Artikel 55 EGBGB ausdrücklich feststellen.[915] Dieser Grundsatz gilt auch für privatrechtliche Regelungen im Bereich des Verwaltungsrechtes, zu dessen Gunsten man indessen keinen allgemeinen Vorbehalt festlegen wollte, um die mit dem BGB lang erstrebte Rechtseinheit nicht zu gefährden und weil man der Ansicht war, daß *spezielle, den Landesgesetzen in Ansehung bestimmter, dem einen oder anderen öffentlichen Verwaltungszweig angehörender Verhältnisse Raum lassende Vorbehalte ausreichen.*[916] Solche Vorbehalte, die ausschließlich, wesentlich oder doch erheblich das Ver-

[910] BVerfGE 7, S. 29 (44); 28, S. 21 (32); 33, S. 125 (152 f.); 36, S. 193 (203); 41, S. 205 (220); 41, S. 344 (355); 42, S. 20 (29).

[911] BVerfGE 7, S. 29 (39 ff.); 36, S. 193 (202 f.); Degenhart, § 2 II, Rz. 112.

[912] Hönes DÖV, S. 429.

[913] BVerfGE 11, S. 192 (203); BVerwG DVBl. 1967, S. 918.

[914] Bettermann, S. 25.

[915] Motive, S. 154/155.

[916] Motive, S. 154/155.

waltungsrecht betreffen, enthält das Einführungsgesetz in den Artikeln 56–152.[917] Diese beschränken sich nicht auf die partikularrechtlichen Sonderbildungen rein privatrechtlicher Herkunft und Bedeutung, sondern erfassen in zahlreichen Fällen auch solche *privatrechtlichen Vorschriften*, die in Zusammenhang mit öffentlich-rechtlichen Instituten oder mit Gebieten oder Materien außerhalb des bürgerlichen Rechts, insbesondere mit dem Staats- und Verwaltungsrecht stehen. Diese Vorbehalte spielen im Vorbehaltskatalog des Einführungsgesetzes sowohl an Zahl wie auch der Bedeutung nach eine erhebliche Rolle. Sie verbieten es, die Sperre des Artikel 55 EGBGB für die Zivilgesetzgebung der Länder auf solche Vorschriften der Landesgesetze zu beschränken, die ausschließlich oder hauptsächlich in privatrechtlichen Gesetzen oder privatrechtlichen Normenkomplexen enthalten sind. Es ist gleichgültig, in welchem Normengefüge oder Zusammenhang die privatrechtlichen Vorschriften stehen und ob diese Landesgesetze insgesamt oder überwiegend dem Privatrecht zuzurechnen sind oder ob sie außer den *privatrechtlichen Vorschriften* ausschließlich oder vornehmlich solche des Staats- oder Verwaltungsrechts enthalten. Der formale Standpunkt im öffentlichen Recht ist demnach kein Anhaltspunkt für die Einordnung in diese gesetzgeberische Materie.

b. Eine Zuordnung zum öffentlichen Recht und ein Ausschluß des Privatrechtes wurde auch damit begründet, daß zwar § 984 BGB zutreffend im Zivilrecht geregelt sei, da es dort um die privatrechtliche Beziehung zwischen Finder und Grundstückseigentümer gehe, die Schatzregale im Gegensatz dazu aber einen **Eigentumserwerb des Staates** vorsehen.[918] Allein der Umstand, daß die Schatzregale einen Anspruch des Landes bestimmen, spricht jedoch noch nicht gegen die Annahme, daß es sich um Zivilrecht handelt. Dies lehrt etwa bereits ein Vergleich zu § 1936 BGB, wonach das jeweilige Land, dem der Erblasser zum Zeitpunkt seines Todes angehörte, dessen Erbe wird, wenn Verwandte und Ehegatte fehlen. Auch hier bleibt es trotz der begünstigten Länder bei der Materie des bürgerlichen Rechts. Es steht damit dem privatrechtlichen Charakter eines Regals nicht entgegen, daß der Staat Inhaber des Rechtes ist.[919] Somit rechtfertigt auch die eingangs herausgestellte Bedeutung des hoheitlichen Elements in Begriff und Sache „Regal“ keine Zuordnung zum öffentlichen Recht. Allein die gesetzliche Überschrift „Schatzregal" der Länderbestimmungen vermag nicht, ihren materiellrechtlichen Inhalt zu ändern.[920]

c. Auch die **inhaltliche Bestimmungen** der Schatzregale rechtfertigen keine Einordnung in das Denkmalschutzrecht. Als Denkmalschutz wird gemeinhin der Inbegriff aller hoheitlichen Maßnahmen verstanden, die sich verbietend oder gebietend an nichtstaatliche Rechtsträger

---

917 BETTERMANN, S. 25.

918 HÖNES DÖV, S. 429.

919 VON STAUDINGER-KRIEGBAUM[12], Artikel 73 EGBGB, Rz. 4.

920 SCHRÖDER K.-P., S. 679; BRÜCKNER, S. 25.

wenden und die auf die Erhaltung von Denkmalen abzielen.[921] Davon werden alle rechtswirksamen Maßnahmen und Handlungen, wie etwa Denkmalerfassung und -qualifizierung, Eintragung in Denkmallisten oder -bücher, Genehmigungserfordernisse und Erlaubnisvorbehalte, Auskunfts- und Duldungspflichten sowie alle Maßnahmen der Gefahrenabwehr umfaßt.[922] Die Schatzregale der Ländern zielen aber jedenfalls nicht direkt auf die Erhaltung von Denkmalen ab, sondern ordnen bestimmte Kulturdenkmale einem Land als Eigentum zu. Mit dieser Regelung ist aber für den Schutz dieses Denkmals noch nichts getan. Dadurch, daß ein Kulturdenkmal einem neuen, sei es auch einem staatlichen Eigentümer zugesprochen wird, wird ein solches per se noch nicht geschützt. Der Erwerb von Eigentum und der Schutz des jeweiligen Objektes erscheinen vielmehr als zwei voneinander unabhängige, streng zu trennende Vorgänge, die nicht in der Norm zusammenfallen, sondern einander nachfolgen. Auch in der Denkmalpflegetheorie ist die Wirksamkeit des gesetzlichen Schutzes von der strikten Trennung der Unterschutzstellung eines Denkmales von der Entscheidung über sein Schicksal abhängig.[923] Der Frage des Eigentums betrifft mithin allenfalls ein Vorfeld des Denkmalschutzes, ist jedoch kein Teil desselben.[924]

d. Das Bundesverwaltungsgericht war der Ansicht, daß derartige Regelungen nach ihrem Inhalt und ihrer gesetzgeberischen Zielsetzung jedenfalls auch zum Denkmalschutz gehörten, soweit sie den Zweck haben, bedeutsame Kulturdenkmäler zu erhalten, sie der wissenschaftlichen Forschung zu erschließen und der Öffentlichkeit zugänglich zu machen.[925] Es hat damit eine Einordnung nach der Zielrichtung der Norm **(ratio legis)** vorgenommen. Die vom Grundgesetz vorgenommene Abgrenzung der Kompetenzen ist allerdings nach Materien, nach dem Gegenstand des Gesetzes, nicht nach dem Sinn und Zweck oder dem Anknüpfungspunkt einer Regelung allein erfolgt.[926] Dieses formellere Kriterium ist den Bedürfnissen einer Kompetenzordnung, die in besonderem Maße auf Berechenbarkeit und Faßbarkeit angewiesen ist, eher angemessen, als das materielle, aber diffuse Kriterium der „Funktion“ eines Gesetzes.[927] Damit ist auch der mit den Schatzregalen verfolgte, möglicherweise denkmalschützende Zweck kein entscheidendes Kriterium für ihre Einordnung in eine der gesetzgeberischen Materien.

---

921 Dörge, S. 53 ff.; Brügge, S. 3 ; Hammer Geschichte, S. 4; Melchinger, S. 38; Kleeberg, S. 40.

922 Melchinger, S. 38/39.

923 Kiesow, S. 101.

924 So wohl Klüssendorf Mabillons Spur, S. 391.

925 BVerwG DVBl. 1997, S. 436.

926 BVerfGE 4, S. 60 (67, 70).

927 Badura NJW, S. 1339.

e. Schließlich reicht der **Umfang der Materie Denkmalschutzrecht** auch nicht so weit, daß er auch die Normierung des Eigentums umfaßte. Die Länder können eine Gesetzgebungskompetenz nicht darauf stützen, daß sie mit der Zuständigkeit für das Denkmalrecht gleichzeitig - etwa in Form einer Annexkompetenz, also einer Regelungskompetenz für unselbständige Normenkomplexe, die zu einem grundgesetzlich zugeordneten Sachbereich in einem notwendigen Zusammenhang stehen[928] - auch zur Regelung zivilrechtlicher Probleme dieser Materie berufen seien. Die Länder können eine Kompetenz zur Regelung zivilrechtlicher Annexe zu den ihnen überlassenen Materien nur insoweit beanspruchen, als sie das EGBGB oder sonstiges Bundesrecht dazu ermächtigt.[929] Auch eine Zuständigkeit kraft Sachzusammenhanges liegt nicht vor. Dies würde voraussetzen, daß eine *ausdrücklich zugewiesene Materie verständigerweise nicht geregelt werden kann, ohne daß zugleich eine nicht ausdrücklich zugewiesene Materie mitgeregelt wird, wenn also das Übergreifen in nicht ausdrücklich zugewiesene Materien unerläßliche Voraussetzung für die Regelung einer zugewiesenen Materie ist.*[930] Ein Übergriff in das Privatrecht oder bürgerliche Recht ist indes nicht unerläßliche Voraussetzung für die Regelung der den Ländern zugewiesenen Materie des Denkmalschutzrechtes. Dies kann auch ohne Abweichung vom Zivilrecht des Bundes geregelt und durchgeführt werden, wie die Regelungen Nordrhein-Westfalens, Hessens und Bayerns demonstrieren, die den Eigentumserwerb von Privaten nach § 984 BGB unberührt lassen. Der Bereich einer ausschließlichen Gesetzgebung eines Landes umfaßt demnach nicht zwangsläufig auch die Normierung des Eigentums,[931] sondern es ist vielmehr eine Auseinandersetzung mit den Vorschriften des BGB geboten, in denen das Eigentum an Sachen an sich geregelt ist.[932] Das Schatzrecht und die Denkmalschutzgesetzgebung stehen sich als zwei selbständige Rechtsgebiete gegenüber.[933]

4. Überwiegendes spricht dafür, das **Schatzregal als bürgerliches Recht** zu betrachten, so daß das Privat- oder Zivilrecht zum Zuge kommt, das insbesondere die Frage regelt, wer Eigentümer einer Sache ist.[934] Gemäß Artikel 74 beschränkt sich die Kompetenz des Bundes zur konkurrierenden Gesetzgebung unter anderem auch auf die Materie des bürgerlichen Rechtes (Nr. 1). Welche Rechtsgebiete dem Sachbereich des bürgerlichen Rechtes im Sinne von Artikel

---

928 BVerfGE 3, S. 407 (433); 8, S. 143 (150).

929 Bettermann, S. 27.

930 BVerfGE 3, S. 407 (421).

931 BVerwG DVBl. 1967, S. 918.

932 BVerwG DVBl. 1967, S. 918.

933 Seger, S. 1 (der Zusammenfassung).

934 Bettermann, S. 22.

74 Nr. 1 angehören, läßt sich dem Wortlaut allein nicht entnehmen. Deshalb ist bei der Bestimmung des Umfanges der historische Zusammenhang in der deutschen Gesetzgebung zu beachten, wobei dem Merkmal des *Traditionellen* und *Herkömmlichen* wesentliche Bedeutung zukommt und sowohl Entstehungsgeschichte und Staatspraxis besonderes Gewicht für die Auslegung gewinnen.[935] Von dieser Entwicklung ging der Grundgesetzgeber aus, als er die Gesetzgebungskompetenzen von Bund und Ländern festlegte.[936]

a. Damit gewinnt die **Entstehungsgeschichte des Begriffes bürgerliches Recht** des Grundgesetzes Bedeutung. Der Gesetzgebungskatalog ist weitgehend im Hinblick auf die Weimarer Reichsverfassung formuliert worden, so daß dieser - soweit das Grundgesetz Materien übernommen hat - grundsätzlich in demselben Sinn zu verstehen ist, wie dies dort der Fall war.[937] Wenn auch die Weimarer Reichsverfassung (WRV) gleichfalls keine Begriffsbestimmung enthält, so hat sie ihrerseits auf Artikel 4 Nr. 13 der Verfassung von 1871 zurückgegriffen, welcher dem Reich die nach dem verfassungsändernden Gesetz vom 20. Dezember 1873[938] („lex Miquel-Lasker") auch die *gemeinsame Gesetzgebung über das gesamte bürgerliche Recht* einräumte. Damit entsprach der Gesetzgeber dem Bestreben, neben der politischen auch die Rechtseinheit zu erreichen und in diesem Rahmen auch das Privatrecht zu vereinheitlichen, was mit Schaffung des BGB weitgehend verwirklicht wurde. Wenn das bürgerliche Recht auch nicht auf die Regelungen des Bürgerlichen Gesetzbuches beschränkt ist, sondern auch die vielfältigen Nebengesetze des Privatrechtes umfaßt, kann man für die Auslegung des Kompetenzbegriffes davon ausgehen, daß die dem Bürgerlichen Gesetzbuch und seinem Einführungsgesetz zugrunde liegende Auffassung den Ausgangspunkt für die Zuständigkeitsregelung des Artikel 7 Absatz 1 WRV bildet, nach dem das Reich die (konkurrierende) Gesetzgebung über das bürgerliche Recht (Nr. 1) hatte, was es erlaubt, den Gesetzgebungsgegenstand bürgerliches Recht in Artikel 74 Nr. 1 GG grundsätzlich in gleicher Weise zu interpretieren.[939] Bei den Beratungen zum Grundgesetz wurde der Begriff bürgerliches Recht nicht erörtert,[940] so daß davon auszugehen ist, daß der überkommene Begriff übernommen werden sollte.[941] „Bürgerliches Recht" wurde wie unter der Reichsverfassung von 1871 als Privat- oder Zivilrecht ohne Begrenzung auf den Stoff des BGB[942] verstanden. Der Begriff steht damit nicht im Gegensatz zum öffentlichen Recht, sondern ist die Zusammenfassung aller Normen, die herkömmlicherweise dem Zivil-

---

935 BVerfGE 33, S. 125 (152 f.); 42, S. 20 (29); 61, S. 149 (175).

936 BVerfGE 41, S. 344 (355).

937 BVerfGE 3, S. 407 (414 f.); 12, S. 205 (226); 26, S. 281 (299); 33, S. 52 (61); 42, S. 20 (32); 61, S. 149 (175).

938 RGBl. S. 379.

939 BVerfGE 42, S. 20 (31/32).

940 von Mangoldt/Klein/Pestalozza, Artikel 74 Absatz 1 Nr. 1, Rzn. 25 ff.

941 BVerfGE 11, S. 192 (199), 42, S. 20 (29), 61, S. 149 (175).

942 von Mangoldt/Klein/Pestalozza, Artikel 74 Absatz 1 Nr. 1, Rz. 16.

recht zugerechnet werden.[943] Die im BGB geregelten Stoffe dürfen demnach als bürgerliches Recht betrachtet werden.[944]

b. Das bürgerliche Recht umfaßte nach den Vorstellungen, wie sie bei den Reichstagsdebatten um die Erweiterung der Nr. 13 des Artikel 4 der Verfassung von 1871 zum Ausdruck kamen, jedenfalls auch das **Sachenrecht.**[945] Dieses selbst regelt die Rechtsverhältnisse der körperlichen Gegenstände (§ 90 BGB).[946] Ein Hauptmerkmal des Sachenrechts ist seine Aufgabe, die Sachen bestimmten Personen zuzuordnen.[947] Diese Funktion haben auch die Schatzregale. Sie ordnen (denkmalwerte) Sachen, die solange verborgen gelegen haben, daß ihre Eigentümer nicht mehr zu ermitteln sind, ebenso wie § 984 BGB einem neuen Eigentümer zu. Es handelt sich somit bei den Schatzregalen um sachenrechtliche Regelungen. Die Ordnung des Sachenrechts ist kompetenzmäßig in erster Linie eine Angelegenheit der konkurrierenden Gesetzgebung nach Artikel 74 Nr. 1 GG.[948]

c. Die **historische Einordnung des Schatzlehre** erfolgte zu allen Zeiten und in allen Rechten in das System des Privatrechtes als Sachenrecht.[949] In den deutschen Rechten sind bereits früh - etwa im Codex Maximilianeus Bavaricus Civilis[950] - auch die Schatzregale im Zivilrecht geregelt worden. Diese Handhabung hat sich im deutschen Rechtskreis sowohl bei den Schatzregalen des Allgemeinen Bürgerlichen Gesetzbuches Österreichs,[951] des Zivilgesetzbuches der ehemaligen DDR[952] als auch des Zivilgesetzbuches der Schweiz[953] etabliert, das Vorbild der Bestimmungen der deutschen Länder war. Bereits GIERKE hatte ausgeführt: *Sie* (die Regalien) (...) *ändern aber nichts an der Zugehörigkeit der von ihnen verstaatlichten Befugnisse zum Bereiche des Privatrechtes* (...).[954] Damit gehört nicht nur der Anspruch von Privaten auf einen Schatzfund, sondern auch der staatliche Eigentumserwerb dem Privatrecht an. Dementsprechend wurde auch bei dem unlängst gescheiterten Versuch, ein Schatzregal in Bayern zu etablieren, keine Verankerung im Denkmalschutzgesetz, sondern im Ausführungsgesetz zum Bürgerli-

---

943 BVerfGE 11, S. 199; 27, S. 134; 42, S. 28 ff; 61, S. 149 ff.

944 MAUNZ/DÜRIG/HERZOG-MAUNZ, Artikel 74, Rz. 54; JARASS/PIEROTH, Artikel 74, Rz. 2; a.A. VON MANGOLDT/KLEIN/PESTALOZZA, Artikel 74 Absatz 1 Nr. 1, Rz. 16.

945 VON MANGOLDT/KLEIN/PESTALOZZA, Artikel 74 Absatz 1 Nr. 1, Rz. 5.

946 PALANDT-BASSENGE, Einl. Vor § 854, Rz.1.

947 PALANDT-BASSENGE, Einl. Vor § 854, Rz.1.

948 BVerfGE 45, S. 297 (340).

949 GIEN, S. 2.

950 2. Teil, Kapitel 3, § 4.

951 § 399 ABGB.

952 § 361 ZGB.

953 Artikel 724 ZGB.

954 VON GIERKE Privatrecht, S. 398.

chen Gesetzbuch angeregt.[955] Demnach sind die Schatzregale ebenso wie die wenigen übrigen Regalien, die sich bis ins 20. Jahrhundert erhalten konnten, als öffentlich-rechtlich entstandene ausschließliche Nutzungsrechte des Staates zu verstehen, die nunmehr dem Privatrecht zuzuordnen sind,[956] wobei es ohne Bedeutung ist, daß der Staat Inhaber des Rechtes ist.[957] Auf dem Gebiet der Schatzregale ist damit wie auf dem der Regalien überhaupt[958] nach dem Grundgesetz das bürgerliche Recht Gegenstand der konkurrierenden Gesetzgebung.

d. Die Zuständigkeitsgrenzen zwischen Bund und Ländern bilden den formalen Rahmen der Gesetzgebung im Bundesstaat und bedürfen als solche in hohem Maße der Festigkeit und Berechenbarkeit. Darin liegt die Bedeutung, die der herkömmlichen **Staatspraxis**[959] zukommt. Sie vermittelt nicht nur die im allgemeinen bestmögliche Gewißheit über die hergebrachten Grenzen des Sachbereichs, sondern zeigt auch an, ob und wie der historische Gesetzgeber eine Kompetenz genutzt hat und wieweit sich dadurch unter dem übergeordneten Gesichtspunkt der Kontinuität der Kompetenzordnung eine Bestandsgarantie herausgebildet hat. Im Einklang damit ist die Staatspraxis bei Schaffung des Bürgerlichen Gesetzbuchs davon ausgegangen, daß unter der Geltung der Verfassung von 1871 eine Gesetzgebungsbefugnis des Reiches bestanden hat, die Eigentumsverhältnisse an Schatzfunden umfassend zu regeln. Die Materialien und der Gang der Gesetzgebung weisen eindeutig aus, daß eine solche umfassende Regelung des Schatzrechts durch das Reich in § 984 BGB geplant war, durch die es den unmittelbaren Erwerb des Staates am Schatz überhaupt beseitigt wissen wollte.[960] Der Reichsgesetzgeber ging demnach davon aus, daß das Schatzrecht im zivilrechtlichen Bereich allein seiner Gesetzgebung unterliegt. Dies haben die Länder bis zur Gründung der Bundesrepublik akzeptiert und keine eigenen Eigentumsregelungen für Schatzfunde getroffen. Die Staatspraxis des Reiches unter der Geltung der Verfassung von 1871 unterschied somit genau zwischen dem Eigentum an Schatzfunden einerseits, das aus damaliger Sicht als bürgerlich-rechtliche Frage angesehen wurde und auf der anderen Seite der Zuständigkeit der Länder für die Kultur- und damit auch Denkmalschutzgesetzgebung. Die Entscheidungen des Reichsgesetzgebers wie auch der Lan-

---

955 Antrag des Abgeordneten Starzmann (SPD) vom 2. Februar 1995, Drucksache 13/348: *Der Landtag wolle beschließen: Die Staatsregierung wird aufgefordert, einen Vorschlag für eine praktikable gesetzliche Einführung des ‚großen' Schatzregales in Bayern auszuarbeiten und diesen als Änderungsantrag zum Bayerischen Gesetz über die Ausführung des Bürgerlichen Gesetzbuches in den Landtag einzubringen.*

956 RGZ 80, S. 19 (24); PrOVG 86, S. 347; OLG Köln DÖV 1972, S. 647; von Gierke Privatrecht, S. 399; Leisner, S. 700.

957 von Staudinger-Kriegbaum[12], Artikel 73 EGBGB, Rz. 4; von Staudinger-Albrecht, Artikel 73 EGBGB, Rz. 4.

958 von Staudinger-Kriegbaum[12], Artikel 73 EGBGB, Rz. 8; von Staudinger-Albrecht, Artikel 73 EGBGB, Rz. 9.

959 Sowie zum folgenden BverfGE 61, S. 149 (175).

960 Motive, S. 391; Pappenheim JherJb, S. 151.

desgesetzgeber paßten sich folgerichtig in die oben dargestellte lange rechtsgeschichtliche Entwicklung ein. Für die kompetenzrechtliche Lage ist es ohne Bedeutung, daß eine Reihe von Bundesländern die Frage des Eigentums an Schatzfunden insbesondere seit den siebziger Jahren in Denkmalschutzgesetzen - zum Teil auch unter Verwendung zivilrechtlicher Begriffe - behandelt hat. Die Eindeutigkeit der ursprünglichen Staatspraxis ist mit dem Hinweis auf die sich im Gegensatz dazu stellende Landesgesetzgebung nicht in Frage zu stellen.

III. Gesetzgebungskompetenzen der Länder

Allein durch die Zuordnung der Schatzregale zu der Materie des bürgerlichen Rechts ist das Gesetzgebungsrecht der Länder jedoch noch nicht ausgeschlossen.

1. Im Bereich der konkurrierenden Gesetzgebung verbleiben ihnen die Befugnisse zu einer ergänzenden Regelung, solange und soweit eine **fehlende Inanspruchnahme der Gesetzgebungskompetenz durch den Bund** vorliegt (Artikel 72 Absatz 1 GG), sich dieser also enthalten oder lediglich mit einer Teilregelung begnügt hätte. Im anderen Fall würde das Gesetzgebungsrecht der Länder für die Zukunft ausgeschlossen.

a. Ein Inanspruchnahme liegt zunächst vor, wenn es eine **bundesgesetzliche Regelung gleichen Inhalts** gibt, wie sie vom Landesgesetzgeber beabsichtigt ist. Bundesrechtlich gibt es eine den Schatzregalen gleichlautende Regelung jedoch nicht. Allerdings kennt das Bundesrecht mit § 984 BGB eine Bestimmung, die auf den gleichen Sachverhalt eine andere Rechtsfolge anwendet und die Schatzfunde eben nicht dem Staat, sondern Privaten zuspricht. Die Schatzregale sind danach landesrechtliche Sonderregelungen zu § 984 BGB, die Vorrang vor der allgemeinen Bestimmung verlangen. Damit ist aber auch klar, daß sowohl § 984 BGB als auch die Schatzregale auf denkmalwerte Funde anwendbar sind, für diesen übereinstimmenden Bereich aber unterschiedliche Konsequenzen vorsehen. Im übrigen wurde schon kurz nach Inkrafttreten des BGB überlegt, die Einführung eines Schatzregals eben durch eine Änderung des § 984 BGB zu bewerkstelligen.[961] Dennoch wird vorgetragen, die Schatzregale hätten dadurch einen anderen Inhalt als die Bestimmung des BGB, daß sie mit der Begrenzung auf Kulturdenkmale einen wesentlich engeren Anwendungsbereich hätten, wobei zudem für den Eigentumserwerb hinzukommen müsse, daß die Entdeckung des denkmalwerten Fundes z. B. bei staatlichen Nachforschungen oder in einem Grabungsschutzgebiet gemacht wurde oder daß der Fund für die Denkmalpflege von (besonderer) wissenschaftlicher Bedeutung sei.[962]

---

961 Pappenheim DJT, S. 17.

962 BVerwG DVBl. 1997, S. 437; Strobl/Majocco/Birn, S. 167, Rz. 6 zu § 23; Hönes DÖV 1992, S. 429.

Dabei wird übersehen, daß § 984 BGB gerade auch im Hinblick auf Kulturdenkmale geschaffen und deshalb auf eine Einschränkung der Rechte des Entdeckers verzichtet wurde: *Indessen lasse sich nicht verkennen, daß eine Beschränkung der Rechte des Finders leicht zur Verheimlichung von Schatzfunden führen könnte, was insbesondere bei dem Funde von alten Münzen, Kunstgegenständen und dergl. bedenklich sein würde.*[963] Gerade dieser Bereich wurde durch die Initiativen OTTO BÄHRS[964] und OTTO VON GIERKES[965] intensiv diskutiert. Es kann mithin keine Rede davon sein, daß der Bereich der Kulturdenkmale übersehen worden sei oder nicht geregelt werden sollte. Vielmehr wollten die Väter des BGB für Altertumsfunde durch die reichsrechtliche Regelung des Schatzfundes den unmittelbare Eigentumserwerb des Staates am Schatz überhaupt beseitigt wissen.[966] Die Vorschrift des § 984 BGB gilt seit jeher gleichmäßig für alle beweglichen Altertümer.[967] Die abweichende Eigentumszuweisung der Norm ändert nichts daran, daß sie jedenfalls teilweise den selben Regelungsgegenstand wie die Schatzregale betrifft. Durch das Herauslösen des Bereiches der denkmalwerten Schatzfunde aus demjenigen aller Schatzfunde wird deren Eigentumserwerb nicht zu einem ungeregelten Sachverhalt, dessen sich die Länder subsidiär annehmen könnten. Es ist zudem zu bezweifeln, daß der Anwendungsbereich der Schatzregale tatsächlich *wesentlich enger* als der des § 984 BGB ist, wenn etwa Brandenburg, Berlin und Sachsen keine über den Kulturdenkmalbegriff hinausgehenden Beschränkungen mehr kennen. Mit § 984 liegt mithin eine bundesrechtliche Norm vor, die den nunmehr von den Schatzregalen erfaßten Anwendungsbereich vor deren Einführung umfaßt hat und in Ländern ohne Schatzregal noch immer umfaßt. Damit hat der Bund sein ihm für den Bereich des bürgerlichen Rechtes, insbesondere des Sachenrechtes zustehendes Gesetzgebungsrecht für den Eigentumserwerb an Kulturdenkmalen durch eine ausdrückliche Regelung in Anspruch genommen.

b. Selbst wenn man entgegen der hier vertreten Ansicht annehmen wollte, daß es eine den Schatzregalen vergleichbare Regelung bundesrechtlich nicht gebe, ist zu beachten, daß der Bund auch durch die **umfassende Regelung der Materie** von seinem Gesetzgebungsrecht Gebrauch machen kann. Wie bereits ausgeführt, gehört der originäre Erwerb von Sachen zum Privatrecht. Für das Privatrecht gibt es durch das BGB eine Regelung, die Bundesrecht ist. Zwar hat der Bund die Regelung nicht selbst getroffen, es handelt sich um früheres Reichs-

---

963 Protokolle, S. 273.

964 BÄHR, Anm. zu § 917 Absatz 2.

965 VON GIERKE Entwurf, S. 348.

966 Motive, S. 391; PAPPENHEIM JherJb, S. 151.

967 PAPPENHEIM DJT, S. 7.

recht. Dieses gilt jedoch gemäß Artikel 123 ff. GG als Bundesrecht fort. Aus Artikeln 1 Absatz 2,[968] 55,[969] 218[970] EGBGB ergibt sich, daß im Bereich der vom BGB geregelten Materien Landesrecht nur neu erlassen werden darf, soweit dies durch einen Vorbehalt zu dessen Gunsten gestattet ist. Daraus folgt die grundsätzlich abschließende Regelung des Privatrechtes durch Bundesrecht, was in Gestalt des durch das Bürgerliche Gesetzbuch verwirklichten *Kodifikationsprinzips* zum Ausdruck gebracht wird.[971] Damit besteht eine Sperre für den Landesgesetzgeber, außerhalb der Vorbehalte des EGBGB privatrechtliche Normen zu setzen.[972] Die Artikel 1 Absatz 2, 55, 218 EGBGB sind nicht durch Artikel 72, 74 außer Kraft gesetzt worden, die eine durch das Fehlen einer erschöpfenden bundesgesetzlichen Regelung bedingte Gesetzgebungszuständigkeit der Länder normieren, während jene keine Kompetenznormen darstellen.[973] Sie bringen zum Ausdruck, daß der Reichsgesetzgeber eine erschöpfende Regelung des bürgerlichen Rechtes bezweckt hat und stellen den kodifikatorischen Charakter eines bereits erlassenen Gesetzes (des BGB) fest,[974] in dem der Gesetzgeber grundsätzliche alle „Sachen" (§ 90 BGB) der in den §§ 854 ff. BGB enthaltenen sachenrechtlichen Regelung unterstellt hat.[975] Für das Privatrecht besteht somit eine umfassende bundesrechtliche Regelung. Auch wenn man der Ansicht wäre, § 984 weise hinsichtlich von denkmalwerten Schätzen eine Lücke auf, heißt dies nicht, daß dieser Bereich dem Landesgesetzgeber anheimfiele. Es ist gleichgültig, ob das Reichs- oder Bundesrecht bereits eine privatrechtliche Materie bereits erschöpfend geregelt hat oder ob Lücken bestehen. Die Ausfüllung etwaiger Regelungslücken einer kodifikatorischen Regelung des Privatrechtes ist nur durch Bundesgesetz oder rechtsschöpferische richterliche Auslegung aus den Grundsätzen, Generalklauseln und dem Geist des BGB möglich.[976] Der Landesgesetzgeber kann diese nicht unter Berufung auf Artikel 72 Absatz 1 GG schließen, sondern ist nur dann noch kompetent, wenn und soweit ihn der Bundesgesetzgeber dazu ausdrücklich ermächtigt hat, die bundesgesetzliche Regelung also Vorbehalte zugunsten

---

968 *Soweit in dem Bürgerlichen Gesetzbuch oder in diesem Gesetz die Regelung den Landesgesetzen vorbehalten oder bestimmt ist, daß landesgesetzliche Vorschriften unberührt bleiben oder erlassen werden können, bleiben die bestehenden landesgesetzlichen Vorschriften in Kraft und können neue landesgesetzliche Vorschriften erlassen werden.*

969 *Die privatrechtlichen Vorschriften der Landesgesetze treten außer Kraft, soweit nicht in dem Bürgerlichen Gesetzbuch oder in diesem Gesetz ein anderes bestimmt ist.*

970 *Soweit nach den Vorschriften dieses Abschnitts die bisherigen Landesgesetze maßgebend bleiben, können sie nach Inkrafttreten des Bürgerlichen Gesetzbuches durch Landesgesetz auch geändert werden.*

971 BVerfGE 7, S. 342 (354).

972 RGZ 55, S. 256.

973 BVerfGE 7, S. 342 (354).

974 BVerfGE 7, S. 342 (354/55).

975 BVerwG DVBl 1967, S. 918.

976 BVerfGE 7, S. 340 (348, 355) mit weiteren Nachweisen; MAUNZ/DÜRIG/HERZOG-MAUNZ, Artikel 74, Rz. 135 mit weiteren Nachweisen.

des Landesgesetzgebers enthält.[977] Der Bund hat demnach die Materie des Privat- und damit auch das diesem angehörende Sachenrecht inklusive des Eigentumserwerbes an (denkmalwerten) Schatzfunden umfassend geregelt, mithin auch insoweit seine Vorranggesetzgebung in Anspruch genommen.

2. Damit bleibt für eine anderweitige Gesetzgebungskompetenz nur noch insoweit Raum, als ein **Vorbehalt zugunsten des Landesgesetzgebers** besteht. Nicht schon der Umstand allein, daß der Bund in einer Materie der konkurrierenden Gesetzgebung ein Gesetz erläßt, entfaltet eine Sperrwirkung für das Gesetzgebungsrecht der Länder.[978] Entscheidend ist vielmehr, wie weit die sachliche Regelung durch den Bund reicht, vor allem, ob der Bund eine abschließende Regelung der in Anspruch genommenen Materie getroffen hat. Ob eine abschließende oder erschöpfende Regelung vorliegt, ist in der Regel durch die Auslegung des fraglichen Bundesgesetzes zu ermitteln. Die abschließende Wirkung aufgrund des Kodifikationsprinzips besteht nur dann nicht, soweit ein Vorbehalt zugunsten der Länder eingreift. In Bezug auf das BGB hat das dazu ergangene Einführungsgesetz nähere Bestimmungen getroffen, aus denen hervorgeht, daß bestimmte Nebengebiete des Privatrechtes dem Landesrecht erhalten bleiben. Der dritte Abschnitt des EGBGB enthält dazu zahlreiche und umfangreiche Vorbehalte zugunsten der Landesgesetzgebung und ist aus diesem Grunde noch vor Inkrafttreten des BGB als *Verlustliste der deutschen Rechtseinheit* bezeichnet worden.[979] Damit wurde der langwährende Streit anläßlich der Einführung des BGB um die landesrechtlichen Vorbehalte des Einführungsgesetzes zugunsten der konservativen Kräfte entschieden, die derart ständische und bürokratische Traditionen mit dem am 18. August 1896 verkündeten BGB in das 20. Jahrhundert hinüberretteten. Die einfachrechtlichen Vorbehalte des Einführungsgesetzes zum BGB stellen jedoch keine Kompetenznormen dar, sondern geben allenfalls einen Hinweis darauf, daß der gesamtstaatliche Gesetzgeber im Bereich der konkurrierenden Gesetzgebung für den jeweiligen Sachbereich keine abschließende Regelung im Sinne des Artikel 72 Absatz 1 GG getroffen hat.[980] In einem dieser sogenannten jungfräulichen Artikel *(Unberührt bleiben ...)*, dem allgemeinen Vorbehalt des Artikel 73 des Einführungsgesetzes wurde den Ländern in Ansehung von Regalien die Kompetenz belassen, abweichende Regelungen zu treffen: *Unberührt bleiben die landesgesetzlichen Vorschriften über die Regalien.* Der Ausdruck *unberührt bleiben* bedeutet seinem Wortlaut eigentlich nur, daß bestehende Vorschriften in Geltung bleiben sollen.[981] Es bleibt so auch zunächst unklar, ob die landesrechtlichen Vorschriften vom Bundes- oder vom Landesgesetzgeber unberührt gelassen werden müssen.[982] Artikel 73 EGBGB findet jedoch seine Er-

---

977 BVerfGE 21, S. 115; 24, S. 386; 33, S. 229; 37, S. 198/199; Bettermann, S. 21.

978 BVerfGE 83, 24 ff.

979 Laufs, S. 261.

980 BVerfGE 45, S. 297 (341).

981 von Staudinger-Merten-Kirchhof[12], Artikel 3 EGBGB, Rz. 2.

982 BVerfGE 7, S. 120 (124).

gänzung in Artikel 1 Absatz 2 EGBGB[983] (früher Artikel 3 EGBGB). Danach bedeuten die Unberührbarkeitsvorbehalte nicht nur, daß bestehende landesgesetzliche Vorbehalte in Kraft bleiben, sondern auch, daß neue Zivilrechtsnormen in diesem Bereich getroffen werden können.[984] In diesem Sinne wurde die seit jeher im deutschen Bundesstaat geläufige Formulierung *unberührt bleiben* stets verstanden.[985] Ausdrücklich stellt Artikel 1 Absatz 2 EGBGB damit fest, daß die Bundesländer trotz des kodifikatorischen Charakters des BGB im Rahmen der konkurrierenden Gesetzgebung und spezieller Landesvorbehalte bürgerlichrechtliche Normen erlassen können.[986]

a. Nach der Ansicht des Bundesverfassungsgerichtes gilt Artikel 73 EGBGB jedenfalls für den Bereich, welcher herkömmlicherweise dem traditionellen Regalbegriff zuzuordnen ist.[987] Der Vorbehalt des Artikel 73 bezieht sich damit nur auf die sogenannten niederen oder nutzbaren Regalien, das heißt die vermögenswerten Nutzungs- und Aneignungsrechte (**Finanzregalien**)[988], denen früher die eigentlichen Hoheitsrechte als höhere Regalien gegenüberstanden.[989] Nur diese werden in der neueren Zeit Regalien genannt.[990] Dazu gehörte auch das Schatzregal.[991] Die bestehenden Schatzregale sind jedoch nicht finanziell nutzbar. Sie dienen den Ländern nicht als Einnahmequelle, sondern ermöglichen die Begründung von Eigentum an denkmalwerten Funden, um diese der Forschung und der Öffentlichkeit zugänglich zu machen. Schon MAX PAPPENHEIM betrachtete die Neubegründung eines Schatzregals für Altertumsfunde als unzulässig, da dieses kein ausschließlich noch zugelassenes nutzbares Regal mit materiellem Gewinn sei und damit nicht zu den regalia minora zähle.[992] Auch CARL HENNINGS war daher der Ansicht, daß *das Schatzregal, das unter seinem eigentlichen Grundgedanken (nutzbares Regal zum Zwecke des Geldgewinnes) widerstreitenden Gestalt eines ‚Altertumsregales' - in der Absicht, alle Altertümer, auch solche ohne eigentlichen Sachwert, zwecks einer vollständigen staatlichen Si-*

---

983 Umbenannt durch das Gesetz zur Neuregelung des Internationalen Privatrechts vom 25. Juli 1986 (BGBl. I, S. 1142).

984 RGZ 7, S. 346 (348, 399–402); BVerfGE 7, S. 120 (124 f.); 11, S. 192 (200); 65, S. 359 (375); 78, S. 201 (210); BVerwGE 27, S. 131 (134 f); SOERGEL-HARTMANN, Art 1 EGBGB, Rz. 5; VON STAUDINGER-MERTEN-KIRCHHOF[12], Art 3. EGBGB, Rz. 2.

985 BVerfGE 7, S. 120 (124).

986 VON STAUDINGER-MERTEN-KIRCHHOF[12], Artikel 3 EGBGB, Rz. 4.

987 BVerfG JZ 1988, S. 919.

988 Siehe S. 42.

989 RGZ 80, 19 (24); MüKo-SÄCKER, Artikel 73, Rz. 1; VON STAUDINGER-KRIEGBAUM[12], Artikel 73, Rz. 7; SOERGEL-HARTMANN, Artikel 73, Rz.1; a.A. HÖNES DÖV, S. 428.

990 Motive, S. 165.

991 VON STAUDINGER-KRIEGBAUM[12], Artikel 73, Rz. 2.

992 PAPPENHEIM DJT, S. 14.

cherung demselben Recht zu unterwerfen - neu zu schaffen nicht einmal angängig wäre.[993] Dem wird entgegengehalten, daß auch die Einsparung von Entschädigungsleistungen für Funde, die zur öffentlichen Aufgaben der Denkmalpflege benötigt würden, ein fiskalischer Gesichtspunkt sei.[994] Dabei wird jedoch übersehen, daß dieses wirtschaftliche Interesse erst dadurch entsteht, daß dem Staat die Aufgabe der Denkmalpflege zukommt und damit kein selbständiges fiskalisches Interesse an Einnahmeerzielung ist.[995] Demnach ist den heutigen Schatzregalen das Merkmal der fiskalischen Nutzbarkeit fremd.[996] Es handelt sich mithin nicht um ein Finanzregal und ist derart nicht von dem Vorbehalt des Artikel 73 EGBGB umfaßt.

b. Selbst wenn man der hier vertretenen Ansicht nicht folgen wollte, so erschiene das moderne Schatzregal als **Finanzregal im Spiegel der staatsrechtlichen Entwicklung** als längst überholt. Das Bundesverfassungsgericht war der Ansicht, davon könne nur dann die Rede sein, wenn ihm vornehmlich ein erwerbswirtschaftlicher Zweck zugrunde läge; das Schatzregal knüpfe aber gerade nicht an den Geldwert, sondern den wissenschaftlichen Wert an.[997] Es übersieht dabei, daß Artikel 73 EGBGB im Gegenteil gerade ein Finanzregal verlangt. Die Einführung eines fiskalisch nutzbaren Regals ist mit dem modernen Staatsverständnis anders als zur Zeit der Einführung des BGB[998] nicht mehr vereinbar, obwohl schon MAX PAPPENHEIM der Ansicht war, daß kein Grund vorliege, *den Staat aus der Entdeckung gerade von Altertumsfunden materiellen Gewinn ziehen zu lassen.*[999] Er wurde darin von juristischer Seite durch THEODOR KIRSCH unterstützt, der schon 1907 bezüglich von Fundablieferungspflichten forderte, die *landesgesetzlichen und landesherrlichen Vorschriften einzeln hinsichtlich ihrer ferneren Geltung* zu überprüfen und derartige *ältere zweifelhafte oder in die heutige Zeit nicht mehr passende Bestimmungen durch klare und den modernen Rechtsanschauungen entsprechende Vorschriften zu ersetzen.*[1000] Auch das nordrhein-westfälische Kultusministerium war bei der Diskussion um die Einführung des Schatzregals der Auffassung, dieses *passe aber nicht mehr so recht in die Zeit des Grundgesetzes.*[1001] Der Niedergang der Regalien ist in erster Linie mit dem Aufkommen der Vorstellungen von der modernen Rechtsstaatlichkeit verbunden, die gerade ihre Negation darstellt,

---

993 HENNINGS, S. 38.

994 DÖRGE, § 23, Rz. 6.

995 VG Mainz, Urteil vom 22. Mai 1992, Az. 2 K 284/91, S. 5.

996 HÖNES DÖV, S. 427.

997 BVerfG JZ 1988, S. 919.

998 MUGDAN, S. 29: *Eine Einschränkung des Vorbehalts (...) durch die allgemeine Ausschließung der Neubegründung von Regalien erscheint nicht geboten und würde auch nicht unbedenklich sein.*

999 PAPPENHEIM DJT, S. 14.

1000 KIRSCH, S. 177.

1001 Landtag Nordrhein-Westfalen, Ausschuß für Schule und Kultur, Ausschußprotokoll 8/1832, S. 8.

weshalb sie nicht in derartigem Umfang wiedererweckt werden können.[1002] Was ihren politischen Charakter betrifft, so ist die erste Hälfte ebenso feudalistisch, wie die zweite Hälfte absolutistisch.[1003] Das Schatzregal taugt auch nicht dazu, Kulturdenkmäler als diffuses „Erbe der Allgemeinheit" in Staatseigentum zu überführen. Dies wäre nur dann möglich, wenn man von einer kollektivierenden Rechtsauffassung ausgeht, wie sie das GG aber eindeutig verbietet, das eben keinen grundsätzlichen Vorrang der Gemeinschaftsinteressen statuiert.[1004] Wenn demnach ein Schatzregal unabhängig davon, ob es fiskalisch nutzbar wäre, nicht nach Artikel 73 neubegründet werden kann, so ist die Bedeutung des Regalienrechts allein darauf beschränkt, daß nach altem Recht begründete Regalien heute noch fortgelten.[1005] Die Neubegründung von Regalien ist daher unzulässig.[1006] Diese Konsequenz hat auch der nordrhein-westfälische Gesetzgeber gezogen, der davon ausging, daß nur bestehende Schatzregale aufrechterhalten werden, aber keine neuen eingeführt werden könnten und da er auf seinem Boden keines historisch feststellen konnte, die Einführung des Schatzregals ablehnte.[1007]

3. Auch wenn man der Meinung wäre, Artikel 73 EGBGB gestatte die Neubegründung von Regalien, so ließe er dabei jedenfalls nur einen bei Inkrafttreten des BGB bestehenden Rechtszustand unangetastet.[1008] Mithin wäre allein die **Neubegründung eines bei Inkrafttreten des BGB bestehenden Regals** zulässig. Dies setzte voraus, daß es bei Einführung des BGB ein Schatzregal gegeben hat. Bei den Beratungen zum BGB wurde jedoch festgestellt, daß ein solches nicht mehr existiere.[1009] Dennoch wird neben einem unbelegten Schatzregal in dem

---

1002 LEISNER, S. 700.

1003 ROSCHER, S. 118.

1004 LEISNER, S. 701.

1005 MüKo-SÄCKER, Artikel 73, Rz. 2; PALANDT trägt dem Rechnung, indem er vom Abdruck absieht.

1006 VON STAUDINGER-KRIEGBAUM[12], Artikel 73, Rz. 9; MüKo-SÄCKER, Artikel 73, Rz. 2; einschränkend VON STAUDINGER-ALBRECHT, Artikel 73, Rz. 10.

1007 Landtag Nordrhein-Westfalen, Ausschuß für Schule und Kultur, Ausschußprotokoll 8/1832, S. 3. Dahingegen hatte das Bundesverwaltungsgericht (BVerwG DVBl 1967, S. 918) bereits 1967 festgestellt, daß die Ermächtigung des Artikel 73 EGBGB nicht auf Länder beschränkt sei, in denen bei Inkrafttreten des BGB bereits Regalien bestanden. Die Befugnis zur Gesetzgebung bestehe nach dem Wortlaut des Artikel 1 Absatz 2 EGBGB allgemein und beschränke sich dementsprechend nicht auf Länder, in denen ein Rechtsinstitut bereits bei Inkrafttreten des BGB abweichend geregelt war.

1008 BVerwG DVBl. 1997, S. 436.

1009 Motive, S. 391.

Fürstentum Schwarzburg-Rudolstadt[1010] ein solches im Herzogtum Schleswig[1011] angeführt: *Findet irgend jemand Gold oder Silber entweder im Hügel oder hinter seinem Pflug oder auf irgendeine andere Weise, da soll das der König haben.*[1012] Es handelt sich dabei um das Gebiet des altdänischen Rechts, wo noch das Jütische Lov WALDEMARS II. von 1241 galt. Tatsächlich hat das Landgericht Flensburg mit Urteil vom 22. September 1903 noch einen Fund von Silbermünzen aus dem 16. und 17. Jahrhundert auf Grundlage dieses Schatzregals dem Staat zuerkannt.[1013] Auf wessen Unkenntnis der Widerspruch zwischen diesem Richterspruch und den Beratungen zum BGB beruht, bleibt offen. Ob das Regal tatsächlich noch in Kraft war, muß jedoch angesichts des Umstandes, daß bereits seit 1742 im Widerspruch zum Grundgedanken des Regals voller Wertersatz für die Entdeckungen[1014] und nach 1842 sogar noch eine darüber hinausgehende zusätzliche Belohnung bei Ablieferung gewährt wurde,[1015] in Frage gestellt werden.

a. **Der räumliche Anwendungsbereich** des jütischen Schatzregals erstreckte sich nicht auf das gesamte nach dem deutsch-dänischen Krieg von 1866 von Dänemark losgelöste Herzogtum Schleswig, sondern beschränkte sich auf einzelne Städte und Landstriche, die der Tabelle 5 zu entnehmen sind.

Im Nordstrander Recht ist unklar, ob der Schatz dem Grundeigentümer oder dem Entdecker zusteht, während in Eiderstedt, Husum und Friedrichsstadt römisches Recht, also Teilung zwischen Entdecker und Grundeigentümer galt.[1016] Dies zeigt, daß das jütische Schatzregal, sofern es denn bei Einführung des BGB tatsächlich noch existierte, nur vereinzelt in Schleswig Geltung besessen haben kann. Auch wenn man noch zusätzlich ein Schatzregal in dem 949,42 qkm großen Fürstentum Schwarzburg-Rudolstadt als bestehend unterstellen wollte, so hätte

---

1010 Wenn verschiedene Autoren ausführen, in dem Fürstentum Schwarzburg-Rudolstadt habe bei Inkrafttreten des BGB noch ein Schatzregal bestanden (siehe nur VON GIERKE Privatrecht, S. 541, Fußnote 86; S. 543, Fußnote 94; PAPPENHEIM JherJb, S. 152 mit weiteren Nachweisen), so ist dies bisher noch nicht bestätigt worden. Alle Zitate beziehen sich letztendlich auf eine bei HEIMBACH zu findende Stelle, welcher 1848 lapidar ausführte, daß in Schwarzburg-Rudolstadt *Schätze dem Fiscus gehören* (HEIMBACH, S. 339, Fußnote 7). Eine derartige Bestimmung hat sich bisher ebensowenig wie ein Hinweis darauf, daß sie nach 1900 noch Anwendung fand, auffinden lassen. Es erscheint wahrscheinlich, daß die Bestimmung wie die anderen zeitgenössische Regelungen entweder aufgehoben wurde oder außer Übung kam.

1011 Siehe S. 96 f.

1012 Übersetzung nach VON SEE, S. 117.

1013 PAPPENHEIM DJT, S. 13, Fußnote 25.

1014 Übersetzung des Textes bei GALSTER, S. 300.

1015 GALSTER, S. 301.

1016 ESMARCH, S. 198.

Tabelle 5: Statute außerhalb des jütischen Lovs in Schleswig[1017]

Gebiet	Statut	subsidiär
Landschaft Stapelholm	Constitution von 1623	Jütisches Lov
Insel und Landschaft Fehmarn	Landrecht von 1558	
Stadt Schleswig	Schleswiger Stadtrecht	
Stadt Flensburg	Flensburger Stadtrecht	
Stadt Eckernförde	Eckernförder Stadtrecht	
Stadt Aspenrade	Aspenrader Stadtrecht	
Stadt Hadersleben	Haderslebener Stadtrecht	
Stadt Burg	Lübisches Recht	
Stadt Tondern	Lübisches Recht	
Landschaft Eiderstedt, Kirchspiel Simonsberg des Amtes Husum, Friedrichen-Koog, Marien-Koog, Dagebüller-Koog, Kleyser-Koog, Julianen-Marianen-Koog, Christian-Albrechten-Köge, Rutebüller-Koog, Fürstlich-Reussische Köge, Grothusen-Koog, Augusten-Kooge, Börner-Koog, Megger-Koog, Kleinseer- Koog	Eiderstedter Landrecht	römisches Recht
Stadt Tönning	Tönningsches Stadtrecht	Eiderstedter Landrecht / römisches Recht
Stadt Garding	Gardingsches Stadtrecht	
Stadt Husum	Husumer Stadtrecht (1608)	römisches Recht
Stadt Friedrichsstadt	Friedrichsstädter Stadtrecht	
Tondersche Marschharden, Landschaft Sylt, Landschaft Föhr und der Flecken Wyck, Landschaft Pellworm mit den Halligen, Landschaft Nordstrand, Interessenten-Gotteskoog des Amtes Tondern	Nordstrander Landrecht (friesisches Recht)	

[1017] Vergleiche ESMARCH, S. XIII.

dieses Rechtsinstitut, wenn überhaupt, nur lokale Bedeutung besessen. Es muß stark bezweifelt werden, daß der Gesetzgeber diesen Bestimmungen erlauben wollte, sich auf das gesamte Reich auszubreiten. Er ging vielmehr davon aus, daß kein Schatzregal mehr besteht[1018] und wollte dieses mithin auch nicht durch Artikel 73 EGBGB *unberührt* lassen, sondern vielmehr den unmittelbaren Eigentumserwerb des Staates am Schatz überhaupt beseitigt wissen.[1019]

b. Zudem gestattet Artikel 73 EGBGB keine Weiterentwicklung des bei Einführung des BGB bestehenden Rechtszustandes, so daß der Gegenstand seiner Regelungen durch den traditionellen Regalbegriff begrenzt wird.[1020] Dem Landesgesetzgeber sind demnach bei der Schaffung von Schatzregalen ohnehin inhaltliche Grenzen gesetzt, die durch den **sachlichen Anwendungsbereich** des bei Einführung des BGB bestehenden Schatzregals bestimmt werden. Das Regal des Jütische Lov war ausdrücklich auf Gold und Silber beschränkt. Daher wurde schon im 19. Jahrhundert gefordert: *Nach wissenschaftlicher Auslegung sollte dieses Hoheitsrecht nicht auf andere, als die im Gesetz genannten, Sachen ausgedehnt werden.*[1021] Es wurde dementsprechend auch der Gold- oder Silberwert vergütet, wenn die Sache von wissenschaftlichem Interesse war.[1022] Auch wenn man dies lediglich als eine beispielhafte Aufzählung betrachtete,[1023] so war das Regal jedenfalls auch bei analoger Anwendung auf solche Gegenstände beschränkt, die einen eigenen Materialwert hatten.[1024] Das veranlaßte bereits MAX PAPPENHEIM zu der Feststellung: *Wie weit man aber hierin auch gehen mag, es bleiben doch immer noch genug Altertumsfunde übrig, die wie menschliche und tierische Knochenreste, einfache Geräte und dergleichen unter den Begriff der Schätze im Sinne dieser Vorschriften nicht gebracht werden können, obwohl ein Schutzbedürfnis für sie in nicht geringerem Grade besteht.*[1025] Demnach wurden auch durch das schleswigsche Schatzregal - wie durch die traditionellen Schatzregale überhaupt - nur solche Kulturdenkmale erfaßt, die einen eigentlichen Sachwert hatten,[1026] da es bis in die jüngste Zeit nicht der Verfolgung einer spezifischen Sozialpolitik, sondern finanziellen Interessen in einem fiskalischen Staatsegoismus[1027] gedient hat.[1028] Ziel des Schatzregals war es, Edelmetall für den König zu erlangen; die meisten Gegenstände wurden in den Münzstätten einge-

---

[1018] Motive, S. 391.

[1019] Motive, S. 391; PAPPENHEIM JherJb, S. 151.

[1020] BVerwG DVBl. 1997, S. 436; VON STAUDINGER-ALBRECHT, Artikel 73 EGBGB, Rz. 10.

[1021] PAULSEN, § 49, S. 81.

[1022] ESMARCH, S. 198.

[1023] PAPPENHEIM JherJb, S. 158.

[1024] PAPPENHEIm DJT, S. 13.

[1025] PAPPENHEIM DJT, S. 13.

[1026] BVerwG DVBl. 1997, S. 436; VON STAUDINGER-KRIEGBAUM[12], Artikel 73, Rz. 32; HENNINGS, S. 34.

[1027] LEISNER, S. 699.

[1028] VG Mainz, Urteil vom 22. Mai 1992, Az.: 2 K 284/91, S. 4.

schmolzen.[1029] Ursprünglich war bei Gold- und Silberfunden allein der Metallwert als solcher, nicht etwa der zuvor unbekannte Altertumswert für die Regalität entscheidend.[1030] Die bestehenden Schatzregale gehen damit über die hergebrachten, die allein durch Artikel 73 EGBGB geschützt wären, weit hinaus.[1031] Durch diese Regelungen, die tatsächlich Kulturdenkmalregalien sind, wurden zur Erhaltung kulturhistorisch oder wissenschaftlich bedeutsamer Funde völlig neue Regalien geschaffen, die mit dem althergebrachten zwar gewisse Berührungspunkte aufweisen, letztlich aber von ihm nach Zielsetzung und Inhalt gänzlich verschieden sind.[1032] Es fehlt daher hier an jener Kontinuität, welche allein einer Tradition des Eigentumsanspruches legitimierende Kraft verleihen könnte.[1033] Ein Schatzregal für Kulturdenkmale hat es historisch nicht gegeben. Auch das jütische konnte für den Denkmalschutz nur dann gebraucht werden, wenn die aufgefundenen Gegenstände einen Sachwert hatten. Es wurde damit freilich in den Dienst eines ihm ursprünglich völlig fremden Zweckes gestellt.[1034] Kulturdenkmale ohne oder mit geringem Sachwert wie Knochen, Scherben, Steine, Holzreste, Stoffreste, Speisereste, schlecht erhaltene Münzen aus unedlen Metallen, Nägel, etc., die sowohl die Masse der entdeckten Objekte wie auch diejenige der Träger wissenschaftlicher Information ausmacht, wurden von dem traditionellen Schatzregal nicht erfaßt.[1035] Die gesetzliche Überschrift „Schatzregal" der Länderbestimmungen vermag nicht, ihren materiellrechtlichen Inhalt zu ändern[1036] oder sie mit den gleichnamigen traditionellen Bestimmungen gleichzusetzen. Der besondere wissenschaftliche Wert gibt keinen Anlaß zur entsprechenden Anwendung der Lehre vom Schatz.[1037] Da einerseits Artikel 73 EGBGB keine Weiterentwicklung des bei Einführung des BGB bestehenden Rechtszustandes erlaubt, und andererseits die existierenden Schatzregale bzw. Altertumsregalien über diesen traditionellen Begriff weit hinausgehen,[1038] fehlte den Ländern die Gesetzgebungskompetenz zur Schaffung von derartigen Regelungen, die von dem Vorbehalt des Artikel 73 EGBGB nicht erfaßt werden.

[1029] Moesgaard, S. 75.

[1030] Hennings, S. 34.

[1031] A. A. BVerfG JZ 1988, S. 919.

[1032] Schröder K.-P., S. 679.

[1033] Leisner, S. 700.

[1034] Pappenheim JherJb, S. 160.

[1035] Brückner, S. 25: *Ein Zwangseigentum des Staates an Altertumsfunden ist daher nicht zu empfehlen. Schatzregale reichen sachlich nicht aus, alle Altertumsfunde zu schützen. Es geht nicht an, den dort genau umschriebenen Schatzbegriff durch den gänzlich andersartigen Begriff des Altertumsfundes zu ersetzen.*

[1036] Schröder K.-P, S. 679; Brückner, S. 25.

[1037] Gien, S.81

[1038] In den Grenzen des traditionellen Schatzregals bewegt sich dagegen das englische Law of Treasure Trove (bis 24. September 1997 gefundene Schätze) bzw. Treasure Act 1996 / Code of Practise, das nicht nur hinsichtlich des Begünstigten (die Krone) sondern auch inhaltlich (weitgehend auf Edelmetalle beschränkt) seiner ursprünglichen Gestalt treu bleibt.

§ 4 Das Schatzregal im Spiegel der Grundrechte und verfassungsrechtlicher Prinzipien

I. Die Eigentumsgarantie des Artikel 14 Absatz 1 GG

Im Bereich der Grundrechte war im wesentlichen lediglich das Verhältnis des Schatzregals zu Artikel 14 Absatz 1 GG Gegenstand der Diskussion. Die Regalien wurden noch im 19. Jahrhundert als Abspaltungen und Beschränkungen des Eigentums aufgefaßt. Bereits OTTO VON GIERKE ging davon aus, daß aus dem ursprünglichen Inhalt des Grundeigentums vermögenswerte Bestandteile herausgehoben und auf Kosten des Eigentums und der Freiheit unter die Regalien versetzt worden seien.[1039] Auch IGNAZ HOLZ stellte 1916 in Bezug auf das Schatzregal fest: *Eine von der Gesetzgebung eingeführte Regalisierung würde den größten Schwierigkeiten begegnen, da der ganze moderne Eigentumsbegriff eine solche Regelung nicht dulden könnte.*[1040] Schließlich sah auch KARL ASAL, der „Vater" des Badischen Denkmalschutzgesetzes von 1949 im Schatzregal einen *Widerspruch zur verfassungsmäßigen Eigentumsgarantie.*[1041] Noch 1980 waren es derartige Bedenken, die auch die Einführung des in § 19 des Entwurfes eines Denkmalschutzgesetzes für Nordrhein-Westfalen[1042] vorgesehenen Schatzregals scheitern ließen.[1043] Auch gegenwärtig wird noch vertreten, daß die Schatzregale im Widerspruch zu Artikel 14 GG stünden.[1044] Die heutigen Bestimmungen der deutschen Bundesländer verhindern im Widerspruch zu der Grundregel des § 984 BGB, daß Entdecker und Eigentümer der bergenden Sache jeweils zur Hälfte im Sinne der hadrianischen Teilung Eigentum am Schatz erwerben. Dennoch sind dadurch entzogenen Positionen weder dem privatrechtlichen noch dem verfassungsrechtlich geschützten Eigentum zuzurechnen:

1. **Das Eigentum im Sinne des Privatrechtes** wurde im BGB nicht durch eine Legaldefinition bestimmt. Begrifflich ist es das umfassendste Recht zu tatsächlichen und rechtlichen Herrschaftshandlungen, das die Rechtsordnung an einer beweglichen und unbeweglichen Sache zuläßt; als formaler Zugriff ist es für alle Sachen gleich.[1045] Unzweifelhaft haben im Regelfall weder Finder noch Eigentümer der bergenden Sache durch die abstrakte Vorschrift des § 984 BGB vor der Entdeckung Eigentum an einem Schatzfund erworben. Die Schatzregale gestalten nicht die Eigentumsbefugnisse an Kulturgütern, sondern setzen bereits vorher an. Sie bestimmen, wer in bezug auf den Fund in eine Eigentümerstellung eintritt bzw. eintreten kann. Ein Schatz-

---

1039 VON GIERKE Privatrecht, S. 398.
1040 HOLZ, Sp. 363.
1041 ASAL, S. 18.
1042 Landtagsdrucksache NRW 8/4492.
1043 LEHMANN H., S. 74.
1044 EBERL, Nr. 2, S. 11.
1045 PALANDT-BASSENGE, vor § 903, Rz. 1.

regal entzieht damit weder dem Finder noch dem Eigentümer der bergenden Sache Sacheigentum. Das Eigentum im privatrechtlichen Sinne ist damit durch die Regelung der bloßen Befugnis zum Rechtserwerb nicht berührt.

a. Insbesondere stehen die sich im Untergrund der Flächen des Grundstückseigentümers befindlichen Kulturgüter jedenfalls vor der Entdeckung nicht wie der übrige Grund und Boden in dessen Eigentum. Gemäß § 905 BGB erstreckt sich zwar das Recht eines Grundeigentümers auf den Raum über der Oberfläche und auf den Erdkörper unter der Oberfläche **(Säuleneigentum)**. Bei Grundstücken betraf das Nutzungsrecht des Eigentümers jedoch von jeher in erster Linie die Oberfläche des Grundstücks, während die Berechtigung, auf die im Erdkörper enthaltenen Stoffe zuzugreifen, stets weitgehenden Einschränkungen unterlag.[1046] Eigentümer des Schatzes sind aber ohnehin die Erben desjenigen, der zur Zeit der Verbergung Eigentümer war. Diese sind im Falle des Schatzfundes nur nicht mehr zu ermitteln. Das Herrschaftsrecht des Grundeigentümers über das den Schatz umgebende Erdreich berührt damit vor der Entdeckung nicht das Eigentum an darin verborgenen Schätzen. Gleiches gilt für herrenlose Sachen. Selbst wenn man davon ausginge, daß ein genereller Besitzwille vorhanden wäre, genügte dies jedoch für den Rechtserwerb an verborgenen Sachen nicht, vielmehr ist ein körperliches Ergreifen selbst dann erforderlich, wenn genau bekannt ist, wo sie sich befinden.[1047]

b. Ein Eigentum an verborgenen Kulturgütern kann jedoch bereits vor der Entdeckung begründet worden sein, wenn dieses **wesentlicher Bestandteil** der bergenden Sache ist. Gemäß § 95 BGB gehören solche Sachen nicht zu den Bestandteilen eines Grundstückes, die nur zu einem vorübergehenden Zweck mit dem Grund und Boden verbunden oder in ein Gebäude eingefügt sind. Davon ist zumindest im Fall des absichtlich verborgenen Depots auszugehen, das im Regelfall nur für absehbare Zeit niedergelegt wird. Wesentliche Bestandteile einer Sache sind solche, die voneinander nicht getrennt werden können, ohne daß der eine oder der andere zerstört oder in seinem Wesen verändert wird (§ 93 BGB). Zu den wesentlichen Bestandteilen eines Grundstücks oder Gebäudes gehören gemäß § 94 BGB die mit dem Grund und Boden fest verbundenen Sachen, so daß sich gemäß § 946 das Eigentum an dem Grundstück auch auf diese Sachen erstreckt. Damit unterliegt es keinem Zweifel, daß in einem Grundstück verborgene Immobilien wie Mauern, Mosaike und ähnliches als wesentlicher Bestandteil dem Grundstückseigentümer zustehen.[1048] Ein Schatz bildet jedoch nicht bereits dadurch einen wesentlichen Bestandteil eines Grundstücks, daß er sich seit unvordenklicher Zeit im Erdreich befunden

---

1046 Hesselberger, Artikel 14, Rz. 2.
1047 Wieling Enzyklopädie, § 11 VI 2 a.
1048 Vergleiche Eberl/Martin/Petzet, vor Artikel 7, Rz. 6.

hat und dort bis zu seiner Entdeckung verblieben ist.[1049] Dadurch geht seine Selbständigkeit als bewegliche Sache nicht verloren. Auch macht es keinen Unterschied, ob ein Schatz in einem Gebäude oder im Erdreich entdeckt wurde.[1050] In Einzelfällen kann es aber zweifelhaft sein, ob ein Kulturgut wesentlicher Bestandteil eines Grundstücks ist. So lag etwa der „Mühlstein von Bitburg“[1051] waagerecht im Erdreich und befand sich mit circa einem Drittel unter einem mittelalterlichen Mauerzug. Die Grundeigentümerin machte geltend, dieser sei wesentlicher Bestandteil ihres Grundstücks, da darauf eine Mauer errichtet worden sei. Das Verwaltungsgericht Trier[1052] und das Oberverwaltungsgericht Koblenz[1053] entschieden jedoch, daß der Mühlstein weder Bestandteil der Mauer noch dessen Fundament gewesen sei und sich zudem leicht habe entfernen lassen. So sei zwar die Mauer, nicht aber der Mühlstein wesentlicher Bestandteil des Grundstücks gewesen. Demnach wurde letzterer infolge des rheinland-pfälzischen Schatzregals,[1054] trotz der der Gundeigentümerin zuvor schriftlich erteilten Rückgabezusage, dem Land zugesprochen. Teilweise wird angenommen, daß das Schatzregal häufig zu Unrecht auf wesentliche Grundstücksbestandteile angewendet wird.[1055] Dies dürfte nicht zuletzt bei der Anwendung des Schatzregals auf Fossilien der Fall sein.[1056]

1049 Einschränkend EBERL, Nr. 1, S. 4: *Viele in der Vor- und Frühzeit in den Boden gelangten Sachen sind wesentliche Bestandteile des Grundstücks (§§ 93, 94 BGB). Sie sind inzwischen mit dem Boden fest verbunden; ihre Trennung vom Boden ist nur mit verhältnismäßig großem Aufwand möglich* (...).

1050 EBERL, Nr. 2, S. 11.

1051 Siehe S. 24.

1052 VG Trier, Urteil vom 13. Februar 1990, Az. 5 K 10077/90.

1053 OVG Koblenz, Az. 8 A 12613/94.

1054 R-P § 19a.

1055 EBERL, Nr. 1, S. 5: *In zahlreichen Fällen wird also dem Grundeigentümer etwas genommen, was ihm schon gehört, auch wenn er (noch) nichts davon weiß.*

1056 Unter Fossilien versteht man die Hinweise und Überreste tierischen und pflanzlichen Lebens, die durch einen Fossilisationsprozeß erhalten geblieben sind (BRÜGGE, S. 8). Die Fossilisation kann in der Form erfolgen, daß ein Abdruck als Negativ der Körperfläche entsteht oder einer eigentlichen Versteinerung, bei der abgestorbene Organismen durch Ersetzung der organischen durch mineralische Stoffe sowie die Bildung von Steinkernen durch den Ausguß von Hohlräumen, die abgestorbene Organismen nach deren Einbettung in Sedimentschichten und dem anschließenden Zerfall hinterlassen haben (BRÜGGE, S. 8 mit weiteren Nachweisen). Natürliche Bodenbestandteile sind indes zweifellos Eigentum des Grundstückseigentümers. Es ist nicht einzusehen, warum sich daran etwa ändern sollte, wenn sie ihre Form dadurch erhalten haben, daß sie um ein vorzeitliches Tier oder eine Pflanze herum oder in den von ihnen hinterlassenen Hohlräumen erhärteten. Schon GIEN ging davon aus, daß Fossilien durch die Verbindung der Funde mit dem Erdboden lange als Bodenbestandteile wesentliche Bestandteile eines Grundstücks seien und damit auch nach Bergung im Eigentum des Grundstückseigentümers verblieben (GIEN, 76/77).

c. Gemäß § 96 BGB gelten die **mit dem Eigentum an einem Grundstück verbundene Rechte** als Bestandteile des Grundstücks. Bei dem Recht zum Eigentumserwerb an einem entdeckten Schatzfund handelt es sich jedoch nicht um ein derartiges Recht, vielmehr besteht bis zu dessen Hebung nur eine Erwerbsmöglichkeit, die durch diesen Umstand bedingt ist.[1057] Damit ist auch eine Verfügung über den Schatz ausgeschlossen, da die Übertragung des Eigentums daran vor der Entdeckung rechtlich unmöglich und nach der Entdeckung an die gewöhnlichen Formen des Mobiliarsachenrechts gebunden ist.[1058] Der Schatz ist derart weder Bestandteil noch Zubehör einer Sache.[1059]

2. Der für Artikel 14 GG maßgebende **verfassungsrechtliche Eigentumsbegriff** geht jedoch über das Eigentum im Sinne des Privatrechtes (BGB) hinaus und ist entsprechend weiter zu verstehen. Eigentum im Sinne des Artikel 14 GG umfaßt neben dem privatrechtlichen Eigentum jede vermögenswerte Rechtsposition, die einer Person zur Geltendmachung im eigenen Interesse (privatnützig) zugeordnet ist.[1060] So wie die meisten Rechtspositionen, deren Anerkennung als Eigentum in Betracht kommt, durch das Privatrecht eingeräumt werden,[1061] so ist es auch im Falle der Schatzregale der im BGB geregelte Eigentumserwerb an Schatzfunden (§ 984 BGB), der eingeschränkt wird. Für den verfassungsrechtlichen Eigentumsschutz ist es erforderlich, daß ein vermögenswertes Recht dem Berechtigten ausschließlich zur privaten Nutzung und zur eigenen Verfügung zugeordnet ist.[1062] Die Privatnützigkeit des Eigentums ist somit durch die Elemente Haben, Nützen, Schützen und Verfügen gekennzeichnet.[1063] Dabei darf der Gesetzgeber Eigentumsrechten jedoch nicht nur einen neuen Inhalt geben, sondern kann auch das Entstehen von Rechten, die nach bisherigem Recht möglich waren, für die Zukunft ausschließen.[1064] Es ist ihm damit nicht verwehrt, bisher mit altem Recht verbundene Befugnisse einzuschränken; die Eigentumsordnung gebietet ihm nicht, einmal ausgestaltete Rechtspositionen für alle Zukunft dem Inhalt nach unangetastet zu lassen.[1065] Dies gilt gleichermaßen für die durch § 984 BGB begünstigten Personen:

1057 BVerfGE 78, S. 205 (211); KG OLGRspr. 6, S. 265; a. A. EBERL, Nr. 1, S. 5, der den Eigentümeranteil als *Bestandteil des Grundeigentümers und damit durch Art. 14 GG gegen entschädigungslose Wegnahme duch das Land geschützt* betrachtet.

1058 KG OLGRspr. 6, S. 265.

1059 PALANDT-BASSENGE, § 1040, Rz. 1.

1060 BVerfGE 89, S. 1 (6); 83, S. 201 (208); JARASS/PIEROTH, Artikel 14, Rz. 6.

1061 SCHMALZ, Artikel 14, Rz. 763.

1062 MELCHINGER, S. 206.

1063 SCHMALZ, Artikel 14, Rz. 765.

1064 BVerwG DVBl. 1997, S. 437.

1065 BVerfGE 83, S. 201 (205); 94, S. 1 (6).

a. In Bezug auf den **Entdecker des Schatzes** hat die Frage, ob er in seinen von Artikel 14 GG gewährleisteten Eigentumsrechten tangiert wird, in der Vergangenheit kaum zu Auseinandersetzungen geführt. Die bloße Befugnis zum Rechtserwerb ist bei herrenlosen Funden und Schatzfunden für den Entdecker noch nicht durch Verfügungsfähigeit, Verfügungsbefugnis und Privatnützigkeit gekennzeichnet. Die Existenz des Fundes ist ihm vor der Entdeckung in der Regel ebensowenig wie der Fundort bekannt, geschweige denn, daß der zukünftige Entdecker darüber verfügen könnte. Vor allem aber ist der Entdecker zu diesem Zeitpunkt ohnehin noch nicht konkretisierbar. Es kommt ihm freilich das Verdienst zu, eine lange Zeit verborgene Sache (wieder) der menschlichen Nutzbarkeit und dem Verkehr zugeführt zu haben.[1066] Er wird also dafür belohnt, daß er die Sache der Verborgenheit entreißt und eine Inbesitznahme - das „Heben" des Schatzes - ermöglicht[1067] und damit ein unsichtbares Gut der menschlichen Herrschaft wieder zuführt.[1068] Dieser Belohnungsgedanke als Ratio der Vorschrift hat indes keine zwingende eigentumsrechtliche Grundlage. Dem Entdecker vermittelt § 984 BGB damit lediglich eine von vielen Zufällen abhängige anerkennende Erwerbschance. Artikel 14 GG umfaßt jedoch nur Rechtspositionen, die einem Rechtssubjekt bereits zustehen[1069] und schützt damit statisch nur das bereits Erworbene, der Erwerb wird nicht geschützt.[1070] Die Erwerbsmöglichkeit von Schatzfunden und die Aneignungsmöglichkeit an herrenlosen Sachen gehören damit nicht zu den Rechtspositionen, die dem grundrechtlich gewährleisteten Bereich des Eigentums zugeordnet werden könnten.[1071] Demnach ist bereits schon der Normanwendungsbereich des Artikel 14 GG für Schatzentdecker nicht eröffnet.[1072]

b. Im Vergleich zu der Erwerbsmöglichkeit des Finders ist diejenige des **Eigentümers der schatzbergenden Sache** stärker konkretisiert. Seine bewegliche Sache, sein Gebäude oder sein Grundstück sind als potentieller Fundort genau begrenzbar. Während für den Eigentumserwerb des Finders eine eigene Leistung in Form der Entdeckung notwendig ist, wird der Eigentümer der schatzbergenden Sache allein aufgrund dieser Tatsache ohne eigenes Zutun mit der Entdekkung Schatzeigentümer. Der Zivilrechtsdogmatik ist es bis heute nicht gelungen, für den aus dem römischen Recht übernommenen Anteil des Eigentümers der bergenden Sache einen inneren Grund zu benennen,[1073] so daß er offen als *unverdienter Vermögenszuwachs*[1074] und

---

1066 WIELING Sachenrecht, § 11 VI 1.

1067 DÖRNER, S. 26.

1068 HOLZ, Sp. 364.

1069 BVerfGE 20, S. 31 (34).

1070 SCHMALZ, Artikel 14, Rz. 768.

1071 BVerfGE 78, S. 205; DÖRGE, § 23 Rz. 8.

1072 MELCHINGER, S. 275.

1073 LEHMANN H., S. 74; KOHLER, Sp. 771 ff.

1074 Gesetzentwurf der Saarländischen Landesregierung, Drucksache 7/279, S. 13 zu § 23.

§ 984 BGB insgesamt als *zwar uraltem Muster nachgebildete, aber gar nicht zu rechtfertigende Bestimmung*[1075] bezeichnet wurde. Daß seine Sache vor langer Zeit einmal zur Verbergung einer anderen Sache gedient hat, ist zumindest nicht sein Verdienst. Auch die Überlegung, er habe dem Schatz vor der Entdeckung am nächsten gestanden und daher die stärkste Aussicht gehabt, den Schatz selbst zu entdecken, bietet jedenfalls keinen zwingenden Grund für einen Eigentumserwerb, der von Artikel 14 GG geschützt wäre. Bereits MAX PAPPENHEIM führte aus: *Daß aber dessen Vorenthaltung etwa dem Grundeigentümer gegenüber unbillig wäre, bedürfte erst noch des Beweises.*[1076] Der Ratio der Norm scheint insoweit ein Trostgedanke innezuwohnen, der dem Eigentümer über den für ihn bedauerlichen Umstand hinweghelfen soll, daß es nicht er selbst war, der den Schatz in der eigenen Sache entdeckt hat. Der Erwerb des Eigentümers der schatzbergenden Sache ist denn auch häufig Gegenstand der Kritik.[1077] In Dänemark etwa erhält der Grundeigentümer heute nur dann eine Anerkennung, wenn der Schatz während einer Grabung von Archäologen entdeckt wurde und diese ihn somit davon abgehalten haben, den Fund selbst zu machen.[1178] Damit bleibt die Position des Sacheigentümers bis zur Entdekkung ähnlich schwach wie die des Entdeckers. Auch er ist von der in der Regel zufälligen Entdeckung eines Schatzes in seiner Sache abhängig. In jedem Falle ist das Vorhandensein eines Schatzes oder einer herrenlosen Sache in dem Gebäude, Grundstück oder einer anderen Sache eine sehr hypothetische Gegebenheit, die selten beim Erwerb der bergenden Sache eine Rolle spielt.[1079] Die Entnahme des Schatzes berührt die übrige Sache, an der er einmal bewußt Eigentum erworben hat, nicht. Die von vielen verschiedenen Voraussetzungen und Zufällen abhängige Möglichkeit eines bloßen Rechtserwerb ist damit nicht schutzwürdig, weil sie noch nicht auf einen bestimmten Sachverhalt konkretisiert ist.[1080] Die Möglichkeit des Erwerbs

---

1075 PICK, S. 113.

1076 PAPPENHEIM DJT, S. 10; MOESGAARD, S. 77.

1077 KOHLER, Sp. 777; LEHMANN H., S. 74.

1178 MOESGAARD, S. 77.

1079 A.A. JOSEPH, S. 529/4: *Wenn ich in meinem Hause, sei es im Boden des Kellers, sei es in der Mauer eines darüber liegenden Stockwerkes, eine Anzahl Münzen finde, so bin ich nach den bestehenden Gesetzen und nach dem Rechtsgefühl des deutschen Volkes deren Eigentümer, denn das Grundstück, auf dem der Schatz gefunden war, habe ich mit allem was drum und dran hängt, gekauft. (...) Zweifellos hat der Staat nicht mehr, sondern weniger Anrecht auf die in meinem Grund und Boden gefundenen Münzen als ich, der Grundeigentümer, da ich der Rechtsnachfolger des die Sache verbergenden Eigentümers bin.* Dagegen PICK, S. 118: *Das Grundstück hat in der Regel den Eigentümer wiederholt gewechselt (nicht bloß durch Vererbung, durch Verkauf, Verschenkung, Gewalt), bis es in die Hand des gegenwärtigen Eigentümers kam, und dieser kann keinen Rechtstitel für seinen Anspruch auf den Schatz anführen, von dessen Vorhandensein weder er noch seine Rechtvorgänger außer dem ursprünglichen Eigentümer (der und dessen rechtmäßige Erben nicht mehr nachweisbar sind) überhaupt etwas gewußt hat, bis ein Zufall ihn ans Tageslicht brachte.*

1080 MELCHINGER, S. 206.

von Mit- oder Alleineigentum verdichtet sich erst mit der Entdeckung der Sache zu einem Anwartschaftsrecht und erstarkt schließlich mit ihrer Inbesitznahme zum Vollrecht.[1081] Damit verfügt der Eigentümer der schatzbergenden Sache erst zum Zeitpunkt der Entdeckung über eine enteignungsfähige Rechtsposition. Die Schatzregale setzen jedoch bereits vorher an und können daher die Eigentumsgarantie des Artikel 14 Absatz 1 GG nicht berühren.[1082] Im übrigen verliert der Eigentümer zum Zeitpunkt der Verbergung sein Eigentum nicht dadurch, daß die Sache in einer fremden deponiert wird. Allein die Tatsache, daß die Erben nicht mehr festzustellen sind, zwingt zu einer neuen Zuweisung. Diejenige an den Grundeigentümer ist dabei nicht zwingend. Das Schatzregal greift damit im Grunde nicht in das (Grund-)eigentum oder daraus resultierende Rechte ein. Bereits MAX PAPPENHEIM bemerkte dazu: *Gegen die Statuierung eines solchen Vorrechts zu Gunsten des Staates kann selbstverständlich nicht geltend gemacht werden, daß sie einen Eingriff in das Privatrecht bedeuten würde. Soweit es sich darum handelte, den Staat alsbald mit der Entdeckung des Fundes Eigentümer werden zu lassen, würde ein hierdurch zu beeinträchtigendes Eigentum noch gar nicht vorhanden sein.*[1083] Der Eigentumserwerb an Schatzfunden bleibt demnach auch für den Eigentümer der bergenden Sache eine von Zufällen abhängige Erwerbschance, die durch Artikel 14 Absatz 1 GG nicht geschützt ist.[1084]

II. Die Wissenschaftsfreiheit gemäß Artikel 5 Absatz 3 GG

Im Falle der „Fossilien von Meisenheim"[1085] hatte ein Fachpräparator der Geowissenschaften vorgetragen, er habe ein Grundstück gerade zu dem Zweck erworben, durch wissenschaftliche Nachforschung Fossilien zu finden, zu präparieren und einer breiteren Öffentlichkeit zugänglich zu machen. Er sah sich durch das Schatzregal dieser Möglichkeit beraubt. Dennoch ist dieses auch mit dem Grundrecht auf Wissenschaftsfreiheit gemäß Artikel 5 Absatz 3 GG vereinbar. Wissenschaft ist alles, was nach Inhalt und Form als ernsthafter, planmäßiger Versuch zur Ermittlung der Wahrheit anzusehen ist, was unmittelbar aus der prinzipiellen Unabgeschlossenheit jeglicher Wissenschaft folgt.[1086] Das Graben nach Bodendenkmälern ist, wo es nicht allein auf merkantilen Nutzen oder den Besitz von Antiquitäten zielt, Forschung im Sinne des Artikel 5 Absatz 3 GG.[1087] Der Wissenschaftsbegriff bezieht sich nicht nur auf die

---

1081 RGRK-PIKART, § 984, Rz. 10.

1082 BLENS-VANDIEKEN, S. 29; DÖRGE § 23, Rz. 8.

1083 PAPPENHEIM DJT, S. 10.

1084 BVerfGE 78, S. 205 (212); DÖRGE § 23 Rz. 8; zweifelnd EBERL, Nr. 1, S. 4.

1085 BVerwG NJW 1997, S. 1171 ff.; DVBl. 1997, S. 435 ff.; Siehe S. 24.

1086 BVerfGE 35, S. 79 (113).

1087 OEBBECKE DVBl., S. 387.

Tätigkeit von Universitäten, sondern auch auf die angewandte, mithin auch gewerbliche Forschung,[1088] worunter die geistige Tätigkeit mit dem Ziel zu verstehen ist, in methodischer, systematischer und nachprüfbarer Weise Erkenntnisse zu gewinnen.[1089] Der Begriff ist nicht auf die geistige Forschungstätigkeit beschränkt, sondern umfaßt auch den praktischen Bereich[1090] und die Wahl des Grabungsortes,[1091] wobei Träger der Wissenschaftsfreiheit jedermann ist, auch wenn er privatwissenschaftlich tätig wird.[1092] Die völlige Entziehung von Forschungsgegenständen widerspricht der Verpflichtung des Staates zur Förderung der Wissenschaft, wie auch die gesetzliche Sicherung eines staatlichen Forschungsmonopols mit Artikel 5 Absatz 3 GG unvereinbar wäre.[1093] Die Wahl des Forschungsgegenstandes ist vom Schutzbereich des Artikel 5 Absatz 3 GG umfaßt, der dem Wissenschaftler nach seiner eigenen Entscheidung zu forschen erlaubt, wo, mit welchen Methoden und an welchem Gegenstand er will.[1094] Werden Grabungsplätze durch staatliche Stellen vorenthalten, kann das ebenfalls einen Eingriff in die Forschungsfreiheit darstellen.[1095] Allerdings umfaßt die Wissenschaftsfreiheit kein Recht des Grundeigentümers, auf seinem Grundstück gefundene Funde zu Eigentum zu erwerben und damit kein dingliches Recht an dem Forschungsgegenstand.[1096] Das Schatzregal nimmt mit seinem Eigentumsanspruch weder dem Schatzentdecker noch dem Eigentümer der schatzbergenden Sache die Möglichkeit, an den entdeckten Gegenständen Forschungen vorzunehmen. Sie werden grundsätzlich nicht anders gestellt als sonstige Personen. Der Umstand, daß das Eigentum an den Forschungsgegenständen deren Verfügbarkeit und auch das Maß der Beanspruchung beeinflußt, ist insoweit nicht relevant.

III. Die Berufsfreiheit gemäß Artikel 12 GG

Die Schatzsuche ist in den vergangenen Jahren auch zum Gegenstand eines Gewerbes geworden. Den größten Bekanntheitsgrad haben dabei diejenigen Firmen erfahren, die sich im Rahmen der Meeresarchäologie der Hebung von „Schätzen" aus Schiffswracks angenommen ha-

---

1088 MAUNZ/DÜRIG/HERZOG-SCHOLZ, Artikel 5 Absatz 3, Rz. 122.

1089 BVerfGE 35, S. 79 (113).

1090 BRÜGGE, S. 131/132.

1091 BRÜGGE, S. 142.

1092 MAUNZ/DÜRIG/HERZOG-SCHOLZ, Artikel 5 Absatz 3, Rz. 122; VG Wiesbaden, Urteil vom 3. Mai 2000, Az. 7E818/00(V), S. 12 (Erteilung einer Suchgenehmigung an Sondengänger): *Es wäre eine unzulässige Verkürzung des demokratischen Grundrechtsverständnisses, wenn die Wirtschafts- und Forschungsfreiheit nur habilitierten Professoren oder promovierten Kunsthistorikern zur Seite stünden.*

1093 OEBBECKE DVBl., S. 388; BACKHAUS, S. 110; a.A. ASAL, S.14.

1094 FECHNER Rechtlicher Schutz, S. 68.

1095 FECHNER Rechtlicher Schutz, S. 69.

1096 BVerwG, Urteil vom 21. November 1996, Az. 4 C 33.94, S. 13.

ben (z. B. „Arceonautas"). Es gibt aber mittlerweile auch durchaus Personen, die sich durch die Suche nach Bodendenkmalen und auch durch den Erwerb fundträchtiger Grundstücke[1097] bzw. durch den Verkauf der geborgenen Objekte ihren Lebensunterhalt bestreiten oder jedenfalls mitfinanzieren. Durch das Schatzregal wird es diesen verwehrt, Eigentum an bestimmten Kulturgütern zu erwerben. Dennoch verstößt die Bestimmung nicht gegen das Grundrecht auf Berufsfreiheit gemäß Artikel 12 GG. Zunächst bezieht sich dieses lediglich auf erlaubte[1098] Betätigungen, die nicht schlechthin sozialschädlich[1099] sind. Die Denkmalschutzgesetze verbieten jedoch regelmäßig das Ausgraben durch Privatpersonen. Über Genehmigungen - die nur sehr selten erteilt werden - verfügen die wenigsten „Schatzsucher". „Wilde" Ausgrabungen, die Objekte aus ihrem wissenschaftlich bedeutsamen Fundzusammenhang reißen, sind jedoch nicht erlaubt und mit dem Verlust wissenschaftlicher Information auch sozialschädlich. Damit dürfte eine in diesem Rahmen betriebene Tätigkeit bereits nicht unter den Schutzbereich des Artikel 12 GG fallen. Aber auch für „Schatzsucher", die über entsprechende Genehmigungen verfügen, stellt das Schatzregal keine Verhinderung ihrer Berufswahl dar, da es ihnen unbenommen bleibt, etwa außerhalb von Grabungschutzgebieten andere als wissenschaftlich (besonders) wertvolle Kulturdenkmäler zu (hälftigem) Eigentum zu erwerben. Im übrigen ist das Schatzregal aber auch keine die Ausübung des „Berufes" regelnde Vorschrift,[1100] denn die Art und Weise, das „Wie" der Schatzsuche wird nicht reglementiert. Die Möglichkeit des Schatzsuchers auf den Erwerb von Objekten eines anderen, wenn auch unbekannten Eigentümers ist bzw. war nicht Teil der Berufsausübung, sondern Folge der Eigentumsordnung, die es dem Gesetzgeber - auch im Rahmen der Berufsfreiheit - nicht gebietet, einmal ausgestaltete Rechtspositionen für alle Zukunft dem Inhalt nach unangetastet zu lassen.[1101] Der Schutzbereich des Grundrechtes auf Berufsfreiheit gemäß Artikel 12 GG ist damit nicht berührt.

IV. Der Gleichheitsgrundsatz des Artikel 3 Absatz 1 GG

Obwohl vertreten wird, daß die Neubegründung von Regalien im Hinblick auf Artikel 3 Absatz 1 GG unzulässig sei,[1102] war diese Bestimmung darüber hinaus nicht Gegenstand der Erörterungen um das Schatzregal. Diese verbietet es in der Form des Willkürverbotes als Aus-

---

1097 Vergleiche BVerwG NJW 1997, S. 1171 ff.; DVBl. 1997, S. 435 ff.

1098 BVerfGE 7, S. 397.

1099 Maunz/Dürig/Herzog-Scholz, Artikel 12, Rz. 18.

1100 So wohl auch BVerwG, Urteil vom 21. November 1996, Az. 4 C 33.94, S. 13, das die Regelung aber auch dann, falls sie äußerstenfalls als Berufsausübungsregelung zu betrachten sei, nicht als unzumutbar einstuft.

1101 Siehe nur BVerfGE 78, S. 201 (212).

1102 von Staudinger-Kriegbaum[12], Artikel 73 EGBGB Rz. 9B; Schröder K.-P., S. 679.

prägung der Rechtsetzungsgleichheit, wesentlich Gleiches ungleich zu behandeln.[1103] Das Schatzregal bringt eine ganze Reihe von Ungleichbehandlungen mit sich. Während in einigen Ländern der Eigentumserwerb von Privaten an Kulturgütern aus Schatzfunden möglich ist, geschieht dies in anderen nicht oder nur unter weiteren besonderen Voraussetzungen, die sich wiederum stark voneinander unterscheiden. Die Gruppe der Schatzentdecker und Eigentümer von schatzbergenden Sachen wird je nach dem Entdeckungsort und der wissenschaftlichen Bedeutung der Sache bzw. Fundumständen abweichend, mithin ungleich behandelt. Diese Unterschiede vollziehen sich auf zwei Ebenen. Zunächst ist eine solche zwischen den Schatzfunden, bzw. den zuvor daran Berechtigten in Bezug auf das Bundesland, in dem sie entdeckt wurden, festzustellen. Die Verfassungsmäßigkeit eines Landesgesetzes kann jedoch nicht schon deshalb in Zweifel gezogen werden, weil dieses von verwandten Regelungen anderer Bundesländer oder des Bundes abweicht. Bund und Länder sind im Hinblick auf die föderative Struktur der Bundesrepublik Deutschland nur gehalten, den jeweils zugeordneten Gesetzgebungsbereich zu wahren,[1104] woran sich letztere freilich nach der hier vertreten Auffassung nicht gehalten haben. Artikel 3 Absatz 1 GG ist noch nicht dadurch verletzt, daß der Bund eine abschließende Regelung in dem maßgeblichen Bereich getroffen hat, die den Landesgesetzgeber am Erlaß eigener Vorschriften hinderte. Eine Verletzung der Kompetenzvorschriften begründet noch keinen Verstoß gegen dieses Grundrecht.[1105] Zum anderen gibt es eine Ungleichbehandlung innerhalb des Bundeslandes bezüglich der wissenschaftlichen Bedeutung bzw. der Fundumstände. Dabei wird jedoch nicht wesentlich gleiches ungleich behandelt. Wenn eine Entdeckung ein (wissenschaftlich bedeutendes) Kulturdenkmal darstellt, so ist dieser Sachverhalt wesentlich anders, als wenn sie diese Bedeutung nicht erlangt. Die unterschiedliche Rechtsfolge trifft damit nicht denselben Tatbestand, vielmehr werden denkmalwerte Schatzfunde anders behandelt als solche, die diese Eigenschaft nicht besitzen. Zudem geschieht die Andersbehandlung nicht objektiv willkürlich, der Gesetzgeber hat vielmehr hinsichtlich des legitimen Zweckes bzw. des verfassungsgemäßen Differenzierungszieles - hier des Denkmalschutzes - eine Einschätzungspräogative.[1106] Eine unterschiedliche Behandlung zwischen denkmalwerten Schatzfunden und solchen ohne kulturelle Bedeutung widerspricht demnach nicht dem Gleichheitsgrundsatz des Artikel 3 Absatz 1 GG.

1103 BVerfGE 4, S. 144 (165); 49, S. 148 (165); 78, S. 104 (121); Pieroth/Schlink, § 11 II, Rz. 496.

1104 BVerfGE 32, S. 346 (360).

1105 BVerfGE 32, S. 346 (360).

1106 Pieroth/Schlink, § 11 III, Rz. 508.

V. Das Recht auf freie Entfaltung der Persönlichkeit gemäß Artikel 2 Absatz 1 GG

Das Schatzregal widerspricht nicht Artikel 2 Absatz 1 GG. Dieses Grundrecht verbietet Eingriffe der Staatsgewalt, die nicht rechtsstaatlich sind. Insbesondere darf ein Bürger nur aufgrund solcher Vorschriften mit einem Nachteil belastet werden, die formell und materiell der Verfassung gemäß sind und deshalb zur verfassungsmäßigen Ordnung gehören.[1107] Zwar wird sowohl dem Schatzentdecker als auch dem Eigentümer der schatzbergenden Sache die Möglichkeit genommen, gemäß § 984 BGB Eigentum an manchen Schätzen, die im Schatzregal näher spezifiziert sind, zu erlangen. Unabhängig davon, ob man den Schutzbereich auf Handlungen, die der Entfaltung der engeren Persönlichkeit dienen, also für die engere persönliche Lebenssphäre konstituierend sind, bzw. den Kern des Persönlichen ausmachen, beschränkt[1108] oder auf alle Betätigungen ausdehnt, die nicht einem speziellen Freiheitsrecht unterfallen, mithin jedes menschliche Verhalten ohne Rücksicht darauf, welches Gewicht der Betätigung für die Persönlichkeitsentfaltung ihm zukommt („allgemeine Handlungsfreiheit"),[1109] erfordert der Schutzbereich eine zu schützende Handlung. Der Eigentumserwerb sowohl durch § 984 BGB als auch durch die Schatzregale stellt jedoch keine Handlung dar, sondern lediglich einen Rechtsreflex. Schatzentdecker und Eigentümer werden jedoch in ihrer Handlungsfreiheit nicht eingeschränkt.

VI. Der Bestimmtheitsgrundsatz gemäß Artikel 20 Absatz 3 GG

Die Formulierungen der Schatzregale sind hinreichend bestimmt, so daß ein Verstoß gegen Artikel 20 Absatz 3 GG nicht vorliegt. Der Gesetzgeber wird darin nicht verpflichtet, den Tatbestand einer Norm mit genau erfaßbaren Maßstäben zu umschreiben, es genügt vielmehr, daß der Betroffene die Rechtslage erkennen und sein Verhalten danach einrichten kann.[1110] Bereits 1904 hat MAX PAPPENHEIM seine Ablehnung eines staatlichen Eigentumserwerbes auch damit begründet, daß die Bedeutung des Fundes schwierig einzuordnen ist: *Ob die Verfügung über einen Schatzfund ein mit entehrender Strafe bedrohtes Vergehen bildet oder für die Grundeigentümer und Finder nur die Ausübung ihres Rechtes bedeutete, hinge somit von einer für den schlichten Mann überhaupt schwer zugänglichen Unterscheidung ab.*[1111] Auch heute fragen sich Fachwissenschaftler noch: *Wer weiß bei Meldung eines Fundes, ob eine der qualifizierenden Voraussetzungen des Regales, namentlich die des ‚hervorragenden wissenschaftlichen Werts' erfüllt ist?*.[1112]

1107 BVerfGE 29, S. 402 (408).

1108 Sog. Persönlichkeitstheorie: BVerfGE 80, S. 137 (166 ff.).

1109 BVerfGE 6, 32 (36 ff.); PIEROTH/SCHLINK, § 8 II 2, Rz. 421 ff.

1110 BVerfGE 78, S. 205 (212); DEGENHART, § 3 V 2, Rz. 298.

1111 PAPPENHEIM DJT, S. 16; ders. JherJb, S. 144 ff.

1112 KLÜSSENDORF Mabillons Spur, S. 403.

Allerdings sehen die Denkmalschutzgesetze heute regelmäßig ohnehin eine Anzeigepflicht vor, so daß die durch § 984 BGB Berechtigten sich noch vor einer Verfügung über die Bedeutung und damit auch über die Eigentumslage Gewißheit verschaffen können. Im übrigen erscheinen auch die Voraussetzungen für die Anwendung des Schatzregals hinreichend bestimmt. So sind Grabungsschutzgebiete als solche etwa durch Beschilderungen zu erkennen. Der Begriff des (hervorragenden) wissenschaftlichen Wertes nimmt Bezug auf die Bedeutung des Schatzes für die Forschung und ist, im Zweifel unter Hinzuziehung von Sachverständigen, anhand objektiver Kriterien hinreichend zu ermitteln.[1113] Weitergehende Bestimmtheitserfordernisse ergeben sich auch nicht dadurch, daß mittelbar möglicherweise gemäß § 246 StGB eine Strafbarkeit wegen Unterschlagung entstehen könnte, denn solange Schatzentdecker und Grundstückseigentümer die Eigentumslage fahrlässig verkennen, entfällt für diese der Vorsatz gemäß § 16 Absatz 1 StGB und damit auch die Bestrafungsmöglichkeit.[1114] Daher können die betroffenen Personen die Rechtslage durchaus erkennen und ihr Verhalten, ohne die Gefahr einer Strafbarkeit, danach einrichten. Es liegt mithin kein Verstoß gegen Artikel 20 Absatz 3 GG vor.

[1113] BVerfGE 78, S. 205 (212).

[1114] Vergleiche BVerfGE 78, S. 205 (212); TRÖNDLE/FISCHER, § 16, Rz. 8.

Vierter Teil: Resümee

§ 1 Zusammenfassung

I. Ausgangspunkt der Betrachtungen

1. Die **Definition des Schatzregals** umfaßt die obrigkeitlichen Ansprüche auf das Eigentum an beweglichen Sachen von materiellem oder wissenschaftlichem Wert, die solange verborgen waren, daß ein Eigentümer nicht (mehr) zu ermitteln ist.

2. Die unterhaltende und populärwissenschaftliche Verklärung der Thematik des Schatzfundes überhaupt hat die notwendige juristische Auseinandersetzung mit dieser Thematik lange Zeit ein eher skurriles Schattendasein[1115] am Rande der Rechtswissenschaft führen lassen. Die **Grundfrage**, ob das Eigentum an derartigen Entdeckungen Privaten oder staatlichen Institutionen zu überlassen sei, hat mit dem zunehmenden Bewußtsein über die Notwendigkeit der Erhaltung und Erforschung historischer Relikte eine über die ursprünglich rein pekuniäre Bedeutung und Betrachtungsweise hinausreichende neue Dimension gewonnen. Die im römischen Recht verfügte Halbierung zwischen Entdecker und Grundeigentümer *(hadrianische Teilung)*[1116] bildet dabei das Basismodell einer ausschließlich an den Interessen von Privaten orientierten Lösung. Ihm tritt mit dem Schatzregal eine Zuweisungsalternative entgegen, die obrigkeitliche Ansprüche auf einen materiell oder wissenschaftlich wertvollen Schatz anerkennt. Der Umstand, daß bei der aktuellen Gesetzgebung Bundesrecht bezüglich von entdeckten Kulturdenkmalen eine Zuweisung des Eigentums an Entdecker und Eigentümer der schatzbergenden Sache in Form des § 984 BGB[1117] bestimmt, die der Länder aber zumeist eine solche an sich selbst vorsehen,[1118] hat sowohl zu einer Kontroverse um den Vorrang der jeweiligen Regelungen als auch um ihre juristische und politische Rechtfertigung geführt.

3. Die **Notwendigkeit der Diskussion und Klärung** der derart aufgeworfenen Fragen verstärkt sich um so mehr, als das durch die technische Entwicklung und verstärkte Bau- bzw. Modernisierungstätigkeit stark angewachsene Fundaufkommen auch zu einem erheblichen

---

1115 SCHMIDT K., S. 967; STEINBERG, S. 2000; THOMAS MANN, Buddenbrooks, Teil 6, Kapitel 11; ALEXANDER KLUGE, Lebensläufe, Ein Volksdiener, Teil IV.

1116 SPARTIANUS, Leben HADRIANS, 18, 6: *de thesauris ita cavit, ut, si quis in suo repperisset, ipsa potiretur, si quis in alieno, dimidum domino daret, si quis in publico, cum fisco aequilabiter partiretur.*

1117 *Wird eine Sache, die solange verborgen gelegen hat, daß der Eigentümer nicht mehr zu ermitteln ist (Schatz), entdeckt und infolge der Entdeckung in Besitz genommen, so wird das Eigentum zur Hälfte von dem Entdecker, zur Hälfte von dem Eigentümer der Sache erworben, in welcher der Schatz verborgen war.*

1118 B-W § 23; BER § 3 Absatz 2; BRA § 20; HB § 18 Absatz 3; HH § 18 Absatz 3; M-V § 13; N § 18; R-P § 19a; SL § 23 Absatz 1; FS § 25; S-A § 12; S-H § 19a Absatz 1; TH § 17.

Anstieg von gerichtlichen Auseinandersetzungen bis vor die höchsten Spruchkörper[1119] geführt hat. Nachdem sich seit dem 18. Jahrhundert keine juristische Dissertation mehr diesem Themenkreis angenommen hat[1120] und danach Erörterungen lediglich noch bei der verworfenen Statuierung eines Schatzregals anläßlich der Einführung des BGB[1121] und bei der erfolgreichen Etablierung solcher Bestimmungen in der Bundesrepublik in wenigen Aufsätzen[1122] stattgefunden haben, erscheint eine Wiederbelebung der Diskussion um die mit diesem Rechtsinstitut verbundenen Fragen um so mehr gerechtfertigt und erforderlich, als sich bisher keine der Zuweisungsalternativen durchsetzen konnte und die derart entstandene rechtliche Zersplitterung Gefahren für den Erhalt und die Auswertung von denkmalwerten Schatzfunden birgt.

II. Die historische Entwicklung des Schatzregals

1. Die römischen Bestimmungen über den Schatz in der **Antike** erscheinen, ohne daß sich die Gesetzeslage vor der Regierungszeit Kaiser HADRIANS bisher mit Gewißheit hätte feststellen lassen, als sehr sprunghaft; sie sind nicht Ergebnis einer systematischen Entwicklung, sondern vielmehr ein Spiegel der augenblicklichen Bedürfnisse. Regalität des gefundenen Schatzes einerseits, Eigentum des Entdeckers bzw. Grundeigentümers andererseits, sind die Gegensätze, zwischen denen die Gesetzgebung in römischer Zeit hin- und herschwankt.[1123] Erst allmählich und unter vielfachen Rückschlägen setzt sich der Gedanke durch, daß dem Fiskus kein Vorrecht an Schätzen und damit kein Schatzregal zustand.[1124]

2. Im **Mittelalter** beziehen sich zunächst die für die fränkische Zeit im wesentlichen für die Herrschaft KARLS DES GROSSEN vorhandenen Quellen entweder nicht auf Schätze im technischen Sinne[1125] oder enthalten Bestimmungen, die keine Gültigkeit für das Gebiet des späteren ostfränkischen bzw. deutschen Reiches besaßen.[1126] Es spricht jedoch vieles dafür, daß der Schatzfund wie der gewöhnliche Fund dem Entdecker zustand und ebenso wie in England und Frankreich im frühen Mittelalter noch kein Schatzregal bestand.[1127] Ein solches ist auch für

---

1119 BVerfGE 78, S. 205 ff.; BVerwG NJW 1997, S. 1171 ff.

1120 Die letzte war wohl diejenige des CHRISTOPH GOTTFRIED GOLL aus dem Jahre 1774 mit dem Titel *AN THESAURI IVRE GERMANICO HODIERNO REGALIBUS FISCI ANNUMERANDI SINT ?.*

1121 Protokolle, S. 23 f.; Reichsjustizamt, S. 99; SADSD, S. 90; Motive, S. 391; BÄHR, Anm. zu § 917 Absatz 2; VON GIERKE Entwurf, S. 348; PAPPENHEIM DJT, S. 3 f.; ders. JherJb, S. 144 ff.

1122 HÖNES DÖV, S. 425 ff.; ders. NuR, S. 419 ff.; LEHMANN H., S. 73 ff.; SCHRÖDER K.-P., S. 676 ff.

1123 MATTHIAE, S. 12.

1124 ANDRÉ, S. 11.

1125 PERTZ MGH SS I, S. 151; PERTZ MGH SS II, S. 408.

1126 PERTZ MGH Leg. I, S. 69; ZEUMER MGH Leg. V, S. 283.

1127 HÜBNER, S. 154; ECKSTEIN, S. 204; PLANITZ, S. 217; HAHN, S. 21.

das Hochmittelalter nicht zu belegen. Erst mit dem Sachsenspiegel tritt im Spätmittelalter erstmals ein deutschrechtliches Regal konkret faßbar zutage, das sich zumindest auch auf Schätze bezog.[1128] Seine tatsächliche Bedeutung war jedoch sehr begrenzt, sei es, daß es nirgends geltendes bzw. nur theoretisches Recht[1129] oder aber nur sehr kurze Zeit inkraft war.[1130] Die späteren Rechtsbücher der Epoche kennen es regelmäßig nicht mehr. Das römische Recht war noch am Ende des 15. Jahrhunderts völlig akzeptiert.[1131] In der Rechtslandschaft des alten Reiches bildete somit die regalistische Lösung für den Schatzfund die Ausnahme, die alsbald verkümmerte bzw. verschwand.[1132]

3. Zu Beginn der **Neuzeit** stieß das römische Recht dort auf seine Grenzen, wo mit der territorialen Zersplitterung des Reiches auch diejenige des Rechtszustandes auftrat. Mit dem Bestreben der Städte und der erstarkten landesherrlichen Gewalt, ihre Rechte auszubauen, entstand ein völlig neuartiges Schatzregal. Der Konflikt zwischen der hadrianischen Teilung des römischen Rechts und dem usurpierten Schatzregal führte im 17. Jahrhundert zu starker Rechtsunsicherheit und wurde zum Gegenstand eines erbitterten Konfliktes zwischen Romanisten und Regalisten, die das Schatzregal als zusätzliche Einnahmequelle zur Finanzierung der Prachtentfaltung ihrer absolutistischen Herren zu etablieren suchten. Während der Aufklärung wurde das Schatzregal insbesondere in den vernunftrechtlichen Kodifikationen entweder auf einen bestimmten Anteil eingeschränkt[1133] oder ganz aufgehoben.[1134] Gleichzeitig entstanden im Rahmen des gestiegenen Bewußtseins für historische Monumente in verschiedenen Territorien[1135] Vorschriften zum Schutz von Denkmalen, die zwar eine Ablieferungspflicht, aber in Abkehr vom Schatzregal gleichzeitig einen Wertersatz vorsahen. Im 19. Jahrhundert sahen die zivilrechtlichen Kodifikationen[1136] nahezu ausschließlich römisches Recht für die Behandlung

---

1128 Landrecht 1, 35: *Al scat, under der erde begraven deper den en pluch geit, horet to der konigleker gewalt.*

1129 von Thudichum, S. 260; Arndt, S. 99.

1130 Zeumer Sachsenspiegel, S. 437; Schmidt E., S. 52.

1131 Hill, S. 68.

1132 Eckstein, S. 205.

1133 Codex Maximilianeus Bavaricus civilis, 2. Teil, 3. Kapitel, § 4; Codex Theresianus, II 4, 91 f.

1134 Allgemeines Landrecht für die preußischen Staaten, §§ 74 ff.

1135 U. a. Herzogtum Württemberg, Verordnung vom 11. August 1670 (Fleischhauer Kunstkammer, S. 16; ders. Geschichte, S. 83 f.); Markgrafschaft Baden-Baden, Verordnung vom 22. Dezember 1716 (Generallandesarchiv Karlsruhe 74/2499; Vergleiche Hans, S. 6); Landgrafschaft Hessen-Kassel, Verordnung vom 22. Dezember 1780 (Hessisches Staatsarchiv Marburg, Best. 17 b, Gef. 27, Nr. 1, fol. 73, 78; Klüssendorf Niederhone, S. 19); Kurfürstentum Mainz, Verordnung von 1784 (Staatsarchiv Würzburg, MRA Herrenlose Güter, K 133/2; Kersting, S. 1171).

1136 Artikel 716 Code civil; § 399 ABGB; § 233 SBGB.

des Schatzfundes vor. Möglicherweise in Schleswig[1137] und/oder Schwarzburg-Rudolstadt[1138] bestehende Schatzregale bildeten in der deutschen Rechtslandschaft Ausnahmen von im äußersten Falle lokaler Bedeutung. Die Beratungen anläßlich der Einführung des Bürgerlichen Gesetzbuches führten zur zweiten bedeutenderen Auseinandersetzung um die Verankerung römischen Rechts oder eines staatlichen Vorrechtes, allerdings nur noch bezüglich von beweglichen Denkmalen. Ein eigentliches Schatzregal wurde von niemanden gefordert, eher bildeten Vorkaufsrechte oder Anrechte Gegenstände der Diskussion.[1139] Während des 24. Deutschen Juristentages 1904 kamen Juristen wie auch Vertreter der Denkmalpflege einhellig zu der Auffassung, daß ein Schatzregal wegen der Gefahr der Verheimlichung oder der Verbringung in einen Staat ohne Schatzregal abzulehnen sei und bevorzugten vielmehr ein durch Anzeigepflicht gesichertes Vorrecht auf den Erwerb gegen Vergütung.[1140] Diese Forderung wurde in den in der Folgezeit entstandenen ersten Denkmalschutzgesetzen[1141] oder sonstigen Spezialgesetzen[1142] der Länder noch während des Kaiserreiches und dann auch zu Zeiten der Weimarer Republik[1143] und zum Beginn der nationalsozialistischen Diktatur[1144] teilweise umgesetzt. Das im Entwurf des Reichsdenkmalschutzes von 1938 vorgesehene Schatzregal bei planmäßi-

---

[1137] Jütisch Lov, Buch II Artikel 113 von 1241: *Findet irgend jemand Gold oder Silber entweder im Hügel oder hinter seinem Pflug oder auf irgendeine andere Weise, da soll das der König haben. Aber leugnet er, daß er etwas fand, wehre er sich mit Verwandteneid.*

[1138] HEIMBACH, § 180 Note 7: *Nach dem Recht von Schwarzburg gehören alle Schätze dem Staat.*

[1139] Protokolle, S. 23 f.; Reichsjustizamt, S. 99; Motive, S. 391; BÄHR, Anm. zu § 917 Absatz 2; VON GIERKE Entwurf, S. 348.

[1140] SADSD, S. 90 f., 626 f.; PAPPENHEIM DJT, S. 3 f.

[1141] U. a. Großherzogtum Hessen, Denkmalschutzgesetz vom 16. Juni 1902, Reg.-Bl. 275, abgedruckt bei KNEER, S. 205 ff.; Großherzogtum Oldenburg, Denkmalschutzgesetz vom 18. Mai 1911, GBl., 37. Band, S. 959: Freie und Hansestadt Lübeck, Denkmalschutzgesetz vom 3. Februar 1915, Sammlung der lübeckischen Gesetze und Verordnungen, S. 9.

[1142] U. a. Königreich Bayern, Königliche Allerhöchste Verordnung, die Ausgrabungen und Funde von prähistorischen oder historischen merkwürdigen Gegenstände betreffend vom 6. September 1908 und Ministerialbekanntmachung vom 7. September 1908, GVBl. 1908, S. 762 f.; Königreich Preußen, Ausgrabungsgesetz vom 26. März 1914, PreußGS Nr. 10, 1914, S. 41; Großherzogtum Baden, Verordnung die Ausgrabungen und Funde betreffend vom 27. Juni 1914, GVBl. S. 290; Großherzogtum Sachsen-Weimar-Eisenach, Ausgrabungsgesetz vom 12. Dezember 1917, Rbl. S. 27.

[1143] Freie und Hansestadt Hamburg, Denkmalschutzgesetz vom 6. Dezember 1920 (§§ 18-23; 23 Nr. 3; 24), Abl. S. 1441; Freie und Hansestadt Lübeck, Denkmalschutzgesetz vom 10. Dezember 1921 (§ 14-19), Sammlung der lübeckischen Gesetze und Verordnungen 1921, Nr. 200, S. 299; Fürstentum Lippe-Detmold, Denkmalschutzgesetz vom 17. Januar 1929 (§§ 13 f.), Lippische Gesetzessammlung, S. 15; Großherzogtum Mecklenburg-Schwerin, Denkmalschutzgesetz vom 5. Dezember 1929 (§§ 8 f.), Rbl. S. 309.

[1144] Sachsen, Denkmalschutzgesetz vom 13. Januar 1934, Gbl. S. 13; Braunschweig, Denkmalschutzgesetz vom 17. September 1934, Braunschweigische Gesetzes- und Verordnungssammlung, S. 179.

gen Grabungen[1145] hat wegen Kompetenzstreitigkeiten zwischen Reichspropagandaministerium und demjenigen für Wissenschaft, Erziehung und Volksbildung bis Kriegsende keine Gesetzeskraft erreicht.[1146]

III. Die Schatzregale der Länder in der Bundesrepublik Deutschland

1. Die Schatzregale setzten sich bei der **Entwicklung der Gesetzgebung** der Länder nach anfänglich eher mäßigem Erfolg insbesondere nach der Vereinigung der deutschen Staaten zum vorherrschenden Modell der Eigentumszuweisung an denkmalwerten Schatzfunden durch. Am Beginn steht die Übernahme des gescheiterten Schatzregals des Reichsdenkmalschutzes von 1938 in § 44 des badischen Denkmalschutzgesetzes von 1949.[1147] Darüber hinaus kam es zunächst nicht zur Einführung derartiger Bestimmungen. Vielmehr wurde sogar das schleswigsche Schatzregal, falls es denn noch Bestand gehabt haben sollte, durch das schleswig-holsteinische Denkmalschutzgesetz von 1958[1148] aufgehoben. Erst in den 70er Jahren begann die Einführung von Schatzregalen in Baden-Württemberg (1971), Hamburg (1973), Bremen (1975), Berlin, Saarland (1977), Niedersachsen (1978) und endete nach längerer Pause vorerst in Rheinland-Pfalz (1986).[1149] Dadurch, daß die meisten Länder ihr Regal zunächst auf staatliche Grabungen bzw. Grabungschutzgebiete (kleine Schatzregale) beschränkten, blieben die weiterreichenden Vorschriften (große Schatzregale) im wesentlichen zunächst eine südwestdeutsche Erscheinung. Die Vereinigung der deutschen Staaten 1990 stellte die „neuen" Länder vor die Frage, welche Regelung sie bezüglich von Schatzfunden treffen sollten. Bis zur Einführung entsprechender Normen galt als Übergangsrecht das der ehemaligen DDR, das in Form des § 361 ZGB[1150] ein Schatzregal vorgesehen hatte und so weiterhin auf vor dem 3. Oktober 1990 entdeckte Schätze anwendbar ist. In der Folge führten alle Länder in rascher Folge Schatzregale ein, zunächst Brandenburg und Sachsen-Anhalt (1991), Thüringen (1992), Sachsen (1993) und schließlich Mecklenburg-Vorpommern (1993),[1151] wobei diejenigen Brandenburgs und Sachsens mit dem Wegfall der Beschränkung auf wissenschaftlich (besonders) wertvolle

---

1145 § 19 Absatz 1; Vergleiche Hans, S. 194.

1146 Hammer Geschichte, S. 262/263.

1147 Denkmalschutzgesetz vom 12. Juni 1949, GVBl. S. 303; abgedruckt bei Hingst, S. 38 ff.

1148 Denkmalschutzgesetz vom 7. Juni 1958, GVBl. S. 217.

1149 B-W § 23; HH § 18 Absatz 3; HB § 19 Absatz 1; BER § 5; SL § 23 Absatz 1; N § 18; R-P § 19a.

1150 *(1) Münzen, Gegenstände von kulturhistorischer Bedeutung oder andere wertvolle Gegenstände, die solange verborgen waren, daß der Eigentümer nicht mehr festgestellt werden kann, gehen zum Zeitpunkt ihres Auffindens in Volkseigentum über.*

1151 BRA § 20; S-A, § 12; TH § 17; FS § 25; M-V § 13.

Entdeckungen die bisher bekannten weitreichendsten Regelungen noch übertrafen. Dieser Verschärfung folgte Berlin 1995[1152] mit der Erweiterung seines bereits bestehenden Schatzregals. Schleswig-Holstein führte die Bestimmung 1996 ein, Hamburg verschärfte die bestehende Regelung 1997.[1153] Mit der Verankerung in ihren Denkmalschutzgesetzen beschränken die Länder ihre Schatzregale mit abweichenden Begrifflichkeiten auf Kulturdenkmale, die ihre Qualität von dem Interesse der Allgemeinheit an ihrer Erhaltung ableiten.[1154] Zudem müssen sie über die Eigenschaft als Schatz oder herrenlose Sache verfügen. Darüber hinaus kann der Anspruch von der wissenschaftlichen Bedeutung,[1155] den Entdeckungsumständen und Fundorten der Schätze[1156] sowie von der Geltendmachung des Landeseigentums[1157] abhängen. Je nach Reichweite sind die Bestimmungen in kleine,[1158] große[1159] und umfassende[1160] Schatzregale einzuteilen.

1152 BER § 3 Absatz 2.

1153 S-H § 19a; HH § 18 Absatz 3.

1154 B-W § 2 Absatz 1; BER § 2 Absatz 1; BRA § 2 Absatz 1; HB § 2 Absatz 1; HH § 2 Absatz 1; M-V § 3 Absatz 2, 4; N § 3 Absatz 1, 2; R-P § 2 Absatz 1; SL § 2 Absatz 1; FS § 2 Absatz 1; S-A § 1 Absatz 2; S-H § 2 Absatz 1; TH § 2 Absatz 1; BER § 2 Absatz 2, 5.

1155 B-W § 23; HB § 19; M-V § 13; R-P § 19a; S-A § 12 Absatz 1; S-H § 19a; TH § 17.

1156 B-W § 23; HB § 19 Absatz 1; SL § 23; S-A § 12; S-H §19a; TH § 17; BRA § 20; M-V § 13; N § 18; HH § 18 Absatz 3; R-P § 19a.

1157 BRE § 19 Absatz 2; SL § 23 Absatz 2.

1158 Darunter sind diejenigen Schatzregale zu verstehen, die lediglich auf den Fundhergang (bei staatlichen Nachforschungen, in Grabungsschutzgebieten) abstellen. Derartige Bestimmungen bestehen zur Zeit in Niedersachsen (N § 13) und im Saarland (SL § 23 Absatz 1). Die Benennung erfolgt im Anschluß an LEHMAN, S. 82, Anm. 2.

1159 Darunter sind diejenigen Schatzregale zu verstehen, die bereits aufgrund der Bedeutung eines Fundes, also seines hervorragenden wissenschaftlichen Wertes eingreifen. Derartige Bestimmungen bestehen zur Zeit in Baden-Württemberg (B-W § 23), Bremen (HB § 18 Absatz 3), Hamburg (HH § 18 Absatz 3), Mecklenburg-Vorpommern (M-V § 13), Rheinland-Pfalz (R-P § 19a), Sachsen-Anhalt (S-A § 12), Schleswig-Holstein (S-H § 19a) und Thüringen (TH § 17). Die Benennung erfolgt im Anschluß an LEHMAN, S. 82, Anm. 2.

1160 Zu dieser Gruppe gehören diejenigen Normen, die den staatlichen Erwerb weder von der Fundbedeutung noch von dem Fundhergang abhängig machen. Derartige Bestimmungen bestehen zur Zeit in Berlin (BER § 3 Absatz 2), Brandenburg (BRA § 20) und Sachsen (FS § 25). Die Benennung wird hier erstmals in Vorschlag gebracht.

2. Die **rechtliche Würdigung** der Schatzregale ergibt, daß sie trotz der Schwierigkeiten der Abgrenzung vom Denkmalschutzrecht ihrer Natur nach dem bürgerlichen Recht zuzuordnen sind, dem sie als sachenrechtliche Regelungen seit jeher angehören.[1161] Für die Zuweisung des Eigentums an Schatzfunden steht damit dem Bund im Rahmen der konkurrierenden Gesetzgebung gemäß Artikel 74 Nr. 1 GG die Kompetenz zur Schaffung entsprechender Normen zu. Er hat diese durch die Bestimmung des § 984 BGB in Anspruch genommen, der von Beginn an auch ausdrücklich auf denkmalwerte Schatzfunde Anwendung finden sollte, um mit der Begünstigung von Findern und Eigentümern der schatzbergenden Sachen Fundverheimlichungen vorzubeugen.[1162] Durch das Kodifikationsprinzip des BGB hat der Bund den Bereich des Zivilrechtes umfassend geregelt.[1163] Ein Vorbehalt zugunsten des Landesgesetzgebers besteht nicht in Form des Unberührbarkeitsvorbehaltes für Regalien des Artikel 73 EGBGB. Dieser gilt nur für den traditionellen Begriff der Finanzregalien.[1164] Die bestehenden archäologischen Regalien dienen jedoch nicht als Einnahmequelle, als die sie ohnehin staatsrechtlich überholt wären.[1165] Zudem scheidet auch die allein in Betracht zu ziehende Neubegründung von bei Inkrafttreten des BGB bestehenden Schatzregale aus, da solche nicht mehr existierten oder aber zumindest auf Gegenstände von materiellem Sachwert beschränkt waren, so daß die derzeit existierenden Regelungen den traditionellen Begriff mit der Erfassung von in der Mehrzahl geringwertiger archäologischer Spuren bei weitem überschreiten.[1166] Es fehlt daher hier an jener Kontinuität, welcher allenfalls einer Tradition des Eigentumsanspruches legitimierende Kraft verleihen könnte. Falls in Schwarzburg-Rudolstadt oder in Schleswig überhaupt noch ein Schatzregal bestanden haben sollte, so hätte dieses allenfalls lokale Bedeutung gehabt, was es erklären würde, wenn die Väter des BGB sie möglicherweise übersehen haben, als sie feststellten, daß kein Schatzregal mehr bestehe.[1167] Die Schatzregale verstoßen im übrigen weder gegen verfassungsrechtliche Prinzipien noch gegen Grundrechte, insbesondere nicht gegen die nichtsdestoweniger insoweit wiederholt bemühte Eigentumsgarantie des Artikel 14 GG. Ein

---

1161 GIEN, S. 2; Vergleiche Codex Maximilianeus Civilis Bavaricus, 2. Teil, Kapitel 3, § 4; § 399 ABGB; § 361 ZGB; Artikel 724 ZGB. Folgerichtig zielte die Initiative zur Einführung eines Schatzregals in Bayern auf einen Änderungsantrag zum Bayerischen Gesetz über die Ausführung des Bürgerlichen Gesetzbuches (Bayerischer Landtag, Antrag des Abgeordneten STARZMANN (SPD) vom 2. Februar 1995, Drucksache 13/348).

1162 Protokolle, S. 273; PAPPENHEIM DJT, S. 7.

1163 BVerfGE 7, S. 342 (354); RGZ 55, S. 256.

1164 RGZ 80, 19 (24); MüKo-SÄCKER, Artikel 73, Rz. 1; VON STAUDINGER-KRIEGBAUM[12], Artikel 73, Rz. 7; SOERGEL-HARTMANN, Artikel 73, Rz.1; a.A. HÖNES DÖV, S. 428.

1165 BVerfG JZ 1988, S. 919.

1166 Im Gegensatz dazu beschränkt das englische Law of Treasure Trove (bis 24. September 1997 gefundene Schätze) bzw. Treasure Act 1996 / Code of Practise den Anspruch der Krone konsequent dem traditionellen Schatzregal entsprechend weitgehend auf Edelmetalle.

1167 Motive, S. 391.

zu beeinträchtigendes Eigentum ist weder für den potentiellen Entdecker noch für den Eigentümer der schatzbergenden Sache vor der Entdeckung des Schatzfundes vorhanden, die bloße Möglichkeit eines potentiellen Eigentumserwerbes ist grundrechtlich nicht geschützt.[1168]

§ 2 Rechtspolitische Erwägungen und Stellungnahme

I. Gesichtspunkte bei der Beurteilung der Schatzregale

Unabhängig davon, ob man mit der hier vertretenen Ansicht die bestehenden Schatzregale wegen fehlender Gesetzgebungskompetenz der Länder als verfassungswidrig oder sie aber im Gegenteil als für mit dem Grundgesetz im Einklang bzw. gar als *verfassungsrechtlich höchst originell*[1169] erachtet, so ist keine der Meinungen geeignet, als Argument für die grundsätzliche politische Frage zu dienen, wäre doch auch mit der hier vertretenen Auffassung ein Schatzregal bundesrechtlich verfassungskonform zu schaffen. Daher wurde verschiedentlich davor gewarnt, diese Thematik als Gegenstand für politische Richtungs- oder juristisch-dogmatische Glaubenskämpfe hochzustilisieren.[1170] Wenn allerdings aus gleicher Quelle zu hören ist, daß es archäologische Funde gebe, *die ohne Wenn und Aber uns allen gehören und aus zwingenden Gründen uns gehören müssen,*[1171] so klingt dies nach einer kollektivierenden Rechtsauffassung, wie sie das Grundgesetz aber eindeutig verbietet, das eben keinen grundsätzlichen Vorrang der Gemeinschaftsinteressen statuiert.[1172] Unabhängig von der Frage der Gesetzgebungskompetenz sind folgende politische Gesichtspunkte bei der Beurteilung der Schatzregale hinsichtlich ihrer Wirkung und Konsequenzen zu berücksichtigen:

1. Die dem Rechtsinstitut des Schatzregals eigene Verpflichtung zur Ablieferung der entdeckten Sache, ohne die Möglichkeit des Entdeckers bzw. Grundeigentümers daran finanziell zu partizipieren, hat dazu beigetragen, deren Bereitschaft zu einem insoweit gesetzeskonformen Verhalten in Frage zu stellen.[1173] Es herrscht daher weitgehend Einigkeit darüber, daß es die

---

1168 BVerfGE 78, S. 205.

1169 Lehmann H., S. 81.

1170 Lehmann H., S. 73; Klüssendorf Mabillons Spur, S. 409.

1171 Lehmann H., S. 81.

1172 Leisner, S. 701.

1173 A.A. Dr. Wiebe (SPD), Schleswig-Holsteinischer Landtag (13. Wahlperiode) - 114. Sitzung, Mittwoch, 21. Februar 1996, S. 8114: *Ehrlichkeit wird eben nicht bestraft, wie es in der Verbandszeitschrift des Bundes der Steuerzahler zu lesen ist. Dort wird leider behauptet - ich zitiere wörtlich-: Damit fördert man eher die Unterschlagung des Fundes statt Ehrlichkeit zu belohnen. (...) Ich meine, das ist eine verwegene Feststellung, daß alle Finder von Schätzen potentielle Kriminelle und Straftäter sind.*

Verheimlichung von Schatzfunden fördert,[1174] weshalb schon frühzeitig vor einer Einführung derartiger Bestimmungen gewarnt wurde.[1175] Bereits vielfach während der Aufklärung setzte sich die Auffassung durch, daß die aus antiquarischen Motiven erwünschte Meldung von Funden durch die landesherrliche Anerkennung der Rechte der Beteiligten am ehesten zu fördern sei.[1176] Schon der Regierungsrat JOHANN DANIEL VON SCHMERFELD (1742–1815) begründete die Ablehnung des Schatzregals damit, daß *die Entdeckung und Erhaltung sonst nicht mehr zum Vorschein kommender Altertümer,(...) dadurch eher befördert wird, als wenn sich der Fiskus dergleichen unentgeltlich zueignet* (...).[1177] Auch bei Schaffung des BGB wurde der Gedanke daran *aus Furcht vor der Verheimlichung von Schatzfunden insbesondere im Hinblick auf Kulturgüter* verworfen.[1178] Die Ablehnung geht heute sogar so weit, daß das Schatzregal selbst aus Kreisen der staatlichen Denkmalpflege als *Norm zur Förderung der Fundverheimlichung* bezeichnet wurde, die sich *zum Schaden der Fachwissenschaft* auswirke.[1179] Daß Fälle von Fundunterschlagungen selten bekannt werden, spricht eher für den Erfolg solcher Handlungen als für ihr Fehlen.[1180] Auf der anderen Seite ist das Bekanntwerden von wertvollen Schatzfunden in Ländern mit Regal mehr dem Zufall als der dem Staat eingeräumten Rechtsmacht zu verdanken.[1181] Selbst die Länder ohne Schatzregal leiden mittlerweile unter den Bestimmungen ihrer Nachbarn. So ist es dort auch heute immer noch erforderlich, gegen die weitverbreitete Furcht vor entschädigungsloser Einziehung von Schatzfunden anzugehen, obgleich die Eigentumsrechte gemäß § 984 BGB den privaten Beteiligten zustehen,[1182] so daß man in diesen Ländern der Hoffnung Ausdruck verleiht, daß ihnen auch künftig derartige Regelungen erspart bleiben.[1183] Doch selbst in den Regalländern ist man sich der Konsequenzen der dorti-

---

1174 BLENS-VANDIEKEN, S. 68, GIEN, S. 82; HOLZ, Sp. 364; HENNINGS, S. 36; KLEEBERG, S. 167; a. A. FECHNER, S. 60.

1175 BLENS-VANDIEKEN, S. 68

1176 KLÜSSENDORF Mabillons Spur, S. 396.

1177 Hessisches Staatsarchiv Marburg, Best. 17 b, Gef. 27, Nr. 1, fol. 73, 78; zitiert nach KLÜSSENDORF Niederhone, S. 19.

1178 Protokolle, S. 273.

1179 STEFKE, S. 355.

1180 HENNINGS, S. 36.

1181 HENNINGS, S. 38. So ist etwa das Bekanntwerden des Schatzfundes von Trier der Uneinigkeit unter den Entdeckern und dasjenige des Schatzes von Dreisen dem Irrtum des Entdeckers zu verdanken, der angenommen hatte, er erhalte diesen nach wissenschaftlicher Bearbeitung zu Eigentum zurück.

1182 KLÜSSENDORF Niederhone, S. 117

1183 STEFKE, S. 355; STEINWASCHER, S. 289, Fußnote 158: *Die vom Land* (Hessen) *praktizierte Rückgabe von bearbeiteten Schätzen an die Eigentümer ist eine wesentliche Voraussetzung dafür, daß diese von der Bevölkerung vorgelegt werden.* SIPPEL, S. 292: *Obgleich die Eigentumsrechte an Schatzfunden durch § 984 des Bürgerlichen Gesetzbuches eindeutig zugunsten der Finder und der Eigentümer der Sache, in der der Schatz verborgen ist (in der Regel also der Grundeigentümer) geregelt sind, ist das Mißtrauen der Finder* (in Hessen), *wie aus Pressemitteilungen des Landesamtes hervorgeht, nach wie vor sehr stark* (...).

gen Gesetzeslage durchaus bewußt. In Rheinland-Pfalz stand man nach sechs Jahren Regalität vor der ernüchternden Erkenntnis, daß von den dem Landesdenkmalamt bekannt gewordenen Funden 98 % auf eigene Recherchen, auf Fundmeldungen jedoch nur 2 % zurückzuführen waren; aufgrund des Schatzregals hatte das Land bis dahin nur ein einziges Mal neben einem eher hypothetischen Eigentum auch den Besitz an archäologischen Denkmälern erlangt.[1184] Derartige Konsequenzen und die Erfahrungen im Nachbarland Baden-Württemberg[1185] haben auch Bayern von der Einführung eines Schatzregals Abstand nehmen lassen.[1186]

2. Doch selbst in diesen seltenen Fällen ist das mit den Schatzregalen verfolgte Ziel, die Entdeckungen der wissenschaftlichen Auswertung zugänglich zu machen, gefährdet. Die schon früh durch das Bundesverfassungsgericht ausgesprochene Warnung, eine Materie, die in Deutschland seit der Reichsverfassung von 1871 Sache des Reiches war, den Ländern zu überantworten und damit die Gefahr einer partiellen Zersplitterung heraufzubeschwören,[1187] ist bezüglich der Eigentumsregelung an Schatzfunden ungehört geblieben. Der Wissenschaft entsteht infolgedessen nicht nur Schaden durch den Entzug der Forschungsobjekte, sondern sie ist auch

---

1184 AG RuSt, S. 7.

1185 Ludwig Wamser, Leitender Direktor der Prähistorischen Staatssammlung München: *Wenn Sie sich einmal die offizielle Bilanz Baden-Württembergs anschauen, was so in einem Jahr an römischen, mittelalterlichen oder auch keltischen Bodenfunden zu Tage kommt, dann werden Sie feststellen, daß Sie das an zwei, drei Händen abzählen können. In Bayern sind das Tausende und Abertausende von Einzelfunden, die uns von zuverlässigen Leuten, denen wir unser Vertrauen schenken können, gemeldet werden. Das geschieht aufgrund der Tatsache, daß hier bei uns keine Angst herrscht, daß die Funde nicht zurückgegeben werden.* (Bayerischer Rundfunk, Alpha-Forum, Erstausstrahlung: 31. Juli 1998 / http:// www. br-online.de/ alpha/ forum/ vor9807/ 19980731_i.html).

1186 Eberl/Martin/Petzet, Vor Artikel 7, Rz. 6: *Die Einführung eines Schatzregals hätte aber, wie die Erfahrungen aus anderen Ländern und Staaten bestätigen, wegen des Ausschlusses einer Entschädigung auch sehr erhebliche Nachteile (Verheimlichung und Verschiebung von Funden) mit sich gebracht.* Vergleiche auch Bayerischer Landtag, Drucksache 13/348, S. 28, in welcher die Staatsregierung in Abstimmung mit dem Landesamt für Denkmalpflege, der Prähistorischen Sammlung und der Staatlichen Münzsammlung davon ausgeht, daß die Einführung eines Schatzregals die Anzahl der gemeldeten Funde verschlechtern würde. Abschlußbericht zur Untersuchung des Denkmalschutzrechts und der Denkmalschutzverwaltung (22. Februar 2001) vom Wissenschaftsministerium dem Landesdenkmalrat: *Immer wieder werden bayerischen Museen Bodendenkmäler zum Verkauf angeboten, deren Besitzer behaupten, die Bodendenkmäler zufällig in Bayern gefunden zu haben und dadurch mindestens zur Hälfte Eigentümer dieser Bodendenkmäler geworden zu sein. Es ist davon auszugehen, daß nicht wenige dieser Bodendenkmäler aus anderen deutschen Ländern stammen, wo sie illegal ausgegraben wurden, aber nicht verkäuflich sind, weil das Eigentum an Bodendenkmälern ohnehin dem jeweiligen Land zusteht.*

1187 BVerfGE 36, 193 (209).

dadurch negativ betroffen, daß die Einführung der Schatzregale zur **Verschleppung**[1188] **und Verfälschung**[1189] **wichtiger archäologischer Funde** führt. Dies geschieht in der Regel dadurch, daß Funde von ihren Entdeckern - mit gefälschten Fundumständen - in einem Bundesland angezeigt werden, das kein Schatzregal beansprucht.[1190] In anderen Fällen gelangen die Objekte gar in das Ausland ohne Schatzregal, was deutlich macht, daß ein derartiger Anspruch in einem liberalen Rechtsstaat mit offenen Außengrenzen nicht durchsetzbar ist.[1191] Die entdeckten Gegenstände wandern derart dorthin, wo sie am besten zu verwerten sind und Diskretion finden.[1192] Völlig zurecht beklagt die Fachwissenschaft, daß diese bitteren Konsequenzen der modernen Rechtsentwicklung bisher von juristischer Seite zu wenig beachtet worden sind.[1193] Es ist zudem auch kein Geheimnis mehr, daß das Fälschen von Fundumständen nicht nur auf Seiten der Entdecker festzustellen ist. So sichern sich wissenschaftliche Bearbeiter von Schatzfunden vielfach die Möglichkeit der Auswertung dadurch, daß sie die Entdekkung auf ein Datum vor der jeweiligen Einführung des Schatzregals in dem entsprechenden Bundesland rückdatieren und derart den Kooperationswillen der zu diesem Zeitpunkt begünstigen Privaten nachhaltig unterstützen. Verschiedene Denkmalbehörden in Regalländern lassen zudem inoffiziell verlauten, daß das Schatzregal in ihrem Bezirk nicht angewandt werde, um sich die Chance von Fundmeldungen zu bewahren.

3. Neben der breiten Ablehnung aus Rechtswissenschaft und Denkmalpflege stößt das Schatzregal auch auf eine **fehlende Akzeptanz in der Bevölkerung**. Die Regalisierung des Schatzes begegnet schon seit geraumer Zeit[1194] dadurch größten Schwierigkeiten, daß es von dem geltenden und auch als gerecht empfundenen Recht des BGB abweicht,[1195] indem es sich in Widerspruch zu festgewurzelten und seit über hundert Jahren in § 984 BGB anerkannten Rechtsanschauungen stellt.[1196] Im Rückblick auf die Diskussion des Schatzrechtes im 17. und 18. Jahrhundert erscheint die Wiedereinführung des Schatzregals als ein Rückschritt hinter die Rechtsposition der Aufklärung.[1197] Auch noch bei Einführung des BGB stellte man fest: *Die Neuschaffung eines nutzbaren Regals auf diesem Gebiet widerstreitet durchaus dem öffentlichen*

1188 Blens-Vandieken, S. 68.

1189 Klüssendorf Mabillons Spur, S. 408.

1190 Witzel, S. 240.

1191 Stefke, S. 355.

1192 Klüssendorf Mabillons Spur, S. 407.

1193 Klüssendorf Mabillons Spur, S. 407.

1194 Joseph, S. 510 bemerkte schon 1916 bezüglich der Problematik eines staatlichen Anrechtes: *Diese Frage möchte ich unbedingt verneinen, und ich glaube annehmen zu dürfen, daß die große Mehrzahl des deutschen Volkes meine Auffassung teilt.*

1195 Holz, Sp. 363/364.

1196 Blens-Vandieken, S. 68; Hennings, S. 36.

1197 Witzel, S. 239.

Interesse und ist mit den Auffassungen der Neuzeit nicht im Einklange.[1198] Der fehlende Anspruch auf Vergütung erscheint der Bevölkerung in den Regalländern im Vergleich zu dem im übrigen Bundesgebiet geltenden Schatzrecht als ungerecht[1199] und verletzt deren subjektives Rechtsempfinden: *Wer etwas Wertvolles findet und meldet, möchte nicht leer ausgehen.*[1200] Bereits 1916 trat PAUL JOSEPH Bestrebungen zur Einführung eines Schatzregals mit der Bemerkung entgegen: *Jedes schlechte Gesetz - und das ist jedes mit dem Rechtsgefühl der großen Mehrheit des Volkes nicht im Einklang stehende - ruft Widerspruch und Umgehungen hervor.*[1201] WOLFGANG EBERL merkte zu der das Schatzregal bestätigenden Entscheidung des Bundesverfassungsgerichtes[1202] an: *Überlegungen darüber anzustellen, ob eine Entscheidung, die in so extremer Weise Grundeigentümer und Entdecker benachteiligt, dazu beiträgt, die Bürger zu Gesetzestreue zu ermuntern, war nicht Aufgabe des Gerichts.*[1203] Die Schwelle zur Schatzunterschlagung wird umso skrupelloser überschritten, als der unpersönliche Staat als Berechtigter gegenübersteht, der die entdeckten Sachen im Gegensatz zu etwa einem Fund nicht einmal vermißt. Auch die Erfahrungen mit Denkmalbehörden, die wie in den Fällen des Dreisener Münzschatzes[1204] und des Bitburger Mühlsteins[1205] zunächst die Rückgabe (schriftlich) zugesagt hatten, um sich dann doch auf das Schatzregal zu berufen, haben nicht dazu beigetragen, dieses Rechtsinstitut populär zu machen. Nur allzu leicht unterliegt damit die Öffentlichkeit dem Verdacht, daß insoweit Ehrlichkeit und Dummheit gleichzusetzen seien.[1206]

4. Diese Wirkung des Schatzregals mag auch damit zusammenhängen, daß es in Deutschland historisch nur auf eine eher **bedenkliche Tradition** zurückblicken kann. Wenn die Verfechter des Schatzregals sich dagegen wenden, im Zusammenhang mit dem Sachsenspiegelregal zugunsten des Königs als *unzeitgemäße Royalisten*[1207] karikiert zu werden und dem entgegenhalten: *Was einem König recht war, ist uns, dem demokratischen Souverän im Verfassungsstaat, nur billig,*[1208] so ist diese Bestimmung freilich noch der unbelastetste Ahnherr, den jenes Rechtsinstitut aufweisen kann, dessen Umfeld hinsichtlich der ersten Hälfte als ebenso feudalistisch,

---

1198 SADSD, S. 90.

1199 HENNINGS, S. 35/36

1200 KLÜSSENDORF Mabillons Spur, S. 405.

1201 JOSEPH, S. 4.

1202 BVerfGE 78, S. 205 ff.; JZ 1988, S. 915 ff.; DVBl. 1988, S. 839 ff.; NJW 1988, S. 2593 ff.

1203 EBERL, Nr. 2, S. 11.

1204 Siehe S. 22.

1205 Siehe S. 24.

1206 KLÜSSENDORF Mabillons Spur, S. 407.

1207 LEHMANN H., S. 81.

1208 LEHMANN H., S. 80.

wie bezüglich der zweiten Hälfte als absolutistisch beschrieben wurde.[1209] Das Schatzregal erfreute sich in Deutschland nach dem ancien régime erst wieder im Nationalsozialismus neuer Beliebtheit, in welchem man mit den Regalien Zeugnis von dem *ewigen Gehalt und der Lebenskraft des deutschen Rechts* ablegen wollte und auch mit der Abschaffung der hadrianischen Teilung *den Eigentumsbegriff des Pandektenrechts über Bord geworfen*[1210] und Funde von *völkischem Wert*[1211] gesichert glaubte. Ist auch das Schatzregal aus dem Entwurf eines Reichsdenkmalschutzgesetzes vom Mai 1938, das vorsah, daß entsprechende Funde *Eigentum des Reichs* werden sollten, nie verabschiedet worden, so hat es dennoch durch die Übernahme in das badische Denkmalschutzgesetz von 1949 überlebt. Daß mit der DDR auch das andere totalitäre Regime auf deutschem Boden in § 361 seines ZGB ein Schatzregal einführte, mit dem entsprechende Funde in *Volkseigentum* überführt wurden, ist kein Zufall, sondern wurzelt in der beiden Systemen - wenn auch unter unterschiedlichen Vorzeichen - eigenen kollektivierenden Rechtsauffassung, die staatliches Eigentum an archäologischen Funden als Ausfluß der jeweiligen Ideologie voraussetzt.

5. Nachdem sich der Komplex der Schatzregale bereits im 19. Jahrhundert nahezu aufgelöst hatte und schon damals als ein Begriff von *lediglich historischer Bedeutung*[1212] betrachtet wurde, dem bei der Behandlung des geltenden Rechts wie der Regalität allgemein als eines überflüssig gewordenen Begriffs *nicht mehr Erwähnung getan*[1213] bzw. insoweit gefordert wurde, derartige *ältere zweifelhafte oder in die heutige Zeit nicht mehr passende Bestimmungen durch klare und den modernen Rechtsanschauungen entsprechende Vorschriften zu ersetzen*,[1214] sind diesbezüglich wenig oder gar keine neuen Argumente in der Diskussion aufgetaucht.[1215] Wesentliche **Unterschiede bei den Verfahrensabläufen** bei unmittelbarem staatlichen Eigentum gegenüber Enteignung bzw. Ankauf sind nicht erkennbar. Auch die Befürworter von Schatzregalen gestehen zu, daß sich jedenfalls die Zielsetzung, den Erwerb von Funden mit wissenschaftlicher Bedeutung, deren allgemeine Bestandssicherung, Verfügbarkeit und Zugänglichkeit im öffentlichen Interesse liegen, zu gewährleisten, auch mit den herkömmlichen zu Gebote ste-

---

1209 ROSCHER, S. 118.

1210 THIEME, S. 87/88.

1211 Begründung zum Entwurf eines Deutschen Strafgesetzbuches 1936, S. 175, 179, abgedruckt bei REGGE/SCHUBERT 2, S. 1 ff., 175, 179.

1212 LEISNER, S. 699/700.

1213 NEUMARK, S. 1213.

1214 KIRSCH, S. 177.

1215 Westfälische Wilhelms-Universität Münster, Prof. JANBERND OEBBECKE, in seinem Schreiben vom 2. Dezember 1997 an den Verfasser.

henden Rechtsinstrumenten erreichen läßt[1216] und die unterschiedlichen Verfahrensabläufe im Ergebnis nicht wesentlich voneinander abweichen.

6. Es sind damit **haushaltspolitische Gesichtspunkte,** die den einzig unumstrittenen Vorteil des Schatzregals mit der Schonung der Landeskassen durch die Vermeidung der bei anderer Gesetzeslage anfallenden Aufwendungen für Enteignungen bzw. Ankäufe ausmachen. Dies läßt an ECKSTEIN denken, der in Bezug auf die historischen Vorgänger angemerkt hatte: *Da wurde alles, was nicht rechtlich niet- und nagelfest war, zum willkommenen Gegenstand landesfürstlicher Finanzpolitik. So wurde denn ein neu angemaßtes Schatzregal fleißig geübt.*[1217] Besonders deutlich wurde dies in Rheinland-Pfalz, wo der zuständige Minister äußerte, es habe sich *mit Blick auf die finanziellen Konsequenzen als richtig erwiesen, zur Absicherung des Eigentumsrechts an*

Tabelle 6: Abläufe des staatlichen Eigentumserwerbes an Schatzfunden

ohne Schatzregal	mit Schatzregal
privates Eigentum (§ 984 BGB)	
fachliche Beurteilung	fachliche Beurteilung
Enteignung	
öffentliches Eigentum	öffentliches Eigentum
Entschädigung	„Finderlohn" / Fundprämie
Zuweisung an eine staatliche Stelle	Zuweisung an eine staatliche Stelle

Quelle: LEHMANN H., S. 75

1216 LEHMANN H., S. 73; BRÜCKNER, S. 24; Das Ministerium für Stadtentwicklung, Kultur und Sport des Landes Nordrhein-Westfalen in seinem Schreiben vom 14. März 1998 an den Autor (Az.: II B 5 - 56.00 - 295/97); Antrag der Fraktion der SPD und der Fraktion Bündnis 90/Die Grünen. 20 Jahre Denkmalschutzgesetz – Erfahrungen und Perspektiven: (...) *4. Es hat sich gezeigt, daß bislang alle bedeutenden archäologischen Funde aus Nordrhein-Westfalen in öffentliches Eigentum gelangt sind. Damit hat sich die bisherige Praxis offenkundig bewährt. Insofern erübrigt es sich, ein ‚Schatzregal' einzuführen* (DI 2/2000, S. 56).

1217 ECKSTEIN, S. 237.

Funden ein Schatzregal einzuführen[1218] und auch die zuständigen Fachbehörden erklärten, *das Schatzregal in Rheinland-Pfalz sei eingeführt worden, um Ankaufsmittel zu sparen.*[1219] Es schadet der Diskussion, daß diese durchaus legitime Zielsetzung, statt sie offen zu nennen, regelmäßig hinter vorgeschobenen Argumenten des Denkmalschutzes versteckt wird. Deutlich hat dies WOLFGANG EBERL zum Ausdruck gebracht: *Ich wage zu behaupten, daß jedes Land, das in seinem DSchG ein Schatzregal eingeführt hat, dies getan hat, weil es sich nicht in der Lage sah, genügend Mittel für den Erwerb von Bodendenkmälern zum Verkehrswert (auch im Wege der Enteignung) aufzubringen* (...). *Die Schatzregalländer haben also vornehmlich aus fiskalischen Gründen gehandelt.*[1220]

II. Anforderungen an künftige Regelungen

1. Die **Verfassungskonformität** eines Schatzregals setzt nach der hier vertretenen Auffassung voraus, daß ein derartiger (zivilrechtlicher) originärer Eigentumserwerb an Schatzfunden entweder bundesrechtlich geregelt wird oder das Bundesrecht von seiner mit § 984 BGB in Anspruch genommenen (konkurrierenden) Gesetzgebungskompetenz insoweit keinen Gebrauch mehr macht, als es dem Landesgesetzgeber in Ansehung von (beweglichen) Kulturdenkmalen einen Vorbehalt einräumt. Die in Bayern, Hessen und Nordrhein-Westfalen bestehende Gesetzlage in Form des Eigentumserwerbes von Privaten gemäß § 984 BGB mit denkmalschutzrechtlich geregelten Anzeigepflichten und Möglichkeiten der Enteignung bzw. des Ankaufes sind verfassungsrechtlich unbedenklich.

2. Unbestritten ist wohl, daß es einer **einheitlichen Lösung für das Bundesgebiet** bedarf, um dem „Fundtourismus", also der Verbringung archäologischer Entdeckungen in andere Bundesländer ohne Schatzregal, entgegenzuwirken.[1221] Bundesrechtlich könnten Schatzfunde ähnlich wie erbloses Gut behandelt und wie in § 1936 Absatz 1 BGB[1222] dem jeweiligen Land zugesprochen werden. Dies könnte zweckmäßigerweise in Ergänzung des § 984 BGB gesche-

---

[1218] Kultusminister Dr. GÖLTER, Landtag Rheinland-Pfalz -10. Wahlperiode - 78. Sitzung, 15. Oktober 1986, S. 4667.

[1219] AG RuSt, S. 8

[1220] EBERL, Nr. 1, S. 4.

[1221] LUDWIG WAMSER, Leitender Direktor der Prähistorischen Staatssammlung München: *Solange das nicht bundeseinheitlich geregelt ist, solange bin ich in der Tat auch ein Vertreter des Nicht-Schatzregals, also der gegenwärtigen Bestimmung, denn die Dunkelziffer der nicht gemeldeten Funde, die einfach unterschlagen werden, ist unendlich hoch.* (Bayerischer Rundfunk, Alpha-Forum, Erstausstrahlung: 31. Juli 1998 / http://www.br-online.de/alpha/forum/vor9807/19980731_i.html).

[1222] *Ist zur Zeit des Erbfalls weder ein Verwandter noch ein Ehegatte des Erblassers vorhanden, so ist der Fiskus des Bundesstaats, dem der Erblasser zur Zeit des Todes angehört hat, gesetzlicher Erbe.*

hen, der dann zusätzlich vorsehen würde, daß (bestimmte) Kulturdenkmale mit der Entdekkung Eigentum des Landes würden, auf dessen Gebiet sie entdeckt wurden. Damit wäre jedoch nur der Fundtourismus innerhalb der Bundesrepublik ausgeschlossen, so daß bei einer derartigen Gesetzeslage Schatzfunde in das Ausland abfließen könnten. Landesrechtlich wäre die Statuierung von Schatzregalen nach der hier vertretenen Ansicht nur nach der Einführung eines bundesrechtlichen Vorbehaltes möglich.[1223] Im übrigen könnte eine in den Ländern einheitliche Gesetzeslage durch die Abschaffung der bestehenden Schatzregale und Rückkehr zum römischen Recht und den klassischen Instrumentarien wie Anzeigepflicht, Ankauf und Enteignung erreicht werden.

3. Die **hinreichende Berücksichtigung der Interessen von Privaten,** also des Entdeckers und/oder des Eigentümers der schatzbergenden Sache werden unabhängig von der gesetzlichen Ausgestaltung darüber entscheiden, ob Entdeckungen gemeldet und damit für Konservierung, wissenschaftliche Bearbeitung und für Zwecke der Bildung zur Verfügung stehen werden. Prämien für die nach § 984 BGB Begünstigten werden umso wirkungsvoller sein, als sie sich wie in England[1224] dem Marktwert nähern. Wenn man glaubt, jenen dadurch einen Anreiz zu bieten, daß man ihnen ein Fachbuch überreicht,[1225] so ist der Betrachter unentschieden, ob bei derartiger Naivität die Rührung oder das Unverständnis überwiegt. Das Eintreten des Bürgers für den Erhalt von Kulturgütern darf nicht nur als eine Selbstverständlichkeit betrachtet werden, sondern bedarf, gerade bei der Ablieferung wertvoller Funde, angemessener Anerkennung.[1226] Da die Privaten regelmäßig ohnehin nie an dem Objekt selbst, sondern vielmehr an dem darin verkörperten pekuniären Gegenwert interessiert sind, würde eine derartige Regelung es auch erlauben, den Kreis der betroffenen Objekte großzügiger zu fassen und auf Qualifikationserfordernisse wie den *hervorragenden wissenschaftlichen Wert* zu verzichten, bei dem es sich ohnehin um eine schwer überprüfbare Komponente handelt, die leicht zum Streit zwischen den Gutachtern führt,[1227] welche sich zudem - wie im Falle des Schatzes von

---

1223 Dieser könnte durch einfache Bundesgesetzgebung zugunsten der Länder durch Änderung des EGBGB eingeführt werden.Vergleiche VON STAUDINGER-MERTEN, Art 1 EGBGB, Rz. 52.

1224 Law of Treasure Trove (bis 24. September 1997 gefundene Schätze) bzw. Treasure Act 1996 / Code of Practise. Allerdings ist der Anspruch der Krone weitgehend auf Edelmetalle beschränkt, die absichtlich verborgen wurden.

1225 So die Praxis in Mecklenburg-Vorpommern laut Zusammenstellung des Bayerischen Staatsministeriums für Unterricht, Kultus, Wissenschaft und Kunst vom 27. Juli 1995 (XII/3-K4014/4-18/67 698).

1226 KLÜSSENDORF Mabillons Spur, S. 407.

1227 KLÜSSENDORF Mabillons Spur, S. 405.

Dreisen[1228] als Landesbeamter[1229] oder Münzhändler - nur allzu leicht dem Verdacht aussetzen, „pro domo" zu befinden.[1230] Wenn den Ländern auch bundesrechtlich das Eigentum an Schatzfunden zugesprochen werden könnte, so ist diesen jedoch kaum vorzuschreiben, in welcher Höhe sie Prämien auszuschütten haben, so daß derartige Bestimmungen alleine dem Landesrecht vorbehalten bleiben. Solche Probleme ergeben sich bei den klassischen Instrumenten wie Ankauf oder Enteignung nicht, da die Privaten in diesen Fällen entweder wertgerecht entschädigt werden oder aber einen für sie akzeptablen Kaufpreis erzielen.

III. Schlußbetrachtungen

Die mit dem Schatzregal verbundenen Probleme sind damit im Grunde wesentlich finanzieller Natur. Die Antwort auf die eingangs gestellte Frage *Wem gehört der Schatz?* lautet damit - so bitter und ernüchternd dies auch klingen mag - unabhängig von der zuweilen eher theoretischen Gesetzeslage: *Demjenigen, der ihn bezahlen kann.* Für Wissenschaft und Forschung hat das Landeseigentum an Schatzfunden keinen Wert, solange sie niemals etwas von ihnen erfahren. Das Schatzregal ist damit vor allem von theoretischer Bedeutung.[1231] Man mag bedauern, daß privaten Entdeckern der eigene Geldbeutel schwerer wiegt als die Aussicht, sich um die Wissenschaft verdient zu machen, ohne daß dies allerdings eine Lösung des Problemes näher brächte.

Es stellt sich aber auch die Frage, ob staatliches Eigentum an Schatzfunden tatsächlich immer erforderlich ist, um Bestand und Auswertung zu gewährleisten. Insbesondere die häufig im Mittelpunkt der Kontroversen stehenden Münzschätze (Dreisen, Trier etc.) haben ihr Geheimnis nach der wissenschaftlichen Bearbeitung hinreichend offenbart und sind nach dem Wiegen, der Anfertigung von Photographien und Gipsen auch ausreichend für künftige Forschergenerationen dokumentiert.[1232] Allenfalls wäre an die Sicherung von Stücken bisher unbe-

---

1228 Siehe S. 22.

1229 Eberl, Nr. 2, S. 11: *Ich kann mich des Eindrucks nicht erwehren, daß der Sachverständige des Landes vielleicht doch etwas der Faszination des großen Silber- und Goldhaufens erlegen sein könnte. Fiskalische Überlegungen dürfen aber keinesfalls zur Anwendung des § 19a führen.*

1230 Schon Pick, S. 121, forderte daher, einen Museumsbeamter eines nicht beteiligten Staates zu beteiligen.

1231 Eberl/Martin/Petzet, Vor Artikel 7, Rz. 6; Burnett, S. 78.

1232 BVerwGE 21, 191 (194): *Auch wenn man davon ausgeht, daß die wissenschaftliche Auswertung von Münzen stets dem Wohl der Allgemeinheit dient, so wäre es doch bedenklich, das Wohl der Allgemeinheit bereits dann als schutzwürdig anzusehen, wenn nur die theorethische Möglichkeit besteht, daß in einer nicht absehbaren Zukunft die Wissenschaft an der Untersuchung von Münzen interessiert sein könnte, die hinlänglich bekannt und die in gleicher Prägung häufig vorhanden und im Münzhandel erhältlich sind.*

kannten Typs oder neuer Stempelvarianten zu denken.[1233] Die in ihren Ausmaßen eher unscheinbaren Stücke bieten auch dem Museumsbesucher wenig Anschaulichkeit, wenn auch die Attraktion eines aufgehäuften Münzschatzes nicht in Abrede zu stellen ist. Die in vielen europäischen Ländern geübte Praxis, die der Anzeigepflicht unterliegenden Schatzfunde nach wissenschaftlicher Bearbeitung mit Bestimmung wieder an die Privaten herauszugeben, wenn kein Interesse am Ankauf besteht, hat dazu geführt, daß derartige Entdeckungen im eigenen Interesse umso bereitwilliger gemeldet werden, als der Entdecker genau erfährt, was er ans Tageslicht gefördert hat und diese mit der Einordnung auch leichter verkaufen kann. Diese Vorgehensweise wird dementsprechend auch von einigen Museen selbst in Ländern mit Schatzregal - gesetzwidrig aber erfolgreich - praktiziert.

Die Anzahl der Objekte, die nach wissenschaftlicher Auswertung aus sachlichen Gründen in öffentlichen Sammlungen verbleiben müssen, dürfte daher eher begrenzt sein. Für diese wünschte man den Mitarbeitern der Denkmalpflege mehr Erfolge bei der Beschaffung von Ankaufsmitteln, wie sie etwa ihre beneidenswerten US-amerikanischen Kollegen verzeichnen können, andererseits aber auch eine Wirtschaft und Gesellschaft, die sich ähnlich der dortigen für solche Ansinnen offener zeigen und solche gesellschaftspolitischen Aufgaben nicht allein dem Staat überlassen. Es ermutigt jedoch, daß auch aus Ländern ohne Schatzregal zu hören ist, daß es dort noch immer gelungen sei, die Mittel für entsprechende Vorhaben aufzutreiben.[1234]

Die Lösungsmöglichkeit, die die meisten Bundesländer gewählt haben, indem sie das Problem der fehlenden Haushaltsmittel dadurch überwunden glaubten, daß sie sich selbst entschädigungsfrei zum Eigentümer der begehrten Objekte erklärten, ist jedenfalls als Antwort auf die vielschichtige Problematik zu einfach und hat tatsächlich das Gegenteil von dem erreicht, was mit Bestandssicherung und Auswertungsmöglichkeit als ihr Ziel vorgegeben wurde. Es gilt hier, von den Erfahrungen anderer europäischer Staaten zu profitieren. So hat man etwa in Großbritannien[1235] durch das English Law of Treasure von 1996 den Anwendungsbereich des Schatzregals gegenüber der alten Regelung zugunsten der „Krone" erheblich einge-

---

1233 Eberl, Nr. 2, S. 11.

1234 Das Ministerium für Stadtentwicklung, Kultur und Sport des Landes Nordrhein-Westfalen in seinem Schreiben vom 14. März 1998 an den Autor (Az.: II B 5 - 56.00–295/97).

1235 Zum folgenden Burnett, S. 78 ff.

schränkt.[1236] Die betroffenen Entdeckungen werden entweder zu dem von einem unabhängigen Komitee aus Archäologen, Juristen, Händlern und Sondengängern festgesetzten Preis erworben oder dem Entdecker zurückgegeben.[1237] Damit besteht in Wahrheit kein Schatzregal mehr, sondern praktisch lediglich noch ein Vorkaufsrecht. Die Auswirkungen dieser Gesetzesänderung waren äußerst positiv. Die (regalbezogenen) Fundmeldungen haben sich von 25 vor Einführung des Gesetzes auf 200 im Jahr 2000 verachtfacht. 1998 wurden 24000 Objekte gemeldet (darunter ca. 13000 Münzen), 1999 29000, darunter 23000 Münzen. Viele davon wären ohne die Reform des Schatzrechts nicht bekannt geworden und der Fundzusammenhang unbekannt geblieben.[1238]

Der Erfolg rührt von der grundsätzlichen Trennung von Eigentum und Informationspflicht. Das British Museum sieht keinen Grund, weshalb alle Funde Staatseigentum werden und in Museen wandern sollten, die sich ohnehin nicht adäquat um alle Objekte kümmern könnten, die sie zudem nicht alle besitzen wollten. Für den Großteil der Entdeckungen, insbesondere für Münzen, genüge eine hinreichende Erfassung für weitere Forschungen.[1239]

Ein weiterer wesentlicher Unterschied der britischen und dänischen Bodendenkmalpflege zu der deutschen besteht in der Kooperation zwischen Archäologen und Sondengängern. Noch in den 70er Jahren gab es in Großbritannien keinen Kontakt, sondern nur gegenseitigen Haß. Dies verhinderte freilich keine neuen Entdeckungen, wohl aber die wissenschaftliche Erfassung der Fundzusammenhänge. Von den geschätzten 15000-30000 Sondengängern treibt die wenigsten kriminelle Gewinnsucht („Nachtfalken"), die Mehrheit dagegen historisches Interesse, das sie nach einiger Zeit befähigt, die Kuratoren der Museen im Bestimmen von Fundstücken zu übertreffen.[1240] Das Sondengehen ist außer in Grabungsschutzgebieten nicht verboten.

1236 *Treasure Act 1996, 1. – (1) Treasure is-(a) any object at least 300 years old when found which-(i) is not a coin but has metallic content of which at least 10 per cent by weight is precious metal; (ii) when found, is one of at least two coins in the same find which are at least 300 years old at that time and have that percentage of precious metal; or (iii) when found, is one of at least ten coins in the same find which are at least 300 years old at that time; (b) any object at least 200 years old when found which belongs to a class designated under section 2(1); (c) any object which would have been treasure trove if found before the commencement of section 4; (d) any object which, when found, is part of the same find as- (i) an object within paragraph (a), (b) or (c) found at the same time or earlier; or (ii) an object found earlier which would be within paragraph (a) or (b) if it had been found at the same time. (2) Treasure does not include objects which are- (a) unworked natural objects, or(b) minerals as extracted from a natural deposit, or which belong to a class designated under section 2(2).*

1237 Burnett, S. 78.

1238 Burnett, S. 80.

1239 Burnett, S. 78.

1240 Burnett, S. 82.

Manche Detektorensucher nehmen jetzt sogar unter der Aufsicht von Archäologen an öffentlichen Grabungen teil[1241] und auch in Dänemark[1242] werden sie von den örtlichen Museen zu Geländebegehungen eingeladen.[1243] 16 von 18 angelsächsischen Friedhöfen in England wurden in den vergangenen Jahren durch Sondengänger entdeckt.[1244] In Dänemark stammen 80% der Münzfunde von „Hobbyarchäologen".[1245]

Auch in Deutschland haben die Gerichte begonnen, zwischen kriminellen Raubgräbern und historisch interessierten Sondengängern zu differenzieren: *Die Behörde wird sich insgesamt aus dem behaglichen Areal, in dem sie bislang auf dem Gebiet der Archäologie von der Öffentlichkeit völlig ungestört arbeiten konnte, herausbewegen müssen. Dazu zählt insbesondere ein Umdenken im Hinblick auf ehrenamtliche Vereinstätigkeit, die auch bei Metalldetektorennutzern nicht mit Wildwest-Manieren gleichgesetzt werden darf.* (...) *Dazu zählt es auch, für Genehmigungsinteressenten Fortbildungsveranstaltungen anzubieten oder zumindest zu fördern, ebenso wie eine zeitweise ehrenamtliche Beteiligung an einem wissenschaftlichen Ausgrabungsobjekt.* (...) *Am Ende wird eine sinnvolle Überarbeitung des Merkblattes des Landesamtes für Denkmalschutz vom Juni 1993 stehen müssen, in dem eigentlich jeder Benutzer eines Metallsuchgerätes einem Kriminellen gleichgesetzt wird.*"[1246]

Hierzulande ist es ein häufig zu hörendes Argument, daß Sondengänger Fundzusammenhänge zerstörten und Objekte der Vernichtung aussetzten, die im Boden als „idealem Konservator" immer noch am besten aufbewahrt seien. Allein in Großbritannien wurden jedoch in den letzten 50 Jahren 30% der Befunde durch landwirtschaftliche Aktivitäten zerstört.[1247] Auch in Dänemark wären viele Objekte von der modernen Landwirtschaft und saurem Regen vernichtet worden, wenn Sucher sie nicht gerettet hätten.[1248] In Deutschland dürfte sich die Situation kaum anders darstellen.

Der englische und dänische Weg betont demnach praktische Gesichtspunkte und nicht die Theorie: *Wir sprechen nicht darüber, ob der Staat alle Entdeckungen besitzen sollte, sondern über praktische Fragen, was machbar ist. Das System mag aus theoretischer Sicht nicht ideal sein, aber es ist effektiv.*[1249]

1241 BURNETT, S. 83.

1242 Zu Dänemark im folgenden MOESGAARD, S. 74 ff.

1243 MOESGAARD, S. 77.

1244 BURNETT, S. 81.

1245 MOESGAARD, S. 77.

1246 VG Wiesbaden, Urteil vom 3. 5. 2000, Az. 7E818/00(V), S. 14.

1247 BURNETT, S. 81.

1248 MOESGAARD, S. 77 (eigene freie Übersetzung).

1249 BURNETT, S. 84.

Die Ablehnung des Schatzregals äußert sich im Ausland zuweilen in drastischeren Formulierungen, wenn es etwa heißt: *The old rule of treasure trove may make good theater, but it´s poor law, and its death can come none to soon.*[1250] Zu weit würde es freilich führen, wenn man wie JOHANN WOLFGANG VON GOETHE in Faust II das Schatzregal als Idee des Teufels betrachten würde,[1251] dessen Verse daher mehr unterhaltend als politisch den Schluß dieser Betrachtung bilden sollen:

KAISER:

Ich habe satt das ewige Wie und Wenn;
Es fehlt an Geld, nun gut, so schaff es denn.

MEPHISTOPHELES:

Ich schaffe, was ihr wollt, und schaffe mehr;
Zwar ist es leicht, doch ist das Leichte schwer;
Es liegt schon da, doch um es zu erlangen,
Das ist die Kunst, wer weiß es anzufangen ?
Bedenkt doch nur: in jenen Schreckensläuften,
Wo Menschenfluten Land und Volk ersäuften,
Wie der und der, so sehr es ihn erschreckte,
Sein Liebstes da- und dortwohin versteckte.
So war´s von je in mächtiger Römer Zeit,
Und so fortan, bis gestern, ja bis heut.
Das alles liegt im Boden still begraben,
der Boden ist des Kaisers, der soll´s haben.

SCHATZMEISTER:

Für einen Narren spricht er gar nicht schlecht,
Das ist fürwahr des alten Kaisers Recht.

KANZLER:

Der Satan legt euch goldgewirkte Schlingen:
Es geht nicht zu mit frommen Dingen.

MARSCHALK:

Schafft´ er uns zu Hof willkommne Gaben,
Ich wollte gern ein bißchen Unrecht haben.

[1250] CUNNINGHAM, S. 1.

[1251] Faust, Der Tragödie zweiter Teil, 1. Akt.

Literaturverzeichnis

Ament, Hermann Denkmalpflege und Vereinstätigkeit im 19. Jahrhundert. Eine Fallstudie, in: Archäologisches Nachrichtenblatt Band 5, 2/2000, S. 187 ff.

André, Fritz Die Lehre vom Schatz nach römischem und gemeinem Recht, Dissertation Berlin 1884

Appelt, Heinrich (Hrsg.): Monumenta Germaniae historica, Die Urkunden der deutschen Könige und Kaiser, 10. Band, 2. Teil: Die Urkunden Friedrichs I., Hannover 1979

Arbeitsgruppe Recht und Steuerfragen des DNK Ergebnisniederschrift über die 51. Sitzung am 1./2. Oktober 1992 in Salem (Az.: 31.12.1992 Bachmair/A Verz. Eberl/ergebnis.51), (zitiert: AG RuSt)

Arnold, Friedrich Christian von Beiträge zum deutschen Privatrecht, Teil II, Nachdruck der Ausgabe Ansbach 1842, Aalen 1969

Arndt, Adolf Zur Geschichte und Theorie des Bergregals und der Bergbaufreiheit, Halle 1879

Asal, Karl Gedanken und Anregungen zur Abfassung eines Gesetzentwurfes über den Schutz der Bodendenkmale, in: Badische Fundberichte, Sonderheft 7, Freiburg 1964, S. 14 f.

Backhaus, Michael Denkmalrecht in Niedersachsen, Frankfurt am Main 1988

Badura, Peter Staatsrecht, 2. Auflage, München 1996 (zitiert: Badura StR)

Ders. Die Gesetzgebungskompetenz des Bundes für das Staatshaftungsgesetz, in: NJW 1981, S. 1337 f. (zitiert: Badura NJW)

Bächtold-Stäubli, Hanns Handwörterbuch des deutschen Aberglaubens, Band VII, Berlin, Leipzig 1935/1936

Bähr, Otto Gegenentwurf zu dem Entwurfe eines bürgerlichen Gesetzbuches für das Deutsche Reich, Kassel 1892

Baur, Fritz; Stürner, Rolf Lehrbuch des Sachenrechts, 17. Auflage, München 1999

Beck, Alexander Studien zum vulgarrechtlichen Gehalt der Lex Romana Curiensis, in: Ders., Itinera Iuris, Arbeiten zum römischen Recht und seinem Fortleben, herausgegeben von P. Caroni und J. Hofstetter, Bern 1980, S. 366 ff.

Behrends, Otto; Knütel, Rolf; Kupisch, Berthold; Seiler, Hans Hermann Corpus Iuris Civilis, Band II, Digesten 1-10, Heidelberg 1995

Benna, Anna Hedwig Eisenacher Rechtsbuch, in: Erler, A.; Kaufmann, E. (Hrsg.): Handwörterbuch der deutschen Rechtsgeschichte, Band 1, Berlin 1971, Sp. 914 f.

Bertram, Philipp Das Nassauische Privatrecht, Wiesbaden 1878

Besl, Hellmuth Regalien (regalia) in: Rössler, Hellmuth; Franz, Günther (Hrsg.): Sachwörterbuch zur deutschen Geschichte, 2. Band, Neudruck der Ausgabe München 1958, Nendeln 1970

Bettermann, Karl August Die Auswirkungen der Gebietsreform auf die Verträge der Kommunen mit Energieversorgungsunternehmen, Stuttgart, Berlin, Köln, Mainz 1977

Bischoff, Ferdinand; Schönbach, Anton Österreichische Weistümer, 6. Band: Steirische und Kärntnische Taidinge, Wien 1881

Blanchet, Adrien Etudes de numismatique, Band II, Paris 1901

Blens-Vandieken, Marianne Das deutsche Ausgrabungsrecht, in: Badische Fundberichte, Sonderheft 9, Freiburg 1965

Bluntschli, Johann Caspar Deutsches Privatrecht, Band I, Nachdruck der Ausgabe München 1853, Frankfurt 1983

Bonfante, Pietro Acquisto del tesoro, in: Bonfante, Giuliano; Crifò, Giuliano (Hrsg.): Corso di diritto romano, Band II, Mailand 1968 (zitiert: Bonfante Corso)

Ders. La vera data di un testo di Calpurnio Siculo e il concetto romano del tesoro, in: Mélanges PAUL FRÉDÉRIC GIRARD, Études de droit romain dédiés à M. P. F. GIRARD à l'occasion du 60e anniversaire de sa naissance, Nachdruck der Ausgabe Paris 1912, Aalen 1972 (zitiert: BONFANTE Mélanges Girard)

BRAUN, MAX Der Schatzerwerb, Dissertation Greifswald 1898

BRIEGER, JOSEF Die Voraussetzungen des Schatzfundes, Dissertation Breslau 1927

BRÜCKNER, RUDOLF Der Altertumsfund und seine Stellung in der Rechtsordnung, Dissertation Erlangen 1922

BRÜGGE, JÜRGEN Bodendenkmalrecht unter besonderer Berücksichtigung der Paläontologie, Köln 1993

BRUNNER, HEINRICH Deutsche Rechtsgeschichte, Band II, 3. Auflage, Berlin 1958

BURG, ENGELBERT VON DER De Natura Thesaurorum et Jure Principis circa eosdem, Dissertation Leipzig 1667

BURNETT, ANDREW The Scheme for recording portable antiquities in Britain: Progress report, in: Internationale Numismatische Kommission (Hrsg.): Compte rendu 47, Paris 2000, S. 78 ff.

CARPZOV, BENEDICT Definitiones forenses ad constitutiones electorales saxonicas, Leipzig 1668

CHAFFAK, BERTHOLD Fundsache und Schatz nach römischem und bürgerlichen Recht, Leipzig 1903

CUNNINGHAM, RICHARD The slow death of the trasure trove, Archaeological Institute of America, 7. Februar 2000, (http://archaeology.org/online/features/trove)

DANZER, MAX Das Bayerische Landrecht (Codex Maximilianeus Bavaricus civilis) vom Jahre 1756 in seiner heutigen Geltung, München 1894

DAUDE, PAUL Gutachten über die Frage: Wie ist die Behandlung von Fundsachen civilrechtlich einheitlich zu regeln?, in: Verhandlungen des 16. Deutschen Juristentages, Berlin 1882, S. 65 ff.

DEGENHART, CHRISTOPH Staatsrecht Band I, 15. Auflage, Heidelberg 1999

DERDAY, ANNA Das Fundrecht des Bürgerlichen Gesetzbuches und seine Entwicklung in Wissenschaft und Praxis, Dissertation München 1978

Deutsches Nationalkomitee für Denkmalschutz beim Bundesministerium des Innern Denkmalschutz, Texte zum Denkmalschutz und zur Denkmalpflege, Band 52, Bonn 1996

DILCHER, HERMANN Konstitutionen von Melfi, in: ERLER, A.; KAUFMANN, E. (Hrsg.): Handwörterbuch der deutschen Rechtsgeschichte, Band 3, Berlin 1984, Sp. 470 ff.

DOLEZALEK, GERO RUDOLF Ronkalische Gesetze in: ERLER, A.; KAUFMANN, E. (Hrsg.): Handwörterbuch der deutschen Rechtsgeschichte, Band IV, Berlin 1990, Sp. 1137 f.

DOLEZYCH, MATTHIAS Die Rechtsverhältnisse an Fund und Schatz nach gemeinem und bürgerlichem Recht, Dissertation Jena 1901

DÖRGE, HANS Das Recht der Denkmalpflege in Baden-Württemberg, Stuttgart 1971

DÖRNER, HEINRICH Zivilrechtliche Probleme der Denkmalpflege in Nordrhein-Westfalen, Münster 1992

DROSDOWSKI, GÜNTHER Duden, Das große Wörterbuch der deutschen Sprache, Band 6, 2. Auflage, Mannheim, Leipzig, Wien, Zürich 1994

EBEL, FRIEDRICH Sachsenspiegel, in: ERLER, A.; KAUFMANN, E. (Hrsg.): Handwörterbuch zur deutschen Rechtsgeschichte, Band IV, Berlin 1990, Sp. 1228 f.

EBERL, WOLFGANG Entscheidungen zum Denkmalrecht, Loseblattsammlung, 2.3.3.3 (Bodendenkmäler. Eigentumsverhältnisse / Bodendenkmäler. Schatzregal), Köln 1997

Ders.; MARTIN, DIETER; PETZET, MICHAEL Bayerisches Denkmalschutzgesetz: Kommentar unter besonderer Berücksichtigung finanz- und steuerrechtlicher Aspekte, 5. Auflage, Köln 1997

EBERSTALLER, HERTA; EHEIM, FRITZ; FEIGL, HELMUTH, HAGENEDER, OTHMAR Österreichische Weistümer, 14. Band; Oberösterreichische Weistümer, 3. Teil, Graz, Köln 1958

ECKERLE, KLAUS Frühe Archäologische Denkmalpflege in Bayern, Württemberg und Baden, in: Archäologisches Nachrichtenblatt Bd. 5, 2-2000, S. 217 ff.

ECKSTEIN, ERNST Das Schatz- und Fundregal und seine Entwicklung in den deutschen Rechten, in: Mitteilungen des Instituts für österreichische Geschichtsforschung 31 (1910), S. 195 ff.

EHLERS, PETER Schatzfund und Strandrecht, in: Schleswig-Holsteinische Anzeigen 1971, S. 227 ff.

ESMARCH, HANS CHRISTIAN Das im Herzogtum Schleswig geltende bürgerliche Recht, Schleswig 1846

FALK, NIELS NIKOLAUS Handbuch des Schleswig-Holsteinischen Privatrechts, Altona 1838

FECHNER, FRANK Rechtlicher Schutz archäologischen Kulturgutes, Berlin 1991 (zitiert: FECHNER Rechtlicher Schutz)

Ders. Unterschiede der Denkmalschutzgesetze im archäologischen Bereich, in: Archäologisches Nachrichtenblatt 1/1996, S. 35 ff. (zitiert: FECHNER Unterschiede)

FLEISCHHAUER, WERNER Geschichte der Kunstkammer der Würtembergischen Herzöge in Stuttgart, Stuttgart 1976 (zitiert: FLEISCHHAUER Geschichte)

Ders. Kunstkammer und Kronjuwelen, Stuttgart 1977 (zitiert: FLEISCHHAUER Kunstkammer)

FRANZKE, ADOLF Der Begriff des Schatzes nach gemeinem Recht und dem Rechte des Bürgerlichen Gesetzbuches, Dissertation Rostock 1901

FUCHS, CARL De Thesauri Acquisitione, Dissertation Breslau 1871

GAHLEN, HANS GEORG Rechtsschutz von Bodendenkmälern, in: NVwZ 1984, S. 687 ff.

GALSTER, GEORG Treasure-trove in Denmark, in: ALLAN, J.; MATTINGLY, H.; ROBINSON, E. S. G. (Hrsg.): Transactions of the International Numismatic Congress 1936, London 1936

GAUDEMET, JEAN Code Theodosien et Bréviaire d´ALARIC, in: GIAPPICHELLI, G. (Hrsg.): Studi in onore di GUISEPPE GROSSO, Band IV, Turin 1971, S. 359 ff.

Gesellschaft für ältere deutsche Geschichtskunde (Hrsg.): Monumenta Germaniae historica, Die Urkunden der deutschen Kaiser und Könige Band 2, 2. Teil. Die Urkunden OTTOS III., Berlin 1957 (zitiert: GfädG MGH Urkunden II, 2)

GIEN, MAX Zur Lehre vom Erwerb des Schatzes, Dissertation Breslau 1926

GIERKE, OTTO VON Der Entwurf eines bürgerlichen Gesetzbuches und das Deutsche Recht, Band II, Leipzig 1889 (zitiert: VON GIERKE Entwurf)

Ders. Deutsches Privatrecht, Band 1 (Systematisches Handbuch der Deutschen Rechtswissenschaft, 2. Abteilung, dritter Teil, erster Band) Leipzig 1895 (zitiert: VON GIERKE Privatrecht)

GILLES, KARL JOSEF Das Münzkabinett im Rheinischen Landesmuseum Trier, Trier 1996

GODEFROY, JACQUES Codex Theodosianus, cum perpetuis commentariis IACOBI GOTHOFREDI, Band III, Nachdruck der Ausgabe Leipzig 1738, Hildesheim, New York 1975

GÖTZ, WOLFGANG Beiträge zur Vorgeschichte der Denkmalpflege. Dissertation Leipzig 1956

GOLL, CHRISTOH GOTTFRIED An Thesauri iure germanico hodierno regalibus fisci annumerandi sint?, Dissertation Altdorf 1754

GRAMSCH, BERNHARD Die Bodendenkmalpflege in der Deutschen Demokratischen Republik, in:

Archäologisches Nachrichtenblatt Band 5, 2/2000, S. 242 ff.

GRASS, FRANZ Codex Theresianus, in: ERLER, A.; KAUFMANN, E. (Hrsg.): Handwörterbuch zur deutschen Rechtsgeschichte, Band I, Berlin 1984, Sp. 629/630

GRIMM, DIETER Rechtswissenschaft und Geschichte, in: Ders. (Hrsg.): Rechtswissenschaft und Nachbarwissenschaften, Band 2, München 1976 (zitiert: GRIMM D.)

GRIMM, JACOB Weisthümer, Band II, Göttingen 1840 (zitiert: GRIMM II)

Ders. Band V, Göttingen 1860 (zitiert: GRIMM V)

Ders.; GRIMM, WILHELM Deutsches Wörterbuch, Achter Band, Leipzig 1893, (zitiert: Gebrüder GRIMM)

HÄGERMANN, DIETER Deutsches Königtum und Bergregal im Spiegel der Urkunden, in: Der Anschnitt XXVI, Beiheft 2, Bochum 1984, S. 13 ff. (zitiert: HÄGERMANN Bergregal)

Ders. Regalienpolitik, -recht in: ANGERMANN, NORBERT (Hrsg.): Lexikon des Mittelalters, 7. Band, München 1995, (zitiert: HÄGERMANN LexMA)

HAHN, HELMUTH Der Schatzfund, Dissertation Erlangen 1925

HAMMER, FELIX Die geschichtliche Entwicklung des Denkmalrechts in Deutschland, Tübingen 1995 (zitiert: HAMMER Geschichte)

Ders. Die geschützten Denkmale der Landesdenkmalschutzgesetze, in: DÖV 1995, S. 358 ff. (zitiert: HAMMER DÖV)

HANS, GÜNTER Denkmalschutz in Baden im 19. und 20. Jahrhundert, Dissertation Freiburg 1985

HÄRTEL, GOTTFRIED; KAUFMANN, FRANK-MICHAEL Codex Justinianus, Leipzig 1991

HAUBOLD, CHRISTIAN GOTTLIEB Lehrbuch des königlich-sächsischen Privatrechts, Nachdruck der Ausgabe Leipzig 1820, Bonn 1985

HAUSMANINGER, HERBERT Besitzerwerb Solo Animo, in: HORAK, FRANZ; WALDSTEIN, WOLFGANG (Hrsg.): Festgabe für ARNOLD HERDLITCZKA zu seinem 75. Geburtstag, München, Salzburg, 1972

HAUSMANN, FRIEDRICH (Hrsg.) Monumenta Germaniae Historica; Diplomatum Regum et Imperatorum Germaniae 9, Die Urkunden KONRADS III. und seines Sohnes HEINRICH, Wien, Köln, Graz 1969

HATTENHAUER, HANS; BERNERT, GÜNTHER (Hrsg.): Allgemeines Landrecht für die preußischen Staaten, 3. Auflage, Neuwied, Kriftel, Berlin 1996

HEGEL, CARL VON Chronik der deutschen Städte, Band 9, Nachdruck der Ausgabe Leipzig 1871, Stuttgart 1961

HEIMBACH, CARL WILHELM ERNST Lehrbuch des partikulären Privatrechts der zu den O. A. Gerichten zu Jena und Zerbst vereinten Großherzoglich und Herzoglich Sächsischen, Fürstlich Reußischen, Fürstlich Schwarzburgischen und Herzoglich Anhaltischen Länder, Jena 1848

HELFERT, JOSEPH ALEXANDER VON Denkmalpflege, Wien und Leipzig 1897

HENNINGS, CARL Altertumsfunde, Dissertation Rostock 1911

HERBIG, KARL Das Schatzrecht, Dissertation Leipzig 1902

HERWARTH VON BITTENFELD, FRIEDRICH Schatzfund im aufgegebenen Grundstücke, Dissertation Heidelberg 1912

HESSELBERGER, DIETER Das Grundgesetz, Kommentar, 10. Auflage, Bonn 1996

HETTLAGE, KARL Die Stellung des Sachsenspiegels zum Schatzregal, zum Bergregal und zur Bergbaufreiheit, Dissertation Tübingen 1906

HILL, GEORGE Treasure Trove in Law and Practice, Nachdruck der Ausgabe Oxford 1936, Aalen 1980

HINGST, HANS Denkmalschutz und Denkmalpflege in Deutschland, Badische Fundberichte, Sonderheft 7, Freiburg 1964

HOHL, ERNST (Hrsg.): Historia Augusta, Zürich, München 1976

HOLZ, IGNAZ Schatz- und Gräberfunde, in: Leipziger Zeitschrift für deutsches Recht, 10. Jahrgang, 1916, Sp. 362 ff.

HÖNES, ERNST-RAINER Das Schatzregal, in: DÖV 1992, S. 425 ff. (zitiert: HÖNES DÖV)

Ders. Das Schatzregal im Dienste des Denkmalschutzes, in: Natur und Recht 1994, S. 419 ff. (zitiert: HÖNES NuR)

Ders. Denkmalrecht Rheinland-Pfalz, 2. Auflage, München 1995 (zitiert: HÖNES Denkmalrecht)

HORNEFFER, AUGUST TACITUS: Annalen, Stuttgart 1964

HÜBLER, ARNO Kritische Anmerkungen zum Thema: „Schatzsuche", Blieskastel 1985

HÜBNER, JOHANN Der Fund im germanischen und älteren deutschen Recht, Dissertation Heidelberg 1914

HUSE, NORBERT (Hrsg.): Denkmalpflege, München 1984

HUILLARD-BRÉHOLLES, JEAN LOUIS ALPHONSE (Hrsg.): Historia Diplomatica FRIDERICI Secundi, Nachdruck der Ausgabe Paris 1852, Turin 1963

JAGOW, TRAUGOTT VON Das gemeine Schatzrecht und der Entwurf des BGB, Göttingen 1888

JARASS, HANS; PIEROTH, BODO Grundgesetz für die Bundesrepublik Deutschland, Kommentar, 4. Auflage, München 1997

JOHOW, REINHOLD Sachenrecht, in: SCHUBERT, WERNER (Hrsg.): Vorentwürfe der Redaktoren zum BGB: Einführungsgesetz zum Bürgerlichen Gesetzbuche, Band: 1, Berlin 1986, S. 444 f.

JOSEPH, PAUL Hat der Staat ein Anrecht auf kostenlose Erwerbung von Münzschatzfunden?, in: Frankfurter Münzzeitung 15 (1915), S. 510-11, 526 - 530, ebd. 16 (1916), S. 4-10, 31-42.

KELLER, ERWIN Überlegungen zur Einführung eines Schatzregals in Bayern, in: Bayerisches Landesamt für Denkmalpflege: Denkmalpflege Informationen, Ausgabe B, Nr. 99 vom 15.November 1993; S. 7 ff., (zitiert: KELLER DI)

Ders. 25 Jahre Denkmalpflege unter MICHAEL PETZET, in: BÖNING-WEISS, SUSANNE (Hrsg.): Festschrift für MICHAEL PETZET zum 65. Geburtstag am 12. April 1998 (Arbeitshefte des Bayerischen Landesamtes für Denkmalpflege; 100), München 1998, S. 423 ff. (zitiert: KELLER FestS PETZET)

KERSTING, HERMANN Die Sonderrechte im Kurfürstenthume Hessen, Fulda 1857

KIESOW, GOTTFRIED Denkmalpflege in Deutschland, 4. Auflage, Darmstadt 2000

KIRSCH, THEODOR Eigentums- und andere Rechtsfragen bei Münzfunden, in: Frankfurter Münzzeitung 7 (1907), S. 169 ff.

KLAPPENBACH, RUTH; STEINITZ, WOLFGANG (Hrsg.): Wörterbuch der deutschen Gegenwartssprache, 4. Band, Berlin 1974

KLEEBERG, RUDOLF Kulturgüter in Privatbesitz, Heidelberg 1990

KLÜSSENDORF, NIKLOT Der Münzschatz von Niederhone und die hessen-kasselsche Denkmalpflegeverordnung von 1780, Marburg 1987 (zitiert: KLÜSSENDORF Niederhone)

Ders. Der Münzschatz von Herborn zur Kipperzeit in der Grafschaft Nassau-Dillenburg, Marburg 1989 (zitiert: KLÜSSENDORF Herborn)

Ders. Der Münzschatz des 16. Jahrhunderts vom Pfarrgrundstück zu Neukirchen (Schwalm-Eder Kreis), entdeckt im Jahre 1711, in: Zeitschrift für hessische Geschichte und Landeskunde 94, 1989, S. 125 ff. (zitiert: KLÜSSENDORF Neukirchen)

Ders. Numismatik und Denkmalschutz, in: RÜCK, PETER (Hrsg.): Mabillons Spur, Zweiundzwanzig Miszellen (...) zum 80. Geburtstag von W. HEINEMEYER, Marburg 1992, S. 391 ff. (zitiert: KLÜSSENDORF, Mabillons Spur)

Ders. Frühe Verordnungen zur Bodendenkmalpflege. Tendenzen der Rechtentwicklung bis in die Zeit der Reichsgründung, in: Archäologisches Nachrichtenblatt Band 5, 2/2000, S. 174 ff. (zitiert: KLÜSSENDORF Verordnungen)

KNEER, AUGUST Die Denkmalpflege in Deutschland unter besonderer Berücksichtigung der Rechtsverhältnisse, Mönchengladbach 1915

KNOSSALLA, ARNOLD Die Regelung der Eigentumsverhältnisse bei einem Schatzfund in herrenlosen Sachen, zugleich ein Beitrag zur Lehre des Schatzrechtes und des Altertumsfundes. Dissertation Breslau 1925. (Lediglich ein Auszug (4 S.) war zugänglich. Das Original (Maschinenschrift, 28 S.) scheint verschollen.)

KNÜTEL, ROLF „Der Schatz im Acker" und „Der böse Weingärtner", in: JuS 1986, S. 950 ff.

KÖBLER, GERHARD Reformation der Stadt Nürnberg, Giessen 1984 (zitiert: KÖBLER Nürnberg)

Ders. Der Statt Wormbs Reformation, Gießen 1985 (zitiert: KÖBLER Worms)

Ders. Deutsche Rechtgeschichte, 4. Auflage, München 1990 (zitiert: KÖBLER Rechtsgeschichte)

KOCH, EMIL PLAUTUS, TITUS MACCIUS: Der Dreigroschentag, Leipzig 1879

KOHLER, JOSEF Das Recht an Denkmälern und Altertumsfunden, in: DJZ 1904, 9, Sp. 771 ff.

KRAUS, STEFAN Zur Geschichte der Archäologischen Denkmalpflege in Deutschland. Westliche preußische Provinzen, Westfalen und Rheinland sowie Hessen und die sächsischen und thüringischen Länder 1871 bis 1918, in: Archäologisches Nachrichtenblatt Band 5, 2/2000, S. 207 ff.

KREITTMAYR, WIGULÄUS XAVERIUS ALOYSIUS VON Anmerkungen über den Codicem Maximilianeum Bavaricum civilem, 2. Theil, München 1844

KROESCHELL, KARL Deutsche Rechtsgeschichte, Band I, 9. Auflage, Opladen 1989 (zitiert: KROESCHELL I)

Ders. Deutsche Rechtsgeschichte, Band II, 7. Auflage Opladen 1989 (zitiert: KROESCHELL II)

KÜBLER, BERNHARD Thesaurus, in: KROLL, WILHELM; MITTELHAUS, KARL (Hrsg.): Paulys Realenzyklopädie der classischen Altertumswissenschaft, zweite Reihe, 11. Halbband, Neudruck der Ausgabe von 1936, Stuttgart 1968

KÜNNE, KARL Rechtsverhältnisse an den Bestandteilen einer Leiche und den ins Grab mitgegebenen Gegenständen, Dissertation Göttingen 1925

LANGEWORT, KONRAD Schatzfund und Altertumsfund im Recht, Dissertation Erlangen 1930

LASSBERG, FRIEDRICH LUDWIG FREIHERR VON Der Schwabenspiegel oder schwäbisches Land- und Lehenrecht, Nachdruck der Ausgabe Tübingen 1840, Aalen 1961

LAUFS, ADOLF Rechtsentwicklungen in Deutschland, 3.Auflage, Berlin 1984

LEHMANN, HANNES Das Schatzregal: Antiquierte Begrifflichkeit oder moderne Gesetzestechnik?, in: HORN, HEINZ GÜNTER; KIER, HILTRUD; KUNOW, JÜRGEN; TRIER, BENDIX (Hrsg.): Archäologie und Recht. Was ist ein Bodendenkmal?, Mainz 1991, S. 73 f. (zitiert: LEHMANN H.)

LEHMANN, KARL Sachsenspiegel I 35 und das altnordische Schatzregal, in: Zeitschrift für deutsche Philologie, 34, 1907, S. 281 (zitiert: LEHMANN K.)

LEISNER, WALTER Regalien und Sozialbindung des Eigentums, in: DVBl. 1984, S. 697 ff.

LEMAN, CHRISTIAN (Hrsg.): Das alte kulmische Recht, Nachdruck der Ausgabe Berlin 1838, Aalen 1969

LEYSER, AUGUSTIN VON Meditationes ad pandectas, Teil 7, Leipzig, Wolfenbüttel 1732

LEZIUS, HEINRICH Das Recht der Denkmalpflege in Preußen, Berlin 1908

LIEBERWIRTH, ROLF Über die Glosse zum Sachsenspiegel, Berlin 1993

LIEBRECHT, HANS Das Verhältnis des Schatzes zur Fundsache nach römischem und bürgerlichem Recht, Dissertation Leipzig 1903

LÜBBECKE, THEODOR Die rechtliche Bedeutung des Schatzfundes im derelinquierten Grundstücke nach dem Deutschen Bürgerlichen Gesetzbuch, Dissertation Erlangen 1914

LUDEWIG, JOHANN PETER VON von Ludewigs gelehrte Anzeigen, in alle Wissenschaften, so wol geistlicher als weltlicher, alter und neuer Sachen, welche vormals denen wöchentlichen hallischen Anzeigen einverleibet worden (...), Halle 1743

MAHNKE, VIKTOR Der Schatzerwerb nach dem bürgerlichen Recht im Vergleich mit dem römischen Rechte und dem Preußischen Landrechte, Dissertation Greifswald 1900

MANSFELD, WOLFGANG Das Schatzrecht, Göttingen 1924

MANGOLDT, HERMANN VON; KLEIN, FRIEDRICH; PESTALOZZA, CHRISTIAN Das Bonner Grundgesetz, Kommentar, Band 8, 3. Auflage, München 1996

MAUNZ, THEODOR; DÜRIG, GÜNTER; HERZOG, ROMAN Grundgesetz, Kommentar, Loseblattsammlung, 36. Lieferung, Band I, II, IV, München 2000 (zitiert: MAUNZ/DÜRIG/HERZOG-Bearbeiter)

MAURER, GEORG LUDWIG VON Das Stadt- und das Landrechtsbuch RUPRECHTS VON FREISING, Nachdruck der Ausgabe Stuttgart 1839, Aalen 1969

MATTHIAE, FRIEDRICH Der Schatzfund nach dem Deutschen Bürgerlichen Gesetzbuch (§ 984 BGB), Dissertation Greifswald 1898

MAYER, ERNST Italienische Verfassungsgeschichte, Band I, Nachdruck der Ausgabe Leipzig 1909, Aalen 1968

MAYER-MALY, THEO Die Erblosigkeit des Schatzes, in: Festschrift für W. KRALIK, herausgegeben von H. RECHBERGER und R. WELSER, Wien 1986, S. 485 ff. (zitiert: MAYER-MALY Erblosigkeit)

Ders. Aus den rechtshistorischen Grundlagen der Regelung des Schatzfundes im österreichischen Privatrecht, in: EBERT, KURT (Hrsg.): Festschrift für NIKOLAUS GRASS zum 70. Geburtstag, Innsbruck 1986 (zitiert: MAYER-MALY Grass-FS)

Ders. Ducente Fortuna, in: Studies in Roman Law in Memory of A. A. SCHILLER, herausgegeben von R. BAGNELL und W. HARRIS (Columbia Studies in the classical tradition, 13), Leiden 1986, S. 141 ff. (zitiert: MAYER-MALY Ducente Fortuna)

Ders. Schatz, in: ERLER, A.; KAUFMANN, E. (Hrsg.): Handwörterbuch der deutschen Rechtsgeschichte, Band IV, Berlin 1990, Sp. 1361 ff. (zitiert: MAYER-MALY Schatz)

MELCHINGER, HANSJÖRG Die Eigentumsdogmatik des Grundgesetzes und das Recht des Denkmalschutzes, Berlin 1994

MOESGAARD, JENS CHRISTIAN The law and practise concerning coin finds in Denmark, in: Internationale Numismatische Kommission (Hrsg.): Compte rendu 46, Paris 1999, S. 74 ff.

MOMMSEN, THEODOR (Hrsg.): Monumenta Germaniae historica Auctorum Antiquissimorum Band 12, CASSIODORI Senatoris Variae, Berlin 1894

MORRISON, CÉCILE La découverte des trésors à l´époque byzantine, in: Centre de Récherche d´histoire et civilisation de Byzance: Travaux et Mémoires, Band VIII, Paris 1981, S. 329 ff.

MOTIVE Motive zu dem Entwurfe eines Bürgerlichen Gesetzbuches für das Deutsche Reich, Band III: Sachenrecht, Nachdruck der Ausgabe Berlin und Leipzig 1888, Berlin 1983

MÜLLER, KONRAD; EHLERS, WILHELM (Hrsg.): Petronius: Satyrica, München, Zürich 1983

MÜLLER, WALTER Zur Lehre vom Schatz nach römischem Recht und nach dem Recht des BGB, Erlangen 1898

MÜLLER-ERZBACH, RUDOLF Das Bergrecht Preußens, Stuttgart 1917

MUGDAN, BENNO Die gesammten Materialien zum Bürgerlichen Gesetzbuch für das Deutsche Reich, Band I, Einführungsgesetz und Allgemeiner Teil, Berlin 1899

MUMPRECHT, VRONI (Hrsg.); PHILOSTRATUS, FLAVIUS: Das Leben des APOLLONOIUS VON TYANA, München, Zürich 1983

Münchener Kommentar REBMANN, KURT (Hrsg.): Münchener Kommentar zum Bürgerlichen Gesetzbuch. Band 6, 3. Auflage, München 1997; Band 11, 3. Auflage, München 1999 (zitiert: MüKo-Bearbeiter)

MUNZEL, DIETLINDE Rechtsbücher, in: ERLER, A.; KAUFMANN, E. (Hrsg.): Handwörterbuch zur deutschen Rechtsgeschichte, Band IV, Berlin 1990, Sp. 277 ff. (zitiert: Munzel I)

Ders. Ruprecht von Freising, in: ERLER, A.; KAUFMANN, E. (Hrsg.): Handwörterbuch zur deutschen Rechtsgeschichte, Band IV, Berlin 1990, Sp. 1210 (zitiert: Munzel II)

NICKLIS, HANS-WERNER Im Mittelalter gehobene Münzschätze, in: Numismatisches Nachrichtenblatt 42, 1993, S. 95 ff.

NEUMARK, FRITZ Regalien (Finanzregalien) in: ELSTER, LUDWIG; WEBER, ADOLF; WIESER, FRIEDRICH (Hrsg.): Handwörterbuch der Staatswissenschaften, 6. Band, 4. Auflage, Jena 1925

NÖRR, DIETER Ethik von Jurisprudenz in Sachen Schatzfund, in: Bulletino dell'Istituto di diritto romano 75, Mailand (1972), S. 11 ff.

NÖSSLBÖCK, IGNAZ (Hrsg.): Österreichische Weistümer, 12. Band, Oberösterreichische Weistümer, 1. Teil, Graz, Köln 1960

NOWAKOWSKI, WOJCIECH Bodendenkmalpflege in den östlichen Provinzen Preußens vor 1945, in: Archäologisches Nachrichtenblatt Band5, 2/2000, S. 201 ff.

OEBBECKE, JANBERND Das Recht der Bodendenkmalpflege in der Bundesrepublik Deutschland, in: DVBl. 1983, S. 384 ff. (zitiert: OEBBECKE DVBl.)

Ders. Bodendenkmäler aus neuerer Zeit in den deutschen Denkmalschutzgesetzen, in: Ausgrabungen und Funde 40 (1995) 1, S. 53 f. (zitiert: OEBBECKE AuF)

ORTLOFF, FRIEDRICH Das Rechtsbuch JOHANNES PURGOLDTS nebst statuarischen Rechten von Gotha und Eisenach, Sammlung deutscher Rechtsquellen Band II, Nachdruck der Ausgabe Jena 1860, Aalen 1967

OTTO, CARL „Fortuna" (1910), in: KROLL, WILHELM; MITTELHAUS, KARL (Hrsg.): Paulys Realenzyklopädie der classischen Altertumswissenschaft, zweite Reihe, 11. Halbband, Sp. 12 ff., Neudruck der Ausgabe von 1936, Stuttgart 1968

OTTO, CARL; SCHILLING, BRUNO; SINTENIS, CARL Das Corpus Juris Civilis in's Deutsche übersetzt von einem Vereine Rechtsgelehrter, Band III, Nachdruck der Ausgabe Leipzig 1831, Aalen 1984 (zitiert: OTTO/SCHILLING/SINTENIS III); Band IV, Nachdruck der Ausgabe Leipzig 1832, Aalen 1984 (zitiert: OTTO/SCHILLING/SINTENIS IV); Band V, Nachdruck der Ausgabe 1832, Aalen 1984 (zitiert: OTTO/SCHILLING/SINTENIS V)

PALANDT, OTTO (Hrsg.): Bürgerliches Gesetzbuch, 59. Auflage, München 2000 (zitiert: PALANDT-Bearbeiter)

PAULSEN, CHRISTIAN Lehrbuch des Privat-Rechts in den Herzogthümern Schleswig und Holstein, Altona 1834

PAPPENHEIM, MAX Eigentumserwerb an Altertumsfunden, in: Jherings Jahrbücher für die Dogmatik des bürgerlichen Rechts, Band 45, Nachdruck der Ausgabe Jena 1903, Frankfurt 1967, Seite 141 ff. (zitiert: PAPPENHEIM JherJb.)

Ders. Gutachten über die Frage: Empfiehlt es sich, reichsrechtlich oder landesrechtlich dem Staate ein Vorrecht an Altertumsfunden zu gewähren?, in: Verhandlungen des 27. DJT, Band 2, 1904, S. 3 f. (zitiert: PAPPENHEIM DJT).

PERTZ, GEORG (Hrsg.) Monumenta Germaniae Historica, Leges I; Nachdruck der Ausgabe Hannover 1835; Stuttgart, Vaduz 1965 (zitiert: PERTZ MGH Leg. I)

Ders. Monumenta Germaniae Historica, Scriptores I, Nachdruck der Ausgabe Hannover 1826, Stuttgart, Nendeln 1976, (zitiert: PERTZ MGH SS I)

Ders. Monumenta Germaniae Historica, Scriptores II, Nachdruck der Ausgabe Hannover 1829, Stuttgart, Nendeln 1968, (zitiert: PERTZ MGH SS II)

Ders. Monumenta Germaniae Historica, Scriptores XIII, Nachdruck der Ausgabe Hannover 1874, Stuttgart, New York 1963, (zitiert: PERTZ MGH SS XIII)

PETERMANN, WALTHER Justinianisches Schatzrecht, Dissertation Leipzig 1906

PETERS, HANS-GÜNTER Archäologischer Denkmalschutz und Denkmalpflege in Norddeutschland (1870 bis 1933), in: Archäologisches Nachrichtenblatt Band 5, 2/2000, S. 195 ff. (zitiert: PETERS H.-G.)

PETERS, WALTER Der „Finder" und der „Entdecker" im Rechte des Bürgerlichen Gesetzbuches für das Deutsche Reich, Dissertation Rostock 1908

PHARR, CLYDE The Theodosian Code, New York 1969

PICK, BEHREND Die Anrechte der Museen auf Schatz- und Gräberfunde, in: Museumskunde 11 (1915), S. 113 f.

PLANCK, DIETER Die Bodendenkmalpflege in der Bundesrepublik Deutschland in der Zeit von 1945 bis 1990, in: Archäologisches Nachrichtenblatt Band 5, 2/2000, S. 233 ff.

PLANITZ, HANS Deutsche Rechtsgeschichte, 3. Auflage Graz, Köln 1971

Protokolle der Kommission für die zweite Lesung des Entwurfs des Bürgerlichen Gesetzbuches, Band III, Berlin 1899

Reichsgerichtsräte-Kommentar Das Bürgerliche Gesetzbuch: mit besonderer Berücksichtigung der Rechtsprechung des Reichsgerichts und des Bundesgerichtshofes, Band III, Teil 1, 12. Auflage Berlin 1979 (zitiert: RGRK-Bearbeiter)

REICHS-JUSTIZAMT (Hrsg.): Zusammenstellung der Äußerungen der Bundesregierungen zu dem Entwurf eines Bürgerlichen Gesetzbuches, Band II, Neudruck der Ausgabe Berlin 1891, Osnabrück 1967

RENTEL, ARTHUR Das römische und gemeine Schatzrecht, Dissertation Erlangen 1898

REGGE, JÜRGEN; SCHUBERT, WERNER (Hrsg.): Quellen zur Reform des Straf- /Strafprozeßrechts, II. Abteilung NS-Zeit (1933-1939) - Strafgesetzbuch, Band 1: Entwürfe eines Strafgesetzbuches, 1. Teil, Berlin/New York 1989 (zitiert: REGGE/SCHUBERT 1); 2. Teil, Berlin/New York 1990 (zitiert: REGGE/SCHUBERT 2)

RICHTHOFEN, KARL VON Friesische Rechtsquellen, Nachdruck der Ausgabe Berlin 1840, Aalen 1960

Ders. Zur Lex Saxonum, Berlin 1868

RONDI, PETER Eisenacher Rechtsbuch, Weimar 1951

ROSCHER, WILHELM Versuch einer Theorie der Finanzregalien, in: Abhandlung der Philologisch-Historischen Classe der königlichen Sächsischen Gesellschaft der Wissenschaft, 9. Band, S. 115 ff., Leipzig 1884

SCHÄTZEL, WALTER Grotius, Hugo: De jure belli ac pacis libri tres, Tübingen 1959, S. 216.

SCHEINHÜTTE, WILLY Über die Eigentumsverhältnisse am Schatz in einem (aufgegebenen) (herrenlosen) Grundstücke, Leipzig 1914

SCHLEISS, RICHARD Das Schatzrecht in rechtsvergleichender Darstellung, Dissertation Greifswald 1918

SCHLETTER, HERMANN Die Constitutionen Kurfürst AUGUST'S VON SACHSEN vom Jahre 1572, Leipzig 1857

SCHLOSSER, HANS Johann von Buch, in: ERLER, A.; KAUFMANN, E. (Hrsg.): Handwörterbuch der deutschen Rechtsgeschichte Band 1, Berlin 1984, Sp. 526 f.

SCHMELZEISEN, GUSTAF KLEMENS Polizeiordnungen und Privatrecht, Münster, Köln 1955

SCHMIDT, EDGAR Die Stellung des Sachsenspiegels zum Bergregal, Dissertation Breslau 1910 (zitiert: SCHMIDT E.)

SCHMIDT, KARSTEN Begriff des Schatzfundes, in: JUS 1992, S. 966/967 (zitiert: SCHMIDT K.)

SCHMIDT-WIEGAND, RUTH (Hrsg.): Eike (von Repgow): Sachsenspiegel: die Wolfenbütteler Bilderhandschrift, Berlin 1993

SCHMÜCKER, BRUNO Wann wird beim Schatzfund des Bürgerlichen Gesetzbuches das Eigentum erworben?, Dissertation Rostock 1933

SCHNEIDER, ALEXANDER Schatz oder Fund?, Dissertation Leipzig 1905

SCHNELL, JOHANN (Hrsg.): Rechtsquellen von Basel Stadt und Land; Band II, Basel 1865

SCHNURBEIN, SIEGMAR VON Schlußwort, in: Archäologisches Nachrichtenblatt Band 5, 2/2000, S. 247 f.

SCHÖNBAUER, ERNST Beiträge zur Geschichte des Bergrechts, München 1929

SCHOTT, CLAUSDIETER Eike von Repgow: Der Sachsenspiegel, Zürich 1984

SCHRADER, ERICH Zum Bergrecht und zum Schatzrecht im Sachsenspiegel I, 35, in: Zeitschrift der Savigny-Stiftung für Rechtsgeschichte, Band 74, Germanistische Abteilung, S. 178 ff., Weimar 1957

Schriftführer-Amt der ständigen Deputation des 27. DJT, Verhandlungen des 27. Deutschen Juristentages, (Innsbruck 1904), Vierter Band, Berlin 1905 (zitiert: SADSD)

SCHRÖDER, BURGHARD Carmina non quae nemorale resultent, Frankfurt am Main, New York, Paris 1991 (zitiert: SCHRÖDER B.)

SCHRÖDER, RICHARD; KÜNSSBERG, EBERHARD VON Lehrbuch der deutschen Rechtsgeschichte, Erster Teil, Berlin 1919

SCHROEDER, KLAUS-PETER Grundgesetz und Schatzregal, in: JZ 1989, S. 676 ff. (zitiert: SCHRÖDER K.-P.)

SCHULZKI, HEINZ-JOACHIM Der Münzschatz von Dreisen, in: GN 29 (1994), S. 46 f.

SECKENDORFF, VEIT LUDWIG VON Teutscher Fürstenstaat, Band 1, Nachdruck der Ausgabe Frankfurt 1665, Glashütten 1976

SEE, KLAUS VON Das Jütsche Recht, Weimar 1960

SEGER, PETER Schatzrecht und Denkmalschutzgesetzgebung unter besonderer Berücksichtigung des Preußischen Ausgrabungsgesetzes vom 26. März 1924. Dissertation Breslau 1925.(Lediglich ein Auszug (4 S.). war zugänglich. Das Original (Maschinenschrift, 55 S.) ist offensichtlich verschollen)

SEIFFART, JOHANN ERASMUS Disputatio de thesauris eorumque acquisitione, in: Lauterbach, Adam: Dissertationum Academiarum Volumen III, Dissertationen Frankfurt am Main 1670

SIEBERTZ, PAUL Denkmalschutz in Bayern, Dissertation München 1977

SIMON, MANFRED Horaz, Berlin, Weimar 1972

SIPPEL, KLAUS Drei Münzschatzfunde von Treischfeld, Obernüst und Kermes im ehemaligen Kreis Hünfeld, in: Geldgeschichtliche Nachrichten Nr. 86 (November 1981), S. 289 ff.

SOERGEL, HANS THEODOR Bürgerliches Gesetzbuch, Kommentar, Band 6, Stuttgart 1990; Band 10, Stuttgart 1996 (zitiert: SOERGEL-Bearbeiter)

SPEITKAMP, WINFRIED Die Verwaltung der Geschichte: Denkmalpflege und Staat in Deutschland 1871-1933, Göttingen 1996

STAUDINGER, JULIUS VON J. von Staudingers Kommentar zum Bürgerlichen Gesetzbuch, Band 1, 12. Auflage Berlin 1985 (zitiert: VON STAUDINGER-Bearbeiter[12]), 13. Auflage, Berlin 1998; Band 2, 13. Auflage, Berlin 1996; 3. Buch, 13. Auflage, Berlin 1996 (zitiert: VON STAUDINGER-Bearbeiter)

STEINBERG, RUDOLF Straßenrecht, in: NJW 1987, S. 2000

STEFKE, GERALD Literaturbesprechung zum Münzfundbericht des hessischen Landesamtes für geschichtliche Landeskunde Nr. 6, in: Verein für Nassauische Altertumskunde und Geschichtsforschung (Hrsg.): Nassauische Annalen Band 103, Wiesbaden 1992, S. 354/355

STEINWASCHER, GERD Schatzglauben und Schatzgräber in Hessen-Kassel im 18. Jahrhundert, in: Hessisches Landesamt für geschichtliche Landeskunde, Arbeitsgemeinschaft der Historischen Kommissionen in Darmstadt, Frankfurt, Marburg und Wiesbaden (Hrsg.): Hessisches Jahrbuch für Landesgeschichte, 33. Band, Marburg 1983, S. 257 ff.

STERN, KLAUS Das Staatsrecht der Bundesrepublik Deutschland, Band II, München 1980

STRICKER, JOSEF Der Rechtsbegriff des Schatzes, Dissertation Saarbrücken 1908

STRYK, SAMUEL Usus modernus pandectarum, Wittenberg 1690-1692

STOBBE, OTTO Handbuch des Deutschen Privatrechtes, Band 2, 3. Auflage Berlin 1896

STROBEL, MICHAEL Zur Geschichte der Archäologischen Denkmalpflege in Deutschland - Aspekte ihrer Entwicklung. Die Bodendenkmalpflege zur Zeit des Nationalsozialismus, in: Archäologisches Nachrichtenblatt Band 5, 2/2000, S. 223 ff.

STROBL, HEINZ; MAJOCCO, ULRICH; BIRN, HELMUT Denkmalschutzgesetz von Baden-Württemberg und kommentierende Anmerkungen, 8. Auflage, Stuttgart, Berlin, Köln, 1989.

STÜRNER, WOLFGANG (Hrsg.): Die Konstitutionen FRIEDRICHS II. für das Königreich Sizilien, Monumenta Germaniae Historica: Leges 5, Teil 2, Suppl., Hannover 1996.

STUTZMANN, BERND Ein Traum wird zum Alptraum, in: MünzenRevue 1991, S. 1278 ff. (zitiert: STUTZMANN 1991)

Ders. Die „unendliche Geschichte" vom Dreiser Münzschatz, in: MünzenRevue 1993, Seite 1242 ff. (zitiert: STUTZMANN 1993)

Ders. Klage abgewiesen, in: MünzenRevue 1995, S. 36 ff. (zitiert: STUTZMANN 1995)

Ders. Dreiser Münzschatz beim Bundesverfassungsgericht in Karlsruhe, in: MünzenRevue 1996, S. 60/61 (zitiert: STUTZMANN 1996)

THIEME; HANS Die Funktion der Regalien im Mittelalter, Nachdruck aus: Zeitschrift der Savigny-Stiftung für Rechtsgeschichte (Germanistische Abteilung), Band 62 (1942), S. 57 ff., Darmstadt 1968

THUDICHUM, FRIEDRICH VON Geschichte des Deutschen Privatrechtes, Stuttgart 1894

TRÖNDLE, HERBERT; FISCHER, THOMAS; SCHWARZ, OTTO; DREHER, EDUARD Strafgesetzbuch und Nebengesetze, 49. Auflage München 1999 (zitiert: TRÖNDLE/FISCHER)

VOGEL, WALTER Der Schatzerwerb nach gemeinem Recht und dem Recht des bürgerlichen Gesetzbuches, Dissertation Berlin 1903

WAGNER, Baurat Die Denkmalpflege in Hessen 1818-1905, Darmstadt 1905

WAHRIG, GERHARD (Hrsg.): Bockhaus-Wahrig, Deutsches Wörterbuch, Fünfter Band, Stuttgart 1983

WAITZ, GEORG Deutsche Verfassungsgeschichte, Vierter Band: Die Verfassung des fränkischen Reichs, 3. Auflage, Darmstadt 1955

WALTNER-KALLFELZ, ISOLDE Die Schatzsuche als religiöses Motiv, Wiesbaden 1993

WASSERSCHLEBEN, HERMANN Sammlung deutscher Rechtsquellen, Band II, Nachdruck der Ausgabe Leipzig 1892, Aalen 1961

WEBER, GEORG MICHAEL RITTER VON Darstellung der sämtlichen Provinzial- und Statuar-Rechte des Königreichs Bayern, 2. Band, Augsburg 1838

WEGENER, WILHELM Regalien, in: ERLER, A.; KAUFMANN, E. (Hrsg.): Handwörterbuch der deutschen Rechtsgeschichte, Band IV, Berlin 1990, Sp. 472 f.

WIELING, HANS JOSEF Sachenrecht, in: LIST, F. VON (Begr.); ALBACH, H.; LERCHE, P.; KUNKEL, W. (Hrsg.): Enzyklopädie der Rechts- und Staatswissenschaft, Band 1, Berlin 1990 (zitiert: WIELING Enzyklopädie)

Ders. Sachenrecht, 3. Auflage, Berlin 1997 (zitiert: WIELING Sachenrecht)

WISPLINGHOFF, ERICH Urkunden und Quellen zur Geschichte von Stadt und Abtei Siegburg, Siegburg 1964

WITTSTOCK, OTTO (Hrsg.): Suetonius Tranquillus, GAIUS: Kaiserbiographien, Berlin 1993

WITZEL, JÖRG Numismatik und Denkmalschutz im Kurfürstentum Mainz am Ende des 18. Jahrhunderts, in: Hessisches Landesamt für geschichtliche Landeskunde, Arbeitsgemeinschaft der Historischen Kommissionen in Darmstadt, Frankfurt, Marburg und Wiesbaden: Hessisches Jahrbuch für Landesgeschichte, Band 39, S. 205 ff., Marburg 1989

WRIGHT, WILMER (Hrsg.): Philostratus and Eunapius: The lives of the sophists, Neudruck der Ausgabe von 1921, Cambrigde, Massachusetts 1968

WUSSOW, ALEXANDER VON Die Erhaltung der Denkmäler in den Kulturstaaten der Gegenwart, Anlagenband, Berlin 1885

ZEUMER, KARL Der begrabene Schatz im Sachsenspiegel I, 35, in: Mitteilungen des Instituts für österreichische Geschichtsforschung 22 (1901), S. 420 ff. (zitiert: ZEUMER Sachsenspiegel)

Ders. Monumenta Germaniae Historica, Leges V; Nachdruck der Ausgabe Hannover 1875-1889, Stuttgart, Vaduz 1965 (zitiert: ZEUMER MGH Leg. V)

ZINGERLE, IGNAZ VON; IRMA-STERNEGG, KARL VON (Hrsg.): Die Tirolischen Weisthümer, Österreichische Weisthümer, Band III, II. Theil: Oberinnthal, Wien 1877

ZIVIER, EDUARD Geschichte des Bergregales in Schlesien bis zur Besitzergreifung des Landes durch Preußen, Kattowitz 1898

ZYCHA, ADOLF Das Recht des ältesten deutschen Bergbaues bis ins 13. Jahrhundert, Berlin 1899

Karten

Nr.	Seite	Thema	Quelle
1	21	Bundesländer mit Schatzregal	Eigene Darstellung
2	153	Schatzregaltypen in Deutschland	Eigene Darstellung

Tabellen

Nr.	Seite	Thema	Quelle
1	143	Erhaltungswürdigkeit als Kulturdenkmaleigenschaft	Eigene Darstellung
2	144	Herkunft der Gegenstände als Kulturdenkmaleigenschaft	Eigene Darstellung
3	145	Alter als Kulturdenkmaleigenschaft	Eigene Darstellung
4	150	Beschränkungen des Anwendungsbereichs der Schatzregale	Eigene Darstellung
5	171	Statute außerhalb des jütischen Lovs in Schleswig	ESMARCH, S. XIII f.
6	200	Abläufe des staatlichen Eigentumserwerbes an Schatzfunden	LEHMANN H., S. 75

Abkürzungen

a.A.	anderer Ansicht
ABGB	Allgemeines Bürgerliches Gesetzbuch
Abl.	Amtsblatt
Abg.	Abgeordnete(r)
ADAC	ADAC Motorwelt, Die Zeitschrift für mobiles Leben
a.F.	alter Fassung
AG RuSt	Arbeitsgruppe Recht und Steuerfragen des Deutschen Nationalkomitees für Denkmalschutz
A.L.R.	Allgemeines Landrecht für die preußischen Staaten
Anm.	Anmerkung
AuF	Ausgrabungen und Funde
BauR	Zeitschrift für das gesamte öffentliche und private Baurecht
BayVbl.	Bayerische Verwaltungsblätter
BER	Gesetz zum Schutz von Denkmalen Berlin vom 24. April 1995
BGB	Bürgerliches Gesetzbuch
BGBl.	Bundesgesetzblatt
BRA	Gesetz über den Schutz und die Pflege der Denkmale und Bodendenkmale vom 22. Juli 1991
BVerfG	Bundesverfassungsgericht
BVerfGE	Entscheidungen des Bundesverfassungsgerichts
BVerwG	Bundesverwaltungsgericht
BVerwGE	Entscheidungen des Bundesverwaltungsgerichts
B-W	Gesetz zum Schutz der Kulturdenkmale Baden-Württemberg (Denkmalschutzgesetz) vom 25. Mai 1971
bzw.	beziehungsweise
d.h.	das heißt

CDU	Christlich-Demokratische Union Deutschlands
CT	Codex Theresianus
ders.	derselbe
dän.	dänisch
DDR	Deutsche Demokratische Republik
DI	Denkmalpflege Informationen
dies.	dieselben
DJT	Deutscher Juristentag
DJZ	Deutsche Juristen-Zeitung
DNK	Deutsches Nationalkomitee für Denkmalschutz beim Bundesministerium des Innern
DÖV	Die öffentliche Verwaltung
Dr.	Doktor
DSchG	Denkmalschutzgesetz
DVBl.	Deutsches Verwaltungsblatt
EGBGB	Einführungsgesetz zum Bürgerlichen Gesetzbuch
f.	folgende
FB	Denkmalschutzgesetz Bayern vom 26. Juli 1973
F.D.P.	Freie Demokratische Partei
FestS	Festschrift
ff.	fortfolgende
FS	Gesetz zum Schutz und zur Pflege der Kulturdenkmale im Freistaat Sachsen vom 3. März 1993
geb.	geboren
gem.	gemäß
gest.	gestorben
Gbl.	Gesetzblatt
GfädG	Gesellschaft für ältere deutsche Geschichtskunde
GG	Grundgesetz
GVBl.	Gesetzes- und Verordnungsblatt
GMBl.	Gemeinsames Ministerialblatt der Bundesministerien des Inneren, für Vertriebene, für Wohnungsbau, für gesamtdeutsche Fragen, für Angelegenheiten des Bundesrats
GN	Geldgeschichtliche Nachrichten
GVNW	Gesetz- und Verordnungsblatt des Landes Nordrhein-Westfalen
h.M.	herrschende Meinung
HB	Gesetz zur Pflege und zum Schutz der Kulturdenkmäler Bremen vom 27. Mai 1975
HH	Denkmalschutzgesetz Hamburg vom 3. Dezember 1973
HRG	Handwörterbuch der deutschen Rechtsgeschichte
JherJb	Jherings Jahrbücher
JuS	Juristische Schulung
JZ	Juristenzeitung
KG	Kammergericht
KultMin	Kultusministerium
LDH	Landesamt für Denkmalpflege in Hessen
Leg.	Leges
LexMA	Lexikon des Mittelalters
LL	Linke Liste
LT	Landtag
LtdMinR	Leitender Ministerialrat

n. Chr.	nach Christus
Nr.	Nummer
NVwZ	Neue Zeitschrift für Verwaltungsrecht
MGH	Monumenta Germaniae historica
MüKo	Münchener Kommentar
M-V	Gesetz zum Schutz und zur Pflege der Denkmale im Lande Mecklenburg-Vorpommern vom 30. November 1993
N	Denkmalschutzgesetz Niedersachsen vom 30. Mai 1978
NJW	Neue Juristische Wochenschrift
NuR	Natur und Recht
OLG	Oberlandesgericht
OLGRspr.	Die Rechtsprechung der Oberlandesgerichte
OVG	Oberverwaltungsgericht
PDS	Partei des Demokratischen Sozialismus
PreußGS	Preußische Gesetzessammlung
PrOVG	Preußisches Oberverwaltungsgericht
r.	recto
Reg.Bl.	Regierungsblatt
RGBl.	Reichsgesetzblatt
RGRK	Reichsgerichtsräte-Kommentar
RGZ	Entscheidungen des Reichsgerichtes in Zivilsachen
röm.	römisch
R-P	Denkmalschutz- und -pflegegesetz Rheinland-Pfalz vom 23. März 1978
RR	Richterrecht
S.	Seite
S-A	Denkmalschutzgesetz Sachsen-Anhalt vom 21. Oktober 1991
SADSD	Schriftführer-Amt der ständigen Deputation des 27. Deutschen Juristentages
SBGB	Sächsisches Bürgerliches Gesetzbuch
SGVNW	Sammlung des bereinigten Gesetz- und Verordnungsblattes für das Land Nordrhein-Westfalen
S-H	Gesetz zum Schutz der Kulturdenkmale vom 7. Juli 1958
SL	Gesetz Nr. 1067 zum Schutz und zur Pflege der Kulturdenkmäler im Saarland vom 12. Oktober 1977
Sp.	Spalte
SPD	Sozialdemokratische Partei Deutschlands
SS	Scriptores
TH	Gesetz zur Pflege und zum Schutz der Kulturdenkmale im Land Thüringen vom 7. Januar 1992
Tit.	Titel
usw.	und so weiter
v. Chr.	vor Christus
VG	Verwaltungsgericht
VGH	Verwaltungsgerichtshof
vgl.	vergleiche
VOBl.	Verordnungsblatt
WRV	Weimarer Reichsverfassung
ZGB	Zivilgesetzbuch